Una guía de estudio para líderes de grupos pequeños

APOCALIPSIS

El retorno de Cristo en poder y gloria

DON FANNING

Pensacola, Florida

Editions 2012, 2017
Published by Branches Publications
2040 Downing Dr
Pensacola, Florida 32505

Branches Publications fue fundada para publicar materiales para misiones y discipulado con el fin de equipar a los líderes y maestros como ser estratégica con sus vidas con sus ministerios de equipar a los santos para ayudarles cumplir la Gran Comisión. Ma materiales está disponible en www.branchespublications.com y/o www.tgcresources. com (The Great Commission Resources). Allí hay un Blog por Don Fanning de un estudio exegético diario de los mandamientos que supuestamente debemos estár enseñando a los discípulos. Vea los en www. obedezca.com.

© 2012 Copyright: Branches Publications
Don Fanning
Design: Krista Freeman
All rights reserved   ISBN: 978-0-9855812-4-4

All parts of this publications are protected by copyright. Any utilization outside the strict limits of the copyright law, without the permission of the publisher, is forbidden and liable to persecution. This applies in particular to reproductions, translations, microfilming, and storage and processing in electronic retrieval systems.

Other books by Don Fanning available through Branches Publications can be purchased online at *www.branchespublications.com*:

What in the World is God Doing? - An Introduction to Missions
Walking HIs Way: A Daily Devotional Bible Study on the Commands in the NT
    Siguiendo Su senda: Un estudio devocional de los mandamientos del NT
Ten Steps of Fruitful Discipleship
    Diez pasos de discipulado
90-Day Devotional Challenge
Inductive Bible Study Methods
    Métodos de estudios bíblicos
Romans: A Study Guide for Small Group Leaders
    Romanos
Spiritual Gifts: A Survey and Definition of the Spiritual Gifts
    Dones Espirituales
Gifts for Today
    Dones Vigentes
Titus: A Manual for Church Planting
    Tito

CONTENIDOS

CAPITULOS	**PAGINA**
1. La revelación del returno de Jesucristo	5
2. Cartas a las siete iglesias de Asia, parte 1	27
3. Cartas a las siete iglesias de Asia, parte 2	59
4. La revelación del futuro	81
5. El rollo de los siete sellos	95
6. La apertura de los siete sellos	107
7. Los salvados de la tribulación	123
8. El séptimo sello y las siete trompetas	135
9. Las trompetas 5-6 del jucio (Ayes 1 y 2)	143
10. El librito.	155
11. Los dos testigos y la séptima trompeta	163
12. La mujer y el hijo varón	177
13. La bestia	195
14. Los 144,000 alos grupos de 3 ángeles	209
15. Las últimas siete plagas (copas)	227
16. Las siete copas	237
17. La caída de la religiosa Babilonia, la Ramera	257
18. La caída de Babilonia	275
19. La boda del Cordero y la Batalla del Armagedón	293
20. El reino milenial de Cristo	311
21. Nuevo cielo, nuevo tierra y nueva Jerusalén	329
22. El nuevo mundo	347
Bibliography	363

Graficos:

Siete iglesias	26
La Septuaginta semana de Daniel	105
Gráfico de los siete años de la tribulación	106

CAPITULO 1

INTRODUCCION Y LA COMISION DE JUAN PARA ESCRIBIR APOCALIPSIS

LA REVELACIÓN DEL RETORNO DE JESUCRISTO

Nosotros nunca podemos imaginar el deseo íntimo de nuestro Señor para revelarse a Sí mismo al mundo como Creador, Dios-Hombre, Salvador y Señor de Señores. Durante los últimos dos mil años Cristo ha dado a Sus seguidores la tarea de hacer que le conozcan a Él, en Su gracia, hasta los confines de la tierra. La Revelación es singular ya que está escrita para revelar la verdadera identidad y el propósito del Dios-hombre, Jesucristo. Esta revelación viene de Jesús e igualmente es Su auto-revelación. El Espíritu Santo le dio al anciano Apóstol Juan la última revelación inspirada que el hombre recibiría hasta que Él regrese a la tierra para reinar en Persona en el Reino de Dios. El Libro de Apocalipsis selectivamente revela la descripción profética de los tiempos futuros después de los 100 años DC con una larga descripción de los eventos que tendrán lugar en los siete años que preceden inmediatamente a la Segunda Venida (las 70 semanas de Daniel- Dn 9:24-27) y al Reino milenial después del cual concluirá con un juicio final y el principio de la eternidad con nuevo cielo y nueva tierra.

La fecha de Apocalipsis se deduce de la mención de ser escrito en la isla de Patmos (1:9) en donde él había estado exiliado durante el reinado del emperador Domiciano, quien murió en el año 96 DC de acuerdo con el padre de la iglesia primitiva, Ireneo.1 Aunque la fecha de los años 81 al 96 DC ha sido dada por la mayoría de estudiantes conservadores para el escrito del texto. Excepto por las persecuciones bajo el emperador Nerón, quien reinó del año 54 al 68 DC, hubo poca persecución a la iglesia hasta Domiciano, quien reinó desde el año 81-96 DC. Cuando se escribió Apocalipsis la persecución había recién comenzado ya que los martirios eran todavía pocos (2:13). Domiciano elevó su posición a divinidad con el título Domiciano et Deus noster ['Domiciano Nuestro Señor y Dios']. Los santuarios para la adoración del emperador estaban por todas partes, especialmente en el Asia Romana, pero ningún Cristiano que reconocía a Cristo como Señor y Dios podía reconocer al emperador como un dios. Evidentemente Juan, como líder de la iglesia de Éfeso, en expansión, había sido cuestionado en cuanto a quién es leal, si a Roma o al Señor Jesús.

El canon de libros del Nuevo Testamento fue ampliamente difundido durante el tiempo de persecución, y Apocalipsis fue incluido en la lista de Ireneo de los libros inspirados del NT alrededor del año 180. En los primeros 200, Orígenes de Alejandría pudo haber usado los mismos 27 libros tal como las ediciones modernas del NT. A través del tercer siglo, Justino Mártir, Eusebio, Apolonio y Teófilo, anciano de Antioquia, citó este libro como Escritura. Cuando la Iglesia se convirtió en iglesia-estado del imperio a fines del 4o siglo, todos pensaron que estaban ya en el milenio, así que algunos comenzaron a cuestionar la inspiración de Apocalipsis ya que no encajaba con su experiencia. El punto de vista premilenial2, común en la Iglesia Primitiva, fue rechazado en el siglo 5o por la iglesia-estado Católico Romano Agustina. En ese tiempo ellos necesitaban una justificación bíblica para sus poderes como de un reino bajo Roma. En el 380 por decreto del emperador todos fueron forzados a ser parte de la iglesia-estado. Este éxito y exaltación inmediata podía ser explicada solamente si las promesas del reino fueran alegorizadas para que aparezca como si ellos ya estaban en un milenio espiritual o cuasi-literal como la iglesia del imperio.

Apocalipsis es un libro que se auto-declara de profecía (1:3; 22:7, 18,19), el cual tiende a usar un estilo de escritura simbólico y apocalíptico, diseñado para hacer inolvidable su mensaje, pero no confuso para el lector del primer siglo. La clave para entender tales símbolos es compararlos dentro del Libro de Revelación así como examinar cómo son usados esos símbolos en Daniel, Ezequiel u otros pasajes proféticos del AT. La armonía de las Escrituras incluyó el uso de símbolos similares para ilustrar los mismos conceptos en las primeras profecías. Los símbolos o metáforas no son conceptos ambiguos, imposibles de entender, los cuales, si fueran ciertos, pueden llevar a la persona a querer espiritualizar el significado de un símbolo para que se adapte a una aplicación contemporánea. Más bien cuando Dios inspiró el uso de un símbolo, Él quiso que signifique algo específico para los lectores de ese tiempo. Nosotros debemos descubrir este significado, no hacer que tenga un significado que se adapte a nuestro tiempo. Profecía es la divulgación de información que no fue dada a conocer al profeta por medios ordinarios; más bien, es la revelación de la voluntad de Dios y Su mensaje a la mente de un profeta que luego proclama y/o escribe en un pergamino, mientras es controlado por la inspiración del Espíritu Santo, con el resultado de que lo que ha sido escrito era precisamente y verbalmente las palabras que Dios quería decir a través del profeta.

¿Cómo se debería interpretar el libro de Apocalipsis?

Algunos de los libros del NT tienen tanta variedad de interpretaciones como el Libro de Apocalipsis. Los principios correctos de interpretación son vitales para el acuerdo y deben ser aplicados consistentemente a través del NT. La variedad de puntos de vista tiene poco que ver con el texto simbólico del Libro, pero sí tiene que ver con los métodos o principios que se siguen para interpretar el propio texto. Este estudio seguirá el método Literal de interpretación, es decir, el método Histórico-lingüístico-gramatical, que llevó a la Iglesia Primitiva a un entendimiento literal de un reino de mil años después del regreso de Cristo (Ap 20). El significado del texto para la audiencia del primer siglo es el mismo para nosotros hoy en día. Este punto de vista mira el uso de los símbolos para ser explicados en el contexto o en alguna otra parte de la biblia como eventos reales, lugares o personas.

Otro enfoque es el método alegórico de interpretación como el usado por Agustín (354-430), que llevó al punto de vista amilenial. Él quería que las referencias al milenio sean una alegoría para la era de la Iglesia y vio al Libro en general como una narración del conflicto espiritual entre Dios y Satanás en ese presente tiempo. La iglesia estaba en el poder junto con Roma, lo cual parecía demostrar el poder del reino como lo describe Apocalipsis, pero la opinión prevaleciente del retorno de Cristo antes del milenio debía ser rechazada.3 Este punto de vista mira cada evento, persona y cosa que se menciona en el libro como un símbolo de alguna verdad a ser determinada. Este método no interpreta las Escrituras, ya que ignora los significados comunes de las palabras, mientras que da autoridad a la imaginación y a la especulación del intérprete, en lugar de a las Escrituras mismas.

Cuatro interpretaciones para Apocalipsis:

El punto de vista preterista (que significa "pasado") cree que el libro entero se cumplió en los conflictos tempranos de la iglesia del primer siglo, o por el año 312 DC. Este punto de vista niega cualquier aspecto profético o predictivo de la mayoría del libro. Mira al Armagedón como el juicio de Dios sobre los Judíos, que fue llevado a cabo por el ejército Romano descrito como la "Bestia". Ap 5-11 es la victoria de la iglesia del Judaísmo. Ap 12-19 es el registro de la victoria de la iglesia sobre Roma. Ap 20-22 es el registro de la gloria de la Iglesia. Todas las diferentes ramas de este punto de vista están de acuerdo en que los eventos del Libro no se refieren a eventos específicos, sino a formas generales en las que Dios trata con el hombre.

El punto de vista histórico vino de la Edad Media, que mira a Apocalipsis como una foto de la historia entera de la era de la Iglesia entre la primera y la segunda venida de Cristo. La Iglesia se expandiría, a pesar de la persecución, hasta que dominaría el mundo entero, pero gradualmente se convertiría en un sistema apóstata, en donde los verdaderos Cristianos serían perseguidos. Lutero, Isaac Newton, y muchos maestros de la escuela de interpretación post-milenial4 mantuvieron este punto de vista. Una de sus dificultades es el tener alguna consistencia en decidir cuáles descripciones de Apocalipsis se refieren a cuál evento en la historia. Todos dicen que los eventos se cumplieron en su generación. Otros combinan lo histórico y lo alegórico para sacar enseñanzas devocionales o espirituales de Apocalipsis. Hay más de cincuenta diferentes interpretaciones importantes del punto de vista histórico de Apocalipsis.

El enfoque futurista, el cual ha sido adoptado por muchos escritores conservadores, usualmente premilenialistas, dice que los capítulos 4-22 tratan de los eventos futuros que no han sido cumplidos. Es más, la mayoría dice que los capítulos 4-18 describen los siete años justo antes de la segunda Venida de Cristo, a menudo referidos como la Gran Tribulación, lo cual será una persecución y martirio mundiales. El futurista intenta seguir reglas específicas de interpretación de una lectura literal o normal del texto de acuerdo a las reglas de interpretación gramaticales, históricas y lingüísticas. Los símbolos son entendidos en el significado evidente, normal, tal como son usados en los textos bíblicos o de sentido común ("Yo soy la puerta"). Esto lleva a la persona a una interpretación consistente, que a menudo requiere de una cantidad considerable de investigación.

INTRODUCCION Y COMISION DEL CIELO A ESCRIBIR

Uno de los temas principales del Apocalipsis tiene que ver con el milenio5 (seis veces en Ap 20 Juan se refiere a un reino "milenial" con Cristo (vs. 2-7). Hay tres diferentes puntos de vista del milenio.

Premilenialismo: Cristo vuelve antes de que el milenio comience.

Amilenialismo: No existe el milenio, más bien la Era de la Iglesia es el cumplimiento figurativo del milenio, lo cual fue popularizado por Agustín, un Católico Romano y por el punto de vista Teológico de los Reformadores del Pacto.

Postmilenialismo: Cristo retornará después de mil años literales o figurativos de dominio Cristiano en el mundo – un punto de vista popular en el siglo 19, que luego se desvaneció con las dos Guerras Mundiales y desde el final del siglo 20 se ha hecho popular en la teología del Reino Carismático Ahora.

Finalmente hay tres puntos de vista principales Premilenialistas acerca de cuándo los creyentes serán "arrebatados" o raptados, para estar con el Señor eternamente. Algunos son Pre-tribulacionalistas que enseñan que el rapto ocurre antes de comenzar el período de Tribulación. Otros son Media-tribulacionalistas quienes ven al rapto en medio camino, en medio del Período de Tribulación (justo a los 3 ½ años de los 7-años), y los Post-tribulacionalistas quienes ven al rapto después del período de la Tribulación justo antes de que el Reino sea establecido. Este rapto no lleva a la gente al cielo, sino que más bien transfiere a la gente glorificada directamente dentro del Reino al final del período de Tribulación.

El propósito del Libro de Apocalipsis es el de "revelar" al Señor Jesús en Su soberanía sobre la creación y la historia por medio de la descripción de los eventos, los cuales precederán a Su Segunda Venida (Ap 4-18), luego tiene una descripción gráfica del evento de la Segunda Venida (Ap 19), seguido por el reino milenial de Cristo (Ap 20), luego el inicio del estado eterno (Ap 21-22). Estos eventos culminarán las profecías del AT explicando lo que los profetas han visto antes. Esa conciencia debería producir en el creyente que cree esta verdad un sentimiento de inminencia que motiva una vida de propósito y santidad.

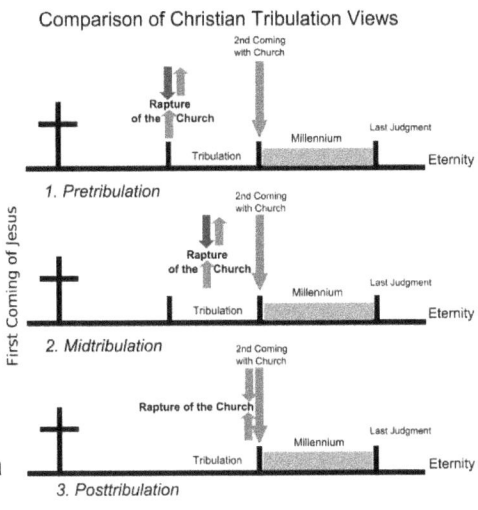

El Libro despliega el "poder escondido del desorden" que "ya está trabajando" (2 Ts 2:7) aunque limitado durante la Era de la Iglesia, pero que será acelerado a un climax final en la manifestación del anticristo de Apocalipsis. La pasión anti-Cristiana irá in-crescendo durante el Período de la Tribulación del Apocalipsis. A pesar de los poderes de oposición que serán manifestados, el diablo es un enemigo derrotado de Dios y de Su Pueblo. Dios cumplirá Su propósito de bien para el mundo, a quien Él ha hecho y redimido (Ap 21:9-22:5).

La aplicación de Apocalipsis dará como resultado una motivación para la santidad y pureza (1 Jn 3:3), que se deduce de la convicción de que Jesús podría venir en cualquier momento y que entonces todos enfrentaremos un juicio para nuestras vidas. Se da una advertencia solemne a aquellos que no están preparados para este evento culminante y repentino. Nuestra evaluación será en base a cuán beneficiosos fuimos para cumplir la Gran Comisión durante nuestra vida en la Era de la Iglesia.

Se debe notar que la mayoría de la oposición intensa al evangelio y a la iglesia evangélica desde que este Libro de Apocalipsis fue escrito ha ocurrido en el último tercio del siglo 20 hasta el presente, durante el cual un estimado de más del 60% de todos los mártires conocidos a través de la historia han sido asesinados. El espíritu anti-Cristiano está activo en el mundo hoy día.

Hay una bendición especial para aquellos que toman parte de este estudio, "el que lee, y los que oyen las palabras de esta profecía, y guardan las cosas en ella escritas; porque el tiempo está cerca" (Ap 1:3). "Guardan" significa que la vida de una persona se vive a la luz de esta verdad y revelación. En nuestro texto cada pensamiento principal está seguido por una aplicación o pregunta de reflexión para discusión o meditación personal.

Un Esquema Básico de Apocalipsis:

I.Introducción – "Lo que has visto" (cap.1)
II.Cartas a las Siete Iglesias – "Las que son" (cap.2-3)
III.La Revelación del Futuro – "Las que han de ser después de estas" (cap.4-22).

APOCALIPSIS 1

I. INTRODUCCIÓN – "LO QUE HAS VISTO" (AP 1)

A. Prólogo (1:1-3)

1:1

La revelación de Jesucristo, que Dios le dio para mostrar a sus siervos las cosas que deben suceder pronto; y que dio a conocer enviándola por medio de su ángel a su siervo Juan,

1:1 El propósito del Libro de Apocalipsis6 es el de "develar o desplegar" (apokalupsis) a Jesucristo. Probablemente el más grande deseo del corazón de Dios es revelarse a Sí mismo al mundo para borrar todas las dudas y escepticismos, pero Él espera que la misión de la iglesia sea antes cumplida

(Mt 24:14) y el tiempo sea perfecto (Ap 14:15). Esta revelación fue dada a Juan, simplemente referido como "su siervo" (doulos, "uno que se entrega a la voluntad de otro, dedicado a otro sin importar el interés propio," STRONG). En otras palabras, era alguien en quien Jesús podía confiar para que reciba y transmita la revelación a otros. La urgencia de la revelación es que ella contiene información que podría suceder rápidamente o muy pronto (en tachen, "repentino, sin tardar" – como en Hechos 12:7; 22:18), entonces se refiere a la brevedad con la cual estos eventos ocurrirán una vez que hayan comenzado.

El término "regreso inminente" significa "listo para que ocurra, inminente". Las profecías de este Libro podrían comenzar en cualquier momento y ellas se sucederán rápidamente una vez que hayan comenzado. El mensaje era de "dejar claro" (semaino¸ "dar a conocer a través de señales o símbolos para indicar más allá de la duda; intencionalmente producir una impresión para significar algo", FRIEBERG), en consecuencia el libro no era para confundir, sino para aclarar el tema de usar símbolos y hacerlos inolvidables. El ángel7 puede referirse a Gabriel, quien trajo mensajes a Daniel, María y Zacarías: Varias religiones falsas dicen que fueron mensajeros angelicales quienes dieron nuevas verdades a su fundador, pero cuando ellos contradicen la verdad del evangelio de la gracia por medio de la fe, estos ángeles falsos deben ser condenados y rechazados (Gá 1:8).

Juan puede haber sido el único apóstol que vivía a fines del primer siglo. Se refiere a Juan como un "siervo". Alguien dijo, "La prueba verdadera de un corazón de siervo es si él está deseoso de actuar como siervo, cuando se lo trata como siervo".

Reflexión: ¿Por qué pondría el autor tanto énfasis en el comienzo de su Libro en la rapidez de los sucesos de estos eventos?

Uso de símbolos

¿Por qué usó Juan los símbolos? Weirsbe describe las razones como (1) un "código espiritual" que sería conocido solamente por Cristianos, especialmente en el primer siglo, y por lo tanto dejar como un rompecabezas para los extraños; (2) los beneficios de los símbolos no se debilitan con el tiempo, sino continúan teniendo su efecto; (3) Los símbolos no solo transmiten información, sino también valores y despiertan emociones. Él ilustra esto al decir que Juan podía haber dicho, "Un dictador gobernará al mundo", pero a cambio describió una "bestia". El uso de símbolos no es para "espiritualizar" a fin de que signifique cualquier cosa que nuestra imaginación pueda inventar, sino más bien algunos son explicados en el texto mismo (Ap 1:20; 4:5; 5:8); otros son explicados en el uso de los mismos en el AT (Ap 2:7, 17; 4:7) y unos pocos no son explicados en ninguna parte (ej., la "piedra blanca" de Ap 2:17). Con más de 300 referencias del AT en el Libro de Apocalipsis, es claro que cualquier interpretación debe encajar en el esquema completo de lo que Dios ya ha revelado, o podemos interpretar mal este Libro tan vital.

SEGURIDAD DE LA PRECISIÓN DEL LIBRO

1:2

[Juan] quien ha dado testimonio de la palabra de Dios y del testimonio de Jesucristo, de todo lo que ha visto.

Juan recordó y registró de forma precisa lo que había visto y lo que se le había enseñado. Jesús había prometido a Sus discípulos que ellos podrían "acordarse lo que ya les había dicho" (Juan 16:4). La palabra "testificó" es martureo, "ser un testigo", lo que implica "testimonio, verificación y validación". Una de las garantías del texto de nuestra Biblia es que el Espíritu Santo capacitó a los apóstoles para recordar todo lo que Jesús enseñó para que nosotros podamos tener un registro preciso, infalible de Sus enseñanzas del evangelio. En este caso, tan pronto como Juan vio la visión estuvo escribiendo casi de inmediato. Las dos frases, "Palabra de Dios" y "testimonio en cuanto a Jesucristo" dan la importancia de este Libro. Juan vio cómo la Palabra de Dios encaja completamente y cómo están armonizadas todas las profecías de los últimos tiempos. La última frase podría también ser traducida como "testimonio de Jesucristo" (un subjetivo genitivo), en donde Jesús da el testimonio o "validez y verificación" del mensaje.

Reflexión: ¿Cómo nos estimula a creer exactamente lo que está escrito por el hecho de que estamos estudiando un relato inspirado de un testigo presencial de los eventos futuros?

LA ÚNICA BENDICIÓN PROMETIDA AL LECTOR

1:3

Bienaventurado el que lee y los que oyen las palabras de esta profecía, y guardan las cosas escritas en ella, porque el tiempo está cerca.

1:3a Este es el único libro que promete una "bendición" especial (makarios, "afortunado, privilegiado, receptor del favor divino"). La condición para este "bendición" es para el que "lee" el Libro, lo cual traduce la palabra anaginosko, "conocer exactamente, distinguir entre" ideas, por lo tanto estar discerniendo y dar especial atención a esta revelación divina. Se le llama a este libro "esta profecía" (también la "Palabra de Dios y testimonio de Jesús"), la cual es no solo los eventos futuros, sino también las aplicaciones morales y espirituales para exhortar y animar. En la Biblia se refiere a las verdades recibidas por revelación directa de Dios (1 Co 14:39). Se debe dar una atención cuidadosa a estas descripciones de estos eventos y personajes literales. Hay siete "bienaventuranzas" en el Libro de Apocalipsis (ej. "Bienaventurados los que..." como hay siete en Mateo 5) en Apocalipsis: 1:3; 14:13; 16:15; 19:9; 20:6; 22:7. En total hay 40 usos de "benditos" en el NT.

Reflexión: Describa las "bendiciones" de estos versículos:

Lucas 12:43

Juan 13:17

Hechos 20:35

Romanos 4:7

Santiago 1:12

1 Pe 4:14

1:3b Para este tiempo habían pocas copias del NT por lo tanto en la congregación uno leía y la audiencia escuchaba atentamente. En la mente Hebrea una persona no podía "oír" sin obedecer, por lo tanto la bendición condicional requiere las dos cosas. "Obedecer" (threo) significa "guardar, vigilar, preservar" o "aplicar, practicar". A medida que se lee la Palabra de Dios, la persona sabia siempre está buscando principios sabios que puede aplicar personalmente. Este es el objetivo de las preguntas de Reflexión en el final de cada unidad. La razón para esta respuesta es que el "tiempo está cerca". La palabra para "tiempo" es kairos, "un período de tiempo" (ej. "tiempo del fin" – Dn 8:17; 11:35; 40; 12:4, 9), por lo tanto no es un momento o instante de tiempo, sino una nueva era que está a punto de comenzar. La palabra "cerca" (eggus, "pronto sucederán" THAYER) se refiere a lo opuesto de estar en la distancia sin relación, sino que habla del próximo evento de la historia profética.

Reflexión: ¿Cómo se relaciona Mt 24:33 con este versículo? ¿Cómo ve Dios el tiempo en 2 Pe 3:8-9?

B. SALUDO (1:4-8)

1:4-6 El saludo de Juan a sus lectores

1:4

Juan, a las siete iglesias que están en Asia: Gracia a vosotros y paz de parte del que es y que era y que ha de venir, y de parte de los siete Espíritus que están delante de su trono, 5 y de parte de Jesucristo, el testigo fiel, el primogénito de entre los muertos y el soberano de los reyes de la tierra. Al que nos ama y nos libró de nuestros pecados con su sangre,

1:4a El autor, un Apóstol, 8 y los receptores son identificados en el principio de la carta, las siete iglesias de la provincia de Roma del Asia Menor (caps. 2-3) que estuvieron asociadas con el ministerio de Apóstol Pablo (Hch.19:10, 26). Aunque se menciona en Hechos a solo dos de las siete iglesias, los discípulos de Pablo probablemente las fundaron (como Epafras en Colosenses 1:7, también 4:12). Los receptores literales implican que este fue un mensaje significativo y claro, no solo un simbolismo misterioso. El saludo Cristiano de "gracia y paz" se refiere a su situación delante de Dios (en gracia) con su experiencia personal resultante (paz). Cuando uno ignora la gracia de Dios, uno pierde la paz de Dios (He 12:14).

Reflexión: ¿Es éste un tipo inusual de saludo en el NT? La Trinidad es invocada en el saludo. ¿Cuáles son las descripciones de cada uno de la deidad? ¿Qué es lo inusual en cuanto a estas descripciones?

1:4b Note el repetido uso de tres partes de la preposición "de" que revelan un ministerio de la Trinidad de tres partes: Gracia y Paz vienen de (1) del que es (presente continuamente...) quien "era" (tiempo imperfecto que significa que él no tuvo principio ni fin de Su ser) y es "el que ha de venir"; (2) la gracia y paz es de los siete espíritus. El siete en la Biblia está asociado con la perfección y el Espíritu es visto en un ministerio de siete partes según Is 11:2, aunque el Espíritu es uno (Ef 4:4); y (3) la gracia y paz vienen de Jesucristo, el Redentor. Al Espíritu Santo se le conoce como a los "siete espíritus" que están "delante" del trono (enopion, "en la presencia de, en nombre de", GINGRICH) como en Is 11:2-3; Ap 3:1; 4:5; y 5:6. Cristo es mencionado último. Por lo tanto la trinidad es la fuente de la gracia y paz.

Reflexión: ¿Cuántas descripciones de Su persona y carácter puedes tú encontrar en estos versículos? (clave: por lo menos 7).

El Redentor

y de parte de Jesucristo, el testigo fiel, el primogénito de entre los muertos y el soberano de los reyes de la tierra. Al que nos ama y nos libró de nuestros pecados con su sangre,

1:5a La tres descripciones de Jesús revelan Su ministerio como Profeta ("testigo fiel"), lo cual implica una muerte previa, descrita como una muerte sustitutoria por los pecados del mundo (Heb 5:1-10; 9:11-14; 10:14) y una aceptación del Padre por la ofrenda de Cristo (Hch 2:23-24, 31-32; 4:25); Sacerdote ("primogénito de los muertos") y como Rey: (soberano de los reyes de la tierra"), lo que se refiere a un reinado actual (aunque inadvertido) que está llevando al cumplimiento de todo lo descrito en este Libro. La referencia a la resurrección manifiesta que Él fue el primero con un cuerpo eterno resucitado que prueba que Sus seguidores igualmente tendrían una resurrección similar (mencionada en 40 versículos del NT).

Reflexión: ¿Por qué es esto tan importante para los Cristianos, especialmente del primer siglo?

Juan 11:25

Ro 6:5

1 Pe 1:3

1:5b La única religión que da una expresión absoluta de que los hombres pecadores pueden ser totalmente liberados de las consecuencias de sus pecados es la Cristiana Evangélica. Jesús es el único que "nos ama" (acción presente continuo) y nos "ha liberado" o "lavado" en una acción en un-tiempo cuando fuimos salvos (el sentido del verbo en tiempo aoristo). Algunas versiones tienen "lavado" en lugar de "liberado" (la diferencia en el Griego es lousanti versus lusanti, solo la letra "o", pero si se lee, suenan igual). Cualquiera que sea la correcta, el acto que permite la liberación fue el derramamiento de Su sangre en una muerte sangrienta sustitutoria, sacrificial como pago justo por los pecados de la humanidad. Sin importar cuál sea la correcta, el resultado es el mismo: un acto de liberarnos, realizado en un tiempo, una sola vez y para siempre de todos nuestros pecados (heredados, imputados y personales) y de la culpa y el castigo (físico, espiritual y muerte eterna). ¡Hemos sido liberados y limpiados para siempre!

Reflexión: ¿Puedes tú escribir las dos razones para alabarle al Señor en este texto?

El propósito eterno para los creyentes

1:6

y nos constituyó en un reino, sacerdotes para Dios su Padre; a él sea la gloria y el dominio para siempre jamás. Amén.

1:6 Él nos ha hecho a todos un "reino" singular (basileia), por lo que no nos llama a nosotros "reyes" (basileus) como lo hacen algunas traducciones. Este texto se enfoca en nuestra unidad y vínculo con los demás, como siervos del mismo Rey y de Su voluntad. Así mismo todos somos "sacerdotes" que ministramos a Dios y a su pueblo. La perspectiva eterna de conocer y servir a Jesús en esta era con propósitos eternos debería ser una gran motivación para cumplir Su plan de los tiempos. Juan está tan emocionado que se lanza a una alabanza. Note el "poder o dominio" (kratos), que significa "gobierno poderoso, soberanía", lo cual pertenece solamente a Jesús por siempre.

Reflexión: ¿Cómo se describe en estos versículos el privilegio del creyente?

Ap 5:10

Ro 8:17-18

2 Tim 2:12

1:7-8 LOS LECTORES DEBERÍAN ESTAR ESPERANDO SU VENIDA.

1:7

He aquí que viene con las nubes, y todo ojo lo verá: aun los que le traspasaron. Todas las tribus de la tierra harán lamentación por él. ¡Sí, amén!

1:7 La "esperanza bienaventurada" (Tit 2:13) del creyente culmina cuando Jesús vuelva a la tierra, "la gloriosa aparición de nuestro Gran Dios y Salvador, Jesucristo". Note: el pasaje de Tito es la declaración más clara del NT de la deidad de Cristo, "Dios y Salvador". Ap 1:7 señala a la Segunda Venida cuando Jesús regrese "con las nubes" tal como se fue y como fue prometido (Hech 1:9-11). Todo "ojo lo verá", por lo tanto su Regreso a la tierra es muy visible y majestuoso, mientras que Su ascensión fue solamente presenciada por Sus discípulos. La referencia a "aquellos que lo traspasaron" se refiere técnicamente a los soldados Romanos, aunque Israel asumió la culpa de crucificar al Salvador en Mt 27:25, lo cual se deriva a los "hijos" o descendientes de los verdaderos culpables. Zacarías 12:10 describe este momento de revelación cuando el Israel sobreviviente entienda que sus ancestros mataron a su Mesías. "Todas las tribus" (phule, "parientes, familias, pueblos") se refiere no solo a Israel, sino a todas las naciones.

Reflexión: ¿Por qué piensas que hubo tal contraste entre la "esperanza bienaventurada" de Tito y la "lamentación" de Ap 1:7 cuando se imaginaba la Segunda Venida?

1:7b La frase literal, "¡Sí, Amén! (1:7) se traduce: "¡Esto ciertamente llegará a suceder!" es el significado o el matiz de la expresión.

El Autor de Apocalipsis

1:8

"Yo soy el Alfa y la Omega", dice el Señor Dios, "el que es, y que era y que ha de venir, el Todopoderoso."

1:8 Los saludos terminan con una poderosa expresión del sujeto del Apocalipsis en cuatro títulos claros: "el Alfa y el Omega" (¿por qué son importantes los artículos "el"?). Estas son la primera y última letra del alfabeto Griego: la A y la Z. Esta es una expresión del conocimiento y sabiduría de Dios (Col 2:3), haciendo hincapié en la Omnisciencia, el infinito conocimiento y la sabiduría de Cristo. La expresión "Señor Dios" es usada por Juan once veces en el Apocalipsis como una referencia a Jesucristo. El título "el que es, y que era y que ha de venir" que se repite nuevamente en el 48 y en el 11:17, se refiere al Cristo vivo que vino una vez, y que viene otra vez. Él es el "Todopoderoso" (*pantokrator*, "Aquel que es Todopoderoso"), que se traduce "Dios de los Ejércitos" en la Septuaginta9. Esto enfatiza la Omnipotencia de Dios. Se usa 10 de las veces en el NT, 9 están en Apocalipsis. El resto del Libro da detalles de estos eventos. No hay una mejor y concisa descripción de la Persona y obra de Jesucristo.

Reflexión: ¿Cómo fue que Daniel vio la misma visión en Dn 7:13-14?

C. LA VISIÓN DE CRISTO MIENTRAS ESTABA EXILIADO EN PATMOS 1:9-18

Patmos era la escena de la recepción de las visiones de Apocalipsis. De acuerdo a varios padres de la iglesia primitiva, Juan, como prisionero, fue enviado a la isla de Patmos, exiliado después de su pastorado en Éfeso. El primer comentarista conocido del Libro de Apocalipsis, Victorino, relató que Juan trabajó como un prisionero en las minas de esa isla. La supuesta cueva en donde Juan vivió podía ser visitada. Cuando el Emperador Domiciano murió en el año 98 DC, se le permitió a Juan regresar a Éfeso.

1:9-11 LA COMISIÓN DE REDACCIÓN DE APOCALIPSIS

1:9

Yo Juan, vuestro hermano y copartícipe en la tribulación y en el reino y en la perseverancia en Jesús, estaba en la isla llamada Patmos por causa de la palabra de Dios y del testimonio de Jesús.

1:9a El autor se refiere a sí mismo tres veces en el Libro (21:2 y 22:8), para aclarar que fue escrito por un apóstol de principio a fin. Juan se identificó con sus compañeros creyentes quienes también estaban siendo perseguidos bajo el reinado de Domiciano alrededor del año 96 DC. Hay tres áreas de identidad compartida o "compañerismo" con los lectores en la (1)"persecución" (thlipsis, "presionar juntos, angustia, opresión"), en el (2) "reino", esto es que ellos estaban compartiendo en la membresía de este reino espiritual antes de la manifestación del reino físico en la Segunda Venida, y (3) "resistencia" (hupomone, lit. "permanecer debajo de", Lexicon: "perseverancia, constancia, paciencia" o lealtad a la fe sin que le importe ser persuadido a apostatar).

Reflexión: ¿Puedes identificarte con Juan? ¿Qué tan difícil es para ti dar testimonio de tu fe cuando sabes que vas a ser criticado o padecer aún algo peor?

1:9b Juan fue perseguido debido a su fiel proclamación y su fe en la Palabra de Dios (la mayoría del NT había sido ya escrito) y al testimonio "de" o "acerca de" Jesús. Aparentemente las leyes habían declarado que hacer una proclamación pública de la Biblia y del mensaje acerca de Jesucristo se catalogaba como crimen.

Reflexión: ¿Ha causado alguna vez conflicto con otros lo que has dicho en cuanto a la Biblia o en cuanto a Jesús? Escríbelo o compártelo.

Orden de escribir

1:10-11

Yo estaba en el Espíritu en el día del Señor y oí detrás de mí una gran voz como de trompeta,

11 que decía: "Escribe en un libro lo que ves, y envíalo a las siete iglesias: a Efeso, a Esmirna, a Pérgamo, a Tiatira, a Sardis, a Filadelfia y a Laodicea."

1:10a Juan estaba "en el Espíritu" lo que significa, yo creo, que él estaba gozando de un tiempo de comunión íntima con Dios, no en un éxtasis místico, pero con su mente y su ser conscientes. La expresión se usa dos veces refiriéndose a Jesús y veinticuatro veces a los apóstoles. Se refiere al ser interior de una persona. Aquí tenemos un ejemplo: "Pablo estaba entregado por entero" (Hech 18:5); "Pablo se propuso en espíritu" (Hech 19:21); "es judío, el que lo es en lo interior, en espíritu" (Ro 2:29); "Vivir en el Espíritu" (Gá 5:16); "y renovaos en el espíritu de vuestra mente" (Ef 4:23); y "pero vivan en espíritu según Dios" (1 Pe 4:6). Entonces Pablo estaba involucrado interna y completamente con su mente en una visión que el Espíritu le estaba dando. Sin embargo, este texto implica que el Espíritu tuvo un control inusual de la mente consciente de Juan a a través de la cual Él podía revelar claramente los detalles del fin del tiempo.

Reflexión: ¿Caminas tú con el Señor con todo tu espíritu, mente y alma lo haces solo emocionalmente? ¿Cuál es la diferencia?

1:10b La frase "el día del Señor" solo es usada aquí en la Biblia. Se podría referir al primer día de la semana, pero más parece que en este contexto se refiere a estar en el medio del "día del Señor", enfocándose en los acontecimientos culminantes de la Segunda Venida. Busque expresiones similares en estos versículos: Is 13:6, 9; Joel 1:15; 2:1, 11; 3:14; Amós 5:18; Sofonías 1:7-8, 14; Malaquías 4:5; 1 Ts 5:2 y 2 Pe 3:10. Entonces lo que sigue es que Juan vio los acontecimientos del "día del Señor". Nota: es poco probable que esta visión se refiera a una comunicación ininterrumpida de 24 horas, mas bien es una serie de visiones que se le dio a Juan en un periodo indeterminado de tiempo. Este punto de vista parece ser más probable ya que a Juan se le ordenó 12 veces en el Libro para que escriba lo que vio (1:19; 2:1, 8, 12, 18; 3:1, 7, 14; 14:13; 19:9; 21;5). Una de las visiones se le dijo que no escriba (10:4) debido a su gravedad. Tal vez aquí hay el principio de que Dios quiere que las lecciones que Él nos enseña también deben ser registradas para otros. (Por supuesto que las nuestras no son revelaciones inspiradas, sino mas bien lecciones valiosas para nuestra posteridad). Juan escuchó una gran voz (ponen megalen, origen de la palabra megáfono), con la cual Dios comunicó esta revelación.

Reflexión: ¿Has mantenido alguna vez un diario del trato de Dios contigo?

1:11 Las siete iglesias, como se muestra antes, son enlistadas en sentido horario comenzando en Éfeso en la línea costera del Asia Menor, yendo hacia el sur a Esmirna, luego al Este a Pérgamo, luego al sudeste hasta Laodicea. ¿Eran estas iglesias independientes o muy semejantes en su comportamiento, filosofía y ministerios de la iglesia?

1:12-16 LA VISIÓN QUE JUAN VIO DE CRISTO EN MEDIO DE LAS IGLESIAS

1:12

Di vuelta para ver la voz que hablaba conmigo. Y habiéndome vuelto, vi siete candeleros de oro,

1:12 Al oír una voz, Juan se dio vuelta para ver siete candeleros de oro rodeando a Cristo glorificado: La descripción es un poco inusual ya que los candeleros del Templo Judío y la Menorah, era la de un candelero con siete velas hecha de oro sólido. El cuadro a la derecha esculpido en el arco de Tito en Roma (70 DC), muestra que la Menorah está siendo tomada del tesoro del templo como botín por parte de los romanos. Sin embargo, estos candeleros parecen ser siete candeleros individuales. El significado de los "candeleros" de oro será explicado más tarde (1:29), en donde los candeleros son las siete iglesias que reciben este Libro.

Arco de Tito en Roma AD 71 después de destruir el Templo en Jerusalén

Reflexión: ¿Qué significado crees tú que quería comunicar Jesús a Juan y a las iglesias en esta visión de los candeleros?

1:13-16 DESCRIPCIÓN DEL SEÑOR

1:13-15

en medio de los candeleros vi a uno semejante al Hijo del Hombre, vestido con una vestidura que le llegaba hasta los pies y tenía el pecho ceñido con un cinto de oro.
14Su cabeza y sus cabellos eran blancos como la lana blanca, como la nieve, y sus ojos eran como llama de fuego.
15Sus pies eran semejantes al bronce bruñido, ardiente como en un horno. Su voz era como el estruendo de muchas aguas.

1:13-15 Una persona estaba parada entre los candeleros, "semejante al Hijo del Hombre", una frase usada en Daniel 7:13 como una clara referencia al Mesías, al "Anciano de Días", que es Dios Mismo. La visión muestras las características de la persona capaz de cumplir todos los eventos a ser revelados en el resto del Libro. La descripción que Juan vio del Hijo del Hombre fue la de un sacerdote vestido con una larga túnica, con un cinto de oro o una banda alrededor de su pecho. Su cabeza y cabellos eran blancos, probablemente en brillo y pureza (ver Mt 17:2) y similar a Aquel que Daniel vio en Dn 7:9. Sus ojos eran como "llama de fuego", que es descrito nuevamente en Ap 2:18, estaban buscando y penetrando, sin que falte nada, lo que sugiere el tribunal Bemá para los creyentes (1 Co 3:12; 4:5; 2 Co 5:1011). Se describen dos atributos más: Sus pies y su voz. Sus pies eran semejantes al bronce bruñido "ardiente como en un horno", ese es un color rojo brillante producido por el calor del horno. "Bronce" es otro símbolo del juicio divino en el AT. Su voz era como el "estruendo de muchas aguas", como el sonido de una poderosa cascada, que habla de una autoridad abrumadora cuando Él habla. ¿Tiene alguna relación con el altar de bronce del templo cuando hacían sacrificios por el pecado y cayó el juicio divino?

Reflexión: ¿Cómo te sientes en cuanto a relacionarte con esta Persona majestuosa e intimidante?

1:16

Tenía en su mano derecha siete estrellas, y de su boca salía una espada aguda de dos filos. Su rostro era como el sol cuando resplandece en su fuerza.

1:16 Esta Persona poderosa sostenía siete estrellas en su mano derecha. No se nos deja a nuestra imaginación ya que estas siete estrellas serán explicadas en el 1:20. La mano derecha significa poder y autoridad (Mr 14:62) así como Su fuerza y protección. Una "espada aguda de dos filos" salía de Su boca, lo cual es la expresión usada para la Palabra de Dios (He 4:12). Este texto usó la palabra makaira, "una espada pequeña penetrante" que se lleva al lado de uno. Sin embargo, nuestro texto (Ap 1:16) usa la palabra espada (rhomphaia, una espada larga que se usa en el hombro derecho), que implica una posición de guerrero o de soldado (Cristo ya no es un bebé en un pesebre, ni el Varón de Dolores coronado de espinas, sino que ahora es el Rey de gloria, listo para entrar en el juicio radical, guerra y destrucción. (Juan 12:48). Esta espada es mencionada 9 veces en Apocalipsis.

Su rostro era tan brillante como el sol, representando Su gloria cegadora, como la que Pablo vio en Hech 9:4. Todo es revelado por esta luz, delante de la cual es imposible esconderse. Este punto de vista era más que impresionante, espantoso. Esta persona es Alguien con la cual no desearías estar enemistado.

Reflexión: ¿Cómo debería ser tratada esta persona imponente?

Estamos impresionados con presidentes, reyes y jueces cuando ellos entran en algún lugar, pero caeremos al piso cuando Cristo aparezca.

LA ADORACIÓN A ÉL SIN TEMOR

1:17

Cuando le ví, caí como muerto a sus pies. Y él puso su diestra sobre mí, diciéndome: No temas, yo soy el primero y el último;

1:17a ¿Cómo respondió Pablo cuando vio la misma imagen? (Hech 9:4). Note que Juan descansaba con su cabeza sobre el pecho de Jesús en las cenas (Jn 13:25) como un amigo cercano, pero no ahora. Su humanidad escondió Su divinidad, pero una vez que sea develada la familiaridad trivial, o la relación de "mejor amigo", frívola y poco profunda, es evidente que no es la respuesta que Él se merece. La soberanía y santidad se convierte en un terror de juicio para el mundo incrédulo, pero es la base de la comodidad y protección para el creyente en Cristo, porque él conoce por la Palabra que Cristo salva, limpia y purifica a través del sacrificio de la muerte de Cristo en la cruz para nuestro beneficio y Su compromiso de amor inmerecido para Sus seguidores.

Reflexión: ¿Cómo respondieron los discípulos cuando Jesús se develó a Sí mismo en el Monte de la Transfiguración sesenta años antes (Mt 17:6)?

¿Cómo respondió Daniel cuando vio a Jesús como realmente es? (Dn 10:8-9)?

¿Cómo respondió Isaías (Is 6:5) cuando vio al mismo Jesús (Jn 12:41)?

¿Ven algunos a Jesús como la imagen de un "buen chico", "mejor amigo" o "padrino" que estará a nuestra disposición? (vea He 12:28-29).

1:17b Sin embargo, Jesús le dice a Juan "No temas", una expresión escrita 12 veces en los evangelios, y lo mismo le repite dos veces a Pablo en Hechos 18:9 y 27:24. Esta vez es debido al temor de Su indescriptible majestad, como si ningún ser humano podría sobrevivir en Su presencia (Ex 33:20). La adoración no es una manifestación de energía emocional o sentimental, sino una sumisión humilde al Rey y un gozo profundo porque Él puede todavía amarnos.

Reflexión: ¿Cómo se sorprendió Moisés cuando él vio la misma escena? (Dt 5:24).

1:18

y el que vivo, y estuve muerto; mas he aquí que vivo por los siglos de los siglos, amén. Y tengo las llaves de la muerte y del Hades.

1:18a Jesús dice, "Yo soy el primero y el último". Esta expresión es similar al 1:18 y es aplicada a Cristo en 2:8; 21:6 y 22:13. Esta frase declara que Jesús es el mismo Jehová revelado en el AT en Is 41:4, 12-13. Él estuvo antes de la creación y permanecerá después de que la creación sea disuelta. Él es Aquel auto-existente que mira al comienzo desde el fin y está en control total de todo. "!Yo soy el que vive!" El que resucitó, "Estuve muerto, y he aquí vivo". Sólo como el eterno, auto-existente Dios, se hizo hombre, podía morir humanamente, pero Él nunca dejó de vivir como Dios (1 Pe 3:18). Su muerte es un sacrificio perfecto sin mancha por los pecados de la humanidad lo cual se convirtió en el único pago aceptable que el Padre podía aceptar a fin de perdonar a cualquier pecador que desee confiar en el pago que Jesús hizo por sus pecados. Esta Persona infinita entregó el sacrificio infinito por toda la creación, por la corrupción del hombre y sus pecados. Su resurrección prueba que el Padre puede solamente perdonar los pecados de todos aquellos que escuchan, se arrepienten y creen en la verdad de su maravillosa gracia. Jesús le había dicho a Pedro y a Juan que Juan "permanecería hasta que Yo venga" (Jn 21:23). Ahora se le dice a Juan que él está viendo a Aquel que había estado esperando ver de nuevo. Jesús cumple Su Palabra y hace lo que Él dice que hará.

Reflexión: ¿Qué seguridad nos da en este punto Ro 8:31?

1:18b Jesús declara que Él tiene las "llaves de la muerte y del Hades", es decir que Jesús tiene la autoridad de decidir quién muere y quién vive. Satanás perdió cualquier autoridad sobre la muerte sobre el creyente (He 2:14-15). Jesús había prometido "el que cree en Mí, aunque esté muerto, vivirá... porque yo vivo, vosotros también viviréis (Jn 11:25; 14:19). Pablo declaró que "ausente del cuerpo pero presente en el Señor" (2 Co 5 y Fil 1:23). Esta declaración significa que Jesús conquistó a Satanás y le quitó las llaves de la muerte (es decir, al diablo) (He 2:14). Aún más, "Él libra a todos los que por el temor de la muerte estaban durante toda la vida sujetos a servidumbre" (2:15). El conocimiento de que Cristo "nos ama y nos lava de nuestros pecados con Su sangre" (Ap 1:5) nos da una seguridad inmerecida que debe ser balanceada con un temor propio reverente de Su gloria.

Reflexión: ¿Cómo explicarías el miedo de su gloria y santidad balanceado con las garantías de Sus promesas? ¿Elimina la una a la otra o la una magnifica a la otra?

1:19-20 EL MANDAMIENTO DE ESCRIBIR

1:19

Escribe las cosas que has visto, y las que son, y las que han de ser después de estas..

1:19 A Juan se le dice que escriba tres cosas: (1) lo que recién ha visto, "lo que has visto" (escrito en 1:10-16); (2) luego "lo que es", que se refiere a la siguiente visión que le será dada de las siete iglesias existentes, en los capítulos 2-3, lo cual describe el presente estado de las siete iglesias en siete diferentes puntos de vista; (3) finalmente se le dice que escriba las siguientes visiones, "lo que ha de ser después de estas cosas", lo que describirá los eventos que tendrán lugar después de que estas iglesias dejen de existir (caps. 4-22). Esto llega a ser el bosquejo del libro: el pasado o un vistazo celestial, el presente estado de la iglesia y los eventos globales futuros del fin de los tiempos.

Reflexión: ¿Cómo ayudará este punto de vista o perspectiva a cada Cristiano a hacer la voluntad de Dios?

LAS EXPLICACIONES

1:20

El misterio de las siete estrellas que has visto en mi diestra, y de los siete candeleros de oro: las siete estrellas son los ángeles de las siete iglesias, y los siete candeleros que has visto, son las siete iglesias.

1:20 Se explican los "misterios" de las "estrellas" y los "candeleros". Un misterio es una verdad pasada no revelada que ahora es explicada. Esto no es algo misterioso o místico sino simplemente previamente no conocido, pero que ahora es aclarado. Usualmente se explica el lenguaje simbólico en el contexto o en pasajes similares de la Biblia. Esto no es espiritualizar, o alegorizar, sino interpretar las imágenes de las Escrituras, como Dios lo hace. ¡Siempre una buena idea! Las "estrellas" son "ángeles" (aggelos, "ángel, mensajero, enviado, uno que ha sido enviado") y los "candeleros" son las siete iglesias, que serán explicadas en el próximo capítulo. ¿Quiénes son los ángeles? ¿Es esta parte de la guerra angelical o espiritual que pasa inadvertida por los humanos? (Dn 10:13, 20, 21) está mucho más allá de nuestro poder o conocimiento. ¿Son estos mensajeros los pastores de las iglesias a punto de describir? Aunque las cartas son dirigidas a los ángeles de las iglesias, son obviamente escritas para todos en todas las iglesias. Los candeleros son un símbolo preciso para que las iglesias locales brillen en la oscuridad de este mundo.

Reflexión: ¿Cómo podría brillar una iglesia en un candelero?

Diferentes perspectivas de las siete iglesias:

1. Las siete iglesias representan siete diferentes épocas de la historia de la iglesia. Este perspectiva es solamente evidente en retrospecto y hubieses sido muy difícil para la iglesia primitiva entender este sentido; sin embargo, es llamativo cómo las iglesias encajan en el desarrollo de la iglesia hasta el tiempo presente.

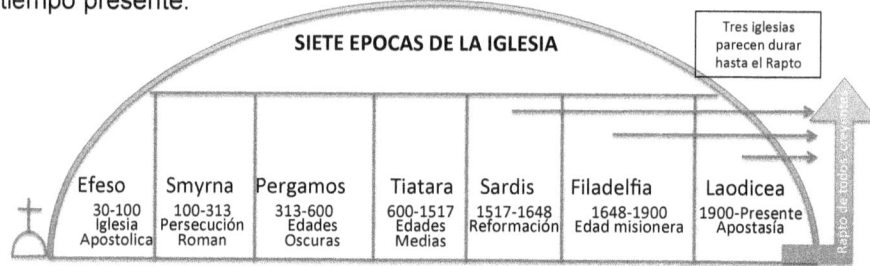

2. Las siete iglesias representan siete iglesias típicas del primer siglo y estas siete tipos de iglesias han sido presente por toda la historia de la época de la iglesia.

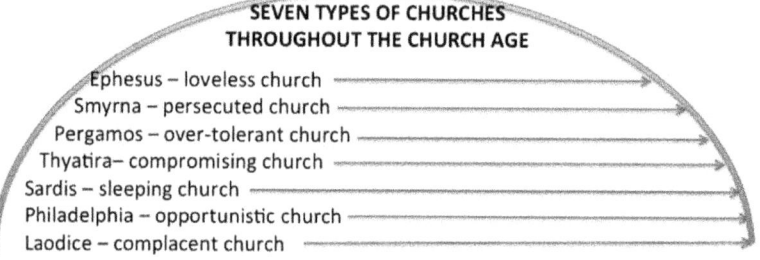

3. Las iglesias parecen selecionadas para revelar siete tipos de iglesias para revelar siete tipos o condiciones de iglesias por toda la época de la iglesia. Siendo que las exhortaciones parecen ser dirigidas a una audiencia más amplio que los miembros de unas iglesias del primer siglo.

4. Algunas descripciones en el órden que fueron dadas parecen reflejar las varias épocas de la historia de la iglesia desde el primer siglo hasta el presente. Este perspectiva no pudiera haber sido entendido hasta el presente tiempo en el siglo veinte para poder ver en retrospectivo todas las comparaciones históicas. No hubiese tenido mucho sentido a los lectores del primer siglo. Además, las primeras thress iglesias parecen consecutivas, y las últimas cuatro iglesias parecen extender hasta el Rapto de la Iglesia.

CAPITULO 2

CARTAS A LAS SIETE IGLESIAS DEL ASIA, PARTE 1

Como se declaró en el 1:11 este Libro fue una carta a siete iglesias dispersas en un semicírculo alrededor de Éfeso a fin de que un mensajero lo llevara para entregar copias de este Libro. Es como si fueran iglesias hijas de los creyentes discipulados y entrenados a través del ministerio de la iglesia de Éfeso, fundadas anteriormente por Pablo y luego pastoreadas por el Apóstol Juan. Lucas lo escribió como resultado de la enseñanza en Éfeso "todos los que habitaban en Asia, judíos y griegos, oyeron la palabra del Señor Jesús" (Hech 19:10). En efecto, la acusación que más tarde se le hizo a Pablo reiteró el impacto de la iglesia de Éfeso diciendo, "este Pablo, no solamente en Éfeso, sino en casi toda Asia, ha apartado a muchas gentes con persuasión de la adoración de los ídolos (Hech 19:26) a la adoración al Dios vivo. Esto se realizó a través de los discípulos de Pablo ya que el Apóstol n se apartó de Éfeso durante ese tiempo (Pablo estaba "discutiendo en la escuela de Tiranno. Así continuó por espacio de dos años...") (Hech 19:9-10), y este fue de los primeros modelos de multiplicación de la iglesia por medio del entrenamiento de liderazgo basado en la iglesia. Pablo reiteró en su exhortación al liderazgo de la iglesia en Éfeso para continuar su modelo de ministerio (Ef 4:11-12).

Aunque mucho del NT fue dirigido a algunas de las primeras iglesias, estas siete iglesias parecen ser seleccionadas por una razón más importante y amplia que su inicio común y su conveniente ubicación. Hubo muchas otras iglesias, tales como Colosas, Magnesia y Tralles, pero el carácter representativo de estas siete iglesias parece haber sido significativo.

Hay tres puntos de vista de los significados de estas iglesias:

1. Fueron meramente siete iglesias históricas descritas para dar a los lectores un vistazo de la condición real de las primeras iglesias del primer siglo.

2. Fueron seleccionadas para revelar siete tipos de condiciones de las iglesias a través de la Era de la Iglesia, ya que las exhortaciones parecen ser dirigidas a una amplia audiencia y no solamente a estos miembros de la iglesia del primer siglo.

3. Las descripciones de la iglesia en el orden dado parecen reflejar los varios períodos de la historia de la iglesia desde el primer siglo hasta el presente.10

Este punto de vista podría no haber sido entendido hasta cerca del fin del siglo 20 para ver en retrospección las comparaciones históricas, por lo tanto no habría tenido ningún valor para los lectores del primer siglo. Además, las primeras tres iglesias parecen ser consecutivas, pero las últimas cuatro parecen contemporáneas; por lo menos todas terminan en el Rapto de la Iglesia.

Cada una de las iglesias recibe el mensaje con un bosquejo similar: 1) un saludo a los receptores; 2) una representación del Señor que es único para cada iglesia; 3) un conocimiento de las "obras" de cada iglesia con palabras de elogio o aprobación (excepto Laodicea); 4) una exhortación especial o reprensión a las iglesias (excepto a Esmirna y Filadelfia); y 5) una promesa especial para el vencedor.

Philips usa estos títulos para representar a cada iglesia: Éfeso, la iglesia sin amor; Esmirna, la iglesia perseguida; Pérgamo, la iglesia demasiado tolerante; Tiatira, la iglesia con compromiso; Sardis, la iglesia durmiente; Filadelfia, la iglesia con oportunidad; y Laodicea, la iglesia complaciente. Lo que sea que aprendamos de estos dos capítulos muestra cómo Jesús describe Su

perspectiva de la Iglesia Primitiva al final de la era Apostólica, se hace evidente que ellos no fueron perfectos por lo tanto tampoco tuvieron iglesias que fueran perfectas desde ese entonces. En lugar de intentar emular una supuesta iglesia primitiva "perfecta", que a menudo es más imaginación que realidad, deberíamos buscar conocer la Palabra de Dios completa ahora y aplicarla con la mayor precisión que nos atrevamos en nuestra época.

A. LA IGLESIA DE ÉFESO (2:1-7). LA IGLESIA SUPERFICIAL

Al final del primer siglo, Éfeso era una ciudad marítima principal del Asia Menor, en donde se localizaba el gran templo de Artemisa (o Diana) una de las siete maravillas del mundo antiguo.11 La inmoralidad de Éfeso estaba relacionada a los sacerdotes, prostitutas, músicos, bailarinas y los frenéticos e histéricos adoradores del culto a Artemisa. Pablo primero vino a Éfeso en el año 53 DC (o 43 años antes de que Juan escribiera Apocalipsis en su tercer viaje misionero (Hech 19-20) y se quedó ahí más tiempo que en cualquier otra ciudad, lo cual eventualmente provocó una sublevación porque su predicación había convertido a multitudes de su adoración a los ídolos (Hech 19). Su población abarcaba entre 250.000 y 500.000 habitantes con un gran anfiteatro que albergaba a 25.000 personas (ver Hech 19:29), el cual permanece hasta día de hoy. Aquila, Priscila y Apolos trabajaron en esta ciudad. Después de la caída de Jerusalén (año 68-70) Juan ministró aquí más o menos unos treinta años, antes y después de su exilio en Patmos.

Saludo (2:1)

2:1

"Escribe al ángel de la iglesia en Éfeso: El que tiene las siete estrellas en su diestra, el que anda en medio de los siete candeleros de oro dice esto:

2:1a Esta parte de la carta o del Libro de Apocalipsis fue escrita al "ángel" (*angelos*, "mensajero" 171 veces en el NT de las cuales 77 referencias están en el Apocalipsis) de la iglesia. Cada referencia del NT se refiere a seres angelicales sobrenaturales excepto por siete referencias que se refieren a humanos: Mt 11:10; Mr 1:2; Lc 7:24, 27; 9; 52 y Stg 2:25 (Juan el Bautista, sus discípulos, los apóstoles enviados a Samaria y los dos espías de Jericó). La preponderancia de su uso se refiere a seres angelicales (165 de 171). No hay una interpretación clara de quiénes eran estos ángeles. Hay otros grupos de siete ángeles también (ej., siete arcángeles con trompetas; siete ángeles con copas). La palabra *angelos* puede referirse a mensajeros o emisarios humanos, como la expresión de Hebreos. "Hageo, el mensajero del Señor" (Hageo 1:13) en Griego (LXX) se traduce *angelos kuriou*. Sin embargo, el texto se lee en segunda persona ("Yo conozco tus obras") como si fuera dirigida a la iglesia como un todo, no a un solo "ángel".

Reflexión: Si hubiera un ángel en cada iglesia, ¿Qué piensas tú que haría?

2:1b El mandato a Juan de "escribe lo siguiente" indica que este contenido no registraba opiniones, imaginaciones o ideas de Juan. Este es el significado de 1 Pedro 1:20 "ninguna profecía de las escrituras es de interpretación propia", que se traduce mejor: "Ninguna profecía de las escrituras se produce por la imaginación propia del profeta".

Reflexión: Lo que hemos registrado es auténticamente las palabras y mente solo de Dios. ¿Sabes cómo interpretan los Católico Romanos el pasaje de 2 Pe1:20?

2:1c El Autor de esta carta es Aquel que sostiene las "siete estrellas en su mano derecha" (ej., las siete iglesias 1:16) que está siempre presente y en control y quien "camina entre los siete candeleros de oro" siempre activo entre las iglesias; siempre disponible para provisión y compañerismo. La palabra "el que tiene" (*krateo*, "sostener firmemente, no descartar o dejar ir, asir con cuidado y fielmente" THAYER), indica al vínculo inseparable entre Cristo y Sus iglesias. Este es el Salvador que tiene toda autoridad en el cielo y en la tierra (Mt 28:18). Él les proveerá, protegerá y capacitará para el ministerio que iniciaron. Su figura denota disponibilidad para la iglesia.

Reflexión: ¿Qué significa que Cristo "tenga" las iglesias por medio de los "ángeles"?

El Elogio (2:2-3)

2:2

Yo conozco tus obras, y tu arduo trabajo y paciencia; y que no puedes soportar a los malos, y has probado a los que se dicen ser apóstoles, y no lo son, y los has hallado mentirosos;

2:2 Cristo declara "Yo conozco tus obras" (*oida*, "completo conocimiento"- usado en cada una de las siete iglesias) para indicar que no hay secretos o razones para apelar Sus siguientes acusaciones ya que Él es consciente de todos los negocios de la vida humana en la tierra. Jesús comienza con el elogio por lo que ellos están haciendo bien. Tres palabras describen su rendición de cuentas a Cristo, quien conoce sus "obras" (*ergon*, "en lo que cada uno está ocupado, cualquier cosa que se ha logrado"- doce veces en Apo.2-3). Él supo sus logros, realizaciones y empresas, igualmente su "labor" (*kopos*, "agotamiento, golpes de pecho por el dolor, intenso trabajo unido con problemas y esfuerzo", es decir trabajo hasta el cansancio, y todo esfuerzo). Él conocía la "paciencia" de ellos (*hupomone*, "resistencia, perseverancia" en tratar las circunstancias – no la paciencia con la gente, lo cual usa otra palabra en el Griego). Esto se llama "capacidad de resistencia". Los Efesios estaban celosos y diligentes en su servicio al Señor, a pesar de sus dificultades.

Reflexión: ¿Cómo se ligan estas tres palabras en 1 Ts. 1:3?

EL DISCERNIMIENTO ESPIRITUAL DE ELLOS: PROBÓ A LOS FALSOS APÓSTOLES.

2:2b Cuarenta años antes de que el Apóstol Pablo había advertido que "entrarán en medio de vosotros lobos rapaces, que no perdonarán al rebaño; y de vosotros mismos se levantarán hombres que hablen cosas perversas para arrastrar tras sí a los discípulos" (Hch 20:29-30). Los Efesios probarían[12] a aquellos que decían ser apóstoles, pero que se probó eran falsos.

Los falsos maestros fueron un problema constante para la iglesia primitiva. Jesús les advirtió de los "falsos profetas" (Mt 7:15). Juan les advirtió de "muchos engañadores" (2 Jn.7). Pablo les confrontó a los "falsos apóstoles, obreros engañadores, disfrazándose a sí mismos como apóstoles de Cristo" (2 Co 11:13-15). Estos falsos maestros tenían una cosa en común: ellos todos querían autoridad para dar revelación nueva o "fresca", en lugar de enseñar, explicar y de "dedicarse a las enseñanzas de los apóstoles (genuinos)" (Hch 2:42). Los creyentes deben "probar los espíritus" (1 Jn 4:1-6; ver también 1 Co 14:29), no ingenuamente aceptar a todos los que dicen que ellos tienen una "revelación".

Reflexión: ¿Cómo se compara la actitud de ellos de no "tolerar" esa "maldad" (*kakos*, "equivocada, problemática, injuriosa" – divisiva?), de quienes dicen ser "apóstoles, y no son", con la actitud contemporánea pluralista de aceptación? ¿Cómo crees tú que ellos "probaron" o "trataron" a estos charlatanes?

2:2c Más tarde (2:6) los Efesios son elogiados nuevamente debido a su "odio" por las "prácticas Nicolaítas" (*nikolaites*, "destrucción de gente" – una secta incierta comparada con el error de Balaam (2:14-15) que practicó inmoralidad sexual). En la iglesia primitiva fue una batalla constante el mantener la pureza y la práctica de la doctrina.

Reflexión: ¿Cómo están preparados los Cristianos hoy día para mantener su pureza doctrinal y de su estilo de vida?

SU PERSEVERANCIA

Además, sé que tienes perseverancia, que has sufrido por causa de mi nombre y que no has desfallecido.

2:3 Ellos resistieron la persecución, crítica, pérdida y permanecieron fieles. Hay tres verbos que se usan para describir a los de Éfeso: "Persistieron" (*bastazo*, "tomar con las manos, llevar, llevar en su persona"); "Han sufrido" (*hupomone*, "firmeza, constancia usado en el NT como una característica de un hombre que no es movido de su propósito deliberado de lealtad a la fe); "No se han cansado" (*kopiao*, "cansarse, aflojar el corazón, exhausto"). Ellos sufrieron terriblemente; sin embargo, una característica común de Cristianos que sufren es una tendencia hacia el legalismo, espíritu crítico y aislamiento.

Reflexión: ¿Qué sería necesario para desanimarte de ser fiel a testificar y servir al Señor?

LA REPRENSIÓN (2:4)

"Sin embargo, tengo contra ti que has dejado tu primer amor."

2:4 El sello de los Efesios y su compromiso a la pureza tal vez les dio a ellos un sentido de orgullo del logro, legalismo y falsa espiritualidad que los cegó de tal forma que ellos "dejaron" (*aphiemi*, "echar, divorciar, abandonar, renunciar") a su "primero amor". El verbo pone énfasis en un hecho por el cual ellos son responsables. En el pasado ellos se caracterizaron por su amor (Ef 1:15). Tristemente, este es un error fatal típico de una segunda-generación de Cristianos. Cristo tenía todavía sus manos (trabajo agotador), sus cabezas (doctrina pura), pero no sus corazones (devoción a Cristo y motivación desinteresada de darse a sí mismo por otros). Como Martha (Lc 10:38-42) ellos estaban tan ocupados trabajando para Cristo que no tenían tiempo o pasión para amar o adorarle a Él. Evidentemente, ellos estaban sirviendo para motivos egoístas o aprobación de hombres.

Reflexión: ¿Estaban ellos sirviendo para beneficio personal, reputación, fama u orgullo de ser los mejores? ¿Podría ser este un síntoma de la segunda generación de Cristianos?

Reflexión: Israel cayó en la misma trampa con las generaciones siguientes. Vea Jer 2:2-13 y Ez 16:8-15 por cómo la religiosidad superficial de ellos le hirió a su Dios.

LA EXHORTACIÓN (2:5-6)

Externamente la iglesia de Éfeso era una iglesia muy "espiritual" con una reputación de sacrificio y pureza doctrinal, pero la fama es el caldo de cultivo para el orgullo y la justicia propia, que se desliza suave y sutilmente. La vitalidad espiritual no se mide por la intensa actividad.

Recuerda, por tanto, de dónde has caído. ¡Arrepiéntete! Y haz las primeras obras. De lo contrario, yo vendré pronto a ti y quitaré tu candelero de su lugar, si no te arrepientes.

Tres cosas que se necesitan:

2:5 a Recuerda. Los juegos de la mente o los patrones de pensamiento que se deslizan dentro de nuestra consciencia deben ser constantemente desafiados por la realidad de la Palabra de Dios. Es muy fácil engañarnos a nosotros mismos de que somos mucho mejores o mucho más espirituales de lo que realmente somos. Los Efesios debían "recordar" (imperativo presente, por lo tanto, "mantenerse recordando, reflejando, recordando el pasado"), cuando ellos, como iglesia y como individuos, estuvieron apasionados de agradar solamente al Señor Jesús. La descripción, "has caído", es un tiempo presente que significa una acción completada con resultados continuos, por lo tanto un estado del ser, no un proceso. Ellos estuvieron trabajando en la energía de la carne en toda su frustración, motivación vacía, tratando de agradar a otros para ganar la aprobación de ellos, pero enfocándose poco en Jesús.

Reflexión: Alguien había dicho: ¿"Puedes tú recordar un tiempo en el que caminaste más cerca del Señor? ¿Quién cambió?" Cristo no quiere un servicio "tengo-que", sino un ministerio que tiene el deseo de agradar solamente a Jesús.

2:5b Arrepiéntete, Griego: *metanoeo*, significa "cambiar la mente o el propósito, cambiar decisión, valores, creencias o prioridades de uno". Comienza con una imagen de en dónde está uno equivocado, luego un cambio de mente y corazón para ser humildemente transformado en cuerpo y mente (Ro 12:1). El tiempo de verbo es aoristo, lo cual enfatiza una acción inmediata, urgente y una-vez-para-siempre. Si los Efesios ya estaban trabajando, perseverando, resistiendo y separándose del mal, ¿A qué "obras" debían ellos regresar?

Reflexión: ¿Era adoración y culto el que ellos se pierdan en sus ocupaciones? ¿Hay una respuesta a esto en 1 Ts 1:3?

2:5c Repite: "Y haz las primeras obras". Esto no se refiere a más actividad. La palabra "primeras", protos, significa "primero en tiempo, lugar o rango". Esto se refiere a su primera experiencia Cristiana cuando ellos por primera vez sintieron el gozo del perdón de sus pecados y la comprensión de lo que Jesús hizo por ellos en la cruz a fin de tener la posibilidad de perdonarles de manera justa. El amor y la motivación que esto generó hacia Jesús fue refrescante, inmerecido y por lo tanto inmensamente apreciado. Sus corazones estaban desbordantes de gratitud hacia Jesús y solo trataban de decirle "gracias" de todas las formas como sean posibles, especialmente tomando seriamente todo lo que Él dijo (Jn 14:15).

Advertencia: Si este mandamiento no es escuchado, Jesús dijo: "Yo vendré pronto a ti y quitaré el candelero de su lugar". La palabra "quitaré" (kineo, "causa para irse, cambiarse de lugar", THAYER) da la idea de que se le mueve al candelero a otro lugar y la pérdida del impacto de ser usado como una luz en el mundo. La iglesia de Éfeso llegó a ser una iglesia líder por todo el siglo 5, luego decayó. Note el uso de "pronto" (tachu) nuevamente significando que cuando comience, sucede sin demora.

Reflexión: ¿Cómo se asemejaría la retirada del candelero a "Icabod" de 1 S 4:21?

Nicolaítas – aquellos que rehúsan someterse a los mandamientos

2:6

"Pero tienes esto: que aborreces los hechos de los nicolaítas, que yo también aborrezco.

2:6 La reiteración del elogio de "odiar" los "hechos de los nicolaítas-que yo también aborrezco", dijo Jesús (esto se repite en el 2:16). Se cree que los Nicolaítas eran una secta (a veces es asociado con Nicolás, uno de los siete

Templo en Efeso

diáconos originales de la iglesia de Jerusalén según Hch 6:5) quien aparentemente enseñó que los Cristianos podían participar en comportamiento inmoral con impunidad. Esta herejía parece asociada con la doctrina de Balaam en el 2:14-15, que aparece ser una secta antinominiana13 que abogaba por la licencia o inmunidad en el comportamiento Cristiano, incluyendo el amor libre. De alguna manera "odiar" una cosa mientras están regresando a su "primer amor" parece incongruente. La clave está en la última frase, "que yo también aborrezco". Nadie puede amar a Jesús sin ser como Él, odiando lo que Él odia y amando lo que Él ama. Son inseparables. En Éfeso este era un tema de ciertas acciones, pero en Pérgamo era tolerado como norma. Si no se corrige rápidamente a la doctrina desviada llevará a la inmoralidad y a nulificar la Palabra de Dios.

Reflexión: ¿Puedes pensar en ejemplos del mundo actual de cosas que los Cristianos deberían odiar?

La Promesa (2:7)

2:7a

"El que tiene oído, oiga lo que el Espíritu dice a las iglesias.

2:7a El imperativo "oiga" (*akouw*, imperativo aoristo: "urgentemente") significa "atender a, entender, aprender, tomar seriamente", "lo que el Espíritu dice a las iglesias" (¿no el ángel?). Note que la apelación comienza con el individuo, luego se aplica a las iglesias. El Espíritu habla a las iglesias a través de la Palabra escrita de Dios, no de ángeles. Esta no es una sugestión, sino un mandamiento. Note: Jesús está hablando con Juan, pero el texto se refiere a lo que el "Espíritu dice", por lo tanto la referencia es cómo el Espíritu usa luego la Palabra que Juan está escribiendo para dar la voluntad de Dios al lector (1:3) en las iglesias que están abiertas a aprender ("oye") la voluntad de Dios.

Reflexión: Cómo contestarías: ¿Tengo yo un oído para oír la Palabra de Dios?

El sujeto de la promesa

2:7b

Al que venza le daré de comer del árbol de la vida que está en medio del paraíso de Dios.

2:7b La frase, "al que venza" (*nikao*, "sale victorioso" como al "ganar un caso legal", VGNT), es primeramente, descrito por Juan como aquel en quien "habita la Palabra de Dios" (1 Jn 2:13); segundo, aquel en quien habita el Mayor (1 Jn 4:4); tercero, es aquel que es "nacido de Dios" (1 Jn 5:4); y finalmente, es aquel que "cree que Jesús es el Hijo de Dios" (1 Jn 5:5). Fe en Cristo, no una fe individual, ése es el concepto de este término. El que venza ha superado el poder condenatorio del sistema pecaminoso mundial al confiar en la gracia transformadora de Dios. Cinco de las siete iglesias estaban comenzando a exhibir un espíritu mundano, pero todas las siete iglesias tenían algunos que se convirtieron en vencedores.

Reflexión: ¿Quiénes son los vencedores?

El premio prometido

...le daré de comer del árbol de la vida que está en medio del paraíso de Dios.

2:7c Al tal le es dado el "derecho de comer del árbol de la vida". La frase "le daré de comer" significa otorgarle el "derecho" al árbol. No se nos ha dicho lo que esto significará para el participante, pero no es el derecho a la salvación, no necesariamente para mantener la salvación de uno, la cual es por fe, sin mérito alguno. Este árbol está en el medio del "Paraíso" de Dios (paradeisus, "parque de placer" del mundo Persia, en el siglo LXX (Grecia del AT) se usaba para traducir "Jardín" del Edén- Gn 2:8). Debido a este árbol literal, Dios los sacó del Jardín a Adán y Eva para que no pudieran comer de él (Gn 3:22). Jesús se encontró con el ladrón en el Paraíso14 después de su crucifixión (Lc 23:43), y es el sitio del árbol celestial de la vida (Ap. 22:2, 14, 19) que durará por la eternidad. Una de las expresiones más lindas de Dios otorgando el estado de "vencedor" a la gente de fe se ve en Oseas 14:1-4.

Reflexión: ¿Cuántas comparaciones para el creyente de hoy puedes encontrar en el pasaje de Oseas?

B. LA IGLESIA DE ESMIRNA (2:8-11)- LA IGLESIA SUFRIENTE.

A treinta y cinco millas al norte de Éfeso, sobre el Mar Hageo, estaba Esmirna, una ciudad reedificada por Alejandro Magno la cual llegó a ser rival de Éfeso, especialmente en idolatría. Aunque no tiene nombre en Hechos o en las epístolas Paulinas, probablemente fue fundada por los discípulos que salieron de Éfeso (Hch 19:10), como lo fue la iglesia de Colosas. Aunque era una de las ciudades más bellas del Asia ("el Ornamento de Asia") los edictos imperiales contra la Cristiandad fueron estrictamente reforzados aquí. Esmirna era una ciudad adinerada ya que controlaba el mercado del rico valle Hermo. Fue la primera ciudad en el mundo que erigió un templo a la diosa Roma y al espíritu de Roma. Policarpio, el último discípulo del Apóstol Juan, fue asesinado aquí en el año 168 DC. La fidelidad de Esmirna a Roma hizo de cualquier otra religión un signo de rebelión, por lo tanto Cristo dijo a esta iglesia, "sé fiel hasta la muerte".

El sufrimiento no debe ser considerado inusual en la vida Cristiana. "tened por sumo gozo cuando os halléis en diversas pruebas, sabiendo que la prueba de vuestra fe produce paciencia... para que seáis perfectos y cabales, sin que os falte cosa alguna" (Santiago 1:2-4).

Reflexión: ¿Por qué Pedro considera el sufrimiento tan valioso para los Cristianos según 1 Pe 5.10?

La persecución tiende a purificar al creyente; los hipócritas no se quedan cuando ellos tienen que sufrir o hacer conocer su fe. No es coincidencia que las iglesias de Esmirna y Filadelfia no recibieron ninguna represión en su carta de parte del Señor Jesús.

2:8 El Destinatario

2:8

"Escribe al ángel de la iglesia en Esmirna: El primero y el último, el que estuvo muerto y vivió, dice estas cosas:

2:8 Típicamente un escritor de carta identifica al autor al principio de la carta (en nuestra cultura nosotros esperamos hasta el final de la carta). Aquí el Autor se identifica a Sí mismo como "El primero y el último" (como en 1:17; 21:6; 22:13), por lo tanto es el Dios eterno que se hizo hombre. Él voluntariamente dio Su vida para sufrir lo que los pecadores hubieran tenido que sufrir por su pecaminosidad, y se levantó de la muerte para ofrecer a todos los hombres los beneficios de Su muerte y resurrección si ellos confían en Él. Una traducción literal es, "Él vino para morir y comenzar a vivir o volver a la vida", refiriéndose a la cruz y a la resurrección. Así el sufrimiento del Salvador es revelado a la iglesia de Esmirna, que significa "mirra", una substancia de resina de goma del árbol, como un arbusto que cuando se le aplasta da una fragancia poderosa muy usada en los entierros. Sin importar cuán doloroso era la persecución en Esmirna, el Salvador había sufrido lo peor que la vida humana pudiera traer, por lo tanto Él entiende nuestro sufrimiento y es el Consolador siempre presente (He 2:15-18, 4:15).

Reflexión: ¿Cómo es Cristo un ejemplo para esta iglesia perseguida de Hebreos 12:3-4?

2:9 Características de la iglesia

Yo conozco tu tribulación y tu pobreza -aunque eres rico-, y la blasfemia de los que dicen ser judíos y no lo son; más bien, son sinagoga de Satanás.

2:9a Nuevamente Jesús declara, "Yo conozco" (*oida*, "llegar al conocimiento a través de la experiencia") tu "angustia" (*thlipsis*, "presión, metaf., aflicción", esp. fuentes externas que presionan internamente) es decir que tratan de destruir a la iglesia. Jesús había advertido que la "tribulación o persecución" vendría como una reacción a la proclamación de la "palabra" (Mt 13:21), lo cual probaría la realidad de la conversión de ellos. Así mismo Él conocía de su "pobreza" (*ptocheia*, "condición de la destitución de las riquezas de uno, extremadamente pobre, vida de un mendigo, o totalmente dependiente de otros") lo cual tal vez se refiere a los esclavos o creyentes que han perdido todo como resultado de la persecución y la "difamación" (*blasphemia*, "blasfemia, injuria, hablar acusando"), lo cual resultaba en persecución.

Reflexión: Si se te burlaron, ridiculizaron, persiguieron, o rechazaron debido a tu fe, ¿puedes sentir el alivio de conocer que Cristo está contigo y sufrió de forma similar?

¿Cuál es el sentimiento de compartir la pobreza de Cristo?

Agora de Esmirna

2:9b Esmirna fue el centro que lideró el culto de adoración al emperador y la devoción fanática a Roma. Los Cristianos estaban deseosos de someterse a la autoridad civil del emperador (como Ro 13:1), pero rehusaban a hacerle sacrificios, por lo que eran considerados traidores y rebeldes. Además, los

Cristianos se rehusaron a reconocer el panteón pagano de los ídolos (Zeus, Atenas, Apolo, Afrodita, Asklepios y Cibele) prefiriendo a un Dios invisible, lo cual les trajo la acusación de parecer ser ateos. Sus religiones paganas eran el centro de su vida social, por lo tanto hacían aparecer a los Cristianos como anti sociales, levantando más sospechas. Todo en la vida pagana estaba relacionado a su religión, como lo es hoy día en los países paganos.

Reflexión: ¿Deberían ser los Cristianos más compatibles y deberían compartir las actividades paganas?

2:9c Para hacer peor las cosas, los Judíos incrédulos acusaron a los Cristianos de canibalismo (malentendiendo la Cena del Señor), inmoralidad (exageración de la intimidad en el saludo con el "beso santo"- ej. Ro 16:16; 1 Co 16:20, etc.), desintegrar la familia (Cuando una esposa se convertía al Cristianismo creaba conflictos- Lucas 12:51-53), y deslealtad y rebelión política (los Cristianos rehusaban ofrecer los sacrificios requeridos al emperador). Jesús declaró que estos Judíos, que acusaban, no eran realmente Judíos (racialmente eran Judíos, pero religiosamente paganos, como la mayoría de judíos hoy en día), pero eran parte de la "sinagoga de Satanás". Esta descripción implica que los Judíos se reunían para juntarse con Satanás para trazar la destrucción de la Cristiandad.

Reflexión: ¿Tienen actualmente los Cristianos evangélicos grupos que los difaman, los presentan mal y están comprometidos a destruir a la Cristiandad? Si la respuesta es sí, ¿quiénes son ellos?

Más reflexión: Hay una gran diferencia entre perder todo y sufrir debido a un colapso económico, accidente, errores absurdos o enfermedad, y sufrir por el testimonio dado por Cristo: ¿Qué crees que Jesús quiso decir cuando Él declaró que ellos eran "ricos"? Chequea los siguientes versículos:

1 Co 1:5

2 Co 6:10

2 Co 8:9

Ro 8:18

Stg 2:5

Ap 3:18

El mandamiento (2:10)

No tengas ningún temor de las cosas que has de padecer. He aquí, el diablo va a echar a algunos de vosotros en la cárcel para que seáis probados, y tendréis tribulación por diez días. Sé fiel hasta la muerte, y yo te daré la corona de la vida.

2:10 El imperativo, "No tengas ningún temor" (*phobeo*, "poner en fuga por el terror, incautados por el miedo" –la misma palabra puede también significar una "reverencia o veneración" en un diferente contexto) es un imperativo presente, por lo tanto "continuamente y repetidamente" estar con miedo. Más persecución iba a venir. Jesús le había dicho a Juan 60 años antes, "En el mundo tendréis tribulación, pero no temas; Yo he vencido al mundo" (Jn.16:33). La persecución era solamente una "prueba" (*peirazo*, "prueba con el propósito de determinar su calidad", o "proponer el pecado") instigado por Satanás a través de los funcionarios locales, pero tendría una corta duración, solamente "diez días". La mayoría de persecuciones romanas desde el año 100 al 312 DC fueron puntuales, cortas e intensas, solamente la persecución final fue sobre el imperio entero y duró 10 años (302-312 DC). ¿Pudieron haber sido estos los "diez días"?" Los creyentes verdaderos no estuvieron atemorizados por la amenaza de muerte o dolor, ya que Cristo estaba con ellos y Él había pasado por un peor sufrimiento antes que ellos. El honor de sufrir por Cristo fue el sello de la fidelidad en las iglesias primitivas.

Reflexión: ¿Cómo animan estos versículos a los creyentes?

Sal.56:11

2 Co 12:9-10

La Promesa (2:11)

"El que tiene oído, oiga lo que el Espíritu dice a las iglesias. El que venza, jamás recibirá daño de la muerte segunda.

2:11 Sin una reprimenda, Jesús promete a los fieles (vencedores) que ellos "jamás recibirán daño de la muerte segunda". Jesús había advertido a Sus discípulos que no había nada más terrorífico que la "segunda muerte", la cual será explicada en Ap 20:6, 14; 21:8. Ningún creyente enfrentará nunca la segunda muerte (Jn 5:24; 11:25; Ef 2:1, 5). Él dijo, "Y no temáis a los que matan el cuerpo, mas el alma no pueden matar; temed más bien a aquel que puede destruir el alma y el cuerpo en el infierno" (Mt 10:28), es decir, Jesús Mismo. Pero este nunca será el destino de los seguidores de Jesús. Santiago había escrito que por permanecer fieles al Señor hasta la muerte, tendrán una "corona de vida" (1:12).

Reflexión: ¿Cómo responderías si tuvieras un cuchillo en tu garganta y una cámara grabando tus últimas palabras, y se te está diciendo que renuncies a tu fe en Jesús o mueres? Escribe tu respuesta:

C. LA IGLESIA DE PÉRGAMO (2:12-18) – LA IGLESIA COMPROMETIDA O LA IGLESIA SOBRE TOLERANTE.

Pérgamo estaba ubicado a 20 millas de de la costa y a 45 millas al norte de Esmirna. Había sido la capital de la provincia romana del Asia durante 250 años y era una gran ciudad. Era una ciudad inmensa y tenía un Acrópolis sobre una cresta de mil pies encima de una ciudad más baja. Un templo era dedicado al culto del emperador Augusto (29 AC), que se convirtió en la mayor piedra de tropiezo para la iglesia Cristiana primitiva. La referencia al "trono de Satanás" (2:13) es a menudo interpretada como la adoración al emperador en el Templo de Trajano, junto con una abundancia de deidades (templos para Zeus, Atena, Dionisio, Asclepio, Serapis, Demetrio, etc. han sido encontrados). Sus habitantes eran conocidos como los guardianes del templo principal de Asia. Cuando el culto Babilónico de los Magos fue expulsado de Babilonia, ellos encontraron un refugio en Pérgamo.15 La ciudad albergó la segunda biblioteca más grande del imperio con 200.000 volúmenes, los cuales fueron un regalo de Antonio para Cleopatra, que se considero a sí mismo como el defensor de la cultura Griega. No hay mención en el Libro de Hechos de la fundación de la iglesia de Pérgamo. Pablo pasó por esta región en Hechos 16:7-8, pero es probable que la iglesia haya sido fundada por los discípulos de Pablo desde Éfeso (Hch 19:10). La intensa cultura pagana intensa hizo que sea muy riesgoso vivir un estilo de vida diferente.

El Destinatario (2:12)

2:12

"Escribe al ángel de la iglesia en Pérgamo: El que tiene la espada aguda de dos filos dice estas cosas:

2:12 El desafío de ser el primero en proclamar el evangelio y plantar una iglesia en cualquiera de estas ciudades primitivas no puede ser sobrestimado, especialmente en Pérgamo. La única esperanza para ellos era un mensaje que tenía el poder de Dios (Ro 1:16) para obrar en los corazones de los idólatras paganos fanáticos. La reiteración de las imágenes de la espada (romfaia, "una espada larga pesada, ancha usada por los Tracios y otras naciones bárbaras) desde el 1:16 y el 19:15 se refiere al concepto de autoridad irresistible y fuerza devastadora del juicio del Señor.

La espada es un símbolo de la Palabra de Dios en He 4:12, el cual declara, "la palabra de Dios es viva y eficaz, y más cortante que toda espada de dos filos; y penetra hasta partir el alma y el espíritu, las coyunturas y los tuétanos, y discierne los pensamientos y las intenciones del corazón". Pablo también usó esta metáfora para describir la Palabra de Dios en Ef 6:17. El juicio de Cristo será cumplido precisamente como se describe en la Palabra revelada.

Reflexión: ¿Cómo se usan las imágenes de la "espada" en Ap 19:15? ¿Es positivo o negativo?

El Elogio (2:13)

Yo conozco tus obras, y dónde moras, donde está el trono de Satanás; pero retienes mi nombre, y no has negado mi fe, ni aun en los días en que Antipas mi testigo fiel http://biblia.com/fue muerto entre vosotros, donde mora Satanás.

2:13b Para sobrevivir en el fin del 1er siglo se debió requerir un compromiso considerable con la verdad en medio de una miríada de actividades idólatras por doquier en la ciudad, especialmente el culto de adoración al emperador, el cual requería un sacrificio anual como signo de lealtad. Esta guerra espiritual (descrita en Ef 6:10-18) requiere del conocimiento de la verdad y la justicia (v.14), un claro entendimiento del evangelio (v.5), una fe segura (v.16), una salvación personal, cómo usar la Palabra de Dios (v.17) y estar constantemente orando, mirando, perseverando y suplicando por todos los santos (v.18). Note la forma en cómo esto es más práctico que místico. Es probable que Antipas (que significa "contra todos") fue ejecutado porque se rehusó a ofrecer el sacrificio al emperador.

Reflexión: ¿Cómo pueden ser los cristianos veraces y fieles en un área de sus vidas y comprometer su testimonio en otras áreas? ¿Pasa esto actualmente?

La Reprensión (2:14-15)

2:14

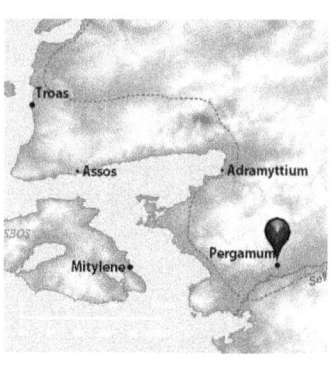

"Pero tengo unas pocas cosas contra ti: que tienes ahí a los que retienen la doctrina de Balaam, que enseñaba a Balac a poner tropiezo ante de los hijos de Israel, a comer de cosas sacrificadas a los ídolos, y a cometer infracción.

2:14a Por extraño como pueda parecer, los Cristianos morirán por la verdad, y comprometidos con la moralidad. Jesús declaró que hubieron algunos en la iglesia que siguieron "las enseñanzas de Balaam". Para aquellos que minimizan la importancia de la exactitud y conformidad doctrinal a la Palabra revelada de Dios vino esta advertencia contra tres falsas enseñanzas, que se habían introducido en la iglesia provocando la reprensión del Señor Jesús. La enseñanza de Balaam era una distorsión de la doctrina Cristiana de libertad presentada en 1 Co 8-10 Ro 14:1-15:3. Cuando Balaam se dio cuenta de que no podía maldecir a Israel, él intentó corromperlos atrayéndolos a casarse con las hermosas mujeres de Moab, contaminar su singularidad y disolver su separación del mundo. Las prácticas corruptas paganas invadirían la moralidad de Israel.

Reflexión: ¿Qué hizo Dios para detener la expansión de las enseñanzas de Balaam en Israel (Nm 25:4-5,9)?

¿Cómo interpretó Pedro la doctrina de Balaam por los años 60 DC según 2 Pe 2:15-16?

2:14b...que enseñaba a Balac a poner tropiezo delante de los hijos de Israel, a comer de lo sacrificado a los ídolos y a cometer inmoralidad sexual...

2:14b La iglesia de Pérgamo ignoró las enseñanzas del apóstol Pedro, escogiendo seguir las enseñanzas y filosofía de Balaam. Evidentemente ellos asistieron a las fiestas paganas y se unieron en sus bebidas e inmoralidades sexuales, mientras que seguían adorando a Jesús en sus reuniones en la iglesia. Hoy podríamos comparar esta conducta con la influencia peligrosa de la pornografía y la creencia común entre algunos Cristianos de que ellos así pueden practicar inmoralidad secreta y ser perdonados fácilmente. El fundamento moral

Acropolis and Theater at Pergamum

del creyente es destruido.

Reflexión: ¿Hacían esto para no ofender a sus vecinos paganos? ¿Era este un exagerado evangelismo por amistad? ¿Cómo se aplican los siguientes versículos a los estilos de vida de la iglesia de Pérgamo (y a los creyentes de hoy en día)?

Santiago 4:4

1 Pe.1:18 y 2:11

2:15

Y también tienes a los que retienen la doctrina de los nicolaítas,

2:14c-15 El error final de algunos miembros era seguir la doctrina de los "Nicolaítas". La introducción, "asimismo", indica que la doctrina de Balaam y la de los Nicolaítas generaban la misma inmoralidad y comportamiento sexual secreto. Exagerando el perdón y la gracia de Dios, ellos enseñaron que los Cristianos podían participar en orgías paganas, ej. comportamiento pornográfico antiguo. Tal vez la mayoría de la iglesia de Pérgamo no participaba de este error, pero al tolerar este comportamiento y seguir adorando juntos, la iglesia compartía la culpa, lo cual pronto traería el juicio del Señor. El propósito final de estos falsos maestros es anular la autoridad de la Palabra de Dios (esp. Los mandamientos) creando un compromiso con el mundo (su punto de vista, cosmovisión, valores, prioridades y prácticas) lo cual neutralizaba su testimonio hacia los perdidos. Muchos practican adoración superficial el domingo, pero acarrean deseos e inmoralidad en sus vidas privadas. Algunos evitan toda forma de inmoralidad y mundanalidad, pero tienen un corazón lleno de celos, amargura, crítica, envidia y se consumen con la acumulación egoísta de "cosas", fama o fortuna para su propio placer.

Reflexión: ¿Fueron comunes en las iglesias primitivas estas falsas enseñanzas de no ser críticos de la inmoralidad? (vea 1 Co 12:2)

Revisión Histórica: Después de que el emperador Constantino declaró a la Cristiandad como legal y tolerada (313), fue constituida como la religión del estado (380) con la autoridad civil que reforzaba su dogma y someta al imperio a unirse alrededor de la señal de la cruz. Por lo tanto, la iglesia se convirtió en cómplice de la inmoralidad del estado, encontrando difícil detener los abusos, ya que rápidamente se acomodó al poder y a las finanzas que se unieron a los propósitos "espirituales" de la iglesia. En el año 392, el Emperador Teodosio I pasó la ley que prohibía todo culto de adoración pagano. La ley después de eso solo permitió la Cristiandad Romana, castigando todo otro culto con tortura y muerte. Esto decreto luego se convertiría en la justificación para el ejercicio de la Inquisición contra los Musulmanes, Protestantes y otros Cristianos disidentes, ¡mil años más tarde!

Reflexión: ¿Por qué algunos de los creyentes (Anabautistas), siglos más tarde, insisten en la "separación de la iglesia y el estado"?

El Mandamiento (2:16)

2:16a

tanto, arrepiéntete; pues si no, vendré a ti pronto, y pelearé contra ellos con la espada de mi boca.

2:16a En el NT se usa la palabra "arrepiéntete" treinta y dos veces, para reflejar un cambio de creencias y valores para conformarse a la Palabra de Dios en pensamiento y obra. "Arrepiéntete" (metanoeo, aoristo imperativo: "decidir inmediatamente...", "cambiar tu mente"). Cualquier rechazo a conformarse a la Palabra de Dios resultará en la venida de Jesús para "pelear contra" tales personas. ¡Esto no es bueno! La misma palabra se usa en la Segunda Venida: "y con justicia juzga y pelea" (19:11). En ese pasaje del tiempo final "de Su boca sale una espada aguda" (19:15) lo que se compara a la advertencia contra Pérgamo de la venida de Cristo con "la espada de mi boca". Esto sugiere que el juicio está basado en la verdad de Su Palabra. Si uno aprende lo que la Palabra de Dios declara, y se rehúsa a cambiar, conformándose a las creencias de uno, los valores y el comportamiento opuesto a sus mandatos, entonces las consecuencias pueden ser dolorosas. Temer al Señor significa creer seriamente que Él hará exactamente lo que Él dice.

1 Co 5:6-7
2 Ti 2:24-26

2:16b

...Pues de lo contrario vendré pronto a ti y pelearé contra ellos con la espada de mi boca.

Temple of Trajan at Pergamum

2:16b La advertencia de "vendré pronto a ti" (tacheos, "rápidamente, velozmente"), ej., cuando la respuesta de Cristo comience será inevitable e inescapable. Es la misma palabra que se usa en Ap 22:12, "Yo vengo pronto". O bien el creyente se arrepienta de su mundanalidad y se comprometa a obedecer los principios y mandamientos bíblicos, o se enfrentará a la disciplina o castigo divino y a la pérdida de la capacidad de la luz brillante del ministerio de la iglesia. El verdadero Cristiano debería vivir en la Palabra y por la Palabra permitiendo que ella transforme su mente para ser como Cristo (Ro 12:1-2; 1 Co 2:16).

Reflexión: ¿Qué debería ese "pronto" provocar en nuestro estilo de vida? (Vea 1 Jn 3:3).

La Promesa (2:17)

2:17a

"El que tiene oído, oiga lo que el Espíritu dice a las iglesias. Al que venza le daré de comer del maná escondido, y le daré una piedrecita blanca y en la piedrecita un nombre nuevo escrito, que nadie conoce sino el que lo recibe.

2:17a La frase repetida, "el que tiene oído, oiga…" Al caminar con Cristo debe haber un deseo de entender, cambiar y obedecer todo lo que está escrito en la Palabra de Dios. Esto es evidenciado por nuestro compromiso de leer, estudiar y meditar en cómo aplicar a nuestras vidas todo lo que está dicho en la Palabra de Dios. Obviamente esta es una búsqueda de toda la vida.

Reflexión: La mejor manera de hacer esto es preguntarse a sí mismo constantemente: ¿Qué significa este versículo que yo debo obedecer hoy día?

2:17b

…al que venza le daré de comer del maná escondido, y le daré una piedrecita blanca y en la piedrecita un nombre nuevo escrito, que nadie conoce sino el que lo recibe.

2:17b A los "vencedores" fieles o "conquistadores" (1 Jn 5:4-5) Cristo promete que les dará tres cosas.

Primero, Él promete darles "el maná escondido". El hecho de que está "escondido" (*krupto*, participio pasivo perfecto: "habiendo sido…" – "oculto, desconocido, mantenido en secreto") sugiere un significado metafórico. "Maná" era un pan de sabor dulce que milagrosamente apareció diariamente durante los cuarenta años para que Israel sobreviva en el desierto (Ex 16). La nutrición "escondida" que se le promete a la iglesia se refiere al "pan de vida.. el pan que vino del cielo, para que la persona pueda comer de él y no morir… Si alguno come de este pan vivirá para eternamente…" (Jn 6:48-51).

Esta es la bendición de conocer a Cristo (Ef 1:3). Una porción del maná estaba ubicado y escondido en el Arca del Pacto (Ex 16:32-34; He 9:4), para recordar siempre a Israel que Dios fue fiel en proveerles y sostenerles en las peores circunstancias.

Reflexión: ¿Cómo te apropias diariamente de este pan (Heb 3:7)?

2:17c

...le daré una piedrecita blanca y en la piedrecita un nombre nuevo escrito, que nadie conoce sino el que lo recibe.

2:17c *Segundo*, Él prometió darles a ellos "una piedra blanca", (*pshfos*, "piedra preciosa" como un diamante), que solo se refiere aquí en las Escrituras. "Blanca" (*leuke*) significa "espléndida, o brillante". Entonces, se debe entender como un concepto cultural del primer siglo. Había una costumbre Romana de conceder una piedra blanca con sus nombres inscritos para los atletas campeones, los gladiadores y los guerreros cuando retornaban de la batalla. Si esto pertenece a nuestra entrada en la gloria, observe cómo los "vencedores" son tratados en Pe 1:10-11. Lo que sea que represente, significa un privilegio especial por la fe del creyente.

Reflexión: ¿Crees tú que vale la pena el esfuerzo? (Vea también 1 Co 15:58)

2:17d

...y en la piedrecita un nombre nuevo escrito, que nadie conoce sino el que lo recibe.

2:17d *Tercero*, Él prometió un "nuevo nombre" (*kainos*, "nueva clase, sin precedentes, u original") esto es cualitativamente diferente. Si todas las cosas serán hechas "nuevas" entonces seremos conocidos por nuestro nuevo nombre, en lugar de nuestro nombre y reputación viejos. Podría mostrar un reconocimiento especial, o significar una nueva responsabilidad o privilegio en el reino de Cristo. Lo que sea que esto pueda significar, se supone que deben ser muy motivacionales y que vale la pena. Había muchas razones para arrepentirse, tanto por la amenaza del juicio cuanto por el beneficio de la obediencia; sin embargo, depende siempre del corazón de los creyentes.

Reflexión: ¿Estás deseando arrepentirte del pecado que te aqueja o de cualquier creencia contraria a la Palabra de Dios?

C. LA IGLESIA DE TIATIRA (2:18-29) – LA IGLESIA MUNDANA

La ciudad (Población estimada, 17.000) está localizada cerca de 42 millas hacia el interior de la tierra, al SE de Pérgamo, entre Pérgamo y Sardis. Un barrio en el centro de la ciudad llamado Parque Arqueológico (visto abajo) ha dado información sobre los gremios (sindicatos) de panaderos, forjadores de bronce, trabajadores de la lana, alfareros, tejedores de lino, curtidores que eran activos en la ciudad. Esos clanes a menudo tenían banquetes, los cuales incluían comer comida ofrecida a los ídolos y actos sexuales inmorales. Estos gremios hacían difícil que los creyentes tengan profesiones que requerían membresía en estos sindicatos inmorales.

Uno de las convertidas de Pablo en Filipos se llamaba Lidia, de Tiatira, una "vendedora de telas de púrpura" (Hch 16:13-15), por lo tanto el mercado de Tiatira se extendió a Macedonia.

Los Receptores (2:18)

2:18

"Escribe al ángel de la iglesia en Tiatira: El Hijo de Dios, que tiene sus ojos como llama de fuego y sus pies semejantes al bronce bruñido, dice estas cosas:
2:18 Cristo se revela a Sí Mismo de maneras que son lo más relevantes para cada iglesia desde el 1:12-17, aquí Él es visto como juez divino. El tutelar dios del sol de Tiatira, Tyrimnaios, está representado como rayos de llamas y pies de bronce bruñido como Apolo encarnado (como el emperador era considerado), en contraste a la representación de Jesús en el v.18. A Jesús se lo presenta como el "Hijo de Dios", que hace hincapié en Su esencia con el Padre (Jn 5:18, "... él estaba también llamando Dios a su propio Padre, haciéndose, entonces, igual a Dios"). Este es el único uso del título "Hijo de Dios" en el Apocalipsis. Por cierto, este es el título más ofensivo para Cristo en el mundo Musulmán.16 Aquí el énfasis está sobre esta asamblea adúltera en el juicio. Sus "ojos como llama de fuego"

que miran todo, descubren todo (similar en el 19:12 y Dn 10:6), y consume su objetivo. Esta iglesia hipócrita pronto será descubierta. Los pies "semejantes al bronce bruñido" (como 19:15), para cuando Él "pisa el lagar del vino del furor de la ira de Dios, el Todopoderoso", al pisar todas las impurezas. Esta persona no es Alguien a quien podemos engañar, ni Alguien que ignora la desobediencia.

Reflexión: ¿Cómo se relaciona 1 Pe 4:17 con esta imagen de Cristo?

El Elogio (2:19)

2:19

Yo conozco tus obras, tu amor, tu fidelidad, tu servicio y tu perseverancia; y que tus últimas obras son mejores que las primeras.

2:19 Esta es la única iglesia elogiada por mejoras en asuntos espirituales, pero ellos toleraron a "Jezabel". Típicamente, Jesús miró lo positivo antes de expresar Sus preocupaciones. Las obras de ellos cayeron en 4 categorías: (1) "amor" (en la que Éfeso fue débil, Tiatira fue fuerte), que busca beneficiar a otros sin necesariamente tener una preocupación por las necesidades propias; (2) "fe" (*pistis*, "fidelidad"). Aquí los verdaderos creyentes fueron confiables, seguros y consistentes (v.25). Existe una interrelación entre el amor y la fe según Gá 5:6; Ef 1:15; 3:17; y Col 1:4; (3) "Servicio" (*diakonia*, "ministrar a las necesidades de otros" – 32 veces en el NT) que es motivado por el amor, el cual busca beneficiar a otros sin importar cómo uno puede sentirse en cuanto a ellos; (4) perseverancia (*hupomone*, Lit. "permanecer debajo de", por lo tanto "constancia, resistencia"). Ellos aprendieron cómo permanecer bajo presión para terminar una tarea. Como resultado el Señor Jesús los elogió.

Reflexión: ¿Por qué busca Jesús examinar a sus hijos en 1 Co 4:5?

Los Reproches (2:20-23)

2:20a

"Sin embargo, tengo contra ti que toleras a la mujer Jezabel, que dice ser profetisa, y enseña y seduce a mis siervos a cometer inmoralidad sexual y a comer lo sacrificado a los ídolos.

2:20a Jesús sostiene la acusación del pecado contra el creyente, aunque puede ser perdonado. Él no dejará que el pecado siga sin que sea confrontado y castigado. Los creyentes son la reputación de Jesús en este mundo, por lo tanto Él es muy protector de Su nombre.

Reflexión: ¿Cuál es la característica de una relación con Jesús según He. 12:6?

2:20b

...toleras a la mujer Jezabel, que dice ser profetisa, y enseña y seduce a mis siervos a cometer inmoralidad sexual y a comer lo sacrificado a los ídolos.

2:20b La iglesia "toleraba" (*eao*, "permitir, dejar, ceder") a la mujer "Jezabel". Una mujer llamada Jezabel había sido la esposa de Acab, rey de Israel (AC 869,850) y ella influenció a Acab a adorar a los dioses Cananeos (1 Re 16:31). La historia de ella se cuenta en 1 Re 18-21 y 2 Re 9. Ella acorraló a Nabot quien fue muerto a pedradas (en la foto de arriba), y fue acusado de llevar a Israel a abandonar la adoración de Yahweh y practicar "prostituciones y sortilegios" (2 Re 9:22).

2:20c

...esa mujer Jezabel, que dice ser profetisa, y enseña y seduce a mis siervos a cometer inmoralidad sexual y a comer lo sacrificado a los ídolos.

2:20c Esta "Jezabel" influenció para corromper a los "siervos" (*doulos* "esclavo") en la comunidad Cristiana de Tiatira. El liderazgo de la iglesia le permitió a ella ser "profetisa" y enseñar el error y dirigir a la iglesia a prácticas pecaminosas. Ella pudo haber enseñado un dualismo en donde el espíritu es bueno y la carne es mala, porque Dios está interesado solamente en el espíritu, entonces no importa lo que se haga con el cuerpo. O ella pudo haber enseñado el punto de vista antinominiano acerca de la gracia de Dios diciendo que realmente no importa si los Cristianos pecan o no, ya que Dios les perdona completamente con su gracia. Ella pudo haber enseñado que los Cristianos deben experimentar un encuentro con las cosas profundas de Satanás para combatirlo o para entender mejor cómo testificar a los paganos poseídos por demonios. Estas falsas enseñanzas terminaban en inmoralidad sexual e idolatría ¡Y nadie en la iglesia hizo nada en cuanto a esto! Cuando alguien se desvía de las enseñanzas de las Escrituras, es inevitable que también se desvíe en su conducta.

Jezabel y Acab con Eliseo

Reflexión: De acuerdo con el Concilio de Jerusalén, ¿Qué debían evitar las iglesias Gentiles? (Hch 15:29)

2:20d

...que dice ser profetisa, y enseña y seduce a mis siervos a cometer inmoralidad sexual y a comer lo sacrificado a los ídolos.

2:20d Hubo muchos errores en esta iglesia: permitió enseñar a una mujer (1 Tim 2:12); permitió "profetas" que enseñaban rechazar ser sumisos a los mandamientos inspirados del Apóstol Pablo (1 Co 14:37), demostraron que ellos no eran profetas de Dios para nada; Hay más advertencias en cuanto a los falsos profetas en las iglesias locales en Mt 7:15; 24:11; y Pe 2:1.

Reflexión: ¿Saben y practican estos versículos las iglesias de hoy?

Inmoralidad Sexual y Espiritual

2:21

Le he dado tiempo para que se arrepienta, y no quiere arrepentirse de su inmoralidad

2:21 Otra característica de Dios se evidencia en la declaración: "Le he dado tiempo para que se arrepienta" – no se revela cuánto tiempo. Entonces, Jezabel es una mujer no salva pretendiendo ser una profetisa que podía manipular a la congregación por medio de su poder de persuasión. La adicción a la inmoralidad sexual triunfó sobre su lealtad a Cristo y se convirtió en algo más valioso que permanecer irreprochables y ser un vaso puro que Cristo podría usar. Note el cambio de persona: "a no ser que ellos se arrepientan de las obras de ella". La enseñanza de esta mujer es la causa de motivar y tolerar el comportamiento inmoral de ellos. Esto indica la responsabilidad especial de los maestros y pastores.

Reflexión: ¿Por qué hay una advertencia en cuanto a no estar tan apurados en querer ser un maestro?

2:22

He aquí, yo la echo en cama, y a los que con ella adulteran, en muy grande tribulación, a menos que se arrepientan de las obras de ella.

2:22 "yo la echo en cama, en muy grande tribulación…" La frase, "en muy grande tribulación", no está en el original, pero está implícito en lo que continúa diciendo. La "cama" podía referirse a una horrible enfermedad de muerte o al infierno, el último final de aquellos que rehúsan arrepentirse. Podría referirse a enfermedades venéreas o a plagas. Si alguien no tiene miedo de que Jesús hará exactamente lo que Él dice, entonces esa persona ignora la amenaza y se convierte en necio. El temor de que Dios hará lo que Él dice, es el principio de la sabiduría. Como con la Jezabel antigua, estas profetisas estaban endurecidas, sin ninguna esperanza de arrepentimiento.

Reflexión: ¿Cómo deberían ser tratadas esas personas endurecidas según Prov. 14:3, 7; 17:10; y 23:9?

Castigo por el pecado

Y a sus hijos mataré con penosa muerte, y todas las iglesias sabrán que yo soy el que escudriño la mente y el corazón. Y os daré a cada uno de vosotros conforme a vuestras obras.

2:23 Las consecuencias para los hijos, que probablemente se refiere a sus hijos filosóficos, aquellos a los que ella ha acarreado en su error. Tal como Dios hizo con Ananías y Safira, Él es capaz de hacer que cosechen lo que ellos han sembrado. Misericordiosamente Él les advierte que se arrepientan. Lo que sea que le haya sucedido a esta "Jezabel" lo harían saber a todas las iglesias (no mantendrían en secreto) para que todos sepan que Cristo es el Único que "conoce las mentes y los corazones".

Reflexión: ¿Qué enseñan estos versículos en cuanto a que Dios examina nuestro hombre interior hoy día?

1 Cron 28:9

Sal 7:9

Prov 24:12

Jer 17:10

No sabemos cuántos respondieron a este mensaje, ni siquiera sabemos si alguien lo hizo. Pero sabemos que la iglesia de Tiatira, unas pocas décadas más tarde, cayó presa de la herejía Montanista (que creían en la revelación continua de Dios fuera de las Escrituras) y dejó de existir a finales del siglo

2. Al permitir a estas profetisas en la iglesia, ellos estuvieron abiertos a enseñanzas proféticas falsas a las que más tarde siguieron.

Los Mandamientos (2:24-25)

"Pero a los demás en Tiatira, a cuantos no tienen esta doctrina, quienes no

han conocido las cosas profundas de Satanás (como las llaman), os digo: No os impongo ninguna carga más.

2:24 La iglesia estaba dividida entre los creyentes proféticos y los escriturales, es decir "aquellos que no han conocido las cosas profundas de Satanás" (*bathos*, "extremo, profundo" – posiblemente se refería a los encuentros místicos e imaginarios con seres invisibles). Evidentemente esta secta dentro de la iglesia estaba tratando profundamente con interacciones satánicas y demoníacas, diciendo que son del Espíritu, y por lo tanto habían ganado un orgullo espiritual por esos encuentros, haciéndolos invisibles a los efectos de la inmoralidad. Moisés reveló que a cualquiera que haya tenido algo que ver con "adivinación", o "espíritus familiares" (Dt 18:10-12) no le estaba permitido habitar entre los Israelitas. Ellos enseñaban que era necesario experimentar la profundidad de la inmoralidad para apreciar el perdón de la gracia.

Reflexión: ¿Qué enseñan estos versículos en cuanto a cómo debemos responder a la influencia demoníaca según 1 Jn 4:1 y Stg 4:7?

2:25

Solamente aferraos a lo que tenéis, hasta que yo venga.

2:25 Evidentemente la atmósfera era tan cargada en la iglesia y la flagrante falsa enseñanza y vida inmoral eran tales que se les dio solamente un desafío a los fieles: A aquellos que se mantenían con las Escrituras se les ordenó "aferraos" a lo que tenéis (*krateo*, "sean poderosos, háganse dueños de, mantengan cuidadosamente"). La naturaleza del mandamiento implica que no será fácil. Jesús entiende las circunstancias de Sus hijos.

Reflexión: ¿Cómo se compara esto con Hch 15:28?

Las Promesas (2:26-29)

2:26

Al que venza y guarde mis obras hasta el fin, yo le daré autoridad sobre las naciones,

2:26 El que "venza" es aquel que cree que Jesús es el Hijo de Dios (1 Jn 5:5). Aquel que continúa en Sus "obras hasta el fin" (en este contexto eso se refiere a "sostenerse en lo que tienes") por medio de seguir la vida y carácter de Cristo. "Haya pues en vosotros este sentir..." (Fil 2:5). Podemos ser "vencedores" y tener la victoria sobre el pecado (Fil 4:13, "Todo lo puedo en Cristo que me fortalece"). Esa persona recibirá dos cosas: (1) Cristo les dará la "autoridad sobre las naciones" – esta promesa viene de Salmos 2:7-9 cuando los fieles participen en el reino milenial con el Rey de Reyes. La "vara de hierro" destruirá a los individuos y a las naciones que se rebelen contra Cristo.

Reflexión: Los fieles demuestran que son dignos de confianza ahora para asumir la responsabilidad en Su reino después. ¿Puede Cristo dar a sus seguidores esa autoridad? ¿Cómo indican estos versículos que Él tiene autoridad ahora?

Mt 28:19

Jn 5:22, 27

Vara de Hierro

2:27

-él las guiará con cetro de hierro; como vaso de alfarero son quebradas-, así como yo también he recibido de mi Padre.

2:27 Así mismo, (2) este reino compartido con Cristo significará la autoridad absoluta sobre las naciones. Lo que sea que esto signifique implica que Él no es Alguien contra quien rebelarse. ¿Cómo sugieren estos pasajes que gobernará "la vara de hierro"?
Sal 2:9

Ap 12:5

Ap 12:10

Ap 19:15

Derecho para Gobernar

2:28

Además, yo le daré la estrella de la mañana.

2:28 Esta maravillosa promesa del privilegio y autoridad incomparables para reinar hombro a hombro con el Rey de reyes está fuera de nuestra imaginación. ¿Quiere decir lo que está diciendo? Adicionalmente Él da a los fieles "la estrella de la mañana". Mucho más allá de cualquier privilegio, prestigio o autoridad es conocer, tener estar cerca personalmente de la "estrella de la mañana".

Reflexión: ¿Quién es la "estrella de la mañana" según estos versículos?

Ap 22:16

2 Pe 1:19

El Desafío Final (2:29)

2:29

"El que tiene oído, oiga lo que el Espíritu dice a las iglesias".

2:29 ¿Está el lector poniendo atención? ¿Va él/ella ha hacer algo con respecto a lo que leyó? Hay tres verdades evidentes: (1) es muy serio el hecho de practicar o tolerar el pecado de quienes están a tu alrededor; Dios juzgará a la iglesia por ciertos pecados sin arrepentimiento; (2) un patrón de obediencia muestra al creyente verdadero. Si está equivocado, y es corregido, él se arrepiente y crece haciéndose más fuerte en justicia y obediencia. Y (3) la promesa de la gracia de Dios de las bendiciones compartidas con Cristo es relativa a la lucha contra el pecado y el error en las iglesias. Aquellos que prestan atención a esta carta pueden compartir estos privilegios increíbles.

Reflexión: ¿Cómo se reitera esto en los siguientes versículos?

2 Ti 2:12

Ap 5:10

Ap 20

CAPITULO 3

CARTAS A LAS SIETE IGLESIAS DEL ASIA, PARTE 2

LA IGLESIA DE SARDIS (3:1-6) – LA IGLESIA DE FEBE

Sardis fue una de las ciudades más antiguas y más importantes de Asia, ubicada sobre la ruta de mercado más importante de este a oeste por el valle del río Hermus en el reino Anatoliano de Lidia. La Acrópolis de Sardis estaba en un pico cercano a los 1.500 pies sobre el camino del valle. Aunque hasta 1958 no había sido descubierta, fue el lugar de otro templo de Artemisa (similar al de Diana en Éfeso y Roma) y al del dios Cibele, que había sido excavado junto con un gran teatro con baño/gimnasio completo. Las ruinas de una iglesia Cristiana antigua existen junto al templo pagano. Algunas de las primeras monedas fueron acuñadas aquí debido al descubrimiento de oro en la arena del río Pactolus. Fue también famosa por sus prendas de lana, como se refleja en el mensaje de Cristo a la iglesia.

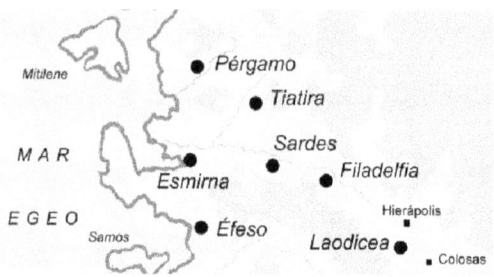

Los receptores (3:1)

3:1a

"Escribe al ángel de la iglesia en Sardis: El que tiene los siete Espíritus de Dios y las siete estrellas dice estas cosas: Yo conozco tus obras, que tienes nombre de que vives, pero estás muerto.

3:1a Así como la ciudad hacía tiempo que había pasado sus días de gloria, así la iglesia era más forma que substancia genuina, más espectáculo que realidad. Como la ciudad misma, la iglesia se gloriaba en su esplendor pasado, ignorando su deterioro interno presente.

El Elogio

3:1b

"…Yo conozco tus obras, que tienes nombre de que vives, pero estás muerto."

3:1b Ellos tenían una reputación de estar vivos; aparentemente era una opinión compartida por sus iglesias vecinas. A más de su apariencia, no habían palabras de elogio para los creyentes. No tenían problemas doctrinales que corregir. Ni hay ninguna mención de oposición o persecución.

Reflexión: ¿Cómo tienen las iglesias una reputación de estar "vivos"? ¿Cómo podrías tú tener una reputación y sin embargo estar "muerto"?

La Reprensión

3:1c

"...pero estás muerto."

Cristo cortó su propio orgullo al declarar que ellos estaban actualmente "muertos". Ellos tenían una fachada de estar vivos, pero nada era genuino. Como los Fariseos (Mt 23:27-28) ellos estaban más interesados en las apariencias que en la realidad o como los "Cristianos" sorprendidos de Mt 7:21-22 quienes supuestamente podían hacer milagros, sanidades y otras maravillas, pero nunca siquiera conocieron a Cristo personalmente. Los no salvos de Sardis evidentemente vieron a la iglesia como un grupo respetable de gente que causaba pocos problemas, pero no eran ni peligrosos ni deseables. Reflexión: ¿Cómo puede venir gente a la iglesia y no ser salva? ¿Es genuinamente salva la gente que piensa que tiene que ser buena para llegar al cielo?

La Exhortación (3:2-3)

3:2-3

Sé vigilante* y refuerza las cosas que quedan y están a punto de morir, porque no he hallado que tus obras hayan sido acabadas delante de Dios. 3 Acuérdate, pues, de lo que has recibido y oído. Guárdalo y arrepiéntete. Si no eres vigilante,* vendré como ladrón;* nunca sabrás a qué hora vendré a ti.

3:2a A ellos les exhortó como a grupo o a iglesia "sé vigilante" y "refuerza" lo poco de vida genuina que ellos compartían, pero aún eso estaba a punto de morir. Parece el mismo problema de Roma ya que Pablo escribió antes en Romanos 13:11, "Y esto, conociendo el tiempo, que es ya hora de levantarnos del sueño..." Históricamente, dos veces en esta historia, Sardis había sido capturada, y cada vez fue porque los centinelas no habían podido advertir a la ciudad de ataques inminentes. Una expresión igual se ven en las iglesias que se acostumbran a sus bendiciones, complacientes con sus ministerios personales individuales, orgullosos de su formalismo o sufren cambios graduales en la doctrina ya que el enemigo

Artemis at Sardis

se infiltra en las filas de los miembros de la iglesia creando apatía. El primer paso para renovar una iglesia muerta es cuando se reconoce algo que está equivocado. Cuando un organismo está vivo, hay crecimiento, reproducción, acción y poder celular individual. Muchas iglesias están muriendo y no lo saben.

Reflexión: ¿Cómo definirías tú estas cuatro características en las iglesias de hoy?

3:2-3 A todas juntas se les dio cinco mandamientos para entender y obedecer:

1. "Sé vigilante" – *gregoreuo*, tiempo Presente, "continuamente o habitualmente ser..."- "mirar", metáfora. "dar una atención estricta a", "tener cuidado de que a través de la remisión e indolencia le sobrevenga repentinamente a uno alguna calamidad destructiva", STRONG).

2. "Refuerza" – *steizo*, aoristo imperativo, ocurre en 13 versículos, "fijar, establecer". Es un hebraísmo que describe a los hombres "establecidos" en una determinada dirección, como cuando Jesús "fijó su cara para ir a Jerusalén". La idea es que de todo corazón y conscientemente comprometerse con los mandamientos y principios de las Escrituras. El disponerse sigue al compromiso.

3. "Acuérdate" – *mnemoneuo*, 21 veces se repite este mandamiento en el NT. Aquí está un imperativo en tiempo presente, por lo tanto "continuamente o habitualmente ser" – "traer a la mente, pensar en, tener en mente". Revisar y recordar sistemáticamente los principios de estos pasajes y de las Escrituras, a fin de permanecer sabio al ver la vida. Quienquiera que margina o minimiza la importancia de aprender y revisar las verdades bíblicas (aunque tengan 2.000 o 3.000 años) debería ser sospechoso. Como en la política, no es una nueva ley lo que necesitamos, sino la aplicación de lo que ya tenemos.

4. "Guárdalo o mantente firme" – *tereo*, usado 75 veces en el NT, este es un presente imperativo, por lo tanto "continuamente y habitualmente ser firme" – "atender con cuidado, preservar para un propósito, mantener, observar, sostener firmemente". Una persona comienza crecer espiritualmente cuando él/ella aprende verdades de las Escrituras, luego decide conscientemente practicar los mandamientos, principios y los ejemplos dados en las Escrituras. Cuando él escoge tomar los mandamientos y principios de la Palabra de Dios como correctos y verdaderos sobre lo que él cree o piensa culturalmente, entonces la transformación de la mente (o pensamientos) comienza, lo que a su vez transforma la vida de uno. Ellos estaban olvidándose o no aprendiendo la Palabra y por lo tanto volviéndose apáticos.

5. "Arrepiéntete" – *metannoeo*, 32 veces se da este mandamiento, aoristo imperativo, por lo tanto "cambio inmediato y compromiso a" – "cambiar la mente de uno, sentir remordimiento, remordimiento", que lleva la idea de ser transformado, "por la renovación de vuestra mente" (Ro 12:1-2). Esto demanda aprender nuevas verdades de la Palabra de Dios, confiar en ellas y comprometerse a obedecerlas en la vida práctica.

Reflexión: ¿Cómo planeas practicar estos mandamientos y otros que encuentres en Apocalipsis? ¿Has comenzado ya a hacer una lista de todos los mandamientos y principios a fin de revisarlos?

3:3b Si se ignoraba esta exhortación, ellos podían esperar que Dios los castigue de repente e inesperadamente ("nunca sabrás a qué hora"). No habrá tiempo para arrepentirse o cambiar una vez que comience este juicio. Las consecuencias son inevitables. Si lees Números 14 descubrirás una excelente historia de este tipo de amenaza que Dios cumple. Él hace lo que Él dice.

Reflexión: El pensamiento del repentino retorno de Jesús ¿desempeña un papel en tus tentaciones y en los planes de tu vida?

3:4-6 La Promesa

"Sin embargo, tienes unas pocas personas* en Sardis que no han manchado sus vestidos y que andarán conmigo en vestiduras blancas, porque son dignas.

3:4 La iglesia como un todo estaba muriendo o ya estaba muerta, pero Cristo reconoció al remanente piadoso (unos "pocos nombres" o individualidades) que no han "manchando sus vestidos". El vestido es una representación de la justicia de Dios y luego la justicia del creyente. Este remanente de creyentes verdaderos no se había comprometido con la sociedad pagana que les rodeaba, ni se volvieron complacientes o apáticos al ministerio. Este remanente era parte de un renacimiento dentro de una iglesia moribunda entre quienes buscaban una vida piadosa obediente para honrar a su Señor. La mayoría de la iglesia había permitido que el pecado destruya su celo o entusiasmo estableciendo un formalismo para cubrir su vacío, lo que les facilitaba pretender ser Cristianos.

Reflexión: ¿Cómo enseña 1 Co 4:5 la única forma que Dios busca para honrar a aquellos que viven piadosamente, vidas útiles?

Beneficios de los Vencedores

3:5

De esta manera, el que venza será vestido con vestidura blanca; y nunca borraré su nombre del libro de la vida, y confesaré su nombre delante de mi Padre y delante de sus ángeles.

3:5a El que venza está vestido de "blanco" (definido en 3:18 como un vestido justo) y su nombre será conocido frente al Padre y los ángeles. El verbo "nunca borraré" (*ou me,* es la forma de negación más fuerte en el Griego Koine) o nunca le eliminaré del Libro de la Vida. Esta es una declaración categórica, que no tiene una amenaza implícita que sugiera que alguien podría ser borrado. Juan se refiere seis veces al Libro de la Vida (13:8; 17:8; 20:13, 15; 21:27), lo cual reitera su existencia. Los no salvos son aquellos que nunca han sido inscritos en el Libro (Ro 13:8; 17:8), no que han sido borrados. Moisés hizo referencia a alguien que había "pecado contra Mí, Yo lo borraré de Mi libro" (Ex 32:33). El Libro de la Vida no es mencionado por Moisés, sino más bien habló del libro o "rollo de la vida" (Sal 69:28).17 La "presciencia" de Dios (1 Pe 1:2) conocía desde la eternidad pasada a todos aquellos que responderían a Cristo por fe y escribió sus nombres en el Libro antes de que el tiempo comience. ¡Asombroso!

Reflexión: ¿Cómo nos preparó para la eternidad según He 12:23?

3:5b Si Dios nos hace "perfectos" eso debe ser suficiente. La confesión frente al Padre es el más grande evento. Jesús había prometido "A cualquiera, pues, que me confiese delante de los hombres, yo también le confesaré delante de mi Padre que está en los cielos" (Mt 10:32). Para los creyentes verdaderos, la salvación está eternamente asegurada en las promesas de las Escrituras.

Reflexión: ¿Cómo se compara esto con Ro 8:31-39?

3:5b Sin embargo, algunos escucharán las palabras, "Nunca te conocí", aunque aparentemente ellos habían sido "Cristianos" nominales haciendo buenas obras (Mt 7:21). Esta iglesia es como otras grandes iglesias que habían pasado su mejor momento de bendición, teniendo unos pocos que eran creyentes verdaderos, pero que estaban llenos de Cristianos nominales que venían para sentirse bien por sí mismos. Vance Havner enseñaba que los ministerios pasan por cuatro etapas: como un hombre, un movimiento, una máquina y luego un monumento. Sardis estaba en la etapa de "monumento", pero había un rayo de esperanza.

Reflexión: ¿Cuán importante es conocer y seguir los principios y mandamientos verdaderos de las Escrituras?

El que Escucha

"El que tiene oído, oiga lo que el Espíritu dice a las iglesias."

3:6 La exhortación final, como a todas las iglesias, era de que escuchen lo que el Espíritu está diciendo a las iglesias. Los "zombies" espiritualmente muertos necesitan prestar atención a las palabras de Jesús. Los cinco mandamientos eran su única esperanza: "Sé vigilante", "esfuérzate", "acuérdate", "arrepiéntete" y "obedece".

Reflexión: ¿Cómo "oír" y "obedecer" son el mismo acto?

F. LA IGLESIA DE FILADELFIA (3:7-13) –LA IGLESIA FIEL.

Filadelfia

La ciudad de Filadelfia está ubicada en el mismo valle de Sardis y Esmirna. La ciudad fue fundada para ser un centro de cultura y lenguaje Griego, con un programa de divulgación para la difusión del Helenismo al interior del Asia Menor, especialmente en Lidia y Frigia. Por el año 19 DC el lenguaje de Lidia había sido completamente reemplazado por el Griego: Junto con el idioma Griego vinieron también los cultos religiosos Griegos. Estaba ubicada sobre una falla sísmica que estalló en el 17 DC destruyendo la ciudad (y otras diez ciudades). También estaba ubicada en una ruta principal de comercio para el interior del país, por lo que los ciudadanos tenían una gran percepción del alto alcance de sus empresas de negocios.

1.Los Receptores (3:7)

"Escribe al ángel* de la iglesia en Filadelfia: El Santo y Verdadero, el que tiene la llave de David, el que abre y nadie cierra, y cierra y nadie abre,* dice estas cosas:

3:7a Filadelfia estaba alejada 28 millas lejos de Sardis, edificada sobre un terraplén 650 pies sobre el nivel del mar. El territorio que rodeaba la ciudad era extremadamente fértil, tanto que producía un vino al que se refiere el poeta Romano Virgil. La ciudad se llamó así en honor al rey de Pérgamo,

Attalus Philadelphus, que es similar a la palabra que significa "amor fraternal". La ciudad también era conocida como la "pequeña Atenas" por sus magníficos templos y otros edificios públicos, por lo que se convirtió en un exitoso centro de comercio.

"Filadelfia", la etimología de la palabra significa "amor fraternal". Este concepto se da 7 veces en la Biblia (Ro 12:10; 1 Tes 4:9; He 13:1; 1 Pe 1:22; 2 Pe 1:7 (dos veces); y aquí). En el texto de Apocalipsis 3 solamente se lo utiliza como el nombre de una ciudad. Algo interesante es que el testimonio Cristiano continúa en esta ciudad hasta la presente fecha. La ciudad contemporánea se llama Allen-Sheba, tiene 20.000 habitantes y tiene muchos Cristianos.

3:7b La descripción de Cristo tiene cuatro partes y tiene referencia directa a esta iglesia: (1) Él es santo, un carácter de Cristo reverencial y práctico ("como aquel que os llamó es santo, sed también vosotros santos en toda vuestra manera de vivir" 1 Pe.1:15). Jesús fue abordado por un demonio aterrorizado, "Sé quién eres, el Santo de Dios" Marcos 1:24. Pedro afirmó su creencia al decir, "Y nosotros hemos creído y conocemos que tú eres el Cristo, el Hijo del Dios viviente." (Juan 6:69); (2) Asimismo Él es Verdad (alethinos, "genuino, auténtico y real"), para recordarnos que "la suma de tu palabra es verdad, y eterno es todo juicio de tu justicia" (Sal. 119:160), es decir, Él es digno de confianza. La Verdad y la santidad se usan juntas en Ap. 6:10; 15:3; 16:7; 19:2,11; (3) Él "tiene las llaves de David", que se refiere al ascenso de Eliaquin para ser administrador o primer ministro del trono de David como una metáfora del Mesías. A Eliaquim se le llamó "Un clavo en el lugar perfecto" y "toda la gloria de la casa de su padre reposan sobre él", una descripción perfecta del Mesías también. Tal como el primer ministro tuvo la autoridad para abrir la ciudad y toda su riqueza, así el Rey de reyes tiene la autoridad para abrir las puertas de Su tesoro (celestial). (4) Finalmente Él puede abrir o cerrar las puertas como una oportunidad especial para ampliar el reino. Isaías registra la palabra de Dios al decir, "Lo que hago yo, ¿quién lo estorbará?" (Is 43:13; ver también Is 46:9-11, Jer 18:6). Este mismo Mesías tiene las "llaves de la muerte y del Hades" (Ap 1:18).

Reflexión: ¿Qué significa que Cristo abra y cierre puertas? Es ésta una descripción de una sola vez o es una característica general que continúa?

2. Elogio (3:8-9)

Yo conozco tus obras. He aquí, he puesto delante de ti una puerta abierta, la cual nadie puede cerrar; porque tienes un poco de poder y has guardado mi palabra y no has negado mi nombre.

3:8a El Autor comienza, "Yo conozco tus obras", lo que implica que nada se escapa de Su atención, un pensamiento del que nunca podemos perder la conciencia, incluso en este caso, Él no encontró nada que censurar en la iglesia de Filadelfia. Como el poseedor de las "llaves de David", Él declara, "He puesto delante de ti una puerta abierta, la cual nadie puede cerrar," se refiere a las oportunidades para aprovechar. Cristo es consciente de nuestras circunstancias y potenciales. Pablo describió "porque se me ha abierto puerta grande y eficaz, y muchos son los adversarios" (1 Co 16:8-9). Cuando él escribió 2 de Corintios Pablo describió "aunque se me abrió puerta en el Señor" (2 Co 2:12). Él les escribió a los Colosenses para que oren por su ministerio "para que el Señor nos abra puerta para la palabra" (Col 4:2-3). Filadelfia estaba estratégicamente ubicada para propagar el evangelio.

Reflexión: ¿Es nuestra meta nunca perder una oportunidad providencial para servir a nuestro Señor en las circunstancias diarias?

¿Qué tan a menudo cruza esto por nuestras mentes?

¿Oramos por sabiduría para reconocer estos "encuentros divinos" u oportunidades? ¿Nos atrevemos? O ¿nos importa?

¿Puede Dios confiarte una puerta abierta para testificar o servir? Piensa en las oportunidades que tuviste hoy que las aprovechaste o las perdiste. Analízalas para ver lo que hubiera podido hacerse para el reino si nos atrevíamos o nos importaba.

3:8b Sin nada por lo que pudiera criticarlos, Cristo comienza una descripción de cuatro parte de las características de los Cristianos de Filadelfia: (1) Él conoce su "poder". Filadelfia tenía "poco poder" (dunamis, "poder o capacidad"), probablemente significa que eran pequeños en número. Ellos había aprendido, así como Pablo lo hizo, que un creyente junto a Cristo es una mayoría. Como en Corinto, no muchos eran pudientes o educaos (ver 1 Co 1:26, "ni muchos nobles...") y "por amor a Cristo me gozo en las debilidades, en afrentas, en necesidades, en persecuciones, en angustias; porque cuando soy débil, entonces soy fuerte (2 Co 12:10); (2) Él conocía su obediencia, "has guardado mi palabra". Job lo dijo de esta forma, "Del mandamiento de sus labios nunca me separé; Guardé las palabras de su boca más que mi comida." (Job 23:12). Jesús había dicho, "El que me ama, mi palabra guardará" (Jn 14:23) (3) Él conocía su fidelidad y esfuerzo, "no has negado Mi nombre" (arneomai, "no has renunciado, no has repudiado, no has descuidado"), Mi nombre" implicando que era costoso para ellos ser identificados como seguidores de Cristo. Jesús enseñó que si ellos le niegan a Él delante de los hombres, Él nos negará delante del Padre (Mt 10:33; Lc 12:9); Pablo enseñó que este era un requerimiento para "reinar con Él; si nosotros lo negamos a él, él también nos negará a nosotros" (2 Ti 2:12). Los santos de la Tribulación también demostrarán esta cualidad al rehusarse poner la marca de la bestia, "Aquí está la paciencia de los santos, los que guardan los mandamientos de Dios y la fe de Jesús" (Ap 14:12); (4) Él sabía que ellos habían perseverado, es decir que ellos guardaron la palabra "de Mi perseverancia" (hupomon, "permanecer debajo de, resistir paciente"). Los verdaderos creyentes se muestran "firmes" (2 Ts 3:5).

Reflexión: ¿Te has sentido alguna vez avergonzado de ser identificado como un seguidor de Cristo? ¿Cómo encaja el uso de esta palabra en Lucas 9:23 en este contexto?

3:9

He aquí, yo te daré algunos de la sinagoga de Satanás, de los que dicen ser judíos y no lo son, sino que mienten. He aquí, yo haré que lleguen y se postren delante de tus pies, y conocerán que yo te he amado.

3:9 Parte de sus limitaciones era la oposición de la "sinagoga de Satanás" (como en Esmirna del 2:9). En este tiempo la más frecuente oposición a la Cristiandad era la religión Judía. Si no es Judía, la oposición usualmente vendrá de otras falsas religiones; sin embargo, el pensamiento aquí es de ánimo: toda religión falsa, persona/líder, un día caerá a los pies de Jesús ya que lo reconocerán a Él por quién es Él. Este versículo apunta al momento cuando estos Judíos tan hostiles se convertirán y humillarán delante de estos creyentes Gentiles. Viene el día en que "todo Israel será salvo" (Ro 11:26).

Reflexión: ¿Cómo son estos versículos destinados a ser un estímulo?

Is 45:23

Ro 14:11

Fil 2:10-11

3. La Promesa (3:10-12)

Porque guardaste la palabra de mi paciencia, yo también te guardaré de la hora de la prueba que ha de venir sobre todo el mundo habitado, para probar a los moradores de la tierra.

3:10 Normalmente antes de la Promesa hay una reprensión, pero aquí no hay ninguna reprensión. La primera promesa fue debido a su voluntad de "perseverar" (hupomone, "resistencia, constancia, permanecer bajo" – "no se desvió de su propósito deliberado de su lealtad a la fe y la piedad", STRONG), trajo la respuesta de la promesa "yo también te guardaré a la hora de la prueba que ha de venir sobre todo el mundo habitado, para probar a los moradores de la tierra". La frase, "moradores de la tierra", es un término técnico que se refiere a la gente que hace de esta tierra su hogar, "de los hombres mundanos, cuya porción la tienen en esta vida").

Esta clara promesa muestra cómo la iglesia de Filadelfia no pasará la Tribulación venidera que será descrita en los capítulos 4-19. Cristo declara, "Yo te guardaré…" (tereo, "atender cuidadosamente, cuidar de, guardar"), "de la hora" (ek, fuera de, de, o lejos de").

El término para este evento se llama el "rapto". Sin embargo, este término no se encuentra en las Escrituras.18 Esta no es una promesa de guardarlos "a través de la hora", la cual es una preposición diferente (dia). Sino más bien, ellos serán cuidadosamente "guardados" (ek) de la "la hora venidera de la prueba" para el mundo, que se refiere a un tiempo distinto de la persecución horrorosa. ¿Fue esto escrito solamente para esta iglesia pequeña, débil, del Asia Menor del primer siglo?

Esta frase "guardados" es debatida ya que algunos creen que la iglesia pasará por el Período de Tribulación (post-tribulacionistas). Ellos lo toman como que significa que Dios preservará a la iglesia en medio de los juicios de la Tribulación, sacando a los salvos al final, es decir, "sacándolos" al otro final de la Tribulación, preservando a la iglesia a través de toda la Tribulación.

Sin embargo, la única otra vez que se usa en las Escrituras la frase tereo ek ("sacado de") es en Juan 17:15, en donde Jesús ora, "No ruego que los quites del mundo, sino que los guardes del mal". Esto no se refiere a preservarlos dentro del poder de Satanás, ya que todos los creyentes han sido "rescatados…del dominio de las tinieblas" y "transferidos… al reino de Su amado Hijo" (Col 1:13).

Los Cristianos "se conviertan de las tinieblas a la luz, y de la potestad de Satanás a Dios". (Hch 26:18). Los no regenerados permanecen en el poder de Satanás (Jn 5:19), pero los creyentes son liberados.

Se deben tener en cuenta algunos aspectos de esta "prueba":
(1) la prueba es todavía futura (la iglesia todavía ha de ser llevada "fuera de" la tierra;
(2) esta prueba es para un tiempo definido, aunque limitado, "la hora de la prueba";
(3) es una prueba diseñada para exponer a los verdaderos creyentes;
(4) el alcance de esta prueba es mundial;
(5) el término "moradores de la tierra" se usa para describir a los no creyentes del Libro de Apocalipsis (6:10; 8:13; 11:10; 13:8, 12, 14; 14:6; 17:2, 8), por lo que este período no es para la iglesia;
(6) esta "hora de la prueba" es la Semana Setenta de Daniel (Dn 9:25-27), el tiempo de angustia de Jacob (Jer 30:7), el período de tribulación de siete años. "El Señor promete sacar a Su iglesia del tiempo futuro de prueba que vendrá sobre los no creyentes". 19 Como con Noé y el diluvio, así la Iglesia será milagrosamente sacada de la escena de desastres sin precedentes que vendrán sobre la tierra.

3:11

"Yo vengo* pronto. Retén lo que tienes para que nadie tome tu corona.

3:11 La segunda promesa que hizo Cristo, "Yo vengo pronto". Esta "venida" es distinta de la "venida" prometida a las otras iglesias (2:5, 16; 3:3), las cuales fueron advertencias de castigo sobre las congregaciones rebeldes (como Hch 1:11; 1 Co 11:28-30). Esta "venida" se refiere a la hora de la prueba que termina con la Segunda Venida del Señor o el Advenimiento. Es la venida de Cristo para "reunirse" con Su Iglesia (2 Ts 2:1), no para traer juicio sobre ella. El término "pronto" (tachu, "rápido") no es una referencia para un tiempo inmediato, pero sí a una rapidez y a un tiempo corto, lo cual acarrea con eso una "amenaza" implícita, (especialmente a los no creyentes, 2:16). También el estado futuro del creyente de reinar con Cristo será determinado por nuestra fidelidad presente de terminar la Gran Comisión (2 Ti 2:12), pero será reducido en un instante en el Rapto: "Que nadie tome tu corona" se refiere a la corona como un símbolo de honor, victoria o una insignia de un alto cargo. Pablo se refirió a las "coronas" cuatro veces (1 Co 9:25; Fil 4:1; 1 Ts 2:19; 2 Ti 4:8). Santiago lo mencionó una vez (1:12) y también lo hizo Pedro (1 Pe 5:4). El placer de Dios para la eternidad será el de honrar a aquellos que fueron fieles a él durante su tiempo de vida.

Reflexión: ¿Qué implican los siguientes versículos en cuanto a este premio?

2 Juan 8

2 Tim 4:8

3:12

Al que venza, yo le haré columna en el templo de mi Dios, y nunca jamás saldrá fuera. Y escribiré sobre él el nombre de mi Dios, y el nombre de la ciudad de mi Dios -la nueva Jerusalén que desciende del cielo, enviada por mi Dios- y mi nombre nuevo.

3:12a La tercera promesa a los vencedores era que ellos serán "columna en el templo de... Dios". Esta podría ser una posible referencia a la construcción del Templo del AT (1 Re 7:21) cuando los pilares del Templo tenían el nombre de una persona escrito en ellos (Boaz y Jaquín). Esto podría referirse a algún memorial que Dios tiene en mente para los fieles. La seguridad de la promesa de Dios de que los fieles "nunca jamás saldrán fuera" (ou me, la negación más enfática en el Griego, "para nada, de ninguna manera, en modo absoluto"). Ellos se convertirán en parte inseparable del templo celestial de Dios.

Reflexión: ¿Piensas que valdría la pena sufrir persecución en la arena pública ya que tú no estás avergonzado de Cristo?

3:12b La cuarta promesa era de que Cristo "escribirá sobre él el nombre de (su) Dios". Esto significa una relación íntima que nosotros tenemos con Él por siempre. Así mismo, Cristo promete escribir sobre los creyentes el nombre de la ciudad de su Dios, lo que significa nuestra nueva y eterna ciudadanía en la ciudad celestial, la Nueva Jerusalén, descrita en Ap. 21.. Y finalmente, Él promete escribir también el nombre nuevo de Cristo, que significará un privilegio de llamar a Cristo por su nombre eterno, que aún no ha sido revelado. Hay tres nombres que declaran propiedad. Debido a que los creyentes se han identificado con Cristo sin avergonzarse, así Él Mismo se identificará con nosotros. Los 144.000 tendrán una experiencia similar en el 14:1.

Reflexión:

4. LA EXHORTACIÓN (3:13)

3:13

"El que tiene oído, oiga lo que el Espíritu dice a las iglesias.

3:13 Si los valores de este Libro son importantes para todos los creyentes, entonces escuchar estas exhortaciones al final de cada carta a las iglesias resultaría en un sentido de reafirmación a la fidelidad y denuedo tanto para los lectores antiguos como para nosotros hoy en día. Se vuelve obvio que Dios unge a las iglesias que son fieles a Él y a Su Palabra con Su poder, presencia y con puertas abiertas para el evangelismo ahora y bendiciones eternas, sobre todo de ser librados del horrible tiempo de las pruebas que vendrán a la escena global (comienza en Ap 4).

Reflexión: Cuando tú oyes o entiendes una verdad, ¿Cuán fácil es cambiar y cómo cambia una persona?

G. La Iglesia de Laodicea (3:14-22)—La Iglesia Apóstata Tibia

Laodicea estaba ubicada sobre la ruta a 20 millas antes de Colosas, cerca de 40 millas de Filadelfia. Fue destruida por un terremoto más o menos en el año 60 DC, pero fue reedificada gracias a la riqueza de este estratégico centro bancario y a la capacidad de la ciudad de soportarse a sí misma sin ninguna ayuda de Roma. Su principal industria era la ropa de lana que fue usada para producir ropa de lana negra y alfombras. Laodicea era también un centro antiguo de medicina, especialmente de un colirio famoso.

Pablo inevitablemente fue a través de Laodicea pero no hay evidencia del ministerio de Pablo aquí ni en seis de las siete iglesias. Timoteo, Marcos, y Epafras (Col 1:7) parecen ser los primeros que introdujeron la Cristiandad en Laodicea. Sin embargo, los estudiantes de Pablo de Éfeso propagaron la Palabra por toda el Asia, incluyendo probablemente Laodicea (Hch 19:19). Incluso cuando él escribió Colosenses, que estaba cerca (Col 1:6-7), por lo que pudo haber dado también una mano en la fundación de esta iglesia. Puede ser que Arquipo, el hijo de Filemón (Filemón 2), fue el pastor (Col 4:17), ya que en las Constituciones Apostólicas del siglo 4 mencionan a Arquipo como el obispo de Laodicea (vii, 46). Laodicea antigua tenía una pared circundante, tres teatros maravillosos y estaba edificada sobre siete montes.

La iglesia de Laodicea representa a las iglesias apóstatas de toda la historia la cual está formada por seguidores no regenerados de una religión vacía. Esta es la única iglesia para la que Cristo no tuvo algo positivo para elogiar.

SIETE IGLESIAS PARTE 2

Como resultado, esta es la más amenazante de las siete cartas.

1. El Escritor (3:14)

3:14

"Escribe al ángel* de la iglesia en Laodicea: El Amén, el testigo fiel y verdadero, el origen de la creación de Dios, dice estas cosas:

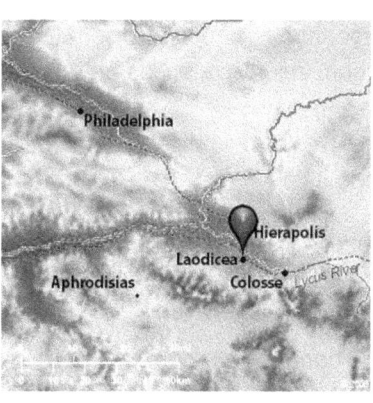

3:14a El Autor se identifica a Sí mismo con tres títulos divinos que son distintos de cualquiera de las frases de la visión del 1:12-17: (1) el Amén (amen, "verdad, cierto, que sea cumplido" o metaf. "el Verdadero"). La palabra significa aquel que es firme, fijo e inmutable. Él es Aquel que garantiza y cumple las promesas de Dios. Lo que sea que Él dice es verdad. (2) El Testigo Fiel y Verdadero, ya que cualquier cosa que Él dice nunca fallará, sino

que de seguro sucederá. Él es "el camino, y la verdad y la vida (Jn 14:6); la evaluación de Cristo de Laodicea es impecable; (3) El Inicio de la creación de Dios (arche, "gobernador, autoridad"); Éste es el Creador, Sustentador y arquitecto de la creación. Sin embargo, Él Mismo no fue una parte de la creación como dice Juan 1:2-4 en donde el Logos "era" (tiempo imperfecto) en el principio de los

tiempos, eso quiere decir que Él ya estaba ahí cuando tuvo lugar el principio de todas las cosas. En el v.3 se declara que "todas las cosas por Él fueron hechas". Puede ser un mejor título que él es el "Originador" de toda la creación (BDAG 138 s.v.3), o la "Primera Causa" de todo lo que fue creado. Aquellos que desean distorsionar la deidad de Cristo tienen que darle un giro a las palabras del texto por lo general a partir de una traducción más que del uso de la lengua original.

Reflexión: ¿Cómo encaja este título en la descripción de Cristo de Col 1:16-18?

3:14b Del uso de los títulos de Cristo se puede deducir que la iglesia de Laodicea había aceptado algunas de las herejías de las iglesias vecinas de

Colosas, que originaron el Gnosticismo. Puede ser por esto que se ordenó a la iglesia de Laodicea que también lea la carta a los Colosenses (Col 4:16). Esta falsa enseñanza mencionaba que Cristo sea un ser creado, uno de las series de emanaciones de Dios. Ellos tenían supuestamente un secreto, el conocimiento espiritual más alto además de las simples palabras de las Escrituras. La falsa enseñanza en cuanto a Cristo y los puntos de vista y conocimiento místicos marcan el engaño del culto de las iglesias de Laodicea.

Reflexión: ¿Qué piensas que significaron estos títulos para esta iglesia primitiva?

2. La Reprensión (3:15-17)

3:15

Yo conozco tus obras, que ni eres frío ni caliente. ¡Ojalá fueras frío o caliente! 16 Así, porque eres tibio, y no frío ni caliente, estoy por vomitarte de mi boca.

3:15 Una nota de la Biblia NET es de ayuda aquí: Laodicea estaba cerca a otros dos pueblos, cada uno de los cuales tenían una única fuente de agua. Al norte estaba Hierapolis que tenía aguas termales naturales, que se usaban a menudo con propósitos medicinales. Al este estaba Colosas que tenía aguas frías, puras. Laodicea no tenía un suministro permanente de buena agua. Tuvieron éxito al poner tubería de agua hasta las termales cercanas, pero llegaba tibia. La metáfora en el texto muestra la intención de relacionar el fervor espiritual con la temperatura. Esto significaría que se elogió a Laodicea por ser espiritualmente fría, pero es poco probable que Jesús les recomendaría esto. En lugar de eso, la metáfora condena a Laodicea por no proporcionar la curación espiritual (ser caliente) o el refresco espiritual (ser frío) para aquellos que estaban alrededor de ellos. Es una condenación de su falta de obras y falta de testimonio. (Biblia NET, nota en Ap 3:15). No era la iglesia misma, que probablemente se veía bien desde el exterior, pero era la gente de la iglesia la que le hacía enfermar al Señor, porque era inútil; ni sanaba, ni refrescaba.

Reflexión: ¿Cómo crees que se aplican estos versículos a este tipo de persona?

Mt 7:22-23

Ro 10:2

2 Ti 3:5

3:15-16 Nuevamente la reiteración de que ninguna iglesia (o persona) puede escapar del Dios omnisciente, siempre presente ("Yo conozco tus obras...") que es consciente de toda actitud, acción, pensamiento o acción. La expresión "ojalá" (*ophelon*, "un deseo" que no ha sucedido o una cosa que debe ser hecha que probablemente no va a ser hecha", THAYER). El sabor desagradable del agua tibia le hizo parecer nauseabunda a una persona, en lugar de refrescarla. Solo porque hay una organización de iglesia que supuestamente adora al Señor Jesús, no significa que Él está complacido. La actitud y el ministerio efectivo de cada uno de los miembros y de la iglesia como un todo es lo que determina el deseo de Cristo para la iglesia.

Reflexión: Imagina a Cristo vomitando sobre una Iglesia Cristiana tibia. Explica.

Acuaductas en Leodicea

John R. W. Stott escribió: "Tal vez ninguna de las siete cartas es más apropiada que esta para la iglesia del siglo veinte. Describe vívidamente la religiosidad respetable, sentimental, nominal, superficial, que está tan extendida entre nosotros hoy día. Nuestra Cristiandad es fláccida y anémica. Parece que nos hemos tomado un baño tibio de religión."20

El Análisis Final:

3:17

Ya que tú dices: 'Soy rico; me he enriquecido y no tengo ninguna necesidad', y no sabes que tú eres desgraciado, miserable, pobre, ciego y desnudo,

3:17 En consecuencia, la iglesia se caracterizaba por el orgullo, la ignorancia, la apatía, la auto-suficiencia, el auto-engaño y la satisfacción de sí mismo. La prosperidad o el éxito ciega a una persona de su realidad. Nuestro ego y autocentrismo siempre nos lleva a pensar que somos mejores que la opinión que Cristo tiene de nosotros. Nos engañamos a nosotros mismos. Sin ninguna "necesidad" la tendencia es la de confiar en las nuestras fuentes personales y por eso Dios es erradicado de la vida de uno (consciente o inconscientemente, el resultado final es el mismo). El evolucionista conscientemente quiere un mundo en donde no haya necesidad de un Dios sustentador y Creador. Los Cristianos tibios sueñan ser independientemente prósperos, ser saludables y que todos sus deseos se cumplan. Dios es solamente útil en la esperanza de que Él hará todo esto: el sueño Americano. Pocos se atreven a ser tan generosos en invertir en el reino, que apenas tengan lo básico para subsistir personalmente, de tal forma que necesiten que Dios se involucre en su provisión para poder vivir. Pocos Cristianos disfrutan vivir una vida de dependencia real en la provisión de Dios. Prefieren resolver ellos mismos sus necesidades.

Reflexión: ¿Cómo se compara la descripción final del v.17 con 1 Co 3:13-15?

Reflexión: ¿Pueden pensar en una persona que es "desgraciada, miserable, pobre, ciega y desnuda" pero que piensa que ella/él es "feliz, entusiasta, rica, que tiene la perspectiva correcta de la vida y que se ve bien"?

Está totalmente auto-engañada, tal como la persona de 1 Juan 1:8, "Si decimos que no tenemos pecado, nos engañamos a nosotros mismos y la verdad no está en nosotros". Solamente conociendo la verdad de la Palabra de Dios en cuanto al pecado puedes verte a ti mismo de la misma forma como Dios lo hace.

3. La Exhortación (3:18-19)

3:18

yo te aconsejo que de mí compres oro refinado por el fuego para que te hagas rico, y vestiduras blancas para que te vistas y no se descubra la vergüenza de tu desnudez, y colirio para ungir tus ojos para que veas.

3:18 El Señor "aconseja" (sumbouleuo, activo presente, "Yo estoy continuamente o habitualmente aconsejando...") a los de Laodicea que haga tres cosas: (1) que "de mí (del Señor); (2) compres "vestiduras blancas para que te vistas", y (3) y "colirio para ungir tus ojos".

(1) Obviamente estas son metáforas que se refieren a consecuencias celestiales de acciones terrenales. El oro refinado en el fuego puede ser una referencia al uso de Pedro de la misma metáfora: "Para que sometida a prueba vuestra fe, mucho más preciosa que el oro, el cual aunque perecedero se prueba con fuego, sea hallada en alabanza, gloria y honra cuando sea manifestado Jesucristo" (1 Pe 1:7). Es decir, las pruebas de persecución hacen evidente de la fe genuina del creyente, por lo que las riquezas inapreciables de una salvación verdadera se convierte "rica en buenas obras" y establece un "tesoro de un buen fundamento para el futuro" (1 Ti 6:18-19). Cristo quería que ellos tengan riquezas verdaderas, que es una fe verdadera probada por pruebas que dan como resultado riquezas eternas que van mucho más allá que una comparación con los bienes terrenales.

(2) Se les dijo que compren... "vestiduras blancas", que parecen ser angelicales (Mr. 16:5) o vestiduras celestiales (Ap 3:4), que es descrita como justicia práctica en nuestras vidas diarias (Ap 19:8). La justicia es lo que siempre acompaña a una genuina fe salvadora.

(3) La unción de los ojos se refiere al entendimiento de la aplicación práctica de los principios de Dios. Solamente ahí podemos ver nuestras vidas a la luz de la eternidad y la santidad de Dios en lugar de compararnos con los demás o con nuestro propio auto agrandado punto de vista de nosotros mismos. Proverbios 23:23 declara, "Compra la verdad, y no la vendas; La sabiduría, la enseñanza y la inteligencia." La Biblia NET da una útil nota histórica con este versículo.

La ciudad de Laodicea tenía una Escuela Médica famosa y exportó un polvo (llamado "polvo Frigia") que era ampliamente usado como colirio para los ojos. Era aplicado a los ojos en forma de pasta con consistencia de masa (el término Griego para el colirio aquí , kollourion, (Latin collyrium) es una forma diminutiva de la palabra para un gran rollo de pan).
Cristo está urgiendo a la iglesia para "abrir sus ojos de tal forma que ellos (puedan) se vuelvan de la oscuridad a la luz y del dominio de Satanás a Dios, que ellos pueden recibir perdón de los pecados y una herencia entre aquellos que han sido santificados por fe en Él" (Hch 26:18).

Reflexión: Si ellos no "ven" la verdad, ¿pueden ser salvos?

A los seres queridos siempre se les corrige.

3:19

"Yo reprendo y disciplino* a todos los que amo.* Sé, pues, celoso y arrepiéntete.

3:19a El Señor manifestó Su amor para la iglesia, a pesar de su incredulidad, al reprenderlos y castigarlos. Si no le importaría, Él les dejaría hacer lo que quiera que quieran hacer y luego cosechar cualquiera sean las consecuencias. Al añadir los matices de los verbos, vemos aquí una traducción libre de lo que Jesús dijo, "Aquellos a quienes continuamente amo, continuamente reprendo y continuamente castigo. Por lo tanto arde inmediatamente en celo (por los valores de la eternidad) e inmediatamente arrepiéntete (o cambia tus pensamientos de tu realidad pecaminosa)". Para "reconvenir" (*elegcho*, "convencer, por convicción traer a la luz, exponer") que es la primera obra del Espíritu Santo en una persona no salva (Jn 16:8) mostrándoles la necesidad que tienen de un Salvador. Uno debería ser capaz de determinar si es que es amado por Cristo por el hecho de ser "disciplinado" (paideia, criar un niño, entrenar, o castigar").

Reflexión: Si una persona puede pecar, y continuamente salirse con la suya sin corrección o sin sentido de culpa, debería seriamente chequear si su salvación es real. Cristo espera que nosotros tomemos seriamente Sus amonestaciones.

3:19b A fin de que los de Laodicea sean salvos ellos debían ser "celosos y arrepentirse". La palabra para "celo" (*zeloo*, aoristo imperativo: "inmediatamente..."- "arder en celo, procurar, buscar, esforzarse") se refiere a estar abierto y deseoso de conocer la verdad con todo su corazón. Finalmente, el mandamiento de "arrepentirse" (*metanoeo*, aoristo imperativo: "inmediatamente..." – "cambiar la mente de uno", 32 veces en el NT). Hasta que ellos puedan verse a sí mismos a la luz de la comprensión Bíblica como pecadores e inaceptables delante de Dios, entonces cambiarán sus mentes de la perspectiva personal de lo buenos que ellos pensaron que eran, y que por lo tanto nunca podrían ser salvos.

Reflexión: ¿Piensas que alguien puede ser salvo si todavía piensa que es lo suficientemente bueno para ser aceptable delante de Dios? Explique.

4. La Promesa (3:20-22)

3:20

He aquí, yo estoy a la puerta y llamo; si alguno oye mi voz y abre la puerta, entraré a él y cenaré con él, y él conmigo.

3:20 Cristo sigue Su llamado al arrepentimiento con una invitación de gracia a todos los de dentro de la iglesia que están escuchando Su voz y abren la puerta, Cristo está deseoso de venir a él y cenar con él por siempre. Mientras tanto, Cristo está ahora fuera de la iglesia, preguntando si hay alguien que le abra la puerta. Puede ser Cristo pidiendo a la gente que salgan de la iglesia apóstata y vengan a Él, o Él está esperando a alguien que está dentro de la iglesia que esté deseoso de invitarle a Él a entrar. Según las apariencias, esta es una "iglesia" completamente no salva la que se muestra aquí. Los matices del tiempo del verbo son interesantes: Cristo está continuamente "golpeando" (tiempo presente), para alguien que escucha en cierto momento (tiempo aoristo) y que en cierto momento abre (tiempo aoristo) la puerta, Cristo con seguridad entrará (tiempo futuro). El verbo "cenar" (*deipneo*) se refiere a la última cena del día antes de que caiga la noche, símbolo de los juicios venideros que serán anunciados.

3:21

Al que venza, yo le daré que se siente conmigo en mi trono; así como yo también he vencido y me he sentado con mi Padre en su trono.

3:21 Al vencedor[21] se le promete compartir en la gloria del trono de Cristo y reinar junto con Cristo en el reino milenial (Ap 20). Este privilegio va más allá de la comprensión o descripción. Pablo escribió, "Pues tengo por cierto que las aflicciones del tiempo presente no son comparables con la gloria venidera que en nosotros ha de manifestarse." (Ro 8:18). Aquellos que le siguen a Cristo en Su humildad, rechazo y sufrimiento también compartirán con él en Su gloria. ¡Qué privilegios para el verdadero creyente! Ellos hacen intrascendente cualquier sufrimiento actual, y hacen absurda cualquier vergüenza que puedan sentir.

Reflexión: ¿Puedes ver cómo esta promesa podría motivar a un creyente verdadero a ser audaz, fiel y valiente en extender el reino? ¿Cómo te afecta a ti?

5. CONCLUSIÓN 3:22

3:22

"El que tiene oído, oiga lo que el Espíritu dice a las iglesias."

3:22 Por última vez, Jesús aconseja a los que escuchan que oigan o tomen seriamente la voz del Espíritu, es decir, la Palabra revelada de Dios, que es la voz clara del Espíritu. La iglesia de Laodicea estaba tan satisfecha consigo misma que hubiera sido difícil ver cualquier error en ella, o estar interesado en servir a otros con el mensaje del evangelio, mucho menos involucrarse en un ministerio sacrificial. Esta iglesia había perdido su sentido de renovación espiritual y carga por los perdidos. La gente perdió sus energías y vidas en la búsqueda de éxito, placeres y cosas, tratando de mantenerse a sí mismos "lo suficientemente buenos", pero no "fanáticos" o exagerando con su religión. Ellos tenían que ser entretenidos así como en el teatro Romano o ver algún beneficio personal por venir a la iglesia. Ellos eran tibios, no muy útiles para nada y de muy mal gusto.

Reflexión: No hay que admirarse de que eso le enfermó a Jesús. ¿Está alguien escuchando lo que Jesús está diciendo? ¿Conoces alguna iglesia o persona como esta?

Fruchtenbaum, p. 36 provee un bosquejo representativo de la interpretación Cronológica de las Siete Iglesias.

Efeso (30-100) Iglesia Apostólica
Esmirna (100-313) Persecución Romana
Pérgamo (313-600) Era de Constantino
Tiatira (600-1517) Era del Oscurantismo
Sardis (1517-1648) Reforma
Filadelfia (1648-1900) Movimiento Misionero
Laodicea (1900-Presente) Apostasía

Referencias:

Fruchtenbaum, Arnold. En los pasos del Mesías. Tustin: Ariel Ministries Press, 1983.
Ramsay, W. M. Las Cartas a las Siete Iglesias del Asia. Grand Rapids, Michigan: Baker Book HOuse, 1963
Stott, John. Lo que Cristo piensa de la Iglesia. Wheaton, Illinois: Harold Shaw Publishers, 1990.
Waters, Larry J. Trasfondo Arqueológico/Históricao de Filadelfia del Apocalipsis 3:7-13. Reporte no publicado dado en el Seminario Teológico de Dallas, 2004.

CAPITULO 4

VISIÓN DEL TRONO EN EL CIELO

Jesús le había dicho a Juan que escriba lo que vio (capítulo 1), luego las "cosas que son" (capítulos 2-3), y ahora "las que han de ser después de estas" (Capítulos 4-22), después de las iglesias. Los Capítulos 4-18 son descritos como teniendo lugar dentro del período de los 7 años llamados "La Gran Tribulación" (Ap 7:14), la cual culmina con la Segunda Venida de Cristo (Ap 19) e inicia el reino milenial (Ap 20), luego todo tiempo, tal como lo conocemos, termina, y comienza la eternidad con la descripción de la Nueva Jerusalén y los nuevos cielos y nueva tierra (Ap 21-22).

PARTE 3: LA REVELACIÓN DEL FUTURO:

¿QUÉ PASARÁ LUEGO?" (CAPÍTULOS 4-22)

Lo que sea que signifiquen estos eventos, tendrán lugar después del período de las siete iglesias, es decir, después de la era de la Iglesia, y están en el futuro desde nuestra perspectiva contemporánea. Las actividades están basadas en un crescendo de los eventos globales que destruyen la mayoría de la humanidad antes de que Jesús venga nuevamente para establecer Su reino. Esta es la "revelación" de Jesucristo. Todos finalmente le verán a Él por lo que Él es y por lo que puede hacer. Nada podría ser más importante para los lectores quienes pronto llegarán a enfrentar la pérdida de todo en esta vida, pero cualquier cosa que les suceda, la próxima vida será incomparable a cualquier sufrimiento en esta vida.

1. La invitación de venir (4:1)

4:1

Después de esto miré, y he aquí una puerta abierta en el cielo. La primera voz que oí era como de trompeta que hablaba conmigo diciendo: "¡Sube acá, y te mostraré las cosas que han de acontecer después de éstas!"

4:1a Después de la visión de las siete iglesias, le dio a Juan otra visión de la escena celestial. Él tuvo la misma experiencia que tendrán los creyentes en el Arrebatamiento. La "puerta abierta" fue un vistazo dentro del tercer cielo (2 Co 12:2).22 Aquí es en donde Cristo está sentado a la diestra de Dios. Esteban vio esta misma escena que Dios describirá (Hch 7:55-56); así mismo, Pablo fue "arrebatado hasta el tercer cielo" (2 Co 12:2), probablemente después de ser golpeado en Listra (Hch 14:19-20). Desde este punto de vista Juan escribe lo que él observó que está punto de comenzar.

Reflexión: ¿Puedes tú imaginarte ver la realidad de la vida celestial y luego regresar a la tierra? ¿Cómo afectaría eso a tu vida?

4:1b Juan escuchó una voz como "de trompeta", de mando y autoridad, invitándolo, "¡Sube acá, y te mostraré las cosas que han de acontecer después de éstas!". El punto de vista pretribulacionista es que la experiencia de Juan fue similar a, o un "tipo" de el Arrebatamiento de la Iglesia creyente antes de que comiencen los eventos de Apo 4-19. Así como Juan vio estos eventos teniendo lugar desde el cielo, así la iglesia será testigo de lo mismo. Jesús le había dicho a Pedro, "Si quiero que él quede hasta que yo venga, ¿qué a ti? Sígueme tú". (Jn 21:22). Juan había esperado sesenta años para experimentar la venida del Señor, y ahora él iba a experimentarla y registrarla de tal forma que todas las iglesias pudieran saber lo que sucederá. Si Juan simboliza el Arrebatamiento, nosotros podemos ver más del Rapto descrito en 1 Ts 4:13-18 y 1 Co 15:51-53.

Reflexión: ¿Puedes tú encontrar por lo menos 15 cosas que sucederán en el Arrebatamiento en estos dos pasajes?

(1) 1 Ts 4:14

(2) 1 Ts. 4:15

(3) 1 Ts. 4:16

(4)

(5) 1 Ts. 4:17

(6)

(7)

(8) 1 Co 15:51

(9)

(10) 1 Co 15:52

(11)

(12)

(13)

(14) 1 Co 15:53

(15)

4:1c El orden de los eventos que Juan vio se declara que son secuenciales ("después de estas cosas", ej. después de las iglesias o después de que las iglesias dejen de ser), sucederán estos eventos, aunque la fecha exacta no está descrita, podría haber sido un tiempo más largo o más corto entre estas revelaciones.

Sin embargo, ellos se refiere a los eventos futuros como evidentes desde 1:19, "...que han de acontecer después de estas". Este aspecto futuro es nuevamente reiterado en 4:1, cuando Juan usa una construcción Griega con dei, "algo que ha de acontecer DESPUÉS de estas cosas". Estos eventos no son opcionales o condicionales, sino seguros, y son secuenciales después de los eventos de las iglesias de los capítulos 2-3. El énfasis indica que los siguientes eventos no tienen nada que ver con las iglesias; en realidad, no se refiere a ninguna iglesia desde el capítulo 4 hasta el 19.

Los creyentes de la iglesia brillan por su ausencia (aunque muchos se convertirán en el período de la Tribulación), tal como Juan se fue de la tierra durante la visión de la Tribulación, así los creyentes estarán en el Salón del Trono con Cristo esperando que se desplieguen los eventos.

Reflexión: Tal como Juan de repente escuchó una trompeta llamándolo al cielo para ser testigo de los eventos de la Tribulación; ¿ves una comparación con rapto de los creyentes de la iglesia?

2. El Trono mismo (4:2-3)

De inmediato estuve en el Espíritu;* y he aquí un trono estaba puesto en el cielo, y sobre el trono uno sentado.
3 Y el que estaba sentado era semejante a una piedra de jaspe y de cornalina, y alrededor del trono había un arco iris semejante al aspecto de la esmeralda.

4:2a Juan estaba "en el Espíritu" (tiempo aoristo) viendo el trono de Dios y a Uno sentado en él en toda Su majestad y honor. La idea es la de que el espíritu de Juan fue llevado al cielo, pero su cuerpo permaneció en Patmos. La impresionante escena que repentinamente apareció frente a Juan fue la misma escena que Isaías vio en Isaías 6:1-4, que provocó la convicción de indignidad de parte de Isaías y un compromiso total a Su propósito (6:6).

Reflexión: ¿Por qué sería esta una respuesta instintiva de Isaías frente a esta escena?

4:2b El profeta Micaías del AT vio al Señor en Su trono en 1 Reyes 22:19, "Yo vi a Jehová sentado en su trono, y todo el ejército de los cielos estaba junto a él, a su derecha y a su izquierda". Daniel así mismo vio este trono en Dn 7:9-10, "Estuve mirando hasta que fueron puestos tronos, y se sentó un Anciano de días, cuyo vestido era blanco como la nieve, y el pelo de su cabeza como lana limpia; su trono llama de fuego, y las ruedas del mismo, fuego ardiente. Un río de fuego procedía y salía de delante de él; millares de millares le servían, y millones de millones asistían delante de Él". Ezequiel da una de las descripciones más detalladas del trono celestial en Ez 1:26-28.

Reflexión: ¿Te sientes cómodo en pararte frente a semejante trono?

4:3 El esplendor del trono y de Aquel que está sentado en él aparece como piedras preciosas, jaspe y cornalina. Un jaspe puede haberse parecido a una esmeralda en su color verde o rojo y la cornalina usualmente era roja reflejando un color que parecía rubí. Esta piedra es la más reflectora de las piedras semi-preciosas. En el pectoral del sumo sacerdote aparecen estas piedras representando a Rubén y Benjamín respectivamente como la primera y la última piedra del pectoral. El trono estaba rodeado por un arco iris o brillaba en múltiples colores. "Espectacular" no es adecuado para describirlo. Algún día lo veremos.

Reflexión: ¿Qué piensas que significa Col 3:1-3 a la luz de estos versículos?

3. Los 24 Ancianos (4:4)

También alrededor del trono había veinticuatro tronos, y sobre los tronos vi a veinticuatro ancianos sentados, vestidos de vestiduras blancas, con coronas de oro sobre sus cabezas.

4:4a Cuando la vista de Juan se movió más allá del trono mismo, él vio un arcoíris como una esmeralda alrededor del trono y luego una serie de 24 tronos con gente que estaba sentada en ellos. Los Veinticuatro ancianos eran probablemente los representantes del AT y del NT de los santos de las dos eras. Ellos estaban vestidos con vestiduras blancas, lo que simboliza la justicia de Cristo, y parecen haber sido evaluados y premiados ya que están sobre tronos y tienen "coronas" (stephanos, "una corona o guirnalda dada como premio a los victoriosos de los juegos públicos"). Hay una palabra distinta para la corona del gobernador soberano, la cual se la llama "diadema" (diadema). Esas coronas han sido prometidas a los creyentes fieles de Esmirna, "Sé fiel hasta la muerte, y yo te daré la corona de la vida" (2:10).24 A este grupo de ancianos se los menciona 12 veces en el Libro de Apocalipsis. En la Ley de Moisés habían 24 órdenes de sacerdocio. A los apóstoles se les prometió 12 tronos en Mt 19:28.

Reflexión: ¿Qué debían juzgar los apóstoles desde estos tronos? ¿Es esto lo mismo que los 24 ancianos?

Reflexión: A los creyentes se les ha dicho que tendrán una autoridad sin precedentes. De acuerdo con 1 Co 6:3 ¿a quién juzgarán los creyentes?

Reflexión: Esta era la ambición de los doce discípulos. De acuerdo con Marcos 10:35-40, Santiago y Juan se sintieron lo suficientemente seguros de pensar que ellos estaban calificados para la más alta responsabilidad en el reino terrenal de Cristo. Parece que ellos codiciaron este poder. ¿Por qué crees que todos los otros discípulos se enojaron cuando oyeron que Santiago y Juan habían pedido privadamente esta posición de autoridad (10:41)?

Reflexión: ¿Cuáles son los dos tipos de autoridad de acuerdo a Jesús y cuál está prohibida (Mr 10:42-43)?

4:4b En Marcos 10:40 Jesús declaró que habían asientos (¿tronos?) a Sus lados y que estaban preparados para alguien. Quienquiera hayan sido estos ancianos, ellos pasaron esta prueba para estar ahí. Ellos no podían ser Judíos u otros creyentes de la Tribulación, ya que estos ancianos ya están en el trono en el comienzo de este período. No hay una razón bíblica para dividir el grupo en dos de doce (un grupo del AT- patriarcas: y el otro del NT- apóstoles).

A los apóstoles se les prometió tronos y responsabilidades específicas que pertenecen a Israel (Mt 19:28). ¿Es éste un grupo aparte? La visión de los 24 ancianos parece ser mucho más amplia. Ellos, más que probable, representan a la iglesia arrebatada, glorificada, recompensada y que ahora está viviendo en el lugar preparado para ellos tal como Jesús lo prometió (Jn 14:1-4). ¡Esto puede significar que la silla entre los 24 ancianos es todavía un tema abierto!

Reflexión: ¿Qué preguntó Jesús a los dos discípulos acerca de los requisitos que se necesitan para servir tan cerca junto a Jesús en el reino de acuerdo con Mr 10:38?

4. Los siete Espíritus de Dios (4:5)

Del trono salen relámpagos y truenos y voces. Y delante del trono arden siete antorchas de fuego, las cuales son los siete Espíritus de Dios.

4:5a ¡Qué vista tan maravillosa del trono de Dios! Aterradores "relámpagos, truenos y voces", deben haber sido miedosos. Este era un trono poderoso, y parecía ser una escena de juicio nunca antes vista sobre la tierra. No había duda en la mente de Juan de que Éste que estaba sentado en el trono tenía poder sobre toda la naturaleza, el cielo, los seres angelicales, y todo ser viviente. Los mismos "resplandores de luz y los sonidos y truenos" (16:18) ocurrirán luego en el período de la Tribulación en uno de los más devastadores movimientos de tierra desde la creación. En un continuo despliegue de poder deseando ser desatado con rayos y truenos, como con Moisés (Ex 19:16) y Ezequiel (1:13), visto cuando Dios amenazaba que Su juicio será manifestado alrededor de la tierra en Ap. 8:5. Juan vio un vistazo de la ira venidera.

Reflexión: ¿Cómo responderías a una escena como ésta?

4:5b Además, la escena se traslada a las siete manifestaciones del Espíritu. ¿Cuáles son las siete descripciones del Espíritu según Is 11:2? Isaías describió la manifestación o rasgos del Espíritu como sabiduría, entendimiento, consejo, fuerza, conocimiento, reverencia y deidad. En Zac 4:1-10, se añade poder; en Ap. 1:4, se enfatizan la gracia y paz.
Reflexión: ¿Qué más podemos aprender en cuanto a los ministerios del Espíritu en Jn 16:8?

Con el Padre en el trono y la manifestación del Espíritu rodeando el trono, el escenario está listo para la revelación del Hijo, Jesucristo Mismo como el Cordero inmolado de Dios.

5. Las Cuatro Criaturas Vivientes (4:6-8)

Y delante del trono hay como un mar de vidrio, semejante al cristal. Junto al trono, y alrededor del mismo, hay cuatro seres vivientes llenos de ojos por delante y por detrás.

4:6a Las imágenes de brillo y colores reflejados en un mar cristalino debe haber sido impresionante. El "mar de vidrio" no es un mar, ya que no hay mar en el cielo (21:1). En Ap 15:2, esta es la misma escena de la aparición de los santos mártires del Período de la Tribulación en adoración y admiración por el Cordero de Dios que está sentado sobre el trono. Evidentemente es un vidrio de cristal que es tan grande como el mar, dando esa apariencia. La escena describe una superficie transparente que se parece al vidrio con deslumbrantes luces de refracción a través de joyas y cristales de maneras tan sorprendentes que van más allá de nuestra descripción (Ver Ap 2:10-11, 18 para más descripciones).

Reflexión: ¿Qué dice esa brillantez y belleza en cuanto a la naturaleza de nuestro Dios?

4:6b Las cuatro criaturas vivientes son seres magníficos, poderosos y se refiere a ellos por nombre en 54 versículos (una en el NT) y descritos en detalle por Ezequiel (1:4-25) en una perspectiva casi incomprensible ya que intentó analizar la asombrosa escena que él vio, pero era evidente que tanto Ezequiel como Juan vieron seres poderosos y sobrenaturales que podían ser liberados para llevar a cabo cualquier orden que se les de. Ezequiel 10:15 identifica a estos cuatro seres vivientes cuando dice: "Y se levantaron los querubines; este es el ser viviente que vi en el río Quebar". Las cuatro criaturas vivientes son querubines, una orden de ángeles más alta asociada en las Escrituras con el poder santo de Dios (1 S 4:4; 2 S 6:2; 22:11; Sal 80:1; 99:1; Is 37:16). La primera mención de estos seres aparece cuando llevaron a Adán y Eva fuera del Jardín del Edén (Gn 3:24). Dos querubines estaban ubicados en el Lugar Santísimo en el Templo, para cubrir el arca, simbólicamente guardando la santidad de Dios (1 R 6:23-28). Satanás, antes de su caída era "el querubín ungido que cubría", cuyo deber había sido "cubrir" el trono de Dios (Ez 28:14,16). Estos seres cumplen tareas que Dios les delega, en lugar de que Dios simplemente por decreto declare una cosa hecha. Estas criaturas son extremadamente poderosas, pero no omnipotentes, como se podrá ver.

4:6c Juan y Ezequiel intentaron describir la asombrosa escena frente a ellos: (1) ellos estaban "llenos de ojos por delante y por detrás" (v.8; Ez 1:18; 10:12), lo cual describe la conciencia de ellos de todo lo que está a su alrededor, aunque ellos no son omniscientes. Los ojos serán descritos como parte de la representación del ser angelical que siempre está mirando, siempre alerta, supervisando la creación y la humanidad.

Reflexión: ¿Qué sientes al saber que esas criaturas poderosas están ministrando espíritus a los creyentes? (He 1:8)

LAS CUATRO CRIATURAS

El primer ser viviente es semejante a un león, y el segundo ser viviente es semejante a un becerro, y el tercer ser viviente tiene cara como de hombre, y el cuarto ser viviente es semejante a un águila volando.

4:7 Las características de estos querubines fueron caracterizadas por un león, un becerro, un hombre y un águila volando. Debería notarse que las doce tribus de Israel fueron divididas en cuatro grupos cuando ellos acamparon alrededor del tabernáculo. Cada grupo tenía una bandera: las tribus con Rubén (una bandera de un hombre), otros con Dan (una bandera de un águila), otros con Efraín (una bandera de un becerro o buey) y el resto con Judá (una bandera de un león).

Y cada uno de los cuatro seres vivientes tiene seis alas, y alrededor y por dentro están llenos de ojos. Ni de día ni de noche cesan de decir: "¡Santo, Santo, Santo es el Señor Dios Todopoderoso, que era y que es y que ha de venir!"*

4:8 La importancia de estos seres angelicales poderosos al principio de Apocalipsis es para aclarar que estos seres son capaces de desatar la devastación que está por venir. Estas seis alas son descritas en Isaías 6: con dos (ellos) cubrían (sus rostros), y con dos (ellos) cubrían sus pies, y con dos volaron" (Is 6:2). Cuatro de sus seis alas tenían algo que ver con la adoración (con 2 alas ellos cubrían sus rostros- aún los ángeles exaltados no pueden mirar la magnificencia de la gloria de Dios sin ser consumidos así como Moisés fue protegido de la gloria por la mano de Dios (Ex 33:22-23) y con 2 alas ellos cubrían sus pies debido a que ellos estaban en un lugar santo en la presencia de Dios. La Adoración es su función perpetua día y noche.

Reflexión: A medida que seguimos en el Libro de Apocalipsis la preeminencia y prioridad de la adoración en la presencia del Señor será cada vez más evidente. Si pudieras tú describir tu práctica y prioridad de adoración en este tiempo según una escala de 1 al 10, ¿cuál sería? ¿Puedes tú compartir tu perspectiva presente de adoración?

MacArthur da una definición clara de lo que se presenció en el cielo:
> Adecuadamente, la escena en el cielo culmina en adoración dirigida hacia Dios que está en Su trono. En este pasaje y en el capítulo 5 están 5 magníficos himnos de alabanza, durante el canto de los cuales el tamaño del coro se incrementa gradualmente. Los himnos de alabanza comienzan en el versículo 8 con un cuarteto- las cuatro criaturas

vivientes. En el versículo 10, los veinticuatro ancianos se unen, y en el 5:8 se añaden arpas a la alabanza vocal. El resto de ángeles unen sus voces en el 5:11. Finalmente, en el 5:13, todas las criaturas creadas en el universo se unen en un coro poderoso de alabanza a Dios. La adoración está reservada solo para Dios, ya que no hay nadie en el universo como Él. En 1 Crónicas 17:20 David oró, "Jehová, no hay semejante a ti, ni hay Dios sino tú" (cf. Pss. 86:8-10; 90:6-8).

Reflexión: ¿Cuán confortable estarás en esa escena de alabanza y adoración?

¿Cómo debería afectar esto nuestro pensar en cuanto a la adoración del cuerpo en nuestras iglesias?

Este poderoso oratorio de alabanza y adoración puede ser dividido en dos movimientos: El himno de creación (cap.4), y el himno de redención (cap. 5).25

Santidad
4:8 La adoración comienza con el enfoque en la santidad de Dios. La triple repetición se encuentra en Isaías 6:3 y muestra el asombro perpetuo en el cielo por los atributos de Dios. La santidad describe la distinción y separación de Dios de cualquier forma de maldad, error, injusticia o delito- un rasgo que ni los ángeles pueden reclamar (algunos de ellos pecaron) o los humanos (todos ellos han pecado). Habacuc describe mejor el asombro: "Muy limpio eres de ojos para ver el mal, ni puedes ver el agravio" (1:13). Cuando Isaías vio esta escena, él gritó: ¡Ay de mí! Que soy muerto; porque siendo hombre inmundo de labios y habitando en medio de pueblo que tiene labios inmundos..." (Is 6:5). Solo debido a Su gracia y misericordia Dios retiene su justa ira contra todos los pecadores, cuyo pecado Él detesta.

Reflexión: ¿Por qué un vistazo de la santidad de Dios fue una cosa espantosa para Isaías? ¿Qué tipo de respuesta debería traer dentro de nuestros espíritus el cantar de Su "santidad"?

Él está viniendo
4:8c El día pronto viene, en nuestro texto, cuando Cristo regresará y el día de misericordia y gracia terminará. La ira justa de Dios contra el pecado será desatada. Los pecadores que no se arrepintieron gritarán "a los montes y a las peñas, 'caed sobre nosotros, y escondednos del rostro de aquel que está sentado sobre el trono, y de la ira del Cordero; porque le gran día de su ira ha llegado; ¿y quién podrá sostenerse en pie?" (Ap 6:16-17). Los incrédulos tienen miedo de Aquel a quien nosotros amamos.

Reflexión: ¿Qué característica de nuestro amado Dios revelará Él en este tiempo?

Poderoso

4:8d Los cuatro seres se refieren a Dios como el "Todopoderoso" o el "Omnipotente", el título que Le describe con poder ilimitado a quien nadie puede oponerse. El Salmista escribió, "Nuestro Dios está en los cielos; Todo lo que quiso ha hecho". (Sal 115:3). Esto es especialmente evidente en la creación: "Él dijo, y fue hecho; Él mandó, y existió." (Sal 33:9). Este mismo poder es capaz de ayudar al creyente. Pablo alabó al Señor porque Él es "poderoso para hacer todas las cosas mucho más abundantemente de lo que pedimos o entendemos, según el poder que actúa en nosotros" (Ef 3:20) y este mismo poder asegura al creyente que "Él puede también salvar perpetuamente a los que por él se acercan a Dios, viviendo siempre para interceder por ellos" (He 7:25).

El Todopoderoso está en defensa del creyente pero Él está en ofendido contra el mal rebelde del mundo perdido. Este poder será lanzado contra la humanidad pecadora en juicios terribles e inescapables durante la Tribulación antes del retorno del Señor para Su reino terrenal. La ira de Dios es difícil que los humanos entiendan porque no pensamos que el pecado es tan malo. Para nosotros es solo un desliz o un error, pero para Dios es "romper un trato".

Reflexión: ¿Cómo encajas estos versículos en tu punto de vista y en el concepto de Dios?

Mal 3:2

4:8e La frase final del título del Todopoderoso "¡que era y que es y que ha de venir!" se refiere a Su existencia eterna "Quien era" es el tiempo imperfecto que significa que Él siempre existió, nunca tuvo inicio, solo que estuvo siempre ahí. "Quien es", en tiempo presente se refiere a un ser continuo, siempre existente en el presente. "Quien ha de venir", es tiempo presente refiriéndose a Su manifestación futura, la cual es tanto una "esperanza bienaventurada" (Tit 2:13) para el creyente y el miedo terrible para los que no se arrepientan. Él es eterno y nos ha creado para vivir eternamente. ¿Cómo comparan los siguientes versículos el contraste de estos dos destinos eternos?

2 Co 4:17
Ap 14:11

6. Adoración en el Cielo (4:9-11)

Y cada vez que los seres vivientes dan* gloria, honra y alabanza al que está sentado en el trono y que vive por los siglos de los siglos,

4:9 El "cada vez" ("en el tiempo que") indica una explosión ocasional de alabanza de parte de las cuatro criaturas vivientes, ya que ellos dan gloria (*doxa*, "opinión"), honor (tiempo, "la valoración de que el precio es fijo, precio, reverencia"), y gracias (*eucharistia*, "gratitud" de donde tenemos la palabra Eucaristía) a Aquel que está en el trono, provoca un acto espontáneo de adoración de todos los 24 ancianos y luego en el 5:11 todos los santos que están alrededor de ellos se unen en la adoración junto con el resto de los seres angelicales.

En el 5:13 todos los seres creados en el universo se unen en el coro de un crescendo de adoración. Solamente existe un Ser en el universo digno de adoración y ésta está reservada solamente para Dios (ver 1 Cr 17:20). David escribió,

"*Oh Señor, ninguno hay como tú entre los dioses, ni obras que igualen tus obras. Todas las naciones que hiciste vendrán y adorarán delante de ti, Señor, y glorificarán tu nombre. Porque tú eres grande, y hacedor de maravillas; Sólo tú eres Dios. Porque ¿quién en los cielos se igualará a Jehová? ¿Quién será semejante a Jehová entre los hijos de los potentados? Dios temible en la gran congregación de los santos, y formidable sobre todos cuantos están alrededor de Él.*" (Sal 86:8-10; 89:6-7).

Reflexión: ¿Cómo practicas dar gloria, honor y gracias al Señor?

VEINTICUATRO ANCIANOS

los veinticuatro ancianos se postran* delante del que está sentado en el trono y adoran* al que vive por los siglos de los siglos; y echan* sus coronas delante del trono, diciendo:

4:10a Los 24 ancianos que se postran (*pipto*, "tirarse al suelo" como una señal de devoción o humildad) delante del trono en adoración sigue a la adoración de las cuatro criaturas vivientes. Esta es la primera vez de seis veces que los ancianos caen delante de Dios (5:8; 14; 7:11; 11:16; 19:4). Esa postura comunica reverencia y sumisión. Después de postrarse delante del Señor los 24 ancianos "echan sus coronas delante del trono". Ellos no estaban preocupados de su propia importancia o santidad, la cual es incomparable a la gloria de Dios.

Reflexión: ¿Qué posturas practicas en tu devoción/oración? ¿Qué tan significativo es la postura?

4:10b El hecho de que estos 24 ancianos tienen "coronas" puede indicar que ellos ya han sido premiados, ya que ser honrados con un trono y una corona son los resultados del Juicio del Tribunal de Cristo (2 Co 5:10; Mr. 10:40). Si los santos son premiados al comienzo del Período de la Tribulación, entonces el rapto debe ya haber ocurrido. El tiempo en que esto haya ocurrido es relativo ya que el tiempo es solamente relevante dentro del universo. En la presencia de Dios nosotros no estamos limitados por los límites de nuestro universo. El Juicio del Trono de todos los creyentes podría suceder en unos pocos momentos del tiempo terrenal, sin embargo será experimentado durante un tiempo prolongado en la presencia de Dios.

Reflexión: Nosotros no podemos imaginar el significado de cómo será honrado ahí nuestro vivir sacrificial para el reino. ¿En dónde está tu tesoro (Mt 6:21)?

Creador

"Digno eres tú, oh Señor y Dios nuestro, http://biblia.com/ de recibir la gloria, la honra y el poder; porque tú has creado todas las cosas, y por tu voluntad tienen ser y fueron creadas."

4:11a El grito de ellos al Señor es "Digno eres tú, oh Señor..." (*axios*, "tener peso, de acuerdo al honor"- usado en un emperador Romano cuando él marchó en una procesión triunfal). El énfasis en esta alabanza es la gloria de Dios en la creación, Quien tiene el derecho y el poder de redimir y de juzgar a Su creación. El aspecto Creador de Dios está plasmado a través de todas las Escrituras (Gn 1:1; Ex 20:11; Is 40:26, 28; Jer 10:10-12; 32:17; Col 1:16). La audacia de los hombres que se rehúsan reconocer la revelación de Dios en la creación imponiendo una superposición de una supuesta secuencia de casualidad/suerte que, afortunadamente, resultó bastante sorprendente en miles de millones de circunstancias de la micro biología a la astrofísica es peor que ingenuidad, se trata de un rechazo endurecido a dar honor al impresionante Diseñador. La ciencia debe vivir en el asombro, en lugar de la sorpresa de lo afortunados e insensatos que somos. La Creación es el primer coro de esta canción de alabanza delante del Creador. La existencia solamente tiene sentido cuando vemos el propósito y diseño del tiempo y de la creación. La redención no tiene sentido sin un Creador y el comienzo de una creación con propósito.

Reflexión: ¿Por qué es la creación un concepto tan importante en la adoración?

4:11b Es debido a Su "voluntad" (*thelema*, "lo que uno desea, desea o determina que sea hecho"; una derivación de *thelo*, "desear") "…ellos existen (*eimi*, "ser" tiempo imperfecto, aunque en el momento de observación ellos "estaban siendo, existiendo") y fueron creados" (*ktizo*, aoristo pasivo, un acto en un tiempo- no una acción progresiva incompleta, lo cual sería otro tiempo, "hacer algo que no existía previamente antes") parece fuera de secuencia, pero el autor está comenzando con lo que él vio ("…ellos estaban existiendo"), luego da la razón de cómo y por qué ellos existen ("…(ellos) fueron creados instantáneamente"), lo que aumenta la razón para su adoración. La NTV traduce esta frase, "existen porque Tú las creaste según Tu voluntad".

Reflexión: ¿Le has dicho al Señor lo agradecido que estás de que Su voluntad fue crearte en tus circunstancias para un momento como este?

4:11c Su alabanza contempla a la creación perdida siendo redimida para convertirse en una nueva creación, gracias no solo al Creador sino al Creador-Redentor. Dios ha esperado miles de años desde la creación para juzgar a Satanás, los demonios, los pecadores y poner fin al pecado y su influencia en Su creación de una vez y para siempre. Este acto final está a punto de comenzar. El drama y el sentido de expectativa entre aquellos que están alrededor del trono debe ser extremo. Este es el clímax de toda la creación: la Revelación del Hijo de Dios en toda Su gloria, poder y majestad. El proceso está a punto de comenzar para llevar a cabo esta revelación.

Reflexión: ¿Qué significa para ti ahora la frase "venga Tu reino" de la Oración del Señor?

CAPITULO 5

EL ROLLO DE LOS SIETE SELLOS

Los eventos del capítulo 4 parecen dirigirse hacia un evento climático que tiene la apariencia de una descripción concluyente del tiempo del fin que podría suceder exactamente como está escrito, una historia pre-escrita de eventos futuros. Ni siquiera el "dios de este siglo" (2 Co 4:4) tiene el poder del escribir la historia antes de que ésta ocurra. Esta historia es la historia de cómo Jesús había decidido revelarse a Sí Mismo a la humanidad en una manera pública e indiscutible.

1 SE PRESENTA EL ROLLO DE LOS SIETE SELLOS (5:1)

5:1

Vi en la mano derecha del que estaba sentado sobre el trono, un libro* escrito por dentro y por fuera, sellado con siete sellos.

5:1a Juan estaba siendo testigo de la épica pre-grabada de los acontecimientos futuros. Adicionalmente a este rollo había otro rollo escrito que describía la hechura de cada individuo (Sal 139:11), lo cual sucedió precisamente como fue escrito antes de que comience la creación. Este rollo, igualmente, fue escrito para describir los eventos que ocurrirán en la tierra en el comienzo del fin del tiempo justo antes de que Jesús vuelva.

Reflexión: Si cada parte de nuestro ser físico fue diseñado por Dios para hacernos vasos únicos para Su propósito, ¿Qué implica esto relacionado a Su capacidad de describir estos eventos futuros que fueron escritos igualmente antes de que comience la creación?

5:1b Tal como Juan observó la escena de un culto sonoro de seres angelicales, los veinticuatro ancianos (que representan a la iglesia después del rapto y el Trono de Juicio de Cristo en el cielo- 5:9) en el capítulo 4, él ahora comienza a notar un "rollo" (*biblion*, "libro, rollo") que estaba escrito por los dos lados, pero estaba sellado siete veces cuando el rollo fue desenrollado. Los rollos, sean de material de papiro o de piel de animal, fueron usados hasta la invención del codex26 o el libro cuadrado de tipo moderno, unidas las páginas para ser abiertas una a la vez. Sin embargo, este tipo de rollo era a menudo usado como título de propiedad de alguna propiedad, por lo que este rollo se convirtió en el procedimiento que Jesús seguiría para heredar lo que es propiamente Suyo. No era poco común que un rollo esté escrito por los dos lados. El texto de adentro sería el texto principal, y lo de afuera sería un resumen breve del contenido de la parte interior del rollo. Ezequiel vio este mismo rollo y lo describió como "escrito por delante y por detrás, y había escritas en él endechas y lamentaciones y ayes" (Ez 2:9-10). El contenido de este rollo son los eventos de Ap 6-22.

Reflexión: ¿Cómo describirías la importancia de este documento como evidencia, en este capítulo?

5:1c El libro es sellado siete veces para revelar su contenido de forma secuencial y solo en un horario designado. Pero aún más importante, el sello no podía ser abierto excepto por la persona apropiada para quien fue escrito el documento. Zacarías vio un "rollo volando" o un rollo que "de nueve metros de largo, y cuatro y medio metros de ancho." (Zac 5:1-3). La revelación de Dios esta registrada para siempre y es tratada en el cielo con el más profundo respeto. Nosotros tenemos el privilegio de estudiar el mismo texto. El desafío en el cielo era de quien podía abrir los sellos y presentar el contenido en la realidad.

Reflexión: ¿Cómo afecta a tu forma de ver ese documento escrito en el cielo y que lo podemos abrir libremente y descubrir en el la Verdad de Dios?.

2. LA PREGUNTA: "¿QUIEN ES DIGNO?"

5:2-3

"Y vi a un ángel fuerte que pregonaba a gran voz: ¿Quien es digno de abrir el libro y desatar sus sellos?"

5:2-3 *El Dilema:* El ángel "fuerte" sin nombre (también en el 10:1 y en el 18:21) pregunta a gran voz: "Quién es Digno…?" ¿Quién tiene las virtudes, el Poder y la Autoridad para comenzar el fin de toda la creación? ¿Quien, sino el Mismo Creador. Tiene que ser Alguien que pueda desatar los contenidos de los sellos. El verbo "desatar" es *luo*, "sacar de la cárcel, liberar de las ataduras", lo cual significa iniciar la cuenta regresiva hacia la Segunda Venida y todos los eventos descritos. No era solamente la apertura de un rollo para leer tal como lo hacemos con la Biblia. ¿Quién tiene el divino derecho de abrir los sellos? ¿Quién tiene el poder de liberar sus contenidos? ¿Quién podría controlar el ataque Satánico y Demoniaco que se producirá sobre la creación? ¿Quién podría llevar a una conclusión los efectos del pecado y revertir la maldición que pesa sobre toda la creación? La búsqueda en medio de toda la creación reveló que no hay nadie. La única solución viene de Alguien fuera de toda creación.

Reflexión: ¿Puedes imaginarte estar buscando un Salvador entre los hombres mortales, pecadores y limitados? Cuán infructuoso y tonto. Sin embargo miles de millones buscan en vano. ¿Qué pasaría si no hubiera Uno que fuera Todopoderoso que podría controlar lo que iba a suceder?

La búsqueda

5:4

Y lloraba yo mucho, porque no se había hallado a ninguno digno de abrir el libro, ni de leerlo, ni de mirarlo.

5:4 *La Agonía:* La pausa en la revelación de la Persona de Jesús debía haber sido principalmente para Juan, porque los ancianos sabían lo que iba a venir. ¿Fue esta una pausa dramática? Juan no había visto aun a Jesús. ¿No había ninguna solución? Juan lloró en el cielo. Esta es la misma palabra usada cuando Jesús lloró en Jerusalén (Lc 19:41) y cuando Pero lloró después de negar haber conocido a Jesús (Lc 22:62), y se refiere a una emoción profunda y desenfrenada. Juan había sido testigo de su Salvador crucificado, había visto a los primeros creyentes martirizados, había visto a Jerusalén destruida y a sus habitantes masacrados y además había visto las iglesias sobreviviendo a duras penas y luchando contra las enormes dificultades y debilidades internas. ¿No habría final? No habría esperanza? Juan no pudo evitar llorar.

Reflexión: ¿Alguna vez has sentido desesperación cuando toda esperanza ha sido desechada?

5:5

Y uno de los ancianos me dijo: No llores. He aquí que el León de la tribu de Judá, la raíz de David, ha vencido para abrir el libro y desatar sus siete sellos.

5:5 *La aparición*: Juan debe haber estado parado entre los veinticuatro ancianos, porque uno se dio la vuelta hacia él y le dijo que deje de llorar. Luego el anciano procede a presentar al Salvador. Esta dramática presentación de la revelación de Jesucristo en Poder y Autoridad amplió la Unicidad, Majestad y Supremacía de Jesús. Todo el cielo está a punto de explotar, estallar en una exhuberante alabanza y adoración. Se le dijo a Juan, "No llores", es decir, "Deja de llorar". ¡Juan le ve ahora a Jesús por primera vez!

Reflexión: ¿Cómo piensas que se sintió Juan cuando vio por primera vez a

Jesús en el cielo? ¿Había Él cambiado?

1. EL CORDERO (5:6-7)

Y mire, y vi que en medio del trono y de los cuatro seres vivientes, y en medio de los ancianos, estaba en pie un Cordero como inmolado, que tenía siete cuernos, y siete ojos, los cuales son los siete espíritus de Dios enviados por toda la tierra.

5:6a *La escena cambia.* El anciano le presenta a Jesús como un León (5:5), pero Juan lo ve un "Cordero como inmolado", o "que parecía haber sido asesinado". Solamente una vez se refiere a Cristo como un "León" en Apocalipsis, pero aquí El es llamado "Cordero" Arnion, "un cordero pequeño o joven") 27 veces, pero en ningún otro lado del NT se usa este termino para Jesús. Otra palabra similar es usada, pero esta es la única referencia a Jesús en el cielo. Los "siete cuernos" representan el poder y la fuerza de los gobernantes (Dn 7:24). Cuando la Bestia aparezca tendrá siete cuernos (Ap. 7:1) el número de cuernos no representa la cantidad de poder pero si el tipo de poder. Siete es el número de la perfección y diez es el número del gobierno humano. 27

Reflexión: ¿Te has expuesto a alguna enseñanza de numerología?

5:6b Los "siete ojos" son interpretados como "siete espíritus de Dios", y se refieren a los versículos precedentes, 1:4 y 4:5 como descripciones de las siete partes de las manifestaciones del Espíritu Santo como se revela en Is 11:2. El significado simbólico se refiere a la llenura del Espíritu evidente en Su Persona, note lo que el Espíritu hace: "enviados por toda la tierra".

Reflexión: ¿Cómo es esta Omnipresencia descrita en Zac 4:10?

¿Cuál es el propósito de la búsqueda universal de la Presencia de los ojos del Señor según 2 Crón 16:9?

EL ROLLO ES ABIERTO.

Y vino, y tomo el libro de la mano derecha del que estaba sentado en el Trono.

5:7 El Único que es digno en todo el universo, el Cordero de Dios, toma el rollo, como si dijera, "Ahora es el tiempo. Que comience el final" No podemos imaginar el drama de la escena, pero la respuesta era contundente, abrumadora. El tiempo que toda la historia desde la creación y la caída de la humanidad ha esperado estaba a punto de comenzar.

Reflexión: ¿Cómo se describe esta anticipación en Ro 8:20-23?

LA ADORACIÓN DEL CORDERO (5:8-14)

5:8

y cuando hubo tomado el libro, los cuatro seres vivientes y los veinticuatro ancianos se postraron delante del Cordero; todos tenían arpas, y copas de oro llenas de incienso, que son las oraciones de los santos;

5:8a Frente a grandes hombres la gente se pone de pie, cae con su rostro a tierra en honor, miedo, humildad y adoración. Aunque solo las cuatro criaturas vivientes y los veinticuatro ancianos son aquí mencionados, mas tarde la multitud entera del cielo esta junto a ellos (5:11). Cada anciano tiene un arpa (para adorar con canción) y una copa de incienso (símbolo de las "oraciones de los santos") [ver salmos 141:2 en donde se comparan la oración y el incienso].

Reflexión: ¿Qué comparación puedes tú ver entre el incienso y las oraciones? ¿Existe alguna?

5:9-10

Y cantaban un nuevo cantico, diciendo: Digno eres de tomar el libro y de abrir sus sellos; porque tú fuiste inmolado, y con tu sangre nos has redimido para Dios, de todo linaje y lengua y pueblo y nación;

5:9-10 Las raíces de esta nueva canción regresan al Calvario. La profundidad de la alabanza viene de la gratitud y aprecio por tres hechos principales: Primero, el más grande, más majestuoso y El Ser más alto en el universo había muerto voluntariamente por los demás; segundo, El redimió a los santos que Juan vio alrededor del trono; tercero, a ellos se les prometió correinar con Cristo. Este Uno que es incomparable en todo el universo fue "muerto" (*spiazo*), tiempo aoristo, en consecuencia "una vez y para siempre…" + "sacrificado, violentamente condenado a muerte"). Incomprensible excepto que Su muerte fue a propósito y todo planeado para "redimir" (*agorazo*), tiempo aoristo, en consecuencia "una vez por todas…" + "compró, pagó por, en un mercado" a todo aquel que iba a creer.

Reflexión: ¿Cómo describió Pablo este acto de "ser comprado" y que implicó esto en los siguientes versículos?

Hech 20:28

1 Co 6:20

1 Co 7:23

2 Pe 2:11

5:9b Nadie esta ahí debido a un merito o bondad personal. Todo es debido a esta Persona Maravillosa, Quien pago su deuda, la cual ellos nunca podían pagarla, 28 Solamente porque ellos aceptaron Su muerte y el precio justo por sus pecados. Este vasto grupo de creyentes agradecidos incluyó algunos de "todo linaje y lengua y pueblo y nación". La forma como esto se cumplirá es a través de los actuales seguidores de Dios cuando ellos estén deseosos de que sus vidas se conviertan en instrumentos por medio de los cuales el Espíritu de Dios puede obrar dándoles el poder de predicar el evangelio en toda lengua y a toda nación sobre la tierra. Todos estos nuevos creyentes comparecerán en este día futuro frente al Trono.

Reflexión: ¿Qué dijo Jesús que sería necesario hacer antes de que Él comience su Segunda Venida según Mateo 24:14. ¿Qué significa esto para nuestras prioridades?

5:9c *Segundo*, el motivo principal para el evangelismo mundial es el mandamiento de Jesús de contar a todos las Buenas Nuevas, y la promesa de que "las puertas del Hades no prevalecerán contra ella [la iglesia]" (Mt 16:18). Aquí esta el punto de vista final de la Gran Comisión: Alguien lo hizo con el último grupo étnico, tribu, y lengua29 con el mensaje del evangelio y algunos de cada grupo creyeron. Esta es una tarea que tiene un final exitoso y garantizado. Los creyentes que ven esto y que valoran este momento del tiempo más que la vida misma, derramarán sus vidas para participar con Cristo en traer a algunos (no a todos) de cada lengua, tribu y nación de la tierra.
Reflexión: Si nosotros sabemos que este es Su fuerte deseo, ¿Qué tan grande debería ser esta prioridad en nuestras vidas individuales?

5:10 *Tercero*, Él prometió hacerles "reyes y sacerdotes de nuestro Dios" para "reinar en la tierra". El privilegio de solamente estar ahí en este momento sería suficiente, pero habernos prometido la responsabilidad de llegar a ser un rey y un sacerdote en un reino futuro en donde Cristo reinará "sobre la tierra" es abrumador. Ahora la vida tiene un objetivo principal de calificarnos para una responsabilidad futura con Cristo en su reino terrenal que seguirá a Su

Segunda Venida.

Reflexión: ¿Cómo expresó Pablo este concepto en estos versículos?:

Ro 8:18

2 Ti 2:12

Nota: Este grupo parece ser la iglesia completa que ha sido raptada, evaluada, premiada y que ahora está esperando la consumación del Regreso de Cristo a la tierra. Habrá otro grupo que saldrá del Periodo de la Tribulación, pero este grupo ya esta en el cielo antes de que la Tribulación comience.

EL CORO CELESTIAL

5:11-12

11 y mire, y oí la voz de muchos ángeles alrededor del trono, y de los seres vivientes, y de los ancianos; y su numero era millones de millones, 12 que decían a gran voz: el Cordero que fue inmolado es digno de tomar el poder, las riquezas, la sabiduría, la fortaleza, la honra, la gloria y la alabanza.

5:11 La vista de Juan ahora se dirige a esta vasta multitud de millones [lit. "miríadas y miríadas"] de creyentes que salieron de la Era de la Iglesia esperando el comienzo del Periodo de Tribulación de siete años (Ap 6 al 19) antes del comienzo del Reino Milenial con Cristo (Ap 20). Estos no son números específicos, pero si son términos descriptivos de un vasto ejército de creyentes. Sus vidas han sido transformadas cuando escucharon y creyeron el mensaje del evangelio durante su tiempo de vida.

Reflexión: ¿Cuál es el coro más grande que tú has visto. ¿Cuál es el más grande auditorio o estadio que tú has visto? ¿Puedes imaginarte el sonido de millones cantando esta alabanza? ¿Cuál es la razón de esta alabanza?

5:12

que decían a gran voz: el Cordero que fue inmolado es digno de tomar el poder, las riquezas, la sabiduría, la fortaleza, la honra, la gloria y la alabanza.

5:12 Este inmenso coro "voz alta" (no necesariamente cantando) o grito, "Cantando un nuevo cantico! Toca diestramente y grita tus alabanzas a El!" (Sal 33:3). En este caso es una alabanza de siete lados: Digno es el Señor Jesús de recibir poder, riquezas, sabiduría, fortaleza, honra, gloria y alabanza. No significa que Jesús recibirá estos atributos sino que es un reconocimiento de que este era Su carácter desde antes de la creación. El Salvador tiene todos estos atributos por lo tanto es digno de alabanza. Fue en base a la muerte del

Cordero que estalló la alabanza. La adoración del cielo siempre exalta la Cruz y la Redención ganada en ese día.

Reflexión: ¿Qué tan a menudo mencionas la cruz y la muerte de Cristo en tu tiempo de adoración?

ALABANZA UNIVERSAL (5:13-14)

Y a todo lo creado que está en el cielo, y sobre la tierra, y debajo de la tierra, y en el mar, y a todas las cosas que en ellos hay, oí decir: Al que está sentado en el Trono y al Cordero sea la alabanza, la honra, la gloria, y el poder, por los siglos de los siglos.

5:13 Esta escena de adoración universal es para reiterar el hecho de que cada uno esta ahí solo por la gracia de Dios, especialmente al enviar al Salvador (El "Cordero"). La alabanza universal se debe a que hubo una oferta universal. "Toda criatura" canta alabanzas al Padre y al Hijo. La unidad del Padre y del Hijo tiene un fuerte énfasis en el Apocalipsis.

Reflexión: ¿Disfrutas adorar al Señor Jesús? De eso se trata el cielo. Debido a que la gente entiende la grandeza de la cruz, comprende el significado de lo que le costó al Salvador redimirnos para Él no pueden menos que expresar su gratitud y agradecimiento con adoración y alabanza.

5:14

los cuatro seres vivientes decían: Amén; y los veinticuatro ancianos se postraron sobre sus rostros y adoraron al que vive por los siglos de los siglos.

5:14 Como una ola, que comienza junto al trono con las cuatro criaturas que gritan: "amen"! y luego los veinticuatro ancianos siguen el ejemplo y caen sobre sus rostros en adoración, presumiblemente seguidos por la vasta multitud que le deben todo a Aquel que vive por los siglos de los siglos... así también nosotros, con Él, viviremos por siempre. Medita en Su gracia en aceptarte a ti como Suyo, no debido a ninguna bondad o mérito que haya en ti sino debido a que Él te limpió con Su sangre para aceptarte en Su santidad. ¡Cuanta gracia!

Reflexión: ¿Crees que solo tienes que estar cantando para alabarle? ¿Qué tan a menudo eres agradecido por Su gracia, perdón, aceptación y presencia en tu vida? O tu solamente le agradeces por la salud o por las cosas o cuando estás feliz?

¿De dónde vienen los 7 años de la Tribulación?

Hubo algunas profecías reveladas a Daniel que están relacionadas directamente a estos números. Por razón de la apostasía de Israel, Dios permitió que Babilonia la llevara en Cautiverio. Daniel estuvo incluido en el primer grupo llevado a Babilonia donde él ganó el respecto del rey y quedó en su posición importante aún cuando Persia conquistó a Babilonia. Dios le dio una visión de su propósito para Israel Daniel 9:24:

> "Setenta semanas están determinadas sobre tu pueblo y sobre tu santa ciudad, para terminar la prevaricación, y poner fin al pecado, y expiar la iniquidad, para traer la justicia perdurable, y sellar la visión y la profecía, y ungir al Santo de los santos. (Dan 9:24 R60)

Setenta "siete" iguala 490. En el calendario Judaica siete "sietes" era el Año de Jubilo (Lev 25:8-12), es decir, 49 años. Si la medida fuera "días" literales, significaría 1 1/3 años, que no sería suficiente tiempo para cumplir las profecías de 9:24-27. Hasta el tiempo del Cautiverio hubiera sido 70 año sabbaticales [uno cada 49 años] que Israel nunca observaron. Ahora Dios iba a cobrar su tiempo, así que 490 años serían requerido.

Los primeros tres objetivos de 9:24 serían cumplidos en Calvario, y los últimos tres en el milenio. La profecía está dividido en tres períodos que comenzara con la salida de "la orden para restaurar y edificar a Jerusalén" (9:25). El única orden dado por un monarca de Persia para reconstruir la ciudad fue dado por Artajerjes Longimanus en Marzo 5, 444 A.C. (Neh 2:1-8). En la profecía hubo dos períodos, uno de 7 "sietes" (49 años) y 62 "sietes" (o 434 años) "hasta el Mesías Príncipe," (Dan 9:25) llegara. Sin embargo, "después de las sesenta y dos semanas se quitará la vida al Mesías, (Dan 9:26)" El primer período fue el tiempo para reconstruir a Jerusalén (444-395 AC). El segundo período (62 "sietes" o 434 años) fue el período hasta el Mesías será muerto (9:26). La fecha exacta fue cumplida en la Entrada Triunfal de Jesús antes de su crucifixión. Así cumplió 69 de los 70 semanas de la profecía. La septuaginta "siete" falta cumplimiento todavía.

Esa última período de "siete" años comience cuando "el príncipe" falso (Anticristo) "confirmará el pacto con muchos" (Dan 9:27) por siete años. En medio de este período, (3 1/2 años) este príncipe "hará cesar el sacrificio y la ofrenda," implicando que los sacrificios de templo y los sacrificios habían sido re-instituido en Israel, that the temple and sacrifices will be reinstituted in Israel, pero este falso príncipe pacificador (Anticristo) terminará con los sacrificios Judaicos y obligar que el mundo adoran a él (2 Tes 2:4; Apoc 13:8).

El Libro de Apocalipsis explicará "lo que está determinado se derrame sobre el desolador," (Dan 9:27), [el Anticristo] en el fin de la septuaginta semana de Daniel.. Si los primeros 69 "sietes" de años (434) fueron cumplidas literalmente, el "siete" final será también.

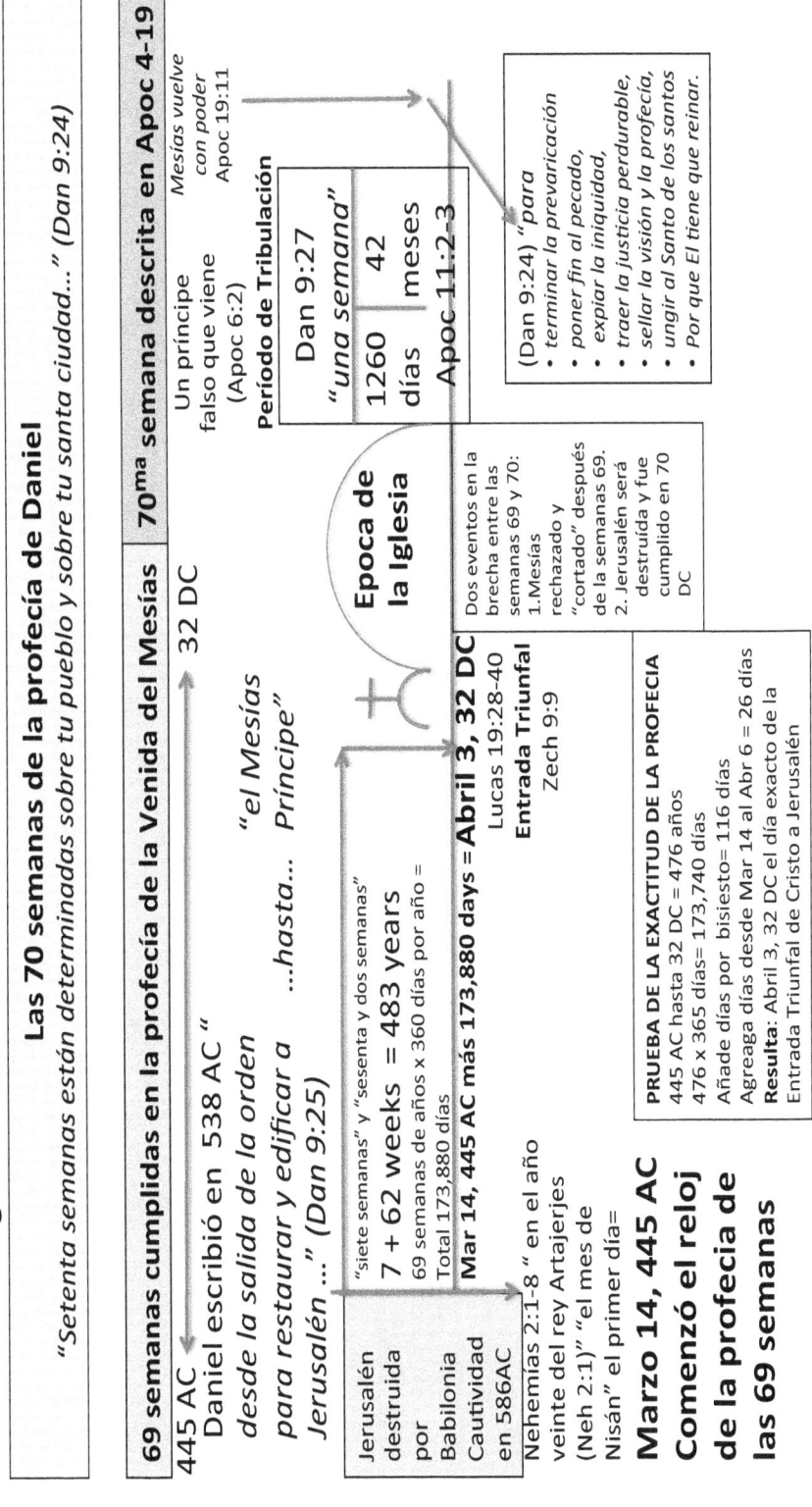

Los eventos de los siete años de la Gran Tribulación

Tribunal de Cristo — Cena del matrimonio del Cordero — 2nd Advento con los santos — Armagedón

El rapto de la iglesia → 1,260 días – 42 meses — **La 70° semana de Daniel** — 1,260 días – 42 meses

7 Sellos (Apoc. 6)
1. Hynete blanco
2. Hynete rojo
3. Hynete negro
4. Hynete pálido
5. Persecución de los santos
6. La gran terremoto
7. Siete trompetas

7 trompetas (Apoc 8-9)
1. Granizo, fuego, con sangre
2. Asteroides envenena 1/3 del mar
3. Asteroides envenena 1/3 de aguas
4. Un tercio del cielo oscurecido
5. Langostas del abismo tormenta sin el sello de Dios
6. 1/3 de los hombres mueren
7. terremotos masivos

7 Copas (Apoc. 16)
1. Pestilencias úlceras
2. El mar cambia a sangre y toda la vida marina muere
3. Aguas naturales cambia a sangre y aguas dulces quemadas
4. Hombres quemado por el sol
5. Oscuridad y dolor
6. Se seca el rio Eufrates y los reinos invaden
7. La tierra también

Eventos al comienzo
1. Antichristo parece como el cuerno pequeño y el hombre del pecado
2. Hynete blanco
3. Anticristo hace un pacto con Israel

Eventos de los primeros 3 ½ años
1. Anticristo ascienda a poder sobre la Federación Romana
2. Israel vuelve a su tierra como incrédulos
3. Israel vuelve a construir bajo el patronea del Anticristo
4. Templo vuelto a construir & sacrificios comience
5. Iglesia del Concilio Global domina todas las religiones y vuelve a practicar Inquisición
6. Guerra, sequía caos económico (2-4 sellos), sequías, económica caos (2-4th sellos)
7. Evangelismo global con martirios (5th sello)
8. Desastres naturales & miedo global por la ira de Dios (6th sello).

Eventos del medio-Tribulación
1. Satanás se echa del cielo (Apoc 12)
2. Rusia y Egipto invade a Israel (Ezeq 38-39)
3. Rusia es destruida por Dios
4. Anticristo derrota a Egipto, Libia y Etiopía
5. Anticristo rompe el pacto con Israel
6. Anticristo destruye la Iglesia Global d
7. Obliga adoración del imagen de Anticristo
8. Dos Testigos comiencen su ministerio
9. Israel huye la persecución por la Bestia
10. 144,000 Judíos escogido a Mesías

Eventos del 2nd 3 ½ años
1. Los juicios de la Gran Tribulación comience
2. Anticristo reina con sus líderes globales y el apoyo de la Confederación Occidente
3. Falsa profeta promociona la adoración del Anticristo por todo el mundo.
4. Jerusalén inundado con gentiles
5. 144,000 continúe a predicar pero eventualmente matado
6. La marca del Bestia usado para adoración y requerido para todo comercio
7. Multitudes convertido y llegan a ser mártires
8. Israel perseguido específicamente por el Anticristo.
9. Juicios de las trompetas y copas derramadas por el imperio del Anticristo.
10. Blasfemia crece como los juicios intensifican.

Eventos del fin de la Tribulación
1. Babilonia comercial es destruido
2. Reyes de Este y Norte invade a Israel
3. 2/3 de Jerusalén destruido
4. Ejércitos del mundo congregan en Armagedón
5. Cristo vuelve con Sus santos
6. El ejército del Anticristo es destruido
7. El Anticristo y el Falso Profeta se echan en el Lago del Fuego
8. La Bestia es encarcelado en el Abismo por 1000 años

CAPITULO 6

LA APERTURA DE LOS SIETE SELLOS

Los sellos cubrirán todo el período de los siete años de Tribulación. Los primeros cuatro sellos cubrirán los primeros tres años y medio, y los últimos tres sellos cubrirán los tres y medio años restantes.30 El séptimo sello contiene los siete juicios de las trompetas (8:1-11:19) y la séptima trompeta (11:15) contiene los juicios de las siete copas (16:1-21). Por lo tanto los siete sellos contienen todos los juicios hasta el retorno de Jesús.

1.EL PRIMER SELLO (6:1-2) – CABALLO BLANCO = FALSA PAZ

6:1

Vi cuando el Cordero abrió uno de los sellos, y oí a uno de los cuatro seres vivientes decir como con voz de trueno: Ven y mira.

6:1 La voz que ordena a Juan "ven y mira" implica una diferente ubicación de la escena celestial. Juan vuelve a la tierra en su visión para ser testigo de una secuencia de eventos que tendrán lugar en un periodo de siete años (Daniel 9:26) el cual comenzará con un intento de unificación y paz global, pero que colapsará en el caos y desastres que se usarán para culpar a los Judíos y a los Cristianos culminando finalmente en un ataque global contra Israel en la batalla del "Armagedón", que culminará en la Segunda Venida de Cristo. Mientras tanto, la Iglesia se ha ido de la escena mundial, tal como lo hemos visto en caps. 4 al 5. Aunque hay diferentes puntos de vista de cuándo sucederá el rapto, en el siguiente pasaje observamos que una fuerza restrictiva en el mundo está frenando la manifestación del Anticristo, pero en algún punto el Sujetador/Protector será quitado desencadenando así el surgimiento del Anticristo, el "príncipe" mencionado en Daniel 9:26.

2 Tesalonicenses 2:3-7 "Nadie os engañe en ninguna manera; porque no vendrá sin que antes venga la apostasía, [ej., sea una gran apostasía o el Rapto] y se manifieste el hombre de pecado [ej., el Anticristo], el hijo de perdición,4 el cual se opone y se levanta contra todo lo que se llama Dios o es objeto de culto; tanto que se sienta en el templo de Dios, [aún no se ha construido en Jerusalén] como si fuera Dios, haciéndose pasar por Dios. ...2:6 Y ahora vosotros sabéis lo que lo detiene [ej., el Espíritu Santo], a fin de que a su debido tiempo se manifieste. 2:7 Porque ya está en acción el misterio de la iniquidad; solo que hay quien al presente lo detiene [ej. El Espíritu],

hasta que Él a su vez sea quitado de en medio [ej., en el Arrebatamiento]."

Reflexión: Si el Arrebatamiento trae el fin de la obra de "restricción" del Espíritu, e inicia los eventos de la Gran Tribulación, ¿Verá o identificará la Iglesia al Anticristo? Explique:

6:2

Y miré, y he aquí un caballo blanco; y el que lo montaba tenía un arco; y le fue dada una corona, y salió venciendo, y para vencer.

6:2 Cada uno de los sellos es el derramamiento de la ira de Dios. Tan pronto como el Cordero abre el primer sello, se manifiesta un caballo blanco y un jinete que sostiene un arco (sin flechas), puesto una corona de victoria (*stephanos*)31. ¿Quién es el? Hay una similitud con Cristo en el 19:11 en donde está claramente Cristo montando un caballo blanco, el cual es un símbolo de victoria. Por supuesto, Cristo está abriendo los sellos, por tanto Él no puede estar en el sello. Otras diferencias: la armadura es diferente (un arco en lugar de una espada), la situación es diferente (conquistar vs. retribución) y a continuación tres jinetes vienen trayendo catástrofes (en lugar del milenio). Aunque es similar, esta persona es mejor identificada como la aparición del "hombre de pecado", el Anticristo, el gran líder mundial que viene a resolver un mundo en caos. Tal como cada uno de los otros tres caballos representa circunstancias cambiantes, así este caballo es una fuerza global que está obrando. El caballo blanco es el símbolo de paz, así también este líder carismático primero entrará en la escena como la clave de unidad del mundo bajo un gobierno global que promete paz mundial. Él tiene éxito en la obtención de pactos globales para la paz, incluso con Israel.

Reflexión: ¿Cómo vio Daniel esto en Dn 9:27? ¿Cuánto tiempo durará?

Este jinete tendrá un inusual poder persuasivo para engañar a las naciones. ¿Cómo describió Pablo las capacidades de este líder en 2 Ts 2:9-11?

---

4 From the Greek (*anti-* "against" + *-nomos*, "law") belief that members of a special religious group are not obligated to obey the laws of ethics or morality to obtain their salvation. This is a common charge by Roman Catholics, false religions and Jews against Protestant and Evangelical Christianity who prefer to control followers by legalistic standards.

2 EL SEGUNDO SELLO (6:3-4) CABALLO ROJO = GUERRA

6:3-4

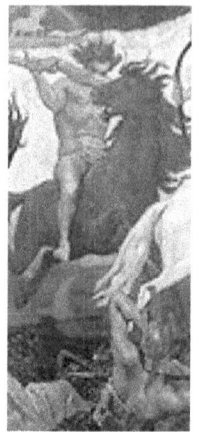

Cuando abrió el segundo sello, oí al segundo ser viviente, que decía: Ven y mira. 4y salió otro caballo bermejo; y al que lo montaba le fue dado poder de quitar de la tierra la paz, y que se matasen unos a otros; y se le dio una gran espada.

6:3-4 El plan de paz superficial, idealista que fue temporalmente estructurado se desvanece en feudos locales, vendettas y aspiraciones globales. El idealismo nunca contempla la verdadera naturaleza humana egoísta, egocéntrica, codiciosa como se lo revela en las Escrituras, por lo tanto el fracaso es inevitable. Este jinete tiene la habilidad de instigar múltiples guerras a través de todo el mundo. El lleva una gran espada, machaira, que es una espada punzante pequeña, como puñal, usada por los soldados romanos y empleada por asesinos. Serán algo común en las noticias diarias los genocidios, las calumnias, los disturbios, las masacres, las revoluciones.

Reflexión: ¿Cómo describe Jesús estos días en Marcos 13:7-8?

6:4 Se podrían dar posibles explicaciones de que el Anticristo necesitará reforzar su plan de paz con amenaza militar, pero su deseo de dominar al mundo provocará rebeliones globales que continuarán hasta el regreso de Jesús. Como cabeza de la confederación del Oeste el hará lo que ningún otro líder ha sido capaz de hacer, y que muchos han tratado de hacer, esto es, traer la paz al Oriente Medio. Esto puede incluir la negociación para reconstruir el Templo, el cual ya fue construido a mediados de la Tribulación cuando el Anticristo comete la "abominación desoladora" (Dn 11:31; 12:11; Mt. 24:15). Para mayor descripción de la "abominación desoladora" vea Dn 11:36-45, la cual ocurrirá en la mitad de la Tribulación.

Reflexión: ¿Alguna vez has tenido la tentación de poner tu vida en peligro a fin de obtener lo que realmente quieres?

Solamente podemos preguntarnos ¿qué es lo que se iba a entregar o a comprometer para asegurar los terrenos del templo? ¿Podría eso haber provocado la venganza y las guerras?

3. EL TERCER SELLO (6:5-6)   CABALLO NEGRO = HAMBRUNA

Cuando abrió el tercer sello, oí al tercer ser viviente, que decía: Ven y mira. Y mire, y he aquí un caballo negro; y el que lo montaba tenía una balanza en la mano. 6Y oí una voz de en medio de los cuatro seres vivientes, que decía: dos libras de trigo por un denario, y seis libras de cebada por un denario; pero no dañes el aceite ni el vino.

6:5-6 Como resultado de las guerras en todo el mundo, el suministro de comida es confiscado o destruido por los ejércitos involucrados. Una "libra de trigo" y "tres libras de cebada", los dos por el salario de un día. Un denario era la moneda de plata Romana, que valía algo así como quince centavos, el salario diario de un trabajador común.

Sea que el trigo sirva para una comida o la cebada para tres comidas del día no quedaría nada para comprar vino o aceite. El trabajador no podía ganar lo suficiente para alimentar a su familia. Incluso la cebada tiene un valor nutricional tan bajo que es utilizado para alimentar al ganado con estos salarios de hambre.

Las balanzas en la mano del jinete serán usadas para racionar el suministro limitado de comida como resultado de las guerras (ver Mt 24:7). El aceite de oliva y el vino eran usados para cocinar y purificar el agua, por lo cual debían ser protegidos cuidadosamente. El caos global está comenzando a escalar pero se tornará mucho peor. A medida que la gente pierde la esperanza de recuperarse, la desesperación toma lugar especialmente debido a que la gente muere por cientos de miles debido al hambre.

Reflexión: ¿Has estado alguna vez hambriento durante un día por falta de comida? ¿Has visto la miseria, la pobreza y la desesperanza?... esto es solo el comienzo.

3. EL CUARTO SELLO (6:7-8)   CABALLO AMARILLO = MUERTE

Cuando abrió el cuarto sello, oí la voz del cuarto ser viviente, que decía: ven y mira. 8Miré, y he aquí un caballo amarillo, y el que lo montaba tenía como nombre Muerte, y el Hades le seguía; y le fue dada potestad sobre la cuarta parte de la tierra, para matar con espada, con hambre, con mortandad, y con las fieras de la tierra.

6:7-8 El cuarto caballo es "amarillo" (*Chloros*, "cenizo" de donde obtenemos la palabra inglesa "clorofila" y "cloro" por lo tanto un color pálido, amarillo verdoso de un cadáver en descomposición. El nombre del jinete es "muerte". La consecuencia inevitable de la muerte y de la hambruna es un reguero de enfermedad y muerte.

El alcance de esta devastación resulta en la muerte del 25% de la población mundial. 32 Con la población actual de cerca de siete mil millones de personas dará como resultado 1.750 millones de muertes en pocos meses. Este nivel de devastación no se ha visto nunca en la historia de la humanidad, pero este es solamente el comienzo del juicio de Dios.

Reflexión: ¿Cómo modifica tu punto de vista la perspectiva en cuanto a la naturaleza de Dios?

6:8 A este jinete se le da poder "para matar con la espada, con hambre, con muerte, y con las fieras de la tierra". El desencadenamiento del cuarto jinete de Muerte será la "espada" (segundo jinete de guerra), "hambre" (tercer jinete de hambruna) y "muerte" (thanatos, "muerte" pero puede también referirse a enfermedad como la causa de muerte tal como en el 2:23 y 18:8), así como "las bestias de la tierra". El animal más mortal que ha vivido jamás es la rata, que se nutre en áreas populosas y que fue la causa del esparcimiento de la Plaga negra que llegó de la China a Inglaterra.

Reflexión: ¿A cuántos funerales has asistido? ¿Que sucedería si todos los de tu familia fueran muertos por una plaga?, ¿Te ayudaría eso para volverte más hacia Dios?

Nota: En el cuarto sello estamos aproximadamente en la mitad del periodo de la Tribulación. Ahora la situación comienza a empeorar de una manera acelerada. Y Dios todavía esta dejando la puerta abierta para quienquiera que se arrepienta y sea salvo, pero ellos no escaparán de las circunstancias que ponen en peligro su vida en la Tribulación.

Reflexión: ¿Cómo describen estos autores este periodo de tiempo?

Jeremías 30:7

Daniel 12:1

Mateo 24:21-22

4. EL QUINTO SELLO (6:9-11) LAS ORACIONES DE LOS MÁRTIRES

Cuando abrió el quinto sello, vi bajo el altar las almas de los que habían sido muertos por causa de la palabra de Dios y por el testimonio que tenían.

6:9 La visión de Juan ahora vuelve a la escena celestial en donde él ve las almas de aquellos que recién llegaron al cielo ("se les dio una túnica blanca a cada uno de ellos") quienes habían sido salvos en el periodo de la Tribulación, pero que habían sido "muertos" (spahazo, matados violentamente, asesinados) por la fe de ellos en la "Palabra de Dios" y por el "testimonio que ellos tenían" (vea 7:14). No está revelada la manera como ellos escucharon y entendieron el evangelio.

Tal vez se puede conjeturar que ellos habían escuchado el evangelio antes del arrebatamiento de boca de testigos fieles, pero pospusieron su compromiso con Cristo hasta que fue demasiado tarde. Ahora ellos llegaron a ser el objetivo de la persecución del Anticristo (y probablemente fueron acusados de ser culpables de las calamidades de la tierra), la cual comienza en la primera mitad de la Tribulación, luego se intensifica en la segunda mitad como en el 6:11.

Podemos ver la inequidad de la crítica contra los Cristianos hoy día ("espíritu del Anticristo"; 1 Juan 4:3), y aun así más Cristianos han sido martirizados globalmente en las últimas dos décadas que en los últimos dos mil años. Esto es insignificante comparado con los primeros tres años y medio de la Tribulación. El número de los mártires es enorme (7:9). Pero la segunda mitad de la Tribulación será aun peor para quienquiera que se atreva a creer.

Reflexión: Vea si es que usted puede juntar las circunstancias que provocarían la ira del Anticristo contra los creyentes de la Tribulación según los siguientes versículos. ¿Reconocieron quién era él?

1 Ts 2:3-4 (¿qué quiere reclamar y en dónde?)

1 Ts 2:9-10 (¿Por qué hay tantos engañados?)

Apocalipsis 13:3-4 (¿Qué pasa si alguien no adora?)

Apocalipsis 13:5 (¿Qué tan largos son 42 meses?)

Estos creyentes no son tolerados debido a que conocen la palabra de Dios y testifican lo que está sucediendo a la luz de las Escrituras. ¿Qué precio se debe pagar por conocer la Verdad? ¿Qué revelan estos versículos en cuanto a este grupo?

Apocalipsis 12:17

Apocalipsis 19:10

Apocalipsis 20:4

LA ORACIÓN DE LOS MÁRTIRES

6:10

y clamaban a gran voz, diciendo: ¿Hasta cuándo, Señor, santo y verdadero, no juzgas y vengas nuestra sangre en los que moran en la tierra?

6:10 Las almas bajo el altar de aquellos que fueron cruelmente asesinados por las autoridades están rogando al Señor que vengue su muerte. Aunque estas plagas son tan horribles (cuarto caballo) no se comparan a la manera como son tratados los creyentes por todas partes en la Tribulación. ¡Qué diferentes son estas oraciones comparadas a la oración de Esteban pidiendo perdón (Hch 7:60). Estas son como las oraciones imprecatorias de salmos. Esas oraciones no están buscando venganza sino justicia e intervención contra todo lo que es contra Dios y que le deshonra a Él. No son dirigidas contra vendettas individuales, sino más bien contra todo el sistema global anti Dios. La respuesta de Dios es que ellos "descansen" (anapauo, "mantenerse quieto en expectativa paciente"). El mal debe ser tan malo que no pueda ser peor, por lo que merece la ira terrible que está pendiente en contra del sistema malvado del mundo. Entonces se acabará el pecado de una vez por. Sus oraciones son contestadas en el 16:5 al 7 y en el 19:2. La paciencia es uno de los rasgos de Dios más difíciles de aprender (mencionada en 33 versículos del NT). Nadie quiere más retribución que Jesús, pero Él es paciente (Ap 1:9) y pide a sus seguidores que sean igualmente pacientes.

Reflexión: ¿En qué circunstancias aprendemos paciencia según Ro. 5:3? ¿Te parece fácil ser paciente? ¿Hay alguna relación entre tener paciencia y confiar en Dios?

Nota: "Bajo el altar" describe la ubicación de este grupo especial, distinto de las miríadas de santos que están alrededor del Trono en Ap 4 al 5. El "altar" se refiere a una parte del Templo celestial (del cual el tabernáculo terrenal fue modelado – Heb 8:5) de especial honor, pero distinto a la ubicación de la Iglesia para indicar que es un grupo diferente de creyentes del periodo de la Tribulación.

6:11

Y se les dieron vestiduras blancas, y se les dijo que descansasen todavía un poco de tiempo, hasta que se completara el número de sus consiervos y sus hermanos, que también habían de ser muertos como ellos.

6:11a La paciencia esperará "hasta que se completará el número…" esta declaración implica que hay un cierto número de mártires que serán asesinados antes de que Dios derrame su ira. Este no es un número arbitrario, sino un número conocido. Él sabe quiénes son, cuándo creyeron, y cuándo serán asesinados. Jesús habló de un gran número de Judíos que morirán en este periodo (Mateo 24:9, y 16-22) y Apocalipsis 7:9-17 describe una multitud de Gentiles que serán asesinados de todas las naciones, tribus, pueblos y lenguas. Estos son días horribles para los creyentes. Si a nosotros nos importa la gente, debemos darles el mensaje del evangelio antes de que sea demasiado tarde. Incluso si ellos son salvos después del arrebatamiento será horrible ese tiempo para ellos. Discuta si el hecho de que habrá creyentes en la Tribulación es una motivación para testificar ahora, o una excusa para creer que ellos serán de todas maneras salvos en el Periodo de la Tribulación.

Nota: "Y se les dieron vestiduras blancas…" Estos espíritus martirizados no son fantasmas, sino cuerpos sustantivos de santos muertos, que son capaces de usar una vestidura blanca. Es evidente que los creyentes difuntos tienen un cuerpo temporal en el cielo que está esperando que sus cuerpos sean resucitados (20:4).

6:11b Las oraciones de los mártires dan algunos buenos principios. Es evidente que los santos en el cielo no saben "cuándo" Dios juzgara a la humanidad pecadora. Ellos están todavía haciendo eco de la oración "¡Venga tu Reino!"

Dios hizo claro que el martirio de ellos no fue accidental o inadvertido sino más bien fue parte de Su plan, por lo tanto ellos no deberían temer ni impacientarse. Él no comete errores. El Señor pide paciencia y confianza con la respuesta que da: "…un poco de tiempo". Sucederá, pero a su tiempo. La justicia en el sistema mundial está en las manos de Dios; pocas veces es inmediata; y nosotros tenemos también que "descansar todavía un poco de tiempo".

Reflexión: ¿Puedes ver algún otro principio en cuanto a la oración en este diálogo?

Nota: ¿Qué hay de la promesa de protección de la ira de Dios según Apocalipsis 3:10? ¿Aplica esta promesa solamente para la Iglesia y no para el Periodo de la Tribulación? El martirio al por mayor de los santos durante el periodo de la Tribulación tanto en la primera como en la segunda mitad demanda que la promesa de la iglesia de Filadelfia sea vista como "guardando [a la Iglesia] de la hora de la prueba" que vendrá sobre toda la humanidad. El quinto sello es una descripción de esta prueba de que la Iglesia será guardada al ser arrebatada previamente.

6. EL SEXTO SELLO (6:12-17) - TERREMOTOS Y METEORITOS

6:12-13

miré cuando abrió el sexto sello, y he aquí hubo un gran terremoto; y el sol se puso negro como tela de cilicio, y la luna se volvió toda como sangre; 13y las estrellas del cielo cayeron sobre la tierra, como la higuera deja caer sus higos cuando es sacudida por un fuerte viento.

6:12-13 El horrible sexto sello se abre con un "...gran terremoto... el sol se hace negro como cilicio... la luna se hace como sangre" luego "las estrellas" caen "a la tierra"... "el cielo se desvaneció como un pergamino" como la ceniza que cubre por las explosiones volcánicas masivas. Todo esto resultó en "todo monte y toda isla se removió de su lugar". Estos son cambios sin paralelo en la tierra física desde el diluvio.

El sexto sello introduce las señales del cielo como se menciona en Mt 24:29 y Joel 2:31. Estos seis desastres naturales aterradores ocurren en la última parte de la Segunda Mitad de la Tribulación, justo antes de la Segunda Venida. Los disturbios cósmicos son mencionados antes de la primera trompeta (8:5), en conexión con la cuarta trompeta (8:12), quinta trompeta (9:1) y séptima copa (16:17-21).

Jesús habló de grandes disturbios en la atmósfera; Mt 24:29 y Joel 2:30-31 se refieren a los eventos al cierre del Día del Señor. Si miramos todas estas descripciones una a la vez, comenzamos a ver la terrible destrucción que causan al planeta tierra.

El primer desastre es un "gran terremoto" (megasseismos, "gran o abundante temblor") se usa en la septuaginta. En Joel 2:10 para describir los cielos temblorosos. El movió la tierra en el monte Sinaí (Ex 19:18), en la muerte de Su Hijo (Mt 27:51, 65) y cuando liberó a Pablo y a Silas de la cárcel en Filipos (Hch 16:25) debido a que un terremoto hizo que el carcelero experimente el temor del Señor que lo llevó a Cristo. Han habido muchos terremotos en la historia y habrán muchos más durante la primera mitad de la Tribulación, pero este terremoto global es incomparable. Es el "terremoto" con que los sismólogos sueñan, temen y saben que puede ocurrir. La gente tendrá miedo de ir a las edificaciones a buscar protección por la caída de escombros en los refugios. Estos son los sobrevivientes de las guerras mundiales, de las hambrunas devastadoras, y de las epidemias globales de enfermedades mortalmente contagiosas, y ahora comienzan las peores catástrofes imaginables.

El segundo desastre es la oscuridad del cielo, el cual se lo percibe en la tierra como una ceniza volcánica a partir de múltiples mantas atmosféricas de las mega erupciones haciendo que la tierra se oscurezca, creando así la tercera señal de desastre de la luna con apariencia roja como resultado de sus filtros de reflexión de la cubierta de ceniza. Todo aspecto de vida que depende del sol y de la luna será afectado. La vida en la tierra es amenazada.

La tercera desastre de las fisuras volcánicas solamente están esperando un ligero cambio en la corteza para entrar en erupción. Todo sismólogo sabe cuan viables son esas erupciones actualmente. Solamente unas pocas erupciones estratégicas podrían ennegrecer el sol en toda la tierra, causando catástrofes y cambios climáticos mayores.

El cuarto desastre describe a las estrellas cayendo así como se ve desde la tierra cuando grandes enormes asteroides o meteoritos bombardean la tierra. Se han desarrollado muchos modelos computarizados de esta posibilidad y se han hecho películas con algunos asteroides cayendo sobre la tierra y varios asteroides grandes y lluvias de meteoritos que penetran a través de la ceniza volcánica que cubre la Ionosfera que será algo tan terrible de presenciar. Juan compara estos impactos de múltiples asteroides a un árbol de higo en el viento perdiendo todos sus higos. Estas cosas fueron diseñadas para ser señales astrológicas o presagios que pudieran causar reflexión o arrepentimiento.

Reflexión: ¿Por qué la gente en la tierra no se arrepentiría con estas señales celestiales?

MÁS EN CUANTO AL SEXTO SELLO

6:14

y el cielo se desvaneció como un pergamino que se enrolla; y todo monte y toda isla se removieron de su lugar.

6:14 De repente e inexplicablemente ocurre el quinto desastre cuando el cielo se desvanece como un pergamino desde la perspectiva terrenal revelando el desastre de lo que queda de vida en la tierra. Y justo cuando los hombres piensan que lo peor se terminó, golpea el sexto desastre. Toda la corteza de la tierra comienza a moverse y a desplazarse. La "teoría del desplazamiento continental" se vuelve una realidad y su movimiento es percibido. El daño a las estructuras urbanas civilizadas será inimaginable. Nunca ha habido un escenario del día del Juicio Final que pueda compararse a este evento destructivo mientras el hombre esta totalmente sin ayuda para detener ninguna de estas devastaciones. Y lo peor esta todavía por venir.

Reflexión: Si tienes amigos o miembros de tu familia que no han escuchado el evangelio, ¿quieres que ellos pasen por todos estos juicios? Este es el pensamiento principal que este Libro debería provocar.

Las siete trompetas y las copas parece que terminan en un clímax terrorífico similar, tal vez es la superposición y la aceleración, cada una de las cuales duran un tiempo más corto y por lo tanto llevan hacia una conclusión abrumadora. Hay siete elementos de la creación (tierra, sol, luna, estrellas, cielo, montañas e islas), que son todos sacudidos de su existencia normal.

Reflexión: Solo un necio ve esto como puras coincidencias [no evidencias] en estos trastornos universales, especialmente de esta magnitud global, y se rehúsa aún a ver que el Diseñador-Juez-Salvador está tratando de obtener la atención del hombre.

Reflexión: ¿Cómo puede el miedo ayudar a la gente a tomar buenas decisiones? ¿Por qué debemos aprender a temer a Dios?

Lucas 12:5

Heb 10:30-31

RESPUESTAS DE LA POBLACIÓN

6:15

Y los reyes de la tierra, y los grandes, los ricos, los capitanes, los poderosos, y todo siervo y todo libre, se escondieron en las cuevas y entre las peñas de los montes;

6:15 Desde los líderes hasta los esclavos (se enlistan siete tipos de gente) el miedo es universal, pero no hay mención de arrepentimiento. La élite de la sociedad, incluidos los "reyes" (*basileus*, "rey, líder, señor, comandante"), "los grandes" (*megistos*, "príncipes, magistrados") "ricos" (*plousios* "adinerados, abundan en cosas, autosatisfechos"), "capitanes" (*chiliarchhos*, "capitanes de miles de soldados"), "poderosos" (*dunatos*, "poderoso, fuerte, influyente, autoridad, quien usualmente se burla del miedo), así como la gente común de las clases más bajas compuestos de "esclavos" (*doulos*, "aquel que se da a sí mismo para la voluntad de otro, siervo", empleado?), y "hombre libre" (*eleutheros*, "desenfrenado, no ligado") serán igualmente presas del pánico. Todas sus finanzas, su política o su poder serán devastados.

Ellos se están escondiendo de los trastornos cataclísmicos de la tierra y el cielo. Esta es la advertencia antes de la tormenta. Aún en medio de plagas, pestilencias, guerras, injusticias crueles, y masivas convulsiones de la naturaleza la depravación humana se rehúsa a reconocer y buscar a Dios.

Reflexión: La naturaleza simultánea y global de estas erupciones y calamidades pueden ser atribuidas solamente a Dios, sin embargo nota como Juan describe la reacción de la mayoría:

Apoc 9:21

Apoc 16:11

SE PONEN ENOJADOS EN LUGAR DE PONERSE TRISTES

Y decían a los montes y a las peñas: Caed sobre nosotros, y escondednos del rostro de aquel que está sentado sobre el Trono, y de la ira del Cordero;

6:16 "¡Caed sobre nosotros, y escondednos del rostro de aquel que está sentado sobre el trono y de la ira del Cordero"! Note que esta "oración" es para la Tierra o la Naturaleza, no para Dios. Todas las pólizas de seguro tienen una frase, "Ley de Dios" para culpar por lo inesperado e inexplicable a Dios como si Él fuera la causa de todos los desastres. En este día habrá un conocimiento general de que la ira de Dios y de que el día del Juicio Final ha llegado,33 pero así como los demonios que están seduciendo a la población del mundo (1 Tim 4:1) ellos creen que ahí está Dios, tienen miedo de Él, pero se rehúsan a arrepentirse (Stg 2:19). Ellos solo se ponen más y más enojados. La gente cosecha las consecuencias cuando está dirigida por influencias demoníacas.

Reflexión: ¿Cómo describe Pablo estas consecuencias en 2 Ts 2:11-12?

6:17

porque el gran día de su ira ha llegado; y quién podrá sostenerse en pie?

6:17 "...El gran Día de su ira ha llegado..." Al rehusarse a arrepentirse y confiar en Cristo sus corazones se vuelven duros y Dios los endurece más de tal forma que son incapaces de arrepentirse y creer, pero enfrentan las justas consecuencias de la decisión de sus corazones de rechazar a Dios en sus vidas.

Reflexión: ¿Cómo describe Jesús estos días?

Mateo 24:29

Lucas 21:11

Lucas 21:25-26

Nahúm escribió "quién permanecerá delante de su ira y quién quedará en pie en el ardor de su enojo (Nahúm 1:6) y el autor de Hebreos escribió ¡Horrenda cosa es caer en manos del Dios vivo! (Hebreos 10:31)." La única cosa en la vida que no deberías querer hacer es que Dios se enoje contigo.
Reflexión: ¿Cómo golpea el castigo, el juicio, o la ira de Dios al que no se arrepiente según 1 Ts 5:3?

Los estudiantes de la profecía ven en Ap. 7 al 19 la segunda mitad del Periodo de la Tribulación. La devastación y la persecución han sido malas hasta este punto. Pero después de la "abominación desoladora" en donde el Anticristo se declara a sí mismo ser el Dios encarnado persiguiendo seriamente a cualquier persona que no esté de acuerdo y que no le adore a él, toma proporciones globales y la ira de Dios se vuelve inimaginable.

Sin embargo, a pesar de las horrendas condiciones, grandes multitudes de gente serán salvadas tanto de los Gentiles (7:9) como de los Judíos (Ro 11:26). Cuando la gente conoce la verdad pero continúa prefiriendo gozar con sus pecados y la conveniencia de la incredulidad, entonces "ya no queda más sacrificio por los pecados, [Cristo es el único sacrificio aceptable, si es rechazado, no hay ningún otro], sino una horrenda expectación de juicio y de hervor de fuego que ha de devorar a los adversarios" (Hebreos 10:26-27).

El Séptimo Sello dará rienda suelta a los juicios de las siete trompetas (Apocalipsis 8). Ahora comienza a ponerse peor de manera acelerada. Pero antes de eso Juan ve a los sobrevivientes de las primeras plagas y catástrofes, una en la tierra y otra en el cielo.

CAPÍTULO 7

LOS SALVADOS DE LA TRIBULACIÓN

Después de los horrendos eventos de los primeros seis sellos, Juan escribe una sección entre paréntesis, antes de presentar el séptimo sello (8:1). Dos grupos sobrevivirán al holocausto global de la ira de Dios en el juicio de las Trompetas y de las Copas así como la estrategia de amenaza mortal de parte del Anticristo para eliminar a todos los creyentes en el verdadero Dios. El primer grupo escapará a las guerras, las hambrunas, las enfermedades, las plagas, al pecar sin restricciones y a la persecución de la Tribulación; ellos entraran vivos en el reino milenial. El segundo grupo será martirizado casi tan pronto como sea evidente que ellos creen en Jesús, y entonces serán llevados inmediatamente a la presencia del Señor y preservados allí hasta que el reino de Jesús comience. Algunos de los que son salvados durante este periodo sobrevivirán al holocausto del Anticristo (13:7-10; 14:12-13; 17:6; 20:4), y a los juicios de las Trompetas/Copas de desastres naturales, hambrunas, etc. Y entrarán vivos en el milenio.

Jesús enseñó que muchos creyentes sobrevivirán para poblar el inicio del reino milenial. Él lo describió como el Juicio de las Naciones o el Juicio de las Ovejas y de los Cabritos en Mt 25:31-46. Los "cabritos" (no salvos) serán echados al infierno (25:41-46) y las "ovejas" (salvos) escucharán a Jesús diciendo: "venid, benditos de mi Padre, heredad el reino preparado para vosotros desde la fundación del mundo" (25:34). Estos creyentes sobrevivirán el periodo de la Tribulación descrito en Mt 24 y Ap. 6 al 19. Estas naciones son naciones Gentiles que muchos de los profetas vieron venir con anticipación a la salvación (Is2:2-4; Mi 4:1-5; Zac 8:20-23).

El asombroso evento del Periodo de la Tribulación, sin embargo, será la conversión de Israel. Inicialmente ella hace un pacto con el Anticristo desconocido. Hasta la toma del control del Templo a mitad de la Tribulación y su autoproclamación de ser dios (la "abominación desoladora" – Mt 25:15ss), Israel es parte del tratado de paz que resulta en la redificación del Templo en Jerusalén (2 Ts 2:4), que existirá a mediados de la Tribulación. A Israel se le dice que huya de la horrible persecución que sucederá de parte del Anticristo (Mt 24:16ss). Durante los próximos tres años y medio algunos de Israel serán salvos (Ro 11:26). Zac 12:10 a 13:1, y 13:8-9 describen la conversión de Israel al Mesías en el medio de una horrible persecución que mata a los dos tercios de la nación, pero el un tercio "meteré en el fuego a la tercera parte, y los fundiré como se funde la plata, y los probare como se prueba el oro. El invocara mi nombre, y yo lo oiré, y diré: Pueblo mio; y el dirá: Jehová es mi Dios." Ap 7 del 1 al 8 describe al primer grupo de los Judíos de la Tribulación que llegan a confiar en Jesús como su Mesías. Otros sobrevivientes Judíos son descritos en Ap 12:16-17. Nuestro texto no da indicación de un simbolismo sino mas bien de números reales y sin exageración de las tribus reales de Israel, todo lo cual encaja en el ámbito mas amplio de un cumplimiento profético literal (ej., "los primeros frutos" de un Israel redimido – Zac 12:10; Ro 11:25-27). Interpretaciones erróneas intentan alegorizar o espiritualizar estos números para que signifiquen algo diferente a la lectura simple del texto.

1. EL SELLO DE LOS 144.000 DE ISRAEL (7:1-8)

A. La breve pausa para el encuentro de Israel con su Mesías (7:1-3)

7:1

Después de esto vi a cuatro ángeles en pie sobre los cuatro ángulos de la tierra, que detenían los cuatro vientos de la tierra, para que no soplase viento alguno sobre la tierra, ni sobre el mar, ni sobre ningún árbol.

7:1 "Después de esto" introduce una nueva visión de Juan (4:1; 7:1; 15:5; 18:1; 19:1) e indican una secuencia cronológica después del sexto sello. Juan ve cuatro ángeles a quienes se les da el poder para controlar el medio ambiente. No hay nada "pre-científico" en cuanto a esta descripcion34 (Morris). Ellos están parados entre los principales puntos de la brújula (Norte, Sur, Este y Oeste) para controlar o "sostener" (krateo, "contener, mantener a raya, poner las manos sobre alguien con el fin de someterlo a su poder") los vientos de la tierra y llevarlos a una total quietud o la pausa de los "vientos" hecha por los ángeles puede referirse a una pausa momentánea en los juicios. Es como la calma del ojo de una tormenta, con la peor parte por venir.

Reflexión: ¿No tienes la sensación de que un Dios Soberano esta controlando todos estos eventos?

SELLADOS Y PROTEGIDOS

7:2-3

Vi también a otro ángel que subía de donde sale el sol, y tenia el sello del Dios vivo; y clamo a gran voz a los cuatro ángeles, a quienes se les había dado el poder de hacer daño a la tierra y al mar,

7:2 La razón para la pausa en los juicios de Dios es la tarea del quinto ángel de sellar a los "siervos de nuestro Dios en sus frentes". Algunos quieren identificar a este ángel con Cristo, pero la palabra "otro" (allios significa otro de una especie similar en una secuencia y el uso de "hayamos" en el 7:3 identifica a este ángel con los otros cuatro. Este ángel vino del "Este" (desde la isla de Patmos, esto apuntaría hacia el final Este del mediterráneo o la tierra de Israel). Su tarea era "sellar (sphragis a los siervos de nuestro Dios". El verbo significa "marcar para seguridad, para confirmar autenticación, para probar el testimonio de una persona que es lo que profesa ser" STRONG.

Reflexión: Dios pone "Su sello de aprobación" en Jesús (Juan 6:27) y todos los creyentes son "sellados" por el Espíritu (2 Co 1:22; Ef 1:13; 4:30). ¿Como sabe uno si esta sellado o no?

7:3

diciendo: No hagáis daño a la tierra, ni al mar, ni a los arboles, hasta que hayamos sellado en sus frentes a los siervos de nuestro Dios.

7:3 El Anticristo sellará a sus seguidores también en su mano derecha y en la frente (Ap 13:16-17), pero asimismo habrán consecuencias eternas por recibir esta marca (Ap 14:9-11 y 19:20). Cualquiera que rechace esta marca de la Bestia perderá su vida durante la segunda mitad de la Tribulacion (Ap 20:4).

Reflexión: Ponte en sus zapatos: ¿Expondrías tu vida para ser fiel al Señor o te comprometerías, y te dejarías la marca de la bestia para sobrevivir?

"Los siervos de nuestro Dios" no son solo marcados para pertenecer al Señor, sino como así como la sangre en los dinteles de las puertas en Egipto señalaban para que el ángel de la muerte pase de largo sus casas en Egipto (Ex 22:22-23) así el sello en estos "siervos" Judíos los protegerá de los efectos de los juicios que están por venir (9:4). Otros Judíos no tendrán este privilegio.

Esto será extremadamente dramático en un mundo donde las plagas y los desastres serán algo común. Tener un gran grupo de jóvenes varones Cristianos Judíos que desafíen al Anticristo y que no sean tocados por el caos global será un testimonio notable de la habilidad y propósito de Dios con Su Pueblo Escogido.

Reflexión: ¿Por qué hace Dios esto?

Estos siervos son descritos en Ap 14:1-535 como "...no se contaminaron con mujeres, pues son vírgenes. Estos son los que siguen al Cordero por donde quiera que vaya. Estos fueron redimidos de entre los hombres como primicias para Dios y para el Cordero; y en sus bocas no fue hallada mentira, pues son sin mancha delante del Trono de Dios."36 Estos fueron los primeros en aceptar a Jesús como Su Mesías en algún tiempo en los primeros tres años y medio de la Tribulacion. Durante las catástrofes de la primera mitad de la Tribulacion estos hombres son probados y encontrados fieles. La marca en sus frentes es para protegerlos de los juicios que seguirán al séptimo sello.

La única indicación del objetivo de ellos es vista en el titulo que llevan como "siervos de nuestros Dios" (7:3) y la frase "siguen al Cordero por donde quiera que va" (14:4), es decir que ellos se convierten en "seguidores de Cristo" o "discípulos". ¿Indican estas descripciones que ellos son misioneros evangelistas que predicaran el evangelio a todo grupo étnico? ¿Cómo fueron ellos salvados? ¿Cómo obtuvieron su conocimiento bíblico? ¿Cuál era la diferencia entre ellos y los evangelistas Judíos primitivos del NT que tomaron casi 20 años antes de que estuviesen interesados en evangelizar a los Gentiles (ver Hech 11:19)? ¿Cómo podían viajar por todo el mundo después de los desastres del quinto sello? ¿Como aprendieron las dos a cuatro mil lenguas de las etnias que aun no son alcanzadas en tan corto tiempo, bajo condiciones horrendas de la segunda mitad de la Tribulacion?

El autor mira a este grupo como un ministerio poderoso al pueblo Judío en Israel o en donde sea que estén localizados que bien puede resultar en el Pueblo Judío entendiendo del Mesías de tal forma que cuando ellos lo ven venir de nuevo ¡la nación nace en un día! (Ro 11:26).

Reflexión: ¿Indica este texto que estos 144.000 son la clave del evangelismo mundial? ¿Entonces quien finalizara esta tarea?

B. LOS 144.000 ISRAELITAS IDENTIFICADOS

y oí el número de los sellados: ciento cuarenta y cuatro mil sellados de todas las tribus de los hijos de Israel. 5De la tribu de Judá, doce mil sellados. De la tribu de Rubén, doce mil sellados. De la tribu de Gad, doce mil sellados. 6de la tribu de Aser, doce mil sellados. De la tribu de Neftalí, doce mil sellados. De la tribu de Manases, doce mil sellados. 7de la tribu de Simeón, doce mil sellados. De la tribu de Levi, doce mil sellados. De la tribu de Isacar, doce mil sellados. 8de la tribu de Zabulón, doce mil sellados. De la tribu de José, doce mil sellados. De la tribu de Benjamín, doce mil sellados.

7:4-8 El sello de los 144.000 son las "primicias" de la conversión nacional de Israel (Ro 11:26) que puede haber seguido a una manifestación dramática y visible de Jesús como Su Mesías: "El Cordero estaba en pie sobre el monte de Sion, y con el 144.000..." (14:1). Si esta es la revelación a mediados de la Tribulacion a los 144.000 de Israel, entonces se cumple parcialmente el pasaje de Zacarías 12:10: "Y mirarán a mí, a quien traspasaron, y llorarán como se llora por hijo unigénito..." (Zac12:10-13:1, 8-9).

A estos 144.000 se les da un encuentro con Cristo como el del apóstol Pablo en el camino a Damasco. Cuanto duró la pausa para esta reunión espacial con Jesús y que es lo que se comunico, no se sabe, pero (Ap 14:2-3) que les convenció a ellos que Aquel que ellos habían rechazado y crucificado como pueblo había sido y siempre será Su Mesías.

Solo una aparición personal así de Jesús podría explicar la conversión inmediata, dramática y virtual de este gran grupo de varones Judíos solteros, tal como lo hizo con el apóstol Pablo. Se asume que estos Judíos convertidos tuvieron la tarea de convertir a su Mesías al remanente Judío sobreviviente37.

Reflexión: ¿Sería tu vida algo diferente si hubieras tenido un encuentro personal visible con Jesús?

La identidad tribal, "...de la tribu de...": aunque los registros tribales cuidadosamente mantenidos de la genealogía de cada familia desde Abraham se perdieron en la destrucción de Jerusalén en el año 70 d.C., Jesús sabe quien pertenece a cada tribu. Algunos cuestionan la posibilidad de reconstituir las relaciones tribales debido a que diez tribus de Israel fueron deportadas en el año 733 a.C. durante el cautiverio asirio, y nunca volvieron oficialmente. Sin embargo, los fieles en cada una de las tribus del Norte hacia tiempo que habían emigrado a Judá. En 2 Crónicas 30:1-11 sus representantes fueron convocados a participar en la Pascua. Otro problema en las listas de las tribus es que ahí hay por lo menos 19 formas diferentes de enlistarles en el AT y ninguna de ellas esta de acuerdo completamente con esta lista.38

Reflexión: ¿Cómo te sentirías si le hubieras conocido a Jesús cara a cara? ¿Hubieras vivido de manera diferente?

¿Se debe tomar a los 144.000 literal o simbólicamente?
Los detalles de los números específicos de la participación tribal y un detalle adicional de cada característica personal apuntan todos a una interpretación

literal. Se les deja afuera a dos tribus: Efraín y Dan, las dos son tribus altamente idólatras. Las tribus de José y de Leví están incluidas. José sustituyo a su hijo Efraín.

¿Cual es el ministerio o propósito de los 144,000?

Hay comentaristas que tienden a hacer especulativo este punto porque aquí no existe una declaración. Quieren hacer que estos 144.000 sean evangelistas globales (no solo israelitas) que ganarán a la gente de toda tribu y nación para el Mesías. ¿Es esto posible en el mundo caótico, destructivo del Periodo de la Tribulacion?
Primero, viajar será extremadamente difícil.
Segundo, la logística parece imposible que financie todo lo que sería necesario para alcanzar a las tribus perdidas en las selvas con economías destruidas en el sexto sello, mucho menos alcanzar a grupos de personas en los territorios musulmanes por evangelistas Judíos.
Tercero, la improbable capacidad de aprender nuevas lenguas (4.000 lenguas no han escuchado nunca el evangelio hasta el 2009) en un absurdo periodo corto de tiempo (ej. Apenas hacia unos pocos años cuando normalmente para obtener una destreza lingüística se necesitaba cinco años para aprender cualquier lengua suficientemente bien como para comunicar el evangelio claramente) hace de esto una hazaña casi imposible.
Cuarto, no parece haber ninguna secuencia cronológica para estos eventos. No hay una conexión de los 144.000 con los vastos grupos de pueblos Gentiles que ya están en el cielo cuando ellos son sellados.
Quinto, el obstáculo más difícil para este punto de vista es que los Judíos tienen la tendencia a tener muy poco o nada de interés en los Gentiles (por lo menos en la Biblia), mucho menos para los Gentiles paganos remotos, primitivos, pobres. Les tomó casi veinte años a los primeros discípulos Judíos, después de pasar tres años con Jesús, para que ellos acepten a los Gentiles como Cristianos (Hech 15, 49 años después de la muerte de Cristo) mucho menos se involucraron personalmente en el evangelismo de los Gentiles (esto sabemos solo por tradición).

¿Podemos esperar que los Judíos contemporáneos cambien radicalmente su cultura? Finalmente, el autor no puede encontrar ningún vínculo bíblico entre los dos grupos de Apocalipsis 7.

El hecho de que ellos están en el mismo capítulo no significa que haya una causa y un efecto entre estos dos grupos, cuando el texto no hace un vínculo evangelístico. De todas formas estos Gentiles vienen a Cristo, la Biblia no insinúa que los 144.000 tengan algo que ver con esto. Es impresionante como muchos pastores dependen en los 144.000 para finalizar la tarea que tienen ellos que hacerla para alcanzar a los últimos grupos de gente no alcanzada cumpliendo así con la Gran Comisión.

Reflexión: ¿Entonces como podrán las multitudes de los gentiles llegar a conocer el evangelio en la Tribulacion?39

Nota: Los dos grupos de Apocalipsis 7 y sus contrastes:

7:1-8	7:9-17
Judíos	Gentiles de todas las naciones
Numerados - 144.000	No numerados - ni lo podían ser
Sellados en la tierra para protección	Martirizados, de pie en el cielo adorando
Escogidos en la mitad de la Tribulacion	Durante la primera mitad de la Tribulacion

2. LA MULTITUD DE MÁRTIRES (7:9-17)

7:9

Despues de esto mire, y he aquí una gran multitud, la cual nadie podía contar, de todas naciones y tribus y pueblos y lenguas, que estaban delante del trono y en la presencia del Cordero, vestidos de ropas blancas y con palmas en las manos;

7:9 "una gran multitud..." luego Juan cambia su atención nuevamente a la escena del cielo en donde el ve una vasta multitud de gente (ochlos, "usado para gente común, no para líderes y gobernantes; la multitud ignorante, el populacho") que son el mismo grupo de mártires que están bajo el altar en Ap 6:9 y que ahora están "delante del trono y en la presencia del Cordero". El grupo contiene gente de "todas naciones [ethnos, grupos étnicos], tribus, pueblos y lenguas". La repetición constante de esta frase (Mat 24:14; 28:19-20; Ap 5:9; 7:9; 14:6) indica el cumplimiento del deseo del corazón de Dios. Su propósito es que todo tipo de gente este con El por la eternidad.

Reflexión: ¿Qué estamos haciendo para que el deseo de Jesús sea una realidad hasta el arrebatamiento?

7:9b ellos están parados con "palmas en las manos". ¿De donde vienen las palmas? La rama de la palma es un símbolo de gozo y triunfo en la celebración de la Fiesta de los Tabernáculos (el día quince del mes séptimo), cuando ellos celebraron la fiesta de la cosecha. Es esta celebración celestial de la concentración completa de la cosecha de los creyentes de la tierra. En Zac 14:16 aparece al comienzo del milenio la Fiesta de los Tabernáculos la cual será renovada para celebrar la sobrevivencia de Israel a través de la Tribulacion como antes ellos celebraron su preservación en el desierto del Neguev. Parece que a Dios le deleita las celebraciones de su Provisión, Protección y Ayuda Providencial.

Reflexión: ¿Cómo deberíamos celebrar Sus intervenciones en nuestras vidas?

ORACIONES DE LOS MÁRTIRES

7:10

y clamaban a gran voz, diciendo: la salvación pertenece a nuestro Dios que esta sentado en el trono, y al Cordero. 11y todos los ángeles estaban en pie alrededor del trono, y de los ancianos y de los cuatro seres vivientes; y se postraron sobre sus rostros delante del trono, y adoraron a Dios, 12diciendo: Amén. La bendición y la gloria y la sabiduría y la acción de gracias y la honra y el poder y la fortaleza, sean a nuestro Dios por los siglos de los siglos. Amen.

7:10-12 El "clamor" (*krazo*, tiempo presente: "continuamente o habitualmente", expresa una pasión altamente emotiva) o alabanza, que provoca otro periodo de adoración de todo aquel que esta sentado alrededor del trono. La declaración de ellos de agradecimiento, "la salvación pertenece a nuestro Dios que esta sentado en el trono, y al Cordero! Los ángeles pueden cantar esto, pero solamente la gente redimida que ha aceptado el sacrificio de Cristo por sus pecados personales puede saber o conocer el gozo y el perdón.

Nadie en el cielo esta orgulloso por lo buenos que fueron en la tierra. Es solamente por Su gracia que cada uno puede estar de pie delante del Señor siendo aceptado y bienvenido. "Todos" los ángeles (en el 5:11 dice "muchos"), las cuatro criaturas vivientes y los ancianos (presumiblemente todos los creyentes estaban con ellos en el cielo) cayeron postrados delante de sus rostros delante del Señor en adoración. Ellos le cantan a El siete palabras de alabanza: bendición, gloria, sabiduría, acción de gracias, honra, poder y fortaleza. Seis de esas mismas palabras se usan previamente (5:12-13) pero en diferente orden.

Aquí la palabra "acción de gracias" reemplaza a "riquezas". Evidentemente al cambiar el orden de las palabras y cambiar las palabras obliga al adorador a pensar en lo que esta diciendo. Jesús había dicho "Hay gozo delante de los ángeles de Dios por un pecador que se arrepiente" (Lucas 15:10).

Reflexión: ¿Puedes imaginarte el inmenso gozo de los ángeles cuando junto a aquellos que habían oído, arrepentido y creído en el tiempo real, ahora están en su presencia adorando juntos al Salvador?

INVESTIGACIÓN SOBRE EL ORIGEN DE ESTA MULTITUD QUE ESTÁ EN EL CIELO

7:13-14

13entonces uno de los ancianos hablo, diciéndome: estos que están vestidos de ropas blancas ¿quienes son, y de donde han venido? 14yo le dije: Señor, tú lo sabes. Y él me dijo: estos son los que han salido de la Gran Tribulacion, y han lavado sus ropas, y las han emblanquecido en la sangre del Cordero.

El anciano explica que esta multitud viene de la "Gran Tribulacion" durante los primeros 3½ años, estos creyentes fueron muertos en las catástrofes del sexto sello (Mat 24:29, 30, compare con Dn 12:1). Este es el grupo que esta en el cielo desde antes de los terribles juicios sobre el Anticristo y de aquellos que fueron sellados en sus frentes.

¿Como pueden las vestiduras ser lavadas con sangre y quedar blancas? Aunque esto es un lenguaje metafórico hay algunos conceptos interesantes. En Ap 19:8 el lino blanco es definido como "justicia" que cubre a los santos. Esta cobertura de justicia es otorgada por fe e incluye la remisión de todos los pecados (Ro. 3:22), es acreditada al creyente debido a su fe en Cristo (Ro. 3:3, 5, 6, 11), y esta descrita como el "regalo de justicia" (Ro 5:17).40 Esta es la razón para regocijarse. No podemos imaginarnos lo que significará ser totalmente aceptados, completamente justos en la maravillosa presencia del anfitrión del cielo y nuestro santo Dios. Todo esto y mucho mas nos espera debido a la sangre derramada de la vida del "Cordero" – el Señor Jesús que fue aceptado como pago completo por nuestros pecados.

Reflexión: ¿Por qué se nos dice repetidamente que nos regocijemos en el Señor? (Ver Fil 3:1, 3; 4:4; 1 Ts 5:16; 1 P 1:8)

SIRVIENDO CON CRISTO

7:15

por esto están delante el trono de Dios, y le sirven día y noche en su templo; y el que esta sentado sobre el trono extenderá su tabernáculo sobre ellos.

7:15 ellos son completamente aceptados delante de Su presencia y "le sirven (latreuo, tiempo presente: "continuamente..." "prestar servicios sagrados, adorar a Dios") día y noche." En la presencia del Señor no hay ni "día ni noche" (Ap 22:5), así que este concepto significa un servicio perpetuo.

Reflexión: ¿Cuál es este servicio?
¿Qué se les dijo a las almas que están debajo del altar que deben hacer?

LIBRADOS DEL TERROR

7:16

Y no tendrán hambre ni sed, y el sol no caerá mas sobre ellos, ni calor alguno;

7:16 La promesa para estos santos que están en el cielo es librarles de "hambre... sed... sol [abrasador]... calor [intenso]" eso puede explicar las razones de sus muertes o sufrimiento durante los primeros seis sellos del juicio de Dios. Este grupo claramente no es parte de la Iglesia, o de los 144.000 que aparecerán en la segunda mitad del Periodo de la Tribulacion. La segunda mitad de la Tribulacion trae otra cosecha de creyentes martirizados que son terriblemente tratados por el Anticristo debido a su fe en Jesús. Algunos están testificando con mucho valor.

Reflexión: Si estuviese en este tiempo, ¿cómo sería su valor de testificar?

PASTOR ETERNO

7:17

porque el Cordero que está en medio del trono los pastoreara, y los guiará a fuentes de aguas de vida; y Dios enjugará toda lagrima de los ojos de ellos.

7:17a Los "pastoreara y lo guiara" (poimaino, "alimentar, atender un rebaño, mantener a las ovejas"). Pastorear significa que Dios los tendrá bajo su cuidado, aun a través del martirio. Puedes explicar esto? También "los guiara" (hodegeo, "guiar, escoltar, instruir en el aprendizaje"), es decir que Él les dará a ellos razones para ser fieles, sufrir fielmente, y perseverar.

Reflexión: Si tuvieras que sufrir persecución por ser un seguidor de Jesús, que quisieras que Jesús te diga para mantenerte fiel?

7:17b *"fuentes de aguas de vida..."* se refiere al alimento espiritual que viene de la presencia del Señor. En Ap 22:17 "...y el que tiene sed, venga; y el que quiera, tome del agua de la vida gratuitamente..." (Ver también 21:6, 22:1).

Reflexión: Como explicarías el cumplimiento de estas promesas? Entendieron los que escuchaban la idea de calmar la sed inmediatamente?

7:17c *"y Dios enjugara toda lagrima de los ojos de ellos."*: Dios no promete aliviar o eliminar el sufrimiento, ni ahora ni después, pero Él promete estar "siempre" con ellos (Mt 28:19-20) a través de sus sufrimientos, aún cuando la vida haya terminado y el dolor continúe, especialmente por aquellos a quienes se ha dejado atrás, ya que llegan al cielo con la misma mentalidad emocional. Entonces Dios promete enjugar toda lágrima una vez que lleguen al cielo. Él promete esto nuevamente en Ap 21:4.

Reflexión: ¿Cómo piensas que Dios hará llorar por una cosa del pasado?

Y ahora la peor aflicción imaginable a la humanidad esta a punto de comenzar.

CAPITULO 8

EL SÉPTIMO SELLO Y LAS SIETE TROMPETAS

Apocalipsis 8 comienza después de una breve pausa para describir dos de las personalidades principales en los eventos finales del Periodo de la Tribulación. Primero vemos a los santos creyentes que serán asesinados en la primera mitad de la Tribulación. Después de eso vino el escogimiento de los 144.000 hombres Judíos que llegaron a ser seguidores de Cristo y vivirán a través de la última mitad de la Tribulación sin ser tocados por los juicios horribles a los hombres ni por la persecución del Anticristo. Ahora el escenario está listo para las segundas series de siete juicios llamados Juicios de las Trompetas. El sexto sello va a ser tan devastador que la cuarta parte de la población de la tierra morirá, pero este juicio no es tan malo como los juicios que han de venir.

Los primeros seis juicios (Sellos) duran tres años y medio, pero los últimos 21 juicios41 cubren los últimos tres años y medio, entonces comienzan a acelerarse, tomando cada uno menos y menos tiempo desde el principio hasta el fin. Las copas y los truenos pueden ocurrir en el último año o en los últimos seis meses de la Tribulación. La serie de juicios están relacionados ya que el séptimo sello es las siete trompetas (Ap 8:6-21) y la séptima trompeta es las siete copas (Ap 16:1-21). Entre los juicios de la sexta y la séptima trompeta habrá los juicios de los siete truenos que son tan malos que no pueden ser descritos por Juan. Tan malo como esto y probablemente lo peor es la forma como el Anticristo lidera o guía a los hombres a tratar a los demás.

I. LA APERTURA DEL SÉPTIMO SELLO (8:1)

8:1

Cuando abrió el séptimo sello, se hizo silencio en el cielo como por media hora.

8:1 En la apertura del séptimo sello fueron revelados siete juicios más, seguidos por siete más y luego por siete más. El sexto sello fue malo pero ahora las tres series sucesivas de los siete juicios son cada una indescriptible. El texto no da explicación en cuanto al "silencio en el cielo por cerca de media hora". Era como la calma en medio de un huracán; lo peor esta por venir. ¿Era este silencio un grito de horror frente a la destrucción sin precedentes antes descrita? ¿Era este silencio una oración que acompañó la presentación de incienso con las oraciones (8:3-5), las cuales iniciaron las siete trompetas?42 ¿Era este silencio el reconocimiento solemne de lo terrible que Dios siente en

II. SE LES ENTREGA LAS SIETE TROMPETAS A LOS SIETE ÁNGELES (8:2)

y vi a los siete ángeles que estaban en pie ante Dios; y se les dieron siete trompetas.

8:2 La escena comienza con siete ángeles que están "de pie" (*histemi*, tiempo perfecto, "han estado de pie") a propósito como esperando instrucciones.43 El uso del artículo definido "los" siete ángeles, aunque no está traducido indica que este grupo es único y de alto rango. Hay otros ángeles también, pero a estos siete se les da trompetas, lo cual da la señal del desencadenamiento de los siete juicios. Tal como Jesús enseñó (Mt 13:39-41, 49.50; 16:27; 25:31) los ángeles jugarán un rol importante para efectuar los juicios de Dios en la Tribulación. Cada trompeta señalará los juicios que han de comenzar en la tierra. Las primeras cuatro trompetas destruyen la ecología de la tierra (8:6-12), las siguientes dos dan rienda suelta a la destrucción demoníaca de la humanidad (8:13; 9:1-11, 13-19), y la séptima trompeta introduce los juicios de las siete copas para finalizar la ira de Dios sobre la humanidad.

Reflexión: ¿Estamos comenzando por fin a entender lo mucho que Dios odia el pecado?

III. EL INCENSARIO DE ORO (8:3-5)

Otro ángel vino entonces y se paró ante el altar, con un incensario de oro; y se le dio mucho incienso para añadirlo a las oraciones de todos los santos, sobre el altar de oro que estaba delante del trono. 4 Y de la mano del ángel subió a la presencia de Dios el humo del incienso con las oraciones de los santos.

8:3-4 Antes de que los siete ángeles pudieran hacer sonar sus trompetas, un evento solemne necesitaba llevarse a cabo. Apareció otro ángel. La palabra "otro" (*allos*, "otro de la misma clase") significa que este ángel era otro de los ángeles especiales que estaban alrededor del trono. Él se paró (*histemi*, tiempo perfecto, "se estacionó" como en la versión NET) en el altar de oro (v.3, 5), el cual es un patrón celestial, usado en el templo. Puede que esta fuera una función regular de este ángel. ¿Era éste el ángel que tomó el carbón del altar y le dio a Isaías en Isaías 6:6? Uno de los servicios en el templo era tomar carbones calientes del altar de bronce, lugar de los sacrificios quemados, dos veces al día y llevarlos al Lugar Santo al altar del incienso (Ex 30:7-8) exactamente frente al Santo de santos, para encender el incienso, el cual subía en un humo fragante, símbolo de las oraciones de los santos (Ap 5:8).

Reflexión: ¿Qué te dice el incienso en cuanto a la perspectiva de Dios sobre tus oraciones?

LANZAR CARBONES CALIENTES A LA TIERRA

Y el ángel tomó el incensario, lo llenó del fuego del altar, y lo arrojó a la tierra; y hubo truenos, y voces, y relámpagos, y un terremoto.

8:5 El silencio momentáneo de media hora fue roto repentinamente cuando el ángel tomó los carbones calientes del altar y llenó su incensario, luego en un acto agresivo, y tal vez sorpresivo, él tiró los carbones calientes hacia la tierra. Los resultados fueron dramáticos. Debe haber parecido como bolas de fuego o meteoritos que caían del cielo como una señal funesta de que lo peor está por venir.

La tormenta, "los rumores" (*phone*, "sonido, tono", probablemente como el sonido de un tornado), relámpagos y terremoto (probablemente tan potente como el terremoto del 6to Sello) no son sino solo la introducción, los juicios más terroríficos o catástrofes que jamás ha experimentado el hombre terrenal.

Reflexión: ¿Qué haría que el hombre continúe rehusar a rendirse a Cristo al encarar tales manifestaciones globales?

Reflexión: Millones habían estado predicando el evangelio que ellos oyeron antes del rapto. En lugar de que millones lleguen a conocer a Cristo, muchos de los cuales serían asesinados, la mayoría continúa rechazando la verdad obvia, e incluso blasfemando de Dios sin rendirse a Él. ¿Cómo se explica esto en los siguientes versículos?

Ap 9:20-21

Ap 16:9,11

Jn 3:19-2044

Heb 10:26-27

IV. LAS PRIMERAS CUATRO TROMPETAS: LA DESTRUCCIÓN DE LA ECOLOGÍA DE LA TIERRA (8:6-13)

A. La Primera Trompeta (8:6-7) – Vida vegetal.

8:6-7

Y los siete ángeles que tenían las siete trompetas se dispusieron a tocarlas. 7El primer ángel tocó la trompeta, y hubo granizo, y fuego mezclado con sangre, que fueron lanzados sobre la tierra; y la tercera parte de los árboles se quemó, y se quemó toda la hierba verde.

8:6-7 El principio del fin. El preludio del ángel con el incienso es incomparable a este juicio de la primera Trompeta, el cual quema la tercera parte de la superficie de la tierra, que es la vegetación verde siendo consumida en un momento. Los ecologistas hoy día alaban virtualmente a la vida vegetal de la tierra, "Madre Tierra", "Madre Naturaleza", etc. Eventualmente Dios destruirá toda la vegetación de la tierra y comenzará una nueva (2 Pe 3:10 con Ap 21:1). Joel 2:30 describe esto como el "Día del Señor": "Y daré prodigios en el cielo y en la tierra, sangre, y fuego, y columnas de humo." Este podría ser el resultado del terremoto del ángel que tenía el incensario, o una erupción en la superficie del cielo que lanza bolas de fuego a través del espacio que podría devastar la superficie de la tierra en cuestión de segundos.45

B. LA SEGUNDA TROMPETA (8:8-9) – VIDA MARINA

8:8-9

El segundo ángel tocó la trompeta, y como una gran montaña ardiendo en fuego fue precipitada en el mar; y la tercera parte del mar se convirtió en sangre. 9Y murió la tercera parte de los seres vivientes que estaban en el mar, y la tercera parte de las naves fue destruida.

8:8-9 Tan pronto como había pasado el juicio de la primera Trompeta cuando de repente había un impacto masivo de asteroides. El veinticinco por ciento de la población de la tierra había sido eliminada en la primera mitad de la Tribulación (6:7), además de una cantidad innumerable en el 6to Sello (6:12-17). Los científicos están bien prevenidos del impacto de un asteroide masivo en cualquier parte de la superficie de la tierra. La tierra entera mirará que viene, sin que nadie sepa en dónde golpeará o cómo evitarlo. El resultado será una catástrofe de triple: (1) Una tercera parte del mar se convierte en sangre (sea en apariencia o literalmente debido a la muerte de la vida marina), (2) por lo tanto la tercera parte de la vida marina muere, con la destrucción tan extensa que (3) la tercera parte de todas las naves es destruida. Era tal el asteroide que golpea al Océano Pacífico o Índico en donde las flotas de diferentes países operan a menudo las rutas de navegación y la operación de la flota militar, que esa destrucción será muy plausible. Los tsunamis resultantes devastarán cualquier tierra baja alrededor del mundo.

C. LA TERCERA TROMPETA (8:10-11) – COMETA O METEORITO.

8:10-11

El tercer ángel tocó la trompeta, y cayó del cielo una gran estrella, ardiendo como una antorcha, y cayó sobre las fuentes de las aguas. 11 Y el nombre de la estrella es Ajenjo. Y la tercera parte de las aguas se convirtió en ajenjo; y muchos hombres murieron a causa de esas aguas, porque se hicieron amargas.

8:10-11 La Tercera Trompeta rápidamente seguirá a la segunda y suena como lo que Jesús dijo en Lucas 21:11, cuando dijo que "habrá grandes terremotos, y en diferentes lugares hambres y pestilencias; y habrá terror y grandes señales del cielo" cuando una estrella inmensa (aster, "estrella") cae a la tierra. Esto suena como un ataque masivo y fiero de meteoritos que se desintegrará sobre un vasto territorio cayendo sobre los cursos de agua de la tierra, ensuciando los ríos y los sistemas de agua. El meteorito será llamado "Ajenjo" (apsinthos, usado solo en este versículo del NT, pero fue usado 7 veces en el AT, conectado con agua de beber envenenada en Jer 9:15 y 23:15); el cual envenenará a la tercera parte del suministro de agua de la tierra. Esto es similar a lo que Dios hizo en Egipto en Éxodo 7:20.

No existe información en cuanto a las muertes que sucederán como resultado de las dos primeras trompetas, pero Juan escribe aquí, "muchos hombres murieron" como resultado de las aguas envenenadas. La mayoría de las ciudades reciben su suministro de agua de los ríos o lagos, los cuales van a estar expuestos a esta contaminación ambiental. Existe un sentimiento creciente de que la vida en la tierra está llegando a su fin, pero aún la mayoría se resiste a tener un arrepentimiento. Las muertes de las primeras tres trompetas serán un daño colateral, pero la sexta trompeta matará directamente a los pecadores que sobrevivan (9:15).

D. LA CUARTA TROMPETA (8:12-13) – ATMOSFÉRICA

8:12

El cuarto ángel tocó la trompeta, y fue herida la tercera parte del sol, y la tercera parte de la luna, y la tercera parte de las estrellas, para que se oscureciese la tercera parte de ellos, y no hubiese luz en la tercera parte del día, y asimismo de la noche.

8:12 Los juicios son desplazados de la tierra a los cielos en una forma dramática. Uno puede solamente imaginarse en las conferencias y estrategias que los científicos convocarán para resolver estos eventos, por supuesto, sin ninguna posible referencia a la fuente ya que es un juicio prometido por Dios. Solamente en las películas podrán ellos escapar de esta destrucción. El sol, la luna y las estrellas fueron "golpeados" (Gr. Plesso, Latin, plango, plaga, "herido"), no solo como un soplo, sino como una enfermedad o "plaga" (como derivado de esta palabra en Ap 11:6; 16:21). Este eclipse parcial puede durar un tiempo, pero es temporal, ya que más tarde Dios incrementará el calor del sol según 16:8-9. Como resultado, las temperaturas descienden hasta mínimos inauditos, matando cultivos, causando mareas exageradas y extrañas, creando tormentas imprevisibles y una gran pérdida de vida animal y humana. Este día dramático ha sido profetizado cientos de años antes de Cristo.

Reflexión: ¿Cómo entenderán estos eventos los judíos sobrevivientes cuando reflexionan en estos versículos?

Is 13:9-10

Ez 32:7-8

Joel 2:10, 31

Joel 3:15

Amos 8:9

LA ADVERTENCIA FINAL

8:13

Y miré, y oí a un ángel volar por en medio del cielo, diciendo a gran voz: ¡Ay, ay, ay, de los que moran en la tierra, a causa de los otros toques de trompeta que están para sonar los tres ángeles!

8:13 Estas trompetas sonarán en una rápida sucesión 46 pero las cosas están a punto de ponerse peor todavía, así que Dios da otra advertencia, tal como lo hará varias veces antes del fin. El lector Judío de los profetas del AT, debe saber que ellos están enfrentando los juicios del fin de los tiempos.
Reflexión: Note cómo Dios describe sus juicios venideros como "águilas":

Deut 28:49

Oseas 8:9

Hab 1:8

Los "Ay" están advirtiendo el horrendo juicio de Dios; en este caso, cada ay se refiere a una de las últimas tres trompetas (9:1-21; 11:15). Es triste ver cómo el pecado ciega las mentes de los hombres para ver la realidad. Pero inclusive cuando ellos reconocen la causa de su calamidad al ser el juicio de Dios (6:15-17), ellos no se arrepentirán, de hecho, ellos odiarán aún más a Dios.

Reflexión: Los siguientes versículos describen la justicia de Dios en estos juicios:

Ap 9:20-21

Ap 16:9, 11

¿Estarán los judíos escuchando con sus oídos estos versículos: Heb 3:7-8, una cita de Salmos 95:8?

CAPITULO 9

LAS TROMPETAS 5-6 DE JUICIO
(AYES NO.1 Y NO. 2)

El hecho que estas últimas trompetas son dadas mucho más explicaciones implica que sus juicios están aumentando en severidad, como será evidente.

E. LA QUINTA TROMPETA (9:1-11)- ABRIENDO LOS ABISMOS.

El hecho de que a estas trompetas finales se les da mucha más explicación implica que los juicios se vuelven más severos, como será evidente.

9:1-2 ABRIENDO EL POZO SIN FONDO.

9:1

El quinto ángel tocó la trompeta, y vi una estrella que cayó del cielo a la tierra; y se le dio la llave del pozo del abismo. 2Y abrió el pozo del abismo, y subió humo del pozo como humo de un gran horno; y se oscureció el sol y el aire por el humo del pozo.

9:1a La quinta trompeta (y el primer Ay) está dirigido por Satanás, lo cual explica por qué es un juicio de "ay". Satanás está comprometido a destruir la creación de Dios. La "estrella" que cayó del cielo es una metáfora que se refiere a una persona que cayó a la tierra (ver Is 14:12-17 y Lucas 10:1847). Surge la pregunta: ¿Qué estaba haciendo, en primer lugar, Satanás en el cielo? La impresionante paciencia de nuestro Dios en ninguna parte es más evidente que en Su trato con la horrible criatura Satán. Durante miles de años se le ha otorgado a Satanás el acceso a la presencia de Dios, en donde incesantemente él acusó a los creyentes por su indignidad frente a Dios (Ap 12:10; Job 1:6). Finalmente esta maldad llegará a un fin en el cielo cuando él es echado de la presencia de Dios definitivamente (Ap 12:7-9 describe el evento).

Reflexión: ¿Cuál es una de sus características encontradas en Ap. 12:9? ¿Acaso los Cristianos lo ayudaron a él en su tarea con sus actitudes y acciones?

9:1b Este "ay" es reiterado en el 12:12, "¡Ay de los moradores de la tierra y del mar! Porque el diablo ha descendido a vosotros". Hasta ahora los desastres han sido impersonales, ambientales o geológicos. Ahora se convierten en personales afectando casi a cada uno personalmente. ¿Por qué es inconcebible que alguien confíe en Satanás y crea sus mentiras? Porque él está totalmente comprometido con nuestra destrucción. Él está limitado ahora en la

Era de la Iglesia, pero ahí él no tendrá restricción excepto con los 144.000.

Reflexión: ¿Has orado algunas vez con acción de gracias por 2 Ts 2:7?

Reflexión: Cuando se le dio a Satanás la libertad de persuadir a Job para que maldiga a Dios, ¿Qué le hizo Satanás a Job? Vea Job 2:4-10. Esto es lo que quiere Satanás que se le permita hacer a toda la humanidad.

9:1c A Satanás se le da la llave del Abismo48 (*abusos*, "pozo sin fondo"), que es la morada de los demonios y será la prisión presente de ciertos ángeles caídos (demonios) y será la cárcel de Satanás durante el reinado de Cristo (Ap 20:1-3). Evidentemente se le da a él la llave temporalmente para liberar a sus demonios para afligir la tierra. Más tarde la "Bestia" saldrá del Abismo (11:7 y 18:8).

Reflexiones: ¿Cómo describen Pedro y Judas a este sitio?

2 Pe 2:4

Judas 6-7

Los demonios que poseyeron al hombre Gadareno le rogaban a Jesús que no les envíe al Abismo (Lc 8:31). Ellos, en cambio, ¡le rogaron que les envíe a los cerdos! ¿Qué podemos deducir de este encuentro en cuanto a los demonios?

De acuerdo a Ap 1:18, ¿Cómo podía Satanás haber obtenido jamás las llaves para abrir el Abismo o el infierno por sí mismo?

Y abrió el pozo del abismo, y subió humo del pozo como humo de un gran horno; y se oscureció el sol y el aire por el humo del pozo.

9:2 Al mandato del caído Satanás, sucede evidentemente una apertura de la corteza de la tierra, liberando grandes cantidades de humo y gases del interior de la tierra con tal poder explosivo para lanzar el humo y las fumarolas en la atmósfera alta en donde se coge la corriente en chorro, cubriendo rápidamente la tierra con humo y oscureciendo el sol y el cielo.

Reflexión: ¿Cuántas veces ha sido ya contaminada la atmósfera con humos y gases de las actividades volcánicas?

LANGOSTAS CON PODER DE ESCORPIONES

Y del humo salieron langostas sobre la tierra; y se les dio poder, como tienen poder los escorpiones de la tierra.

9:3 Del humo salen criaturas únicas como langostas con colas que pican como escorpiones y se les dio "poder" (*exousia*, "autoridad, libertad de hacer lo que le plazca") de escorpiones. Estas son nuevas especies de animales enormes parecidos a los insectos descritos luego (9:7-10). Su picadura es muy dolorosa, pero no letal como de algunos escorpiones.49 Los enjambres de langostas pueden ser enormes, cubriendo miles de kilómetros. Sin embargo, nunca ha habido algo ni como los enjambres masivos de estas criaturas o las langostas-escorpiones controladas por el demonio, comprometidas a atacar agresivamente a todo ser humano.

Reflexión: ¿Has estado alguna vez cerca o has sido picado por un escorpión? ¿Causará esta infestación demoníaca el arrepentimiento en muchos? (Ver 9.20-21)

INOFENSIVO PARA TODA PLANTA VERDE Y AFLIGEN A LOS HOMBRES QUE NO TIENEN EL SELLO DE DIOS.

Y se les mandó que no dañasen a la hierba de la tierra, ni a cosa verde alguna, ni a ningún árbol, sino solamente a los hombres que no tuviesen el sello de Dios en sus frentes. 5Y les fue dado, no que los matasen, sino que los atormentasen cinco meses; y su tormento era como tormento de escorpión cuando hiere al hombre.

9:4a Contrario a las Trompetas anteriores y a la naturaleza de la langosta, estas criaturas estaban impedidas de hacer daño a la creación física o a ninguna vegetación verde, pero debían afligir al "hombre" agresivamente (anthropos, "término genérico para la humanidad, hombres y mujeres"). El hecho de que aún existía "hierba verde" indica que han pasado unos pocos meses desde la primera trompeta cuando "toda la hierba verde" fue quemada (8:7). La hierba por lo menos se había recuperado parcialmente.

9:4b En el cielo oscurecido del día y el tono negro de la noche, los extraños escorpiones voladores que podían solamente atacar a humanos picarán a todos, excepto a aquellos con el "sello de Dios" (ej los 144.000 Judíos Cristianos). Parece ser que otros que se volvieron Cristianos tuvieron que sufrir un número de plagas junto con los no creyentes, aunque algunos autores dicen que el "sello de Dios en sus frentes" (Ap. 22:4) de cualquier creyente lo protegería. No está muy claro.

9:5 Ellos estaban asimismo limitados en el tiempo que podían afligir a los humanos: solamente por cinco meses, que es el tiempo normal de vida de las langostas (usualmente de mayo a septiembre). Algunos autores sugieren que cada picadura duraría 5 meses.

Reflexión: ¿Has tenido alguna vez la picadura de una abeja?

Inhabilidad para suicidarse

Y en aquellos días los hombres buscarán la muerte, pero no la hallarán; y ansiarán morir, pero la muerte huirá de ellos.

9:6 La aflicción incesante de estas langostas-demonios provocará que muchos busquen la muerte, que no la encontrarán, aunque ellos traten de suicidarse. Se ha ido toda la esperanza de sobrevivir o de que las cosas mejoren. La tierra ha sido destruida a través de innumerables terremotos, volcanes, rayos de sol abrasadores en la tierra, cadáveres por todas partes, mares llenos de peces muertos, las fuentes de agua envenenadas, la atmósfera repetidamente llena de contaminantes y finalmente el hedor del humo del azufre (¿) que cubrió la tierra con su olor llevando con él esta horda de langostas-escorpiones-demonios. Los demonios tenían tal control sobre la gente que les prevenían de suicidarse, principalmente con el fin de molestarles aún más a ellos.

Reflexión: ¿Has llegado alguna vez al punto de la desesperación?

Descripción de la langosta

El aspecto de las langostas era semejante a caballos preparados para la guerra; en las cabezas tenían como coronas de oro; sus caras eran como caras humanas; 8tenían cabello como cabello de mujer; sus dientes eran como de leones; 9tenían corazas como corazas de hierro, el ruido de sus alas era como el estruendo de muchos carros de caballos corriendo a la batalla.

9:7-9 Ahora vamos a ver lo aterradores que parecen cuando se examinan a estas langostas-demonios sobrenaturales. Joel (2:4) describió la plaga de langostas de este día con apariencia de caballos, haciendo sonidos similares a sus hordas masivas. Pero nunca ha habido insectos o animales que se vean como estas bestias. La ciencia ficción ha inventado bestias comparables, ej. Las "Especies".50 ¿Puedes tú imaginar el terror que habrá en la tierra al tener millones de esas bestias desatadas contra la humanidad? Tienen caras humanas lo que indica que son seres inteligentes, cabello largo como de mujer, y dientes como de león (como vampiros) tal como lo vio Joel (1:6). Tienen placas blindadas que los hacen invencibles a las armas e imposibles de resistir. Sus alas hacen un rugido como de carros de carga en la batalla (Joel 2:5, "Como estruendo de carros saltarán sobre las cumbres de los montes"). Este era el sonido más aterrador de la guerra en el mundo antiguo.

Reflexión: ¿Disfrutas ver películas de terror? ¿Puedes imaginar el terror en los ojos de todos los que tú conoces?

Aflicción limitada

9:10

Tenían colas como de escorpiones, y también aguijones; y en sus colas tenían poder para dañar a los hombres durante cinco meses.

9:10a Estas bestias desmoralizantes y miedosas tenían colas que pican para infligir su veneno, lo cual indica que tenían que estar cerca de sus víctimas para torturarlas. No podían matar a los hombres (9:4-5), sino solo torturarlos. El miedo y la desesperación de la humanidad les dio una motivación fuerte para suicidarse, pero aún eso era inútil (9:6). Dios a menudo usó situaciones desesperadas para que la gente no tenga opción sino la de buscarle a Él; sin embargo, esta generación se rehúsa a volverse a Dios y lo único que hace es maldecirle.

Reflexión: ¿Has conocido alguna vez a alguien así?

9:10b Sin embargo, existen dos limitaciones: Ellos no puede hacer daño a aquellos que tienen el sello de Dios y solamente harán su maldad durante cinco meses. Note que el poder de ellos les será "dado" (no tienen el poder por sí mismos), por lo que el Mismo que les dará ese poder, también puede limitar su uso. Esto indica que el poder soberano de Dios sobre los poderes demoníacos es siempre efectivo. En el presente, los demonios están limitados a los que deseen oír. Si nosotros conscientemente resistimos a la influencia demoníaca y a la seducción (1 Pe 5:8-9), entonces los demonios "huirán de ti" (Santiago 4:7). El creyente, especialmente los 144.000, tendrán la autoridad de estar libres de este terror demoníaco.

El rey de las langostas-demonios

Y tienen por rey sobre ellos al ángel del abismo, cuyo nombre en hebreo es Abadón, y en griego, Apolión.

9:11 Las langostas no tienen un líder (Prov 30:27), pero estas bestias-demonios sí lo tienen. Ese líder es el "ángel" del Abismo. No es Satanás, quien es el "príncipe de la potestad del aire" (Ef 2:2) y él no va al Abismo sino hasta después de la Tribulación (20:1-3). Este es otro ángel de alto rango en la jerarquía de Satanás. Su nombre es "*Abadón*" (Hebreo) o "*Apolión*" (Griego), lo cual significa en las dos lenguas "Destructor o Exterminador". Hay momentos en los que Satanás puede aparecer como un "ángel de luz", pero el nombre de este ángel define más acertadamente su carácter.

Reflexión: ¿Cómo describe Jesús a este terrible período de tiempo en Mt 24:21?

Nota: Estas horribles torturas no son una acción directa de Dios. Dios solamente desatará a estas hordas demoníacas para que hagan lo que quieran hacer. Dios solo limita su destrucción, pero Él no es la causa de ella. Si no fuera por Sus limitaciones, toda la humanidad sería destruida por estas hordas demoníacas invencibles. Dios está enseñando a la humanidad que escoger aceptar las mentiras y decepciones Satánicas trae graves consecuencias, que si no fueran limitadas, podrían ser devastadoras. Satanás destruye a sus propios seguidores.

Advertencia de que va a venir más.

El primer ay pasó; he aquí, vienen aún dos ayes después de esto.

9:12 Dios sigue dando advertencias con el propósito de animar a la gente para que se arrepienta y crea. Si ellos persisten en su incredulidad y rebeldía contra Dios, entonces ellos cosecharán las consecuencias. Dios siempre aceptará a todo aquel que se arrepienta. Asimismo, este mensaje renovará la esperanza de los creyentes que sobrevivan y sabrán entonces que las cosas se están acelerando hacia una conclusión.

Reflexión: Al dar esta advertencia de que más cosas están por venir, ¿genera esto un miedo en los corazones de los hombres? ¿Es esto algo bueno?

F. LA SEXTA TROMPETA (9:13-21)
UN EJÉRCITO DE 200 MILLONES MATA AL 1/3 DE LA HUMANIDAD.

9:13

El sexto ángel tocó la trompeta, y oí una voz de entre los cuatro cuernos del altar de oro que estaba delante de Dios.

9:13 El segundo Ay comienza ahora con el juicio de la sexta Trompeta. El ángel permanece en la proximidad del Altar en donde las oraciones de los mártires de la tribulación están pidiendo justicia. La sexta Trompeta desatará ataques demoníacos aún más severos sobre la humanidad; esta será desenfrenada y traerá muertes masivas de un tercio de la población del mundo. ¡Qué terrible contraste con la escena del juicio de la sexta Trompeta, que comienza en los "cuatro cuernos" del altar (Ex 27:2) en donde los pecadores podían agarrarse para pedir misericordia, pero nadie en la tierra está interesado!

El día exacto de la ejecución

9:14-15

diciendo al sexto ángel que tenía la trompeta: Desata a los cuatro ángeles que están atados junto al gran río Éufrates. 15Y fueron desatados los cuatro ángeles que estaban preparados para la hora, día, mes y año, a fin de matar a la tercera parte de los hombres.

9:14-15 Cuatro ángeles habían estado atados al Río Éufrates, el río más importante del Oriente Medio, el cual tiene una extensión de 1.780 millas. Estaba relacionado con el Jardín del Edén (Gn 2:14) en donde comenzó el pecado, en donde se cometió el primer homicidio (Gn 4), la rebelión de la torre de Babel (origen de un complejo de falsas religiones que se expandieron por todo el mundo) y el sitio del cautiverio de Israel (Sal 137:1-4). Esta era la región de los principales poderes del mundo que oprimieron a Israel (Asiria, Babilonia y Medo-Persia). El Río Éufrates en el norte y el Río de Egipto son las fronteras de la Tierra Prometida original (Gn 15:18). Luego será el sitio del lanzamiento del acoso final contra Israel en la batalla del Armagedón (deo, "sujetar con cadenas") indicaría que estos son demonios similares, que se abstuvieron de atacar. El objetivo de este ejército demoníaco es destruir a la tercera parte de la humanidad.51

Reflexión: En la presciencia de Dios esta fecha ha sido exactamente establecida desde la eternidad pasada. Solamente el Padre sabe cuándo será este momento (Mt 24:36). Los eventos globales están marchando con un reloj invisible que nunca está atrasado. ¿Significa esto que el calendario de todos los eventos de la historia están marchando con un reloj preciso que conoce previamente los eventos y el momento en que estos ocurrirán? ¿Cómo te sientes al saber eso?

Descripción de los jinetes

9:16-17

Y el número de los ejércitos de los jinetes era doscientos millones. Yo oí su número. 17Así vi en visión los caballos y a sus jinetes, los cuales tenían corazas de fuego, de zafiro y de azufre. Y las cabezas de los caballos eran como cabezas de leones; y de su boca salía fuego, humo y azufre.

9:16 Un Ejército permanente de 200 millones parecía imposible hasta la historia reciente. En los años ´65 ¡el Ejército Rojo Chino dijo tener un ejército de 200 millones! (*Revista Time*, 21 de mayo de 1965). A Juan se le dio esta figura. ¿Es esta descripción de estas criaturas en lenguaje figurativo, o es un intento del primer siglo de describir la guerra moderna? Ya que la descripción de los caballos los muestra teniendo una cabeza como la de león, a lo que quiera que eso se refiera era desconocido en la guerra contemporánea a Juan. Muchos creen que este es un ejército demoníaco que usa elementos del infierno: fuego, humo y azufre. Juan se dio cuenta de que era el "caballo"- vehículo que mató a la gente incinerándola, no el jinete. Lo que quiera que sea este ejército, viene del Este y Norte de Israel o del Mediterráneo, tal como lo predijo Daniel 11:44. Los caballos que parecen dragones son también una invención que no tiene precedentes históricos que nunca han sido vistos antes, o un intento de un testigo del primer siglo queriendo describir la guerra moderna.

Las tres plagas

9:18-19

Por estas tres plagas fue muerta la tercera parte de los hombres; por el fuego, el humo y el azufre que salían de su boca. 19Pues el poder de los caballos estaba en su boca y en sus colas; porque sus colas, semejantes a serpientes, tenían cabezas, y con ellas dañaban.

9:18-19 Lo que sea que salía de su "boca" matará a un tercio de la población del mundo. En el caos de estos días, este ejército podría venir de cualquier número de fuentes, humanamente hablando. Los motivos de esta guerra dirigida por estos cuatro "ángeles" solo se pueden especular. ¿Es este un movimiento político para sobrellevar el mundo caótico? A quien lo asesinan, tampoco está descrito. Los elementos son similares a la destrucción de Sodoma y Gomorra (Gn 19:24-28) y los elementos comunes del infierno mismo (Ap 14:10;

19:20; 20:10; 21:8). Las víctimas son incineradas con fuego, asfixiadas por el humo y el azufre (sulfuro): una forma horrible de morir. La certeza del pasaje es que Dios está derramando su ira sobre la humanidad que rehúsa a arrepentirse. Ahora la misericordia es historia.

El armamento no solo vomitará de la "boca" o de la parte del frente, sino que también, se extiende al área de la cola. Las "colas" tienen "cabezas" y "con ellas hacen daño". Los helicópteros tienen armas de fuego en las dos direcciones.

Hay un sinnúmero de preguntas sin respuestas en esta narración, pero las explicaciones en los capítulos siguientes llenarán algunos de estos vacíos.

La humanidad sin arrepentimiento vive vidas incluso más pervertidas.

20 Y los otros hombres que no fueron muertos con estas plagas, ni aun así se arrepintieron de las obras de sus manos, ni dejaron de adorar a los demonios, y a las imágenes de oro, de plata, de bronce, de piedra y de madera, las cuales no pueden ver, ni oír, ni andar;

9:20 Después de la muerte de más de la mitad de la población del mundo, en aproximadamente 4 años, los hombres están endurecidos en su tipo de vida de auto destrucción. El mundo ve la peor catástrofe desde el Diluvio, pero aún así no hay quebrantamiento ni arrepentimiento. Por el contrario, hay una más profunda dedicación a la idolatría. El fuego, el humo y el sulfuro ("azufre") son llamadas "plagas"52 porque ellas mataron gente.

Reflexión: Nadie en estos días tendrá la posibilidad de culpar a la ignorancia del conocimiento del evangelio. El mensaje de los 144.000 judíos evangelistas (7:1-8) así como la multitud de evangelistas Gentiles que llevarán a multitudes a Cristo (Mt 24:14), así como el ministerio de los dos testigos (11:1-14) y el ángel mensajero especial del cielo (14:6-7). ¿Por qué prefieren los hombres confiar en los ídolos?

Perversiones desenfrenadas

y no se arrepintieron de sus homicidios, ni de sus hechicerías, ni de su fornicación, ni de sus hurtos.

9:21a Los sobrevivientes en el mundo son impresionantemente desafiantes rehusando creer en el Cordero de Dios. Ellos prefieren su pecado y al Anticristo (13:4-8), aun endureciendo sus propios corazones (16:9, 11). Por lo tanto Dios cumplió con sus deseos cuando Él "cegó los ojos de ellos, y endureció su corazón; para que no vean con los ojos, y entiendan con el corazón, y se conviertan..." (Juan 12:38-40).

Reflexión: ¿Es esto justo de parte de Dios?

9:21b *Primero*, ellos no se arrepentirían de su idolatría (9:20). Cambiar de la falsa creencia de la propia bondad de uno, o de una creencia en una falsa religión o un falso Dios, a la Verdad del mensaje del evangelio, siempre manifiesta salvación genuina. La Septuaginta (Traducción griega del AT) traduce Sal. 96:5 así, "Todos los dioses de los pueblos son demonios". Pablo dio el mismo mensaje que "lo que los gentiles sacrifican, a los demonios lo sacrifican" (1 Co 10:20). No hay dioses falsos, porque no existen; sin embargo, hay demonios sobrenaturales que se manifiestan a sí mismos en sueños, visiones, encuentros místicos y aún en milagros para engañar a la gente (1 Ti 4:1).
Segundo, como consecuencia, habrán asesinatos sin inhibiciones y violencia (2 Ti 3:1-5, 13). La gente seguirá a la lujuria demoníaca por la sangre, la crueldad y las perversiones.
Tercero, Juan se refiere a las "hechicerías" de la gente (pharmakeia, "el uso o la administración de drogas, envenenando" o el uso de drogas para inducir visiones, alucinaciones).
Cuarto, nosotros vemos la "inmoralidad" de ellos (porneia, "relaciones sexuales ilícitas, adulterio, fornicación, homosexualismo, lesbianismo, bestialidad, incesto, etc."). Esta es la raíz para la palabra "pornografía". Las perversiones sexuales se volverán totalmente desenfrenadas como en Sodoma y Gomorra.
Quinto, la gente rehusará a arrepentirse de los "robos" (klemma). La honestidad e integridad se habrán ido de la sociedad ya que la gente peleará por cubrir sus necesidades básicas de la vida en un mundo deteriorado.

Reflexión: ¿En qué situación es más fácil vivir? Bajo: ¿anti-Cristianismo o perversión moral?

Se deja la Séptima Trompeta hasta el 11:15-18. Ahora el autor va a explicar otros eventos que ocurrirán a la vez para demostrar aún más la justicia de Dios en todos Sus juicios.

Reflexión: ¿En cuál situación es más fácil vivir: anti-cristianismo o perversión moral?

CAPITULO 10

EL LIBRITO

Este capítulo describe una pausa entre las trompetas sexta y séptima, tal como hubo entre el sexto y séptimo juicio de los sellos. Durante esta pausa, Juan introducirá los siete juicios de los "truenos" que serán prohibidos de describir. Habrá una pausa similar entre los juicios de la sexta y séptima copas. Estas pausas son la demostración de Dios de que Él está en completo control y de que Él no ha olvidado a su pueblo ya que ellos sobrevivirán y serán al final victoriosos sobre la destrucción del sistema mundial.

I EL ÁNGEL FUERTE Y EL LIBRITO (CAPÍTULO 10)

Presentación del Ángel (10:1-2)

10:1

Vi descender del cielo a otro ángel fuerte, envuelto en una nube, con el arco iris sobre su cabeza; y su rostro era como el sol, y sus pies como columnas de fuego.

10:1-2 Otra sección entre paréntesis (10:1 hasta 11:14) rompe la secuencia de los eventos para atrapar al lector con otros eventos simultáneos que tienen lugar en la tierra. Algunos quieren ver a este ángel como si fuera Jesús, que apareció como el Ángel de Jehová en el AT (Gn 16:13; 24:7; 31:11, 13), pero no hay ninguna indicación de que este ángel sea algo más que un ángel, sin embargo es un ángel "fuerte" (*ishuros*, "de alma fuerte para sostener los ataques de Satanás"- como en 1 Jn 2:14). El uso de "otro" (*allos*, "otro de la misma especie") 53 indica que este ángel es similar a los ángeles de las trompetas. Otros especulan que este era el arcángel Miguel. Ciertamente este ángel es inusual, con un arco iris sobre su cabeza.

Al ver este esplendor, estamos tentados a verlo como más que angelical, pero la descripción del esplendor angelical de Lucifer antes de la caída, típico entre estos ángeles "fuertes", se compara a esta imagen: "Tú eras el sello de la perfección, lleno de sabiduría, y acabado de hermosura. En Edén, en el huerto de Dios estuviste; de toda piedra preciosa era tu vestidura; de cornerina, topacio, jaspe, crisólito, berilo y ónice; de zafiro, carbunclo, esmeralda y oro; los primores de tus tamboriles y flautas estuvieron preparados para ti" (Ez 28:11-13). Ese acabado reflejaría todos los colores de un arco iris. El significado del símbolo del "arco iris" para la gente de Dios en un día de destrucción terrible sería de recordarles de la promesa de nunca destruir al mundo por agua (Gn

9:12-16). Dios es misericordioso y todo tiene un propósito. Uno de las más grandes seguridades que Dios da a Su gente fue la de escribir al final del AT en Malaquías 3:16-4:2.

Reflexión: ¿Cuántas promesas puedes tú encontrar en este pasaje, las cuales confortarán a quienes estén en la Tribulación?

EL LIBRITO

10:2

Tenía en su mano un librito abierto; y puso su pie derecho sobre el mar, y el izquierdo sobre la tierra;

10:2 El "librito" (*biblaridion*, "diminutivo para "libro o rollo") es diferente al rollo del capítulo 5 y este está "abierto" (*anoigo*, tiempo perfecto pasivo, "habiendo sido abierto") para revelar los juicios aterradores que están por venir. Ezequiel vio un rollo y lo describió como "y estaba escrito por delante y por detrás; y había escritas en él endechas y lamentaciones y ayes (Ez 2:9-10). Este ángel enorme, como el Coloso de Rodas, 54 está parado con un pie en el mar y el otro en la tierra para simbolizar la autoridad de Dios sobre todos los reinos de la vida terrenal tal como se vio en el 7:2.

Reflexión: ¿Te gustaría ver un libro que describa lo que va a pasar durante los próximos pocos meses? ¿Qué pasaría si la mayoría de las noticias fueran terribles? ¿Cómo reaccionarías?

I. EL MENSAJE DEL ÁNGEL (10:3-4)- SIETE TRUENOS

10:3

y clamó a gran voz, como ruge un león; y cuando hubo clamado, siete truenos emitieron sus voces.

10:3 El ángel clama a "gran voz" (*mega phone*, combinadas las dos palabras es un "megáfono") proporcional a su tamaño enorme. El sonido es similar al "rugido de un león", miedoso, profundo y estrepitoso. Inmediatamente responden Siete Truenos. En Éxodo 19:19 Dios habló a Moisés en truenos, "Moisés hablaba y Dios le respondía con voz tronante." (Ex 19:19). Cuando Pablo conoció a Jesús en el camino a Damasco, los hombres que estaban con él "escucharon una voz" (phone) usa la misma palabra. La naturaleza de la voz es evidente en otras ocasiones cuando Dios habló como en 1 S 7:10 "Mas

Jehová tronó aquel día con gran estruendo sobre los filisteos, y los atemorizó, y fueron vencidos delante de Israel". Isaías advirtió, "Por Jehová de los ejércitos serás visitada con truenos, con terremotos y con gran ruido" (Is 29:6). Amós también predijo un juicio de llanto estruendoso (Amós 1:2; 3:8).

Reflexión: ¿Cuál es el significado típico de estos anuncios estruendosos de Dios Mismo?

10:4

Cuando los siete truenos hubieron emitido sus voces, yo iba a escribir; pero oí una voz del cielo que me decía: Sella las cosas que los siete truenos han dicho, y no las escribas.

10:4a Juan escuchó "una voz (*phone*) del cielo, como estruendo de muchas aguas, y como sonido de un gran trueno,…" (Ap 14:2). Así como Pablo y los hombres que estaban con él escucharon esta gran "voz", (Hch 9:5-7), así Juan entendió los siete truenos y comenzó a escribirlos, pero a Juan se le dijo que "selle" (*sphragizo*, "mantener en secreto", Strong añade, "para asegurarlos de Satanás") lo que dijeron los siete truenos. A Daniel también se le dijo que selle una parte de la visión que él vio (Dn 12:4).

Reflexión: ¿Por qué Dios no nos lo contaría?

10:4b El propósito de "Apocalipsis" es revelar lo que va a suceder, no ocultarlo, pero algunas cosas la gente no está lista para saber o entender.

Reflexión: ¿Cómo deberíamos entender las cosas que no son reveladas en estos pasajes?

Dt 29:29

Dn 12:9

Juan 16:12

2 Co 12:4

I. ANUNCIO DEL INMINENTE FINAL (10:5-7)

10:5-6

Y el ángel que vi en pie sobre el mar y sobre la tierra, levantó su mano al cielo, 6 y juró por el que vive por los siglos de los siglos, que creó el cielo y las cosas que están en él, y la tierra y las cosas que están en ella., y el mar y las cosas que están en él, que el tiempo no sería más.

10:5-6 Este magnífico ángel levanta su mano para hacer un juramento (como en Dt 32:40) para enfatizar lo más importante de lo que iba a decir. La prohibición de hacer juramentos (Mt 5:34-35) tenía la intención de prevenir el uso de jurar en cuanto a algo con el fin de engañar (típico de los Fariseos – Mt 23:16-22). El ángel pone en juego su declaración sobre la naturaleza eterna (como en el 1:18; 4:9, 10; 15:7) y poder creativo (como en 4:11; 14:7) del Dios eterno como lo evidencia todo en el universo de que lo que iba a decir es verdad. El mensaje es: NO HABRÁ MÁS DEMORA. Esto responde específicamente la oración de los santos bajo el altar (6:10), aunque no es inmediato: Aún están los juicios de las Siete Copas (16:1-21), los cuales implican semanas o tal vez meses a desarrollarse, pero cuando el séptimo ángel toque la trompeta, habrá un fin acelerado de la Tribulación. Finalmente las oraciones de los santos por el milenio será contestada, "¡venga tu reino!" Verdaderamente, este es el mismo grito del cielo cuando el séptimo ángel toca la trompeta, "Los reinos del mundo han venido a ser de nuestro Señor…" (11.15).

Reflexión: Con este anuncio, ¿qué características de Dios han alcanzado su fin según 2 P 3:9?

10:7

sino que en los días de la voz el séptimo ángel, cuando él comience a tocar la trompeta, el misterio de Dios se consumará, como él lo anunció a sus siervos los profetas.

10:7 El "misterio de Dios" se refiere a verdades o realidades que han sido previamente escondidas de la humanidad por la sabiduría de Dios. Este misterio de Dios será "finalizado" (*teleo*, tiempo Aoristo, "cierre inmediato de un proceso, cumplimiento (lo que ha sido hecho corresponde a lo que ha sido dicho" STRONG). "Misterio" se refiere a los detalles previamente desconocidos que solamente serán revelados desde aquí hasta el fin del Apocalipsis, con la creación de los nuevos cielos y la nueva tierra. Muchos de los profetas del fin del tiempo hablaron de estos tiempos en términos genéricos, como Daniel, Ezequiel, Isaías, Jeremías, Joel, Amós y Zacarías. En el medio del caos de la Tribulación, los creyentes del fin del tiempo que leyeron esto, entenderán que Dios está en control de los eventos terribles y que el fin está cerca, cuando Él vuelva a la tierra para establecer Su reino terrenal por mil años.

Reflexión: ¿Por qué piensas que ha sido sabio mantener estos eventos del fin del tiempo como un "misterio" sin revelar?

Aquí hay algunos otros misterios del NT:

Ef 3:6 y Ro 11:35; 16:25 – Judíos y gentiles serán un solo cuerpo.
Ef 1:9-10 – Será revelado con esta séptima Trompeta – el clímax de la historia.

Reflexiones: ¿De verdad quieres la Segunda Venida de Cristo? ¿Quieres que Cristo y Su pueblo sean reivindicados? ¿Crees que se debería hacer justicia? ¿Tienes acaso amigos a quienes podrías ayudar a evitar este tiempo horrible, al compartirles el evangelio ahora?

I. COMER EL LIBRITO (10:8-10)

10:8-9

La voz que oí del cielo habló otra vez conmigo, y dijo: vé y toma el librito que está abierto en la mano del ángel que está en pie sobre el mar y sobre la tierra. 9Y fui al ángel, diciéndole que me diese el librito. Y él me dijo: Toma, y cómelo; y te amargará el vientre, pero en tu boca será dulce como la miel.

10:8-9 ¿Qué hay en el rollo? A Juan se le dijo que se coma el rollo en lugar de guardarlo. Podría ser que en el rollo están escritos los 7 truenos, de los que Juan había sido restringido de describir. La lección podría también estar ilustrando la recepción de la revelación divina, que parece dulce de recibir, pero que luego uno tiene que proclamarlo sin importar lo horrible de los efectos de maldad sobre la gente. El comérselo simboliza la incorporación de la Palabra de Dios dentro de nuestro ser, nuestros valores, nuestro propósito en la vida, etc. (Sal 19:10; Jer 15:16; Ez 3:1-3). El reino de Dios no puede ser establecido sin la destrucción de Satanás y de todos aquellos que seguirán completamente sus engaños y mentiras.

10:10

Entonces tomé el librito de la mano del ángel, y lo comí; y era dulce en mi boca como la miel, pero cuando lo hube comido, amargó mi vientre.

10:10 El sabor amargo de Juan refleja la "tristeza y la angustia" que Pablo sintió en cuanto a la perdida de Israel (Ro 9:1-3).

Reflexión: ¿Por qué Jesús lloró sobre Jerusalén? (Mt. 26:76)

II. LA SEGUNDA COMISIÓN DE JUAN PARA ADVERTIR A LAS NACIONES (10:11)

Y él me dijo: Es necesario que profetices otra vez sobre muchos pueblos, naciones, lenguas y reyes.

10:11 Esta segunda comisión (la primera está en el 1:19) en cuanto al mensaje que se dará en estas revelaciones finales. Lo que se le va a decir es aún más desastroso que cualquier cosa previa. Una vez que él conoció la verdad, fue su responsabilidad el declarar la verdad a "muchos" (polus, "mucho, grande") o el número más grande de gente como sea posible. Sus destinatarios no eran un pueblo, una nación, una lengua, o un reino, sino muchas etnias, muchos grupos de gente, la mayor cantidad de lenguas como sean posibles y muchos reyes, hasta que todo grupo de gente haya oído el mensaje del evangelio (Mt 24:14; 28:19-20). El resultado de esta comisión ha sido la Segunda Venida, motivando a las misiones mundiales, lo cual dará como resultado una multitud (los "muchos") que serán raptados y aparecerán en el cielo al principio del período de la Tribulación (Ver Ap 5:9-10).

Reflexión: ¿Cómo ha afectado hasta ahora en este Libro, el estudio de Apocalipsis y de la Segunda Venida a tu motivación y visión de las misiones del mundo?

CAPÍTULO 11

LOS DOS TESTIGOS Y LA SÉPTIMA TROMPETA

Aunque después de la sexta trompeta, nosotros estamos cronológicamente bien dentro de la última parte del periodo de la Tribulación, algunas de estas descripciones vuelven al principio de la segunda mitad del periodo de la Tribulación en donde comenzaron las siete trompetas, de acuerdo al elemento tiempo del v. 2, cuarenta y dos meses o tres y años y medio. La mejor forma de entender este capítulo será tomar cada descripción literalmente, a no ser que haya una figura de discurso obvia (ej. Los dos árboles de olivo). Sin embargo, la discusión del "templo de Dios" y de la "ciudad santa" (ej. Jerusalén) tiene todos los elementos para ser literales, ya que Pablo habló del templo y del Anticristo en 2 Ts 2:4. Los siete mil muertos por el terremoto y los dos testigos, todos parece que se entienden como números exactos de gente real.

Lo que es evidente una y otra vez, aún en medio de los juicios terribles contra la humanidad, es la naturaleza de perdón y de búsqueda de parte de nuestro Dios. En la primera mitad de la Tribulación uno debe suponerse que los principales testigos fueron los que resultaron del evangelismo previo de la era de la Iglesia y que pospusieron aceptar a Cristo hasta que la verdad fue obvia. La mayoría de este grupo fue asesinado en la primera mitad de la tribulación (7:9). En la segunda mitad de la tribulación, los principales testigos serían el remanente de los primeros cristianos, los 144.000 que no podrían ser afectados por las plagas y los juicios contra la humanidad (7:1-8), el "ángel que vuela en medio del cielo" (14.6) y los dos testigos (capítulo 11). En el AT, Israel fue el estereotipo del mundo de cómo trataron a los mensajeros de Dios.

Reflexión: Vea estos versículos y escriba brevemente cómo fueron ellos recibidos:

2 Reyes 17:13-15

2 Crón 36:15-16

Jer 44:4-6

En medio de una terrible rebelión y persecución deberá haber un remanente en Israel que creerá (Ro 9:27, "...tan solo el remanente será salvo."). A través de toda la historia Dios ha levantado testigos fieles para proclamar la verdad sin dudar, a menudo enfrentando terribles persecuciones. Ahora dos sorprendentes y audaces testigos de la verdad se ponen al frente de la proclamación evangelística en medio de la tribulación y continuarán en Jerusalén durante

LOS DOS TESTIGOS Y LA SÉPTIMA TROMPETA

42 meses antes de ser asesinados justo antes de que suene la Séptima Trompeta que será cerca del fin del periodo de la Tribulación.

I. LA MEDICIÓN DEL TEMPLO (11:1-2)

11:1-2

Entonces me fue dada una caña semejante a una vara de medir, y se me dijo: Levántate, y mide el templo de Dios, y el altar, y a los que adoran en él. Pero el patio que está fuera del templo déjalo aparte, y no lo midas, porque ha sido entregado a los gentiles; y ellos hollarán la ciudad santa cuarenta y dos meses.

11:2 El patio de afuera no debía ser medido, porque fue dado para los Gentiles. Actualmente los jardines del templo están bajo el control de los Gentiles Musulmanes (no-Judíos). De alguna forma ellos abandonarán el control de los jardines del templo para permitir la edificación del templo Judío: esto es un imposible hoy día.

Sin embargo, el genio Anticristo negociará esto como parte del pacto que Israel hará con él (Dn 9:27) al principio del período de la Tribulación de 7 años. La "ciudad santa" (Jerusalén) luego será "hollada" bajo la ley Gentil durante 42 meses 56 del período de la Tribulación. Ya que el templo será edificado durante la primera mitad de los siete años y restituidos los sacrificios, este período de 42 meses deberá aplicarse a la segunda mitad, en donde una oposición masiva y los holocaustos serán instituidos contra el pueblo Judío y los Cristianos.

Reflexión: ¿Qué Cristianos serán los que vean la reconstrucción del templo, de acuerdo al punto del rapto pre-tribulacionista?

II. EL MINISTERIO DE LOS DOS TESTIGOS (11:3-6)

11:3

Y daré a mis dos testigos que profeticen por mil doscientos sesenta días, vestidos de cilicio.

11:3a Una de las últimas oportunidades que Dios da al mundo son estos "dos testigos"57 (*martus*, "testigo en sentido legal, o alguien que es espectador de algo", de donde sacamos la palabra "mártir"), así que Él les da poder a ellos para incinerar a sus enemigos (11:5), parar traer lluvia a voluntad, o convertir el agua en sangre y atacar al mundo con plagas a su voluntad (11:6). Estos serán hombres muy peligrosos y generarán mucha enemistad. Estos dos testigos serán vestidos en "silicio", lo cual muestra duelo y contrición (Jer 4:8; Mt. 11:21), debido al compromiso que Israel hizo con el Anticristo y la devastación en Jerusalén causada por el Anticristo.

11:3b Ellos son llamados a ser testigos y su ministerio se llama "profecía" (11:6). Los testigos proclaman todo lo que han visto (testigo) y lo que se les ha dicho por revelación (profecía). Ellos estarán advirtiendo a todos lo que escuchen directamente o a través de medios de comunicación acerca de los desastres de la última mitad de la Tribulación antes de que Cristo retorne, al mismo tiempo que siguen llamando a la gente a que se arrepienta y tenga fe en Cristo Jesús. El ministerio de ellos durará 1.260 días (3 1/2 años), lo cual coincide con la terrible opresión del Anticristo en Jerusalén cuando muchos Judíos huirán para salvar sus vidas (Ap. 12:6).

A. LOS PODERES DE LOS TESTIGOS (11:4-6)

11:4

Estos testigos son los dos olivos, y los dos candeleros que están en pie delante del Dios de la tierra.

11:4a Los "dos olivos y los dos candeleros" recuerdan al escritor la visión de Zacarías (4:3,12), que vio la misma visión58. Cuando él le preguntó al ángel quiénes son los dos olivos, le dijo, "Estos son los dos ungidos que están delante del Señor de toda la tierra" (4:14), es decir que ellos son profetas o testigos especiales de Dios. Los dos candeleros pueden referirse a los creyentes Gentiles y al remanente Judío creyente, así como en Zacarías el único candelero se refería a Israel. Estos testigos no tienen una tarea fácil, de hecho, probablemente será la más difícil que jamás se haya dado a un hombre mortal. ¿Te echas para atrás cuando Dios te desafía a hacer algo?

11:5-6

Si alguno quiere dañarlos, sale fuego de la boca de ellos, y devora a sus enemigos; y si alguno quiere hacerles daño, debe morir él de la misma manera. 6 Estos tienen poder para cerrar el cielo, a fin de que no llueva en los días de su profecía; y tienen poder sobre las aguas para convertirlas en sangre, y para herir la tierra con toda plaga, cuantas veces quieran.

11:4b Los dos tipos de acciones de cada uno de estos dos testigos son extraordinariamente similares a Moisés y Elías, quienes testificaron contra Faraón y Acab (estos dos son similares o tipos del Anticristo): fuego que consume a sus enemigos y el poder de parar cualquier lluvia (como Elías); y el poder de convertir las masas de agua en sangre y causar todo tipo de plagas (como Moisés). Malaquías dio una profecía de que Elías volvería "antes de que venga el día de Jehová, grande y terrible" (Mal 4:5-6), lo cual se reitera en Mt 17:11 (Hch 3:21). La muerte y sepultura de Moisés está cubierta de misterio (Dt 34:5,6) y luego Miguel contendió con Satanás sobre el cuerpo de Moisés (Judas 9). Los Judíos esperaban que venga un profeta como Moisés en algún punto futuro (Jn 6:14, lo cual fue mal entendido en Dt 18:18- Moisés se refería aquí al Mesías). Luego viene la extraordinaria escena de la Transfiguración, cuando Jesús demostró Su gloria celestial. Él apareció con Moisés y Elías a su lado (Mt 17:2-3), 59 lo cual anticipaba la Segunda Venida. ¿Ves tú alguna razón para que este texto requiera una interpretación alegórica, en lugar de una literal?

Sea que estos dos testigos fueran Moisés (o Enoc?) y Elías, ellos tendrán poderes similares. Si Dios le da a uno semejantes poderes, igualmente le podría dar a otro. Quienquiera que busque hacerles daño, será incinerado con "fuego que procede de su boca" (v.5)60 como en el AT. Los milagros eran para proteger y autenticar a estos mensajeros como profetas verdaderos. En un mundo de caos y colapso, de falsas religiones y de toda perversión imaginable y de crímenes que campean, toda la gente lo único que podrá hacer es escucharlos. ¿Es Dios justo al permitir que ocurra esta destrucción?

Con las ya envenenadas fuentes de agua desde el juicio de la tercera trompeta (8:10-11), ahora esta sequía61 de 3 1/2 años durante su predicación, solamente añadirá tormento y devastación a los cultivos y la pérdida de vidas humanas y animales debido a la sed. Para hacer aún peor las cosas, ellos tendrán el poder de convertir en sangre el agua que aún podría haber. Luego ellos azotarán la tierra con plagas tan seguido como deseen. Ellos estarán identificados con la ira de Dios y por lo tanto serán odiados así como odian a Dios.

Reflexión: ¿Cómo incorporas a tu punto de vista, en cuanto a la naturaleza de Dios, el concepto de que Dios enviará esos testigos al mundo?

B. La muerte de los testigos (11:7-10)

11:7

Cuando hayan acabado su testimonio, la bestia que sube del abismo hará guerra contra ellos, y los vencerá y los matará.

11:7 La protección de Dios durará hasta que ellos hayan terminado su misión. La palabra "acabado" (*teleo*, "llevar un proceso a su término, completar") es usada por el Apóstol Pablo, "He acabado mi carrera" (2 Tim 4:2). Este pasaje es la primera mención de la "bestia" (de 36 referencias de Apocalipsis, la mayoría en capítulos 13 y 17) que ha salido del abismo (como las langostas demoníacas del 9:1-12) que vencerá y matará a los dos testigos.62 Han habido muchos "anticristos" en la historia (Calígula, Nerón, Stalin y Hitler), tal como Juan declaró en 1 Jn 2:18 (ver también 2 Ts 2:7), pero ninguno como este futuro líder. Uno tiene que preguntarse qué significa cuando dice "él hará guerra contra ellos". ¡Dos únicos profetas son el objeto de una guerra! Una vez que tiene éxito en esta guerra él continuará la guerra contra todos los santos o creyentes (12:17).

Daniel vio la misma visión en donde "el cuerno pequeño" prevaleció contra los santos. El Anticristo solo prevalecerá aquí debido a que el propósito de los dos profetas habrá sido cumplido ("ellos... terminaron su testimonio).

Reflexión: Asimismo, nuestro Dios nos preservará en medio de la peligrosa tarea hasta que nuestra misión sea cumplida. ¿Puedes tú descansar en eso y no tener miedo de aceptar las tareas desafiantes para Su gloria?

La Grande Ciudad

11:8

Y sus cadáveres estarán en la plaza de la grande ciudad que en sentido espiritual se llama Sodoma y Egipto, donde también nuestro Señor fue crucificado.

11:8 Mientras tanto, los cadáveres de los dos testigos son dejados en la calle en Jerusalén para que todos vean que fueron muertos. Esto puede ser para luego profanar sus cuerpos y deshonrarlos o tal vez por el miedo de estar cerca de los profetas temidos. Según la ley, esos cuerpos debían ser sepultados el mismo día (Dt 21:22-23).

La "grande ciudad", que es identificada como Jerusalén, es llamada "Sodoma y Egipto", para demostrar que la capital Judía se había hecho corrupta, pervertida y enemiga de todo lo que se llame Dios. Además, con astucia, engaño y carisma el Anticristo hará que Jerusalén sea el asiento de su reino sobre el mundo (2 Ts 2:3-4). Jerusalén se convierte en el centro de la apostasía idolátrica mundial tal como lo fue originalmente Babilonia y luego Roma a través de la historia de la Iglesia.

Reflexión: ¿Puedes tú manejar el hecho de ser despreciado por este mundo si es que tú le honras al Señor en tu vida? ¿Puedes tú lidiar con el hecho de ser un mártir?

MUERTE DE LOS DOS TESTIGOS

11:9-10

Y los de los pueblos, tribus, lenguas y naciones verán sus cadáveres por tres días y medio, y no permitirán que sean sepultados. 10Y los moradores de la tierra se regocijarán sobre ellos y se alegrarán, y se enviarán regalos unos a otros; porque estos dos profetas habían atormentado a los moradores de la tierra.

11:9-10 Su victoria sobre los dos testigos nuevamente catapultará al Anticristo en el reconocimiento mundial. Él pronto dominará a todas las naciones (13:7). Esos grupos de "gente, tribus, lenguas y naciones" se comprometerán con el Anticristo y celebrarán la muerte de los testigos. Estos sobrevivientes ahora rechazarán a cualquier testigo del evangelio que haya escuchado de los Cristianos anteriores, ya que serán fácilmente engañados por el Anticristo. Los creyentes de estos grupos serán raptados (Ap 5) o asesinados por su testimonio (Ap 7).

Ahora todos "los moradores de la tierra" (v.10) serán testigos del martirio gracias a la capacidad tecnológica que ha sido posible desde finales de la década de los 80 con el advenimiento de la TV y las conexiones satelitales. Este pasaje es la única referencia a la palabra "alegrarán" en Apocalipsis, y se refiere a la celebración de la muerte de estos dos profetas. Finalmente terminará su ministerio tormentoso. La descripción de la celebración que seguirá suena a Navidad, o a la Fiesta Judía del Purim (Esther 9:19-22), pero esta celebración es motivada por haber sido capaces de terminar finalmente con estos dos testigos.

Este "espíritu del anticristo" es evidente cuando la crítica o gozo mundial es expresado en la muerte de líderes piadosos. Quienquiera que invite a la gente a arrepentirse de sus pecados, enfrentará la misma oposición. Si alguien busca agradar a alguien o hacer felices a otros o ser apreciado por todos, será muy difícil cumplir con lo que Dios quiere que haga.

Reflexión: ¿Puedes ver por qué estos testigos nunca estaban preocupados en cuanto a lo que otra gente pensaba de ellos o aprobaba en cuanto a su ministerio?

C. LA RESURRECCIÓN DE LOS TESTIGOS (11:11-13)

11:11-12

Pero después de tres días y medio entró en ellos el espíritu de vida enviado por Dios, y se levantaron sobre sus pies, y cayó gran temor sobre los que los vieron. 12Y oyeron una gran voz del cielo, que les decía: Subid acá. Y subieron al cielo en una nube; y sus enemigos los vieron.

11:11-12 Después de 3 1/2 días de desgracia y desprecio tendidos en una calle abierta, dando tiempo suficiente para que todo el mundo los vea, de repente "entró en ellos el espíritu de vida enviado por Dios" y se levantaron sobre sus pies, con todos mirando. El terror vino por el espanto que tuvieron ellos al ver su resurrección y/o el retorno del poder de tormento con venganza para el mundo.

Casi de repente hubo una voz estruendosa, evidentemente para ser oída por los observadores en Jerusalén, diciendo "Subid acá". Estas fueron las mismas palabras dichas a Juan cuando él fue llamado al cielo en Ap 4:1.63 Los dos testigos de repente comenzaron a ascender hacia el cielo, entrando en una nube, a medida que desaparecían.

Esta descripción se compara a la partida de Jesús (Hechos 1:9) y de aquellos que serán raptados antes del Período de la Tribulación (1 Ts 4.16-17). El punto es que: el Dios viviente del cielo (no el anticristo) tiene la autoridad sobre el "aliento de vida" en la humanidad, y solo aquellos que creen en Cristo vivirán con Él para siempre.

11:13

En aquella hora hubo un gran terremoto, y la décima parte de la ciudad se derrumbó, y por el terremoto murieron en número de siete mil hombres; y los demás se aterrorizaron, y dieron gloria al Dios del cielo.

11:13 La ascensión de los dos testigos fue marcada por un dramático terremoto,64 que ocurrirá a la misma hora, haciendo la conexión indiscutible. Este terremoto destruirá una décima parte de la ciudad de Jerusalén, la cual se asienta sobre una falla geológica. En este momento, 7.000 residentes de Jerusalén serán muertos por el juicio de Dios. Los sobrevivientes tendrán "miedo" de dar gloria al Dios del cielo. Ezequiel profetizó de un terremoto que precederá al fin del tiempo (Ez 39:19-20). Eso podría significar que los sobrevivientes reconocerán la falacia de sus creencias anti-Dios y se convertirán o que ellos reconocerán la mano obvia de Dios en lo que sucede (es decir que le dan a Él la gloria), pero no se someterán a Él personal e incondicionalmente. Esta puede ser la clave para el resurgimiento de los Judíos en la Tribulación (Ro 11:4-5, 26). Un día, todos, deseen o no, se arrodillarán ante Jesús (Fil 2:10) y declararán que Él es el único Dios.

Reflexión: Si son forzados a arrodillarse delante de Jesús, ¿serán salvos?

III. LA SÉPTIMA TROMPETA (11:14-19)

El segundo ay pasó; he aquí, el tercer ay viene pronto.

11:14 El águila que vuela había advertido de tres "ayes" de terror (8:13), pero solo dos habían pasado (el primero en 9:1-12; el segundo en 9:13-21 y 11:1-13). Este ay vendrá "pronto" (tachu, "rápidamente, de repente"), es decir que no habrá posibilidad de detenerlo cuando comience. La mayoría del uso de esta palabra se refiere a la Segunda Venida, pero aquí se refiere al último juicio. Este será el conteo final para la batalla del Armagedón (11:18) sin posibilidad de evitar la catástrofe que se avecina.

Reflexión: Cuando se te advierte de consecuencias por venir, ¿cómo respondes tú? ¿Es natural en ti ser rebelde o ser quebrantado y tomar la advertencia y cambiar?

A. Alabanza por Su Reino Venidero (11:15-17)

El séptimo ángel tocó la trompeta, y hubo grandes voces en el cielo, que decían:
Los reinos del mundo han venido a ser de nuestro Señor y de su Cristo; y él reinará por los siglos de los siglos.

11:15a Continuando la pausa desde el 9:21 (como si hubiera una pausa entre el 6to y el 7º sello (6:1-8:5). La escena cambia de Jerusalén al trono celestial. Los eventos actuales serán descritos en Ap 16. Los capítulos 12-14 caminan a través del período de la Tribulación nuevamente desde la perspectiva humana. Este será verdaderamente el final. Estos pueden ser los últimos 6 meses o menos, de los siete años de Tribulación. Sin embargo, las multitudes celestiales saben a dónde va todo: "los reinos del mundo han venido a ser de nuestro Señor y de su Cristo…" Estos juicios finales ya no son parciales, sino de completa destrucción como preparación para un nuevo comienzo para la humanidad. Esto es tan cierto que sucederá que los ángeles están cantando como si ya hubiera sucedido. Daniel había visto este momento cuando él escribió, "Y en los días de estos reyes el Dios del cielo levantará un reino que no será jamás destruido, ni será el reino dejado a otro pueblo; desmenuzará y consumirá a todos estos reinos, pero él permanecerá para siempre" (Dn 2:44). Esta es la cúspide de toda la historia humana y de

la redención; lo que todos los tiempos han esperado que suceda.
Reflexión: Este es el objeto del "gemido" de Ro 22-25 que los creyentes incuso hoy "con perseverancia esperamos ansiosamente que suceda". La espera ha terminado.

11:15b Las traducciones pierden una verdad importante. La palabra "reinos" (basileia, singular, "monarquía, dominio") no es plural, sino singular. Todas las diferentes naciones, culturas, lenguas y políticas, son actualmente un reino bajo un rey. Esta persona es conocida en la Biblia con diferentes nombres,65 pero básicamente es el diablo (Mt 4:1), o Satanás (1 Tim 5:15). Tres veces en el evangelio de Juan, Jesús llamó a Satanás "el gobernador de este mundo" (Juan 12:31; 14:30; 16:11). Durante la Tribulación toda la humanidad se unirá en un reino visible bajo el Anticristo/la Bestia de Ap 13:1-4. Satanás no se dará por vencido sin pelear. Él ha dominado la escena del mundo durante miles de años y ahora lo perderá en unos pocos meses.

11:15c El verbo "han venido" (ginomai, tiempo aoristo) es considerado como un aoristo proléptico. Este es un evento futuro que es tan seguro que va a pasar que se habla de él como si ya hubiera ocurrido. En la escena celestial que no tiene tiempo, es como si ese día ya hubiera llegado, aunque tiene que pasar algún tiempo hasta que eso sea una realidad. Generalmente no hay distinción entre el primer reino milenial y el reino eterno. Al final del milenio habrá una transición relativamente suave para pasar al reino eterno.

LA ADORACIÓN EN EL CIELO

11:16

Y los veinticuatro ancianos que estaban sentados delante de Dios en sus tronos, se postraron sobre sus rostros, y adoraron a Dios.

11:16 Los veinticuatro ancianos, como una expresión de todos los creyentes detrás de ellos, están estáticos. Al fin está sucediendo. El anuncio de la trompeta final está a punto de sonar y listo, envía un efecto dominó a través de las multitudes de los cielos a medida que caen en sus rostros delante del trono (Repetida alabanza en el 5:8, 14; 7:11; 19:4) para adorar al Rey.

CRISTO REINARÁ

11:17

diciendo: Te damos gracias, Señor Dios Todopoderoso, el que eres y que eras y que has de venir, porque has tomado tu gran poder, y has reinado.

11:17 Su alabanza comienza con agradecimiento (eucharisteo, tiempo presente, "continuamente siendo agradecido") al Señor Dios Todopoderoso (pantokrator, "Aquel que tiene el dominio sobre todas las cosas"). Nueve de diez usos de esta palabra se encuentran en el libro de Apocalipsis (1:8; 4:8; 15:3; 16:7; 14; 19:6, 14; 21:22). No hay errores o resistencia a Su voluntad inmutable. La naturaleza eterna de Cristo es expresada en la frase "el que eres y que eras y que has de venir" significa el siempre presente Dios en todo punto de la historia.

Pero la razón clave para alabar es que Cristo "ha tomado" (lambano, tiempo perfecto, "ha tomado con la mano, ha echado mano de" como una acción completa, sin falla) su gran poder (dunamis, "poder inherente, poder que reside en algo por virtud de su naturaleza") y "reinado" (basileuo, tiempo aoristo incipiente, "comenzó a reinar").

Reflexión: Todo aquel que le conoce a Él, quiere que Él reine sobre ellos ahora y por siempre en Su reino. ¿Cómo hacemos cada uno que eso suceda hoy en nuestras vidas?

B. Ira por Sus Juicios (11:18)

11:18

Y se airaron las naciones, y tu ira ha venido, y el tiempo de juzgar a los muertos, y de dar el galardón a tus siervos los profetas, a los santos, y a los que temen tu nombre, a los pequeños y a los grandes, y de destruir a los que destruyen la tierra.

11:18a No todos confían en Él así que ellos no quieren que Él reine de ninguna manera. Este verso alude al Salmo 99:1. Ellos no pueden soportar la idea de que Cristo reine sobre toda la tierra (Sal 2:1-2, 4-5). Hoy la teocracia es vista como la peor cosa que puede suceder. Los Cristianos en la política serán perseguidos para evitar que esto suceda. La gente está tan endurecida que los juicios más dolorosos se toman como razones para odiar a Dios (esta ira será descrita en capítulos 12-19).

El abuelo del autor se fue a la tumba odiando a Dios porque sufrió en su hacienda una sequía de 3 años, lo cual lo arruinó. Este odio se infectará en rabia, motivándolos a juntarse para pelear contra Él en la llanura de Meguido en la batalla del "Har-Magedon"(Armagedón) para no dejar que reine sobre ellos. A pesar de las repetidas oportunidades para arrepentirse, ellos endurecerán sus corazones contra Cristo, justificando su amargura y rechazo, para luego ser castigados por siempre en el infierno.

Reflexión: ¿Cómo te sientes en cuanto a que Cristo reine hoy sobre todo aspecto de tu vida?

11:18b El "tiempo" para juzgar (kairos, "una estación, el tiempo justo, período de tiempo limitado, época decisiva"). Hay un número de juicios en la Escritura. Esto se refiere a la "temporada" en donde los juicios ocurrirán; no es una referencia a cualquiera de los juicios futuros.

Cada uno de los verbos en este pasaje está en el tiempo aoristo que usualmente describe una acción pasada, pero que es tan cierta que se habla como si ya hubiera sucedido. El hecho de que Dios juzgará a los incrédulos es una verdad reiterada en las Escrituras (Is 30:27-33).

Eventualmente todo lo equivocado será hecho correcto. Eso es justicia. Cristo trae juicio a Sus enemigos y recompensa a Sus siervos. La naturaleza de los dos juicios y la recompensa reflejan la omnipotencia de Dios; por lo tanto, están fuera de la imaginación.

Reflexión: ¿Cómo puede uno vivir a la luz de la inevitabilidad de ser juzgado por nuestra vida entera?

11:18c Note que es la "muerte" la que es juzgada. ¡Esto no se termina hasta que se acaba! ¡Ningún fallo será inapelable! No es la acumulación de buenas o malas obras lo que importa para el creyente. Nuestros pecados están perdonados y nunca serán nuevamente juzgados.

Cristo recompensará por siempre nuestras obras que sean útiles para Su reino. Los que son recompensados en este pasaje son Sus "siervos los profetas... santos y aquellos que "reverenciaron" (phobeo, "miedo, terror") su nombre, tanto pequeños como grandes". No hay nada que Dios premie más que a aquellos que se comprometieron con Su propósito en este mundo.

Reflexión: ¿Cuáles son las implicaciones en estos versículos?

Sal 19:11

Mt 5:11-12

Ro 8:18

Col 3:23-24

Ap 22:12

11:18d El segundo aspecto del juicio es para "destruir" a aquellos que destruyen la tierra" (diaphtheiro, "cambiar para peor, corromperse, de la mente y la moral; consumirse"). Este no es un juicio ecológico sino moral. Se refiere a aquellos que contaminaron el mundo con sus falsas creencias, rebeldías, actitudes anti-Dios y seguidores del "misterio de la iniquidad" (2 Ts 2:7). Cuando la corrupción del pecado alcance su pico, Dios destruirá la tierra y creará una nueva.

Reflexión: ¿Cómo se describe eso en estos versículos?

Ap 21:1

Is 65:17

Is 66:22

2 Pe 3:12-13

C. REVELACIÓN DE SU TEMPLO CELESTIAL (11:19).

11:19

Y el templo de Dios fue abierto en el cielo, y el arca de su pacto se veía en el templo. Y hubo relámpagos, voces, truenos, un terremoto y grande granizo.

11:19 Antes de la séptima trompeta hay una penetración dentro de la escena del cielo que representa el Templo siendo completamente abierto en el cielo. Esto podía ser inimaginable en el AT. En el momento en que Cristo murió (Mt 27:50) el velo del "templo" (naos, el "Lugar Santo") fue roto desde arriba hacia abajo (Mt 27:51). Esta era una cortina inmensa y pesada que colgaba en el tope del Templo hasta el piso, de lado a lado, haciendo imposible ver dentro de lugar Santísimo. Solamente el Sumo Sacerdote entraba una vez al año a este lugar (Heb 9:7). El Arca del Pacto que nunca había sido visto por el pueblo Judío de repente permanecía abierta a la vista de todos. Esta exposición declara abiertamente la fidelidad de Dios a Su pacto al salvar a Su pueblo y castigar a Sus enemigos. La apertura del templo celestial suelta a los ángeles con las siete copas.

Reflexión: ¿Qué sale del templo abierto?

Ap 14:15, 17

Ap 15:15

Ap 16:17

A la luz de estos eventos asombrosos que con certitud tendrán lugar, ¿Cuáles fueron las conclusiones de Pedro en cuanto a nuestra manera de vivir en 2 Pe 3:11?

CAPÍTULO 12

LA MUJER Y EL HIJO VARÓN

Aun siendo que la Séptima Trompeta había ya sonado (11:15), los detalles de este Juicio de la Trompeta no serán registrados sino hasta el capítulo 16. Este paréntesis describe un número de eventos concurrentes y relaciones que continúan durante la segunda mitad del período de la Gran Tribulación. Todas estas personas son presentadas en los Capítulos 12-13:

SIETE GRANDES PERSONAJES DEL FIN DE LOS TIEMPOS (CAPÍTULOS 12-15)

(1) La mujer vestida de sol, representa a Israel (12:1-2);
(2) El dragón escarlata con siete cabezas y siete cuernos, representan a Satanás (12:3-4);
(3) El Hijo varón, representa a Jesús (12:5-6)
(4) El arcángel Miguel, quien echa fuera del cielo a Satanás (12:7-12);
(5) El hijo de la mujer, perseguido por el dragón (12:13-17)
(6) La bestia que subió del mar, representa al futuro dictador mundial (13:1-10)
(7) La bestia que subió de la tierra, el falso profeta (13:11-18).

La secuencia cronológica comienza nuevamente en el capítulo 16. Mientras tanto, a Juan se le dice la causa de la rebelión y persecución contra el pueblo de Dios. Las señales y los símbolos que Juan usará para representar o describir diferentes aspectos de estas tendencias terrenales inspiradas por demonios. Esta porción describirá el conflicto de las edades. Apocalipsis 6-11 describe los eventos que llevarán a la 7ª Trompeta desde la perspectiva humana, y los capítulos 12-14 revisan este mismo período de tiempo dando la perspectiva celestial y demoníaca. Esta porción revelará el esfuerzo desenfrenado de Satanás por frustrar el plan de Dios.

A. PRIMER PERSONAJE: LA MUJER EMBARAZADA (12:1-2)

12:1

Apareció en el cielo una gran señal: una mujer vestida del sol, con la luna debajo de sus pies, y sobre su cabeza una corona de doce estrellas.

12:1 La "gran señal"[66] (*mega semeion*, "símbolo inmenso que señala una realidad") es el regalo para el lenguaje simbólico. El acercamiento literal para interpretar las Escrituras permiten el uso del lenguaje simbólico, pero siempre aludiendo a una realidad literal.

Como un símbolo esta metáfora no es una mujer literal, así como otra mujer simbólica, la prostituta del 17:1-7. Hay algunas otras mujeres simbólicas en Apocalipsis: Jezabel (2:20) era la falsa maestra que simboliza el paganismo; la novia de Cristo (2 Cor. 11:2), que representa a la Iglesia. El contexto indica que esta mujer representa a Israel (v.5), que también se muestra como una mujer en el AT, ej, la mujer adúltera de Yahweh (Os. 2:2-13; Isa 50:1).67 El "sol…. Luna… once estrellas" (José era la 12ª estrella) son metáforas adicionales que están asociadas con Israel y el sueño de José de Gn. 37:9-11.

Esta mujer está "vestida con el sol" (periballo, pasivo perfecto, "ha sido ataviada, rodeada") como el esplendor de su condición como nación elegida ("Porque tú eres pueblo santo para Jehová tu Dios; Jehová tu Dios te ha escogido para serle un pueblo especial, más que todos los pueblos que están sobre la tierra" –Deut 7:6). A pesar de la forma en que Israel ha tratado a Dios, Él está siempre dándole a ella lo mejor y la considera como Su pueblo elegido.

Reflexión: ¿Ilustra esto la gracia de Dios o el mérito de Israel?

NACIMIENTO DEL HIJO-VARÓN

12:2

Y estando encinta, clamaba con dolores de parto, en la angustia del alumbramiento.

12:2 La mujer está "embarazada" (con el niño que llegará a ser el Mesías hijo varón), que luego la identifica a ella como Israel, ya que la Iglesia no existía aún. Estando en los dolores de parto, ella "clamaba" (*krazo*, tiempo presente, "continuamente llorar u orar por venganza") en "dolores de parto" (Odino, uso figurativo, "gran sufrimiento" por un buen propósito como en Gál 4:19), y "angustia del alumbramiento" (*basanizo*, tiempo presente, "continuamente probar por la piedra de toque" usado para probar la pureza del oro o la plata, "torturar, afligir con dolor grave, luchar contra el viento").

Estos tres verbos describen la condición de Israel (Miqueas 4:9,10), especialmente en el Período de la Tribulación, a medida que ella espera que el Mesías se revele a Sí Mismo. La nación estará en dolor de opresión de parte de Roma cuando el Mesías venga por primera vez y luego ella será aún más oprimida severamente por el Anticristo. Ninguna nación en la historia ha sufrido tanto y por tan largo tiempo como Israel. Debido a que ella es favorecida y preciosa para Dios, ella es odiada y despreciada por Satanás.

Reflexión: Asimismo, ¿Por qué son los seguidores de Cristo tan perseguidos de acuerdo a Juan 15:20?

A. SEGUNDO PERSONAJE: EL DRAGÓN ESCARLATA CON 7 CABEZAS Y 10 CUERNOS (12:3-4)

12:3

También apareció otra señal en el cielo: he aquí un gran dragón escarlata, que tenía siete cabezas y diez cuernos, y en sus cabezas siete diademas;

12:3 La Señal del Dragón Escarlata es claramente identificada en el contexto (v.9) como Satanás, el archienemigo de Dios y de todo lo que Él es; de ahí, el color rojo por la matanza. Los 10 cuernos hacen referencia a los 10 reyes (Dn. 7:24) quienes reinarán simultáneamente con el próximo gobernador del mundo. El monstruo de las multi-cabezas coronado con diademas o coronas reales, muestran la secuencia de líderes68 dirigidos por el "dios de este mundo" (2 Cor. 4:4) a quien Dios permitirá crear destrucción con ingenuos traficantes deseosos de poder. Las siete cabezas del Dragón tienen la corona durante el período de este símbolo, es decir, durante la era anterior a la Tribulación.

Hay una visión similar de la Bestia en Ap. 13:1, en donde las coronas son retiradas de las siete cabezas y puestas sobre los diez cuernos, lo cual representa la coalición de líderes que gobiernan con el Anticristo en el Período de la Tribulación (17:12; Dn. 7:23-25). Se debería nuevamente notar que esta es una "señal", o un símbolo del carácter del Dragón, pero su apariencia actual es como de un lindo "ángel de luz" (2 Cor. 11:14). Solamente en Apocalipsis se lo llama "Dragón"69 o "Serpiente" como cuando apareció en Gn. 3.

Reflexión: ¿Cómo instiga Satanás su voluntad, descrito en 1 Tim. 4:1-2?

12:4

y su cola arrastraba la tercera parte de las estrellas del cielo, y las arrojó sobre la tierra. Y el dragón se paró frente a la mujer que estaba para dar a luz, a fin de devorar a su hijo tan pronto como naciese.

12:4ª Al Dragón se lo llamó una "estrella que cayó del cielo a la tierra" con la llave del pozo del abismo. Con la estrella Satánica vienen "un tercio de las estrellas del cielo". Los poderes seductores de Satanás engañaron a 1/3 de los seres angelicales para que se unan en su revuelta contra Dios (versículos 7 y 9 indican que estas estrellas son ángeles).70 El número de ángeles en su rebelión incluyen

(1) 1/3 de ángeles celestiales, que son descritos como "miríadas de miríadas, y miles de miles". La palabra "miríada" es el número más alto que el lenguaje Griego puede expresar.
(2) Los demonios langostas-escorpiones liberados desde el abismo en la quinta trompeta (9:1-3) número incontable de millones.
(3) El ejército demoníaco de 200 millones (9:1) que será liberado desde el abismo y luego cruzará el Río Éufrates y masacrará a millones.

No hay ninguna sugerencia de re-confinar a estos demonios en el abismo, entonces permanecen vagando libres. Adicional a estos ángeles-demonios caídos liberados del abismo, hay millones de otros demonios que han vagado por la tierra durante milenios, engañando y destruyendo a los humanos portadores de la imagen de Dios (Ef. 6:12; Col. 2:15). Este aumento en el número de demonios significa que habrá una influencia demoníaca sin precedentes para destruir la creación de Dios.

Reflexion: ¿Pueden los ángeles estar en todas partes ahora? ¿Pueden ellos saber lo que tú estás pensando? ¿Pueden ser resistidos? (1 Pe. 5:8-9)

12:4b El Dragón-Satanás estaba presente en el nacimiento del hijo varón para matar al hijo de la mujer. Una táctica típica es matar lo piadoso. Caín estuvo pronto para matar a Abel (1 Jn 3:12 con Gn. 4:7). Satanás fue un "homicida desde el principio" (Jn. 8:44), así cuando Cristo nació, él hizo que Herodes asesine a todos los niños recién nacidos de Bethlehem para ojalá destruir al Mesías (Mt.2:13, 16).

Sus esfuerzos por matar a Jesús siempre fracasaron (Lucas 4:28-30), "porque aún no había llegado su hora" (Jn. 7:30; 8:20). Cuando Satanás movió a la multitud que le alababa a Él a que griten un día después "Crucifícalo", ese cambio puede ser solamente atribuido a una influencia demoníaca. Lo que Satanás buscó hacer al crucificar a Jesús termina convirtiéndose en su propia destrucción.

Reflexión: ¿Cómo se explica eso en estos versículos?

Col. 2:15

He. 2:14

B. TERCER PERSONAJE: EL HIJO VARÓN (12:5-6)

12:5

Y ella dio a luz un hijo varón, que regirá con vara de hierro a todas las naciones; y su hijo fue arrebatado para Dios y para su trono.

12:5 El Hijo varón es identificado con Aquel que "gobernará a todas las naciones", eso explica por qué Satanás continuamente intentó destruir a quienquiera que fuera del ancestro del Mesías para prevenir Su planificado nacimiento. Jesucristo "era del linaje de David según la carne" (Ro. 1:3; 9:5), hablando humanamente, Jesús vino de Israel (el símbolo de la "mujer").

Cuando Él cumplió el plan de redención de tal forma que Dios pudiera ser justo en perdonar a los hombres pecadores, Él fue llevado al cielo y exaltado en Su trono. Es el Mismo que gobernará con "vara de hierro" en el futuro reino milenial (12:10; 2:26-27; 11:15; 19:15). Mientras tanto, aunque él triunfó al engañar al hombre creado para que rechace y se rebele contra su Creador (Gn. 3:15), él fracasó en detener el cumplimiento del plan de redención (He. 1:3). Satanás no se rinde, sino que continúa destruyendo lo que sabe que Dios ama, especialmente a Israel que estará en el centro durante el milenio (Zac. 12:10-31:1; Ro. 11:25-27).

Por eso Israel se ha convertido en el blanco especial de Satanás, quien está constantemente buscando su destrucción al seducir al mundo hacia un espíritu anti-Semita, genocidio y holocaustos. Sus esfuerzos en destruir la Iglesia de Cristo igualmente han fracasado en su totalidad, aunque millones hayan sido martirizados. Ahora, en medio de la Tribulación, la intensidad para destruir a Israel y a todos los creyentes crece exponencialmente (ver vs. 13-17). Ahora comenzará este gran conflicto.

Reflexión: ¿Por qué hay semejante odio por los Judíos en muchas naciones, a menudo sin ninguna razón?

12:6

Y la mujer huyó al desierto, donde tiene lugar preparado por Dios, para que allí la sustenten por mil doscientos sesenta días.

12:6ª Al comienzo del período de 7 años, Israel hizo un pacto con el Anticristo (¿para asegurar el derecho a redificar el Templo?), sin conocer la intención o la naturaleza malvada de este líder mundial (ver Dn. 9:27). En la mitad del período de siete años, este líder malvado cesará los sacrificios en el nuevo Templo, luego se declarará a sí mismo como el Dios encarnado (2 Tes. 2:4) demandando adoración mundial. Cuando Israel rechaza al Anticristo, él declara la guerra contra Israel durante 3 1/2 años (1.260 días). Esto es lo que Jesús dijo, "entonces los que estén en Judea huyan a los montes....porque habrá entonces gran tribulación, cual no la ha habido desde el principio del mundo hasta ahora, ni la habrá" (Mt. 24:16, 21).

Reflexión: ¿Cuándo uno se queda y resiste, y cuándo huye por protección?

12:6b La provisión para Israel durante esos 1.260 días (42 meses) fue anticipada por Oseas "pero he aquí que yo la atraeré y la llevaré al desierto, y hablaré a su corazón..." (2:14). Así como Dios milagrosamente alimentó a Israel en el desierto durante 40 años, ahora Él le dará la provisión y protección a la mujer en el desierto. El lapso de tiempo es más específico en el 12:14, "un tiempo, y tiempos, y la mitad de un tiempo", eso es, 3 1/2 años.

Reflexión: ¿Qué quiere decir con un "remanente"?

C. CUARTO PERSONAJE: MIGUEL ECHA A SATANÁS FUERA DEL CIELO (12:7-12)

12:7

Después hubo una gran batalla en el cielo: Miguel y sus ángeles luchaban contra el dragón; y luchaban el dragón y sus ángeles;

12:7 No solo hay guerra en la tierra, sino también en los cielos.71 Una de las imágenes míticas de Satanás es con el trinche en la mano manejando a sus seguidores en el infierno. Pero Satanás no está en el infierno (todavía), ni lo estará hasta el fin del milenio (20:7-10). Ya que hay grados de castigo en el infierno de acuerdo a tu conocimiento de la realidad (Mt. 11:23-24),

Satanás sabe las consecuencias de su rebelión al principio de la creación, merecerá por lo tanto el peor castigo por toda la eternidad. Satanás cree que su fervor en destruir a Dios y todo lo que es de Él, es la única manera de salir de ahí.

Mientras tanto, Satanás, que no puede estar en dos lugares al mismo tiempo, debe viajar entre la tierra y el cielo "buscando a quien devorar" (1 Pedro 5:8) y para "engañar a todo el mundo" (12:9), y mientras está en el cielo él intenta desacreditar a todo aquel que cree en Jesús (12:10) y crear más rebelión entre los ángeles. La guerra con Satanás y sus ángeles caídos no ha tenido fin desde la creación del hombre (Is. 14:12-14; Ez. 28:11-18). A él se le declara como "el rey de este mundo"72 (2 Cor. 4:4) y el líder de "las fuerzas espirituales de las regiones celestes de maldad" (Ef. 6:12), hasta hoy. Esta guerra va increscendo en la Tribulación.

Reflexión: ¿Qué les dirías tú a estos creyentes con el fin de animarles?

SATANÁS LANZADO FUERA

12:8

pero no prevalecieron, ni se halló ya lugar para ellos en el cielo.

12:8 Algo provoca la necesidad de que Miguel saque a Satanás y a sus hordas fuera de sus libertades en la escena celestial. No se revela la manera como se lleva a cabo esta batalla. Estas criaturas operan en reinos desconocidos para el hombre mortal. Ellos pueden viajar a velocidades fuera de nuestra imaginación, pueden mover montañas y utilizar enormes "energías psico-espirituales" (Morris, *El registro del Apocalipsis*).

Daniel pudo tener un vislumbre de esta batalla que se libraba en los reinos celestiales en Daniel 10, cuando un ángel fue enviado a contestar la oración de Daniel (Dn. 10:12), pero se tardó 3 semanas debido a un demonio poderoso que estaba en control del Imperio Persa (Dn. 10:13). Miguel tuvo que venir a defender a este ángel para terminar la misión.

En Daniel 12:1 se le dice al profeta, "En aquel tiempo se levantará Miguel, el gran príncipe que está de parte de los hijos de tu pueblo; y será tiempo de angustia, cual nunca fue desde que hubo gente hasta entonces; pero en aquel tiempo será libertado tu pueblo, todos los que se hallen escritos en el libro". Esta gran batalla en el mundo celestial seguramente será feroz y más allá de lo que cualquier humano pueda imaginar. Las series "Héroes" de la TV de super gente mutada, tal vez es un vistazo dentro del último esfuerzo de Satanás de retener su pie frente al trono. Pero al final él fracasará y será echado para siempre de la presencia de Dios, perdiendo su habilidad para acusar a los creyentes (v.7). Lo que beneficia ahora al cielo, contaminará totalmente a la tierra (12:12).

Es cuestión de debate el cuándo sucederá este evento: las dos opciones son: en el rapto, o por último, en la mitad de la tribulación en la marca de los 3 1/2 años. Con y aún mayor venganza, Satanás ataca a todas las pertenencias de Dios, especialmente a Israel.

Reflexión: Si el ser más poderoso de toda la creación se enfoca en su destrucción, ¿qué harías tú, especialmente si vivieras en Jerusalén?

Lo que es grandioso en el cielo, es terrible en la tierra.

Y fue lanzado fuera el gran dragón, la serpiente antigua, que se llama diablo y Satanás, el cual engaña al mundo entero; fue arrojado a la tierra, y sus ángeles fueron arrojados con él.

12:9 Miguel y los ejércitos angelicales tienen éxito en limpiar el cielo de una vez por todas de la influencia satánica. Cuando sea que esto ocurra, dentro de los 7 años, la creciente perversidad del Anticristo crea miedo y pánico sin paralelo en todo el mundo., Ahora Satanás sabe que solamente le queda un "poco tiempo" (v.12). Esta es su segunda expulsión del cielo; la primera fue al final de la primera semana de la Creación (Is. 14:12; Lc,. 10:18). Esta identidad cuádruple deja sin ninguna duda de quién es el Dragón:

(1) "serpiente antigua" (20:2) le identifica como la serpiente del Jardín del Edén (Gn. 3:1 y lo que sigue) Pablo tenía miedo de que esta serpiente seductora hubiera torcido las mentes de los Corintos para creer en conceptos falsos (2 Cor. 11:3).

(2) El Dragón es llamado el "Diablo" (*diabolos*, "calumniador, difamador o falso acusador"; Ver v. 10).73 Su tarea perpetua había sido desacreditar y calumniar como indigno a cualquier seguidor de Cristo delante de los ángeles y del trono de Dios. Este es el más grande chismoso del mundo. Gracias a Dios "nosotros tenemos un Abogado (parakletos, "alguien que lleva la causa de otro delante de un juez, consejero para defensa") con el Padre, Jesucristo el Justo (Único)" (1 Jn. 2:1). La promesa de que "si Dios es por nosotros, ¿quién contra nosotros?" no significa nada para Satanás. Luego Pablo pregunta "¿Quién acusará a los escogidos de Dios? Dios es el que justifica. ¿Quién es el que condenará? (Ro. 8:31-33). Quienquiera que sea esta persona (el diablo) siempre ha sido insignificante, pero nunca se rinde para cumplir sus intentos malvados.

(3) El Dragón es "Satanás" (*satanas*, "adversario, opositor"), quien fue el más glorioso ser creado de toda la creación, la "lucero hijo de la mañana" (Is. 14:12), pero trágicamente su orgullo demandó ser "semejante al Altísimo" (Is. 14:14). Su rechazo lo convirtió en un enemigo amargado y vengativo de su Creador y de toda la creación. Él está determinado a llevarse a toda la creación al

infierno con él. Aunque está severamente limitado por Dios, él es libre de persuadir a las criaturas libres hechas por Dios a la imagen de Dios, con sus mentiras, engaño (planao, "hacer que se desvíen, conducir por mal camino, engañar"), manipulación y tentación.

Todo aquel que no confíe que la Palabra de Dios es verdad se volverá abierto a unirse a la forma de pensar de Satanás de que Dios no es necesario y de que sus mentiras son mejores que las verdades de Dios. Sus seguidores terrenales principales se identifican por su odio a Israel y la Iglesia. A menudo estos que odian ni siquiera saben por qué odian tanto a la Cristiandad bíblica. Es una respuesta emocional.

Los demonios del ejército de Satanás pueden realizar "señales" o milagros para persuadir a los comerciantes y magnates del mundo a unirse a su reino financiero mundial (18:23) y al resto del mundo para unirse a él en su rebelión final contra Dios en el Armagedón (16:14; 19:19). Ahí Satanás y aquellos que fueron engañados por él, serán vencidos en la sangrienta batalla del Armagedón (16:14; 19:19), después de la cual, él será echado en el abismo (un pozo sin fondo) durante 1000 años. Al final del milenio Satanás será liberado una última vez para "salir y engañar a las naciones, que están "en los cuatro ángulos de la tierra" (20:8).

Finalmente, sus intentos vanos y tontos de usurpar el trono de Dios fracasarán cuando Satanás, "la Bestia y el Falso Profeta", junto con los demonios y todos los que fueron engañados, serán echados "al lago de fuego y azufre (sulfuro)" en donde serán "atormentados día y noche por los siglos de los siglos" (20:10).

Nota: Este sitio llamado "lago de fuego" no fue preparado para humanos, sino para "el demonio y sus ángeles" (Mt. 25:41). Solo los necios se unen en esta rebelión absurda. Ahora toda la fuerza de los poderes Satánicos, por primera vez en la historia, es desatada de 3 fuentes:
(1) los demonios (ángeles caídos) que están operando en la escena terrenal del mundo y la historia de la Iglesia;
(2) los ángeles caídos que habían estado cautivos y reservados en el abismo, ahora de repente son soltados como criaturas en forma de langostas/escorpiones (9:1-3) y los 200 millones del ejército destructivo (9:13-16) son soltados en medio de la Tribulación; y
(3) ahora las miríadas de ángeles que estaban en el cielo con Satanás y que caerán a la tierra con él en el período de la Tribulación.

Esta vasta horda demoníaca sin parangón, ya no es restringida (excepto para con los 144.000 y los 2 testigos) para destruir la creación de Dios.

Reflexión: ¿Acaso te motiva este concepto para testificar hoy día?

LA MARAVILLOSA PACIENCIA DE NUESTRO DIOS- LA VICTORIA EN EL CIELO

12:10

Entonces oí una gran voz en el cielo, que decía: Ahora ha venido la salvación, el poder, y el reino de nuestro Dios, y la autoridad de su Cristo; porque ha sido lanzado fuera el acusador de nuestros hermanos, el que los acusaba delante de nuestro Dios día y noche.

12:10ª Esos arrebatos de alabanza no son inusuales (ej, capítulos 4,5, 7, 11, 15, 19), pero este rato la alabanza se refiere al reino que finalmente está a punto de comenzar. La "salvación" aquí implica el sentido más amplio de la palabra, la cual abarca la salvación de individuos a través de la cruz, pero también la salvación de toda la creación, que gime a una hasta esta "liberación" (Ro. 18:19-22). El "poder" (*dunamis*, "poder inherente, residiendo en una cosa por la virtud de su naturaleza") alude a la omnipotencia de Dios, que asegura que todas las cosas trabajarán para bien del establecimiento de Su reino (11:15).

El "poder" (*exousia*, "habilidad o poder de autoridad") de Su Cristo que "ha venido" (*ginomai*, tiempo aoristo de un evento futuro, "absolutamente irá a suceder"). La celebración anuncia que el objetivo de la historia está a punto de llevarse a cabo en tiempo y espacio. La anticipación debe ser electrizante en el cielo.

Reflexión: ¿Vives hoy para ser de valor en el cumplimiento de Su propósito, de tal forma que Él puede confiar en ti para Sus propósitos cuando Él regrese? ¿Realmente quieres que venga pronto el reino de Cristo?

12:10b Por fin el "acusador" (*kategoreo*, tiempo presente, "continuamente hace acusación frente a un juez") de los creyentes, es "echado" (*kataballo*, "lanzado a la tierra"). Las "acusaciones" son día y noche frente al trono. Note que el único acusador aparente es Satanás. Dios no acusa; en lugar de eso, Él resuelve el conflicto tomando nuestro castigo en la cruz. Muchos están temerosos de estar parados frente a Cristo, creyendo que Él nos criticará por todos nuestros pecados.

Sin embargo, Él prometió que "nunca más se acordará de nuestros pecados y de nuestras iniquidades." Heb. 8:12). El creyente nunca debería tener miedo de estar de pie frente al Señor. Él pagó por nuestros pecados en la cruz, de tal forma que nosotros nunca fuéramos culpados de ser inaceptables frente a la corte de nuestro Dios santo. El pago del derramamiento de sangre de Cristo y el regalo de Su justicia nos hace perfectamente justos a Su vista (2 Cor. 5:21). ¿Puedes tú imaginar el fin de la acusación calumniosa implacable? Podemos ver ilustraciones de sus acusaciones en Job 1:11 y 2:5.

Reflexión: ¿Cuál sería su motivación perpetua para estar continuamente acusando a los creyentes?

LA VICTORIA EN LA TIERRA

12:11

Y ellos le han vencido por medio de la sangre del Cordero y de la palabra del testimonio de ellos, y menospreciaron sus vidas hasta la muerte.

12:11   Ellos le "vencieron" a él (*nikao*, "conquistar o salir victorioso"), que parece implicar que las acusaciones no eran solamente frente al trono, sino que también instiga acusaciones que tendrán que enfrentar los cristianos en la tierra durante su vida. MacArthur dice, "Ellos no le vencen con encantaciones, exorcismos, fórmulas rituales o "uniéndose a él" o reprendiéndole. Satanás, siendo mucho más poderoso que cualquier ser humano, es impermeable a esos trucos y artimañas carnales" (Apocalipsis 12-22, p. 21). Los tres factores que darán a estos santos la victoria serán

(1) "por la sangre del Cordero" (1 Pe 1:18-19) como la base de su confianza en la muerte y luego el estar delante del Señor. Esta es el "yelmo de la salvación" (Ef. 6:17; 1 Ts 5:8). Ellos sabían que nunca iban a ser rechazados debido a que confían en la sangre de Cristo como pago por sus pecados así como por su ser completo. Ellos sabrán que pertenecen a Jesús (1 Cor. 6:20; 7:23); (2) por la "palabra del testimonio de ellos", que ellos darán bajo las más severas torturas, proclamando siempre la verdad de la muerte de Cristo y su segunda venida;

(2) el hecho de que ellos "menospreciaron sus vidas hasta la muerte". Otra traducción dice: "Y no amaron tanto la vida como para tenerle miedo a la muerte". Ellos romperán toda atracción y lealtades que harán que este compromiso con Cristo sea más difícil. Nada de lo que hay aquí se comparará a lo que les espera a ellos en el cielo (Ro. 8:18; Fil 1:21, 23), y ellos se habrán "presentado a sí mismos", o se habrán dado a sí mismos, a Dios como una ofrenda de agradecimiento por Su misericordia y gracia (Ro. 12:1-2), por lo tanto sus vidas no les pertenecerán más a ellos, sino a Aquel que los compró

con Su sangre (1 Cor 6:20). La muerte no les dará miedo, por lo tanto Satanás perderá su poder sobre ellos.

Reflexión: ¿Has entregado tu vida totalmente al Señor? Si Él es totalmente tu dueño, ¿Puede Él hacer contigo lo que Él quiera, y tú estar de acuerdo con lo que sea que eso signifique?

SATANÁS COMIENZA LOS ATAQUES PERSONALES EN LA TIERRA

12:12

"Por lo cual alegraos, cielos, y los que moráis en ellos. ¡Ay de los moradores de la tierra y del mar! Porque el diablo ha descendido a vosotros con gran ira, sabiendo que tiene poco tiempo."

12:12   Los cielos se alegran, pero el ay es para los habitantes de la tierra. Satanás está descendiendo con toda su fuerza con "gran ira" (*thumos*, "arrebato de ira, ira, desbordarse"). Su ira, resentimiento, amargura e ira contra todo lo que le pertenece a Dios, en la tierra y en el mar, se convertirá en un continuo "ay" además de los ay de las tres trompetas (8:13; 9:12; 11:14). Él estará furioso por sus nuevas limitaciones (la tierra se convertirá en su prisión) y por la escena de su muerte inminente.

Sin embargo, él no lo cree. Satanás está determinado a desbaratar el plan de Dios para el futuro, pero su tiempo es corto, es decir que, probablemente queda solo el final de los 3 1/2 años de la Tribulación. Él ha estado manipulando al Anticristo con absoluta autoridad sobre la tierra, y ahora él cambiará su enfoque principal en usar al Anticristo para destruir a los Judíos y a los Cristianos, a quienes él culpa de todas las calamidades que hay en la tierra. Él destruirá la credibilidad, reputación y valor de ellos en la sociedad, luego convence al mundo que ellos deben ser eliminados de la sociedad y del mundo.

REFLEXIÓN: ¿Qué quiere decir Juan cuando escribe: "así han surgido muchos anticristos" en Jn. 2:18? (Vea también 1 Jn 2:22; 4:3 y 2 Jn 7). ¿Quiénes serían estas personas en la actualidad?

D. LA PRIMERA PERSONA: EL HIJO VARÓN (12:13-14)

12:13

Y cuando vio el dragón que había sido arrojado a la tierra, persiguió a la mujer que había dado a luz al hijo varón.

12:13ª El discurso vuelve al tema del 12:6, que ha sido interrumpido por el episodio del 12:7-12, que describió la guerra en la tierra. Satanás estará furioso. Él perderá la guerra en el cielo (12:8), perderá el acceso a Dios, y ya no será capaz de acusar a los Cristianos (12:10-11). No podía atacar al Hijo porque Él fue llevado al cielo (12:5). Y ahora su tiempo es corto (12:12). Si Satanás puede hacer que no se cumpla alguna promesa, entonces Dios se convertiría en mentiroso. Si él puede destruir a Israel, no se cumplirían las profecías para el milenio, y por lo tanto la Palabra de Dios fallaría. El "espíritu del anticristo" ha impregnado a la historia de un antisemitismo implacable. Dios ha permitido al mundo que persiga a Israel como castigo a su incredulidad (Deut. 28:15-68) para traerlos de vuelta a Él.

El propósito de satanás al afligir a los Judíos es destruirlos completamente. Durante la Era de la Iglesia, la primera gran persecución ocurrió durante las Primera Cruzadas (1095-1099) mientras caminaban por Europa y luego en la Tierra Santa. Las comunidades Musulmanes y Judías fueron aniquiladas. Inglaterra fue el primer país que expulsó a todos los Judíos en 1290, seguido por Francia en 1306 y por España en 1492.

El odio contra los Judíos aumentó cuando se les culpó a ellos de la Plaga Negra (1348-1350). El Zar Ruso mató decenas de miles de Judíos y expulsó a cientos de miles del Imperio Ruso a finales del siglo 20. Durante el reinado de Stalin más de tres millones de Judíos fueron asesinados por el año 1920 y el partido Nazi en Alemania comenzó en el año 1930 a capturar y matar sistemáticamente a más de 6 millones de Judíos – más de la mitad de la población Judía en Europa- fueron masacrados en el holocausto. Hoy los radicales fundamentalistas Musulmanes están comprometidos a erradicar a los Judíos y a la nación Judía, así como a las naciones Cristianas – tienen exactamente el mismo compromiso que el Anticristo luego hará universal.

Reflexión: ¿Has conocido alguna vez a alguien que tenga fuertes opiniones anti-Semíticas?

12:13b La palabra "persiguió" es *dioko*, "hacer correr o volar, persuadir (de manera hostil)" como un resultado, durante el período de la Tribulación, dos tercios de los judíos serán asesinados (Zac. 13:8-9), pero el restante tercio sobrevivirá. Debido al anti-Semitismo global del período de la Tribulación, un remanente sobrevivirá y será salvo (Ro. 11:25-29) y ayudará a poblar el reino venidero de Cristo en la tierra. La mujer había "huido hacia el desierto" (12:6), pero Dios la sustentará ahí (12:14). Algunos sostienen que el remanente huirá a la fortaleza Nabatea de Petra en Edom, al Sur del Mar Muerto.

La Escritura no es específica del lugar a donde Israel huirá. El Anticristo aumentará su poder como supuesto protector del pueblo de Israel (Dn. 9:27) y como un líder popular que resolverá la crisis global. Una vez que su poder esté asegurado, él romperá el pacto con Israel y Satanás lo usará para su estrategia de perseguir y erradicar al pueblo Judío.

Dan. 11:31; 12:11; Mt. 24:15-16; 2 Ts. 2:3-4).

Reflexión: ¿Cuál es la perspectiva actual del mundo en cuanto a Israel? ¿Cambian su punto de vista algunos líderes políticos cuando ya están seguros en su posición oficial?

EL ESCAPA COMO SOBREVIVIENTE A LA PRIMERA OLA DE ATAQUES

12:14

Y se le dieron a la mujer las dos alas de la gran águila, para que volase de delante de la serpiente al desierto, a su lugar, donde es sustentada por un tiempo, y tiempos, y la mitad de un tiempo.

12:14 Como por milagro, muchos de Israel escaparán al desierto. La metáfora de "dos alas de la gran águila" (el ave más grande de Palestina) viene de la descripción de Éxodo en cuanto al escape de Israel de Egipto, "Vosotros visteis lo que hice a los egipcios, y cómo os tomé sobre alas de águilas, y os he traído a mí" (Ex. 19:4), así como el retorno de la cautividad prometido en Is. 40:31, ellos "levantarán alas como las águilas" (Vea también Deut. 32:10-11; Sal. 91:4).

Esta metáfora podría referirse a la rapidez de la fuga, la facilidad del escape o los medios de evacuación hacia un lugar en donde será sustentada. Es dudoso que esto tenga algo que ver con la aviación. No habrá alternativa. Cualquiera sea el proceso de evacuación y la duración del mismo para evadir al Anticristo, será arduo, ya que la advertencia dice que la mujer embarazada corre riesgo (Mt. 24:22) y el tiempo debe ser acortado o nadie sobrevivirá.

Parece ser que parte de la táctica de evasión será la ayuda que les ofrezcan los gentiles al intervenir a favor de los Judíos perseguidos (así como hizo CorrieTen Boom en la Segunda Guerra Mundial). Después de que Jesús enseñó acerca del terrible tiempo de la Gran Tribulación (Mt. 24:15-51), Él inmediatamente enseñó en cuanto al Juicio de las Naciones (Ovejas y cabras) al final del Período de la Tribulación. En el contexto, este juicio se refiere a las naciones a donde los Judíos huirán durante la Tribulación.

Los Gentiles que cuiden a Israel serán recompensados de manera especial. De forma providencial, Dios permitirá que muchos escapen de las garras del Anticristo y de la persecución en la tierra de Israel, que comenzará a diseminarse por todo el mundo. La duración de esta persecución está definida como "un tiempo y tiempos y la mitad de un tiempo",74 o la segunda mitad de los 7 años de Tribulación.

Este lapso de tiempo coincide con el ministerio de los dos testigos y de los 144.000 a quienes el Anticristo no podrá hacer daño. Sus frustrados intentos contra estos dos grupos permitirá que muchos de los otros Judíos escapen de sus redadas.

Robert Mounce escribió, "El antagonismo dirigido contra la iglesia tiene su origen en el odio de Satanás para Cristo".

Reflexión: ¿Puedes dar ejemplos de la reacción de odio que tienen ciertas personas contra la Cristiandad?

12:15

Y la serpiente arrojó de su boca, tras la mujer, agua como un río, para que fuese arrastrada por el río.

12:15 La metáfora de la corriente como un río de la boca del Anticristo que abruma y ahoga a Israel como un tsunami y el escape como un ave (v14) es similar a Salmos 124. La metáfora de la corriente es común en el AT, refiriéndose a maldad abrumadora (Sal. 18:4; 32:6; 69:1-2; 124:2-5; Nahum 1:8). La "corriente" de mentiras y difamación para convencer al mundo del anti-Semitismo se volverán contagiosas entre las poblaciones de la tierra, quienes, a su vez, buscarán destruir a la nación Judía y a todos los Cristianos.

Este Anticristo poseído satánicamente realizará milagros, hace descender fuego del cielo (Ap. 13:13; Mt. 24:24), presentará argumentos persuasivos y "poder engañoso para que crean la mentira" (2 Tes. 2:9-11). ¡Qué contraste con el río puro de vida que fluye del trono de Dios (Apo. 22:1)!

Reflexión: ¿Qué engaños y mentiras está la gente creyendo en la actualidad?

LA PROTECCIÓN DIVINA EN EL SEGUNDO ATAQUE

12:16

Pero la tierra ayudó a la mujer, pues la tierra abrió su boca y tragó el río que el dragón había echado de su boca.

12:16   La tierra abriendo su boca para tragar el río es como el tiempo de la rebelión de Coré cuando la tierra abrió su boca y destruyó a Coré y sus seguidores (Núm. 16:30-33). Si este fuera una corriente literal parecería que Israel se concentrará en un sector de baja altitud, pero lo más probable es que sea una metáfora. Dios usará a la tierra para librar a Israel, como los libró del Faraón al partir el Mar Rojo. Dios intervendrá de forma milagrosa a favor de Su pueblo (Ex. 14:21-22; Is. 43:2).

Reflexión: ¿Por qué Su pueblo no cuenta con la intervención de Dios? (vea Is. 50:2).

LA AMPLIACIÓN DE LOS ATAQUES CONTRA TODA LA FE BÍBLICA

12:17

Entonces el dragón se llenó de ira contra la mujer; y se fue a hacer guerra contra el resto de la descendencia de ella, los que guardan los mandamientos de Dios y tienen el testimonio de Jesucristo.

12:17   "Entonces" (*kai*) conecta el escape de Israel con la rabia del Anticristo, que "estaba enfurecido" (*orgizo*, "provocar a ira"). Frustrado e incapaz de librar con éxito la guerra contra los 144.000 o contra Israel en general, el Anticristo comienza a buscar la "descendencia" de Israel, ej., los creyentes Gentiles ("hijos de Abraham por la fe", Gál. 3:7,29). Él busca cada expresión de fe bíblica en Dios (evidente en 7:9-14, mártires "de toda tribu, pueblo y nación"). Este grupo es identificado por dos características:

(1) ellos "guardan los mandamientos de Dios" (*entole*, "una orden, mandato, responsabilidad"). La sumisión y obediencia a la Palabra de Dios es la marca de los creyentes (Ap. 14:12). Jesús había enseñado que se demuestra su amor por Jesús si "guarda mis mandamientos" (Jn 14:15, 21). Esto es lo que hace diferentes a los Cristianos: Ellos toman seria y personalmente los 183 mandamientos del NT para los creyentes;

 (2) "tienen el testimonio de Jesucristo". Esto no se refiere a las verdades en cuanto a Cristo, sino que habla acerca de las verdades que Él dio al mundo cuando Él estaba en la tierra, como lo revela el NT.

Tan oscuros como puedan parecer estos días, la agresión de Satanás contra la Iglesia y la nación Judía finalmente fracasará. Al sonido de la Séptima Trompeta el grito en el cielo es "Los reinos del mundo han venido a ser de nuestro Señor y de su Cristo; y él reinará por los siglos de los siglos" (11:15). Los intentos de Satanás de detener la llegada del reino de Cristo en la tierra, fracasarán. Los creyentes (Judíos y Gentiles) que sobrevivan de la Tribulación llegarán a ser los primeros habitantes del reino terrenal de Cristo durante mil años. "Mas el que persevere hasta el fin, éste será salvo" (Mt. 24:13). Ya existe una amplia batalla espiritual contra Israel y la Iglesia en el presente, pero pronto escalará más allá de las atrocidades de la Inquisición y el Holocausto. El tiempo más oscuro está por venir, pero hay un nuevo día brillante que vendrá cuando Cristo regrese para reinar.

CAPITULO 13

LA BESTIA

Mientras que la economía mundial, la infraestructura política, la salud y estructruas físicas colapsen, la demanda para un líder fuerte para traer órden al senario mundial llega a ser una demanda global. Cuando, en tal situación caotica, surge un a persona con capacidades extraordinaras, amplio conocimiento, carisma, poder personal, y liderazgo deciso, el mundo caerá a sus pies.

F. LA SEXTA PERSONA: LA BESTIA DEL MAR

El mundo facilmente le daría total poder dictatorial para resolver sus problemas imensas. Este rey del fin de tiempo, Satanás (el Dragón), se presenta en una trinidad de personas: el Dragón, la Bestia del mar (o el Anticristo -- 13:1-10) y la Bestia de la tierra (el Falso Profeta -- 13:11-18). Aunque muchos falsos Mesias se han declarado ser el que viene, justo como Jesús predijo (Marcos 13:6, 21-23), ninguno puede comparar a este monstro. El cuarto bestia de Daniel también tuvo diez cuernos (Dan 7:7-8). En Apoc 12 el Dragón fue introducido como el que estaba en conflicto con la mujer (Israel) y su desendencia (Cristo y Sus seguidores). En Apocalipsis 13 y 17 la Bestia llega a ser el líder del mundo, pero en Daniel 7 el pequeño cuerno de la bestia posee el líder del mundo.

Pablo escribió de esta persona demoniaca, "¿No os acordáis que cuando yo estaba todaveia con vosotros, os deceia esto?" (2 Tes 2:5). El Anticristo fue bien conocido en los tiempos del NT, probablemente de Daniel 7. Según Daniel 7:24 habrá una confederación de diez-cuernas (diez líderes), luego otro cuerno (el Anticristo) levantará y destruirá tres de los diez líderes y sujetar los demás líderes en su asenso a poder, así dejando una confederación de siete líderes bajo el Anticristo. Este capítulo nos dará más detalles de la rabia y estratégia del Dragón y sus Bestias en este conflicto final contra Dios.

13:1

Me paré sobre la arena del mar, y vi subir del mar una bestia que tenía siete cabezas y diez cuernos; y en sus cuernos diez diademas; y sobre sus cabezas, un nombre blasfemo.

13:1a Juan vio una bestia que salía del mar. Si dejamos que las mismas Escrituras interpreten los símbolos, podemos estar seguros de un entendimiento claro. En Ap 17:15 el mar es explicado como un símbolo de la humanidad, así que la bestia saldrá de los Gentiles como un líder mundial. Él es visto como teniendo siete cabezas y diez cuernos con coronas (*diadema*, "ornamento real", no ganados en competencias atléticas ni en el campo de batalla).

En Daniel 7.24 se explica que los "diez cuernos son diez reyes". Esta descripción suena similar a la del dragón del 12:3, excepto que las coronas están en las cabezas del dragón y sobre los cuernos de la bestia del mar. Apocalipsis 17:9 reitera la visión de Daniel de que los cuernos son reyes. Sus coronas simbolizan su liderazgo o autoridad, pero estos cuernos son parte de la Bestia, quiere entonces decir que le siguen, y él en cambio, pertenece al Dragón, Satanás.

Luego en el 17:10 Juan vio que por su tiempo (100 DC), que cinco de siete reyes del mundo han caído ya, y uno todavía existía. El reino de los días de Juan fue el Imperio Romano. Por lo tanto, yendo hacia atrás, los cuatro reinos anteriores fueron el de Egipto, Asiria, Babilonia/Persia y Grecia. Desde la caída de Roma no ha habido un reino global, aunque muchos han intentado unificar las naciones del mundo.75

Ninguno tiene o tendrá éxito hasta que la séptima cabeza de Daniel sea exitosa en la Tribulación. Sin embargo, el escenario está listo en políticas contemporáneas para esa unificación global. Los diez cuernos representan la forma final del poder mundial Gentil. El Dragón tiene control sobre la séptima cabeza con su corona, la Bestia del mar, tiene dominio sobre los diez cuernos con coronas, las cuales son la federación global de naciones del Anticristo. Estas cabezas y cuernos son descritas adicionalmente en el 17:9-14.

Este líder increíble habrá traído una paz temporal a la tierra, luego liderará al mundo a través de tiempos horribles, culpando al final a Israel por todas las catástrofes, por lo que él necesitará destruir a este pueblo en nombre de la supervivencia de la humanidad.

Reflexión: ¿Cuáles son las razones que dan hoy día para el odio para los Judíos?

13:1b En cada cabeza está el nombre "blasfemo" (*blasphemias*, "calumnia, discurso injurioso a la majestad divina"). Así como en los días de Juan (primer siglo) se les daba a los emperadores nombres divinos como práctica común, así será en el futuro. Este líder blasfemo atribuye su éxito a su divinidad, declarando ser Dios (2 Ts 2:4).

2. DESCRIPCIÓN DEL ANTICRISTO

13:2

Y la bestia que vi era semejante a un leopardo, y sus pies como de oso, y su boca como boca de león. Y el dragón le dio su poder y su trono, y grande autoridad.

13:2a Los tres animales que se mencionan aquí, son similares a aquellos descritos por Daniel en el capítulo 7:4-8, que fueron identificados como: un leopardo (Grecia-Daniel 7:6); un oso (Medo-Persia – Dn 7:5), un león (Babilonia-Dn 7:4); y una "bestia terrible" (el Anticristo). Juan les vio en un orden cronológico revertido, ya que él estaba viendo la historia desde atrás, mientras que Daniel está mirando hacia el futuro. Parece ser como si el imperio del mundo final se compusiera de toda la maldad y poder de los imperios anteriores.

13:2b Esta bestia es la presentación de la gran imitación de Satanás o la falsificación de Cristo para el mundo. Él no es Satanás, aunque el Anticristo tiene muchas características de Satanás. Él será un hombre extraordinario, pero será un hombre absolutamente sin ninguna moral ("el inicuo" -2 Ts 2:3, 8, 9) haciendo lo que le place (Dn 11:3), pero también él puede hacer "milagros, realizar señales y falsas maravillas y todo tipo de engaño del mal" (2 Ts 2:9-10). Su poder es tan grande que nadie puede oponérsele; de hecho, Dios ha levantado todas las restricciones a la limitación de sus poderes malignos (2 Ts 2:7).

La gente que se impresiona con sentimientos y fenómenos, se dejará engañar. A él se le entregará la autoridad que Satanás le prometió a Jesús en el desierto (Mt 4:8-9), pero Jesús rehusó aceptar la propuesta. Parece ser que este hombre acepta la oferta.

3. EL ENGAÑO MILAGROSO Y LA ADORACIÓN MANIPULADA (13:3-5)

13:3

Vi una de sus cabezas como herida de muerte, pero su herida mortal fue sanada; y se maravilló toda la tierra en pos de la bestia,

13:3 Evidentemente no todos querrán seguir a su líder cuando el Anticristo sufre una herida "como herida de muerte" hecha por una espada (13:14), él sobrevivirá a esta herida, dejando atónito al mundo entero. Esto está referido en otras cuatro veces en Apocalipsis (13:12, 14; 17:8,11), por lo que será significativo para su poder futuro. Esto ganará la simpatía inclusive de posibles enemigos, y puede hacer parecer como una resurrección, lo cual está fuera del poder de Satanás, pero podría ser una sanación sobrenatural de una herida casi fatal. Más que probable es que esto se refiera a uno de los "prodigios mentirosos" o a una falsa resurrección hecha al parecer de manera sobrenatural, o posiblemente podría ser una declaración de ser la rencarnación de Cristo en el cuerpo del Anticristo, lo cual podría ser creíble desde el punto de vista actual. Las mentiras fabricadas cambiarán de era a era. "Y se maravilló toda la tierra" (*taumazo*, "quedar atónitos, maravillados" con el resultado de "honor, admiración, adoración") y "en pos de la bestia". El mundo seguirá a quienquiera que él admire, pero aquí implica veneración o adoración.

Reflexión: ¿Puede actualmente la gente falsificar sanaciones especiales para ganar la aprobación o popularidad?

Adoración a la Bestia

13:4

y adoraron al dragón que había dado autoridad a la bestia, y adoraron a la bestia, diciendo: ¿Quién como la bestia, y quién podrá luchar contra ella?

13:4 Por último Satanás alcanza su meta: él es adorado, aunque esto sea bajo falsas pretensiones. Isaías 14:14 revela que Lucifer había dicho, "sobre las alturas de las nubes subiré, y seré semejante al Altísimo". Él engaña al mundo a creer que él es Cristo. Pablo describió a este grupo como aquellos que "no recibieron el amor de la verdad para ser salvos" (2 Ts 2:10), ya que son engañados fácilmente y caen en adoración al Anticristo.

Este engaño será argumentado y perpetuado por el Falso Profeta que obligará a, "y hace que, la tierra y los moradores de ella adoren a la primera bestia (Anticristo)" (Ap 13:12). Al adorar al Anticristo, la gente está adorando al Dragón o Satanás. Pablo escribió, "lo que los gentiles sacrifican, a los demonios lo sacrifican, y no a Dios" (1 Co 10:20). Cuando los no salvos piensan que ellos están adorando al dios de su religión, ellos están adorando al demonio que se hacía pasar por ese dios. Aquí no hay esperanza para esa gente. El espanto de ellos es expresado en dos preguntas retóricas: "¿Quién como la bestia? Y ¿Quién podrá luchar contra ella?

Los líderes son únicos o fuera de lo ordinario en algunas facetas de sus vidas y son admirados por esa cualidad. Sobrevivir a un intento de asesinato por causa de la humanidad, gana gran simpatía de parte de la población mundial. Estas preguntas pueden referirse al atentado que fracasó contra su vida.

Reflexión: Especulación: ¿Qué si esta persona que atacó al Anticristo era un Judío? ¿Cómo crees que reaccionaría el Anticristo y el resto del mundo?

AUTORIDAD LIMITADA A LA BESTIA

13:5

También se le dio boca que hablaba grandes cosas y blasfemias; y se le dio autoridad para actuar cuarenta y dos meses. Y abrió su boca en blasfemias contra Dios, para blasfemar de su nombre, de su tabernáculo, y de los que moran en el cielo.

13:5-6 El extremo de las blasfemias solamente provocan más seguidores leales a su ira contra Dios. Es interesante notar en algunas Universidades y en otros círculos sociales que mientras más escandalosa o calumniosa es una declaración o teoría que desacredita a Dios y a los Cristianos, más entusiastas se vuelven los seguidores. El objetivo de las blasfemias del Anticristo es el "nombre" de Dios y de todo lo que eso representa en cuanto a la naturaleza y atributos de Dios.

Las blasfemias o calumnias contra el "tabernáculo" que está en el cielo y de "aquellos que moran en el cielo" son para convencer a los vivientes que el cielo es un lugar detestable a donde ninguna persona inteligente quisiera ir. Él continúa sus acusaciones calumniosas contra los creyentes que están en el cielo tal como él estaba habilitado para hacer antes frente al trono (12:10).

Reflexión: Cuando la gente está herida, ¿Cómo responden típicamente a la fuente de su dolor o rechazo?

EL PODER DE LA BESTIA

13:7

Y se le permitió hacer guerra contra los santos, y vencerlos. También se le dio autoridad sobre toda tribu, pueblo, lengua y nación.

13:7a Los versículos 5-7 describen una serie de verbos pasivos que muestran cómo le fueron dadas todas las habilidades y autoridad al Anticristo. No fueron innatas en su persona. Aquí "se le permitió" hacer guerra contra los santos. Dios le da la oportunidad, pero es su naturaleza pecaminosa que manifiesta su llenura al intentar destruir todo lo que le pertenece a Dios. En este ambiente blasfemo contra Dios, a quienquiera que profesa a Cristo como Salvador se le detecta inmediatamente y es eliminado (6:9-11; 7:9-17; 11:7; 17:6; Dn 7:25). Consuela saber que por cada creyente asesinado, se acerca mucho más el final de la Tribulación (6:10-11).

Jesús enseñó, "Y no temáis a los que matan el cuerpo, mas el alma no pueden matar; temed más bien a aquel que puede destruir el alma y el cuerpo en el infierno" Mt 10:28). En esta paranoia, para el Anticristo los Judíos y los creyentes serán una amenaza a su autoridad. Su poder es solo para hacer guerra y para matar físicamente, pero él no tiene ninguna autoridad sobre su fe, la cual no puede ser destruida.

Pablo escribió en tiempos similares, "Por lo cual estoy seguro de que ni la muerte, ni la vida, ni ángeles, ni principados, ni potestades, ni lo presente, ni lo por venir, ni lo alto, ni lo profundo, ni ninguna otra cosa creada nos podrá separar del amor de Dios, que es en Cristo Jesús Señor nuestro" (Ro 8:38-39). La fidelidad de ellos hasta la muerte será la repetición de la experiencia de Job, "aunque él me matare, en él esperaré…" (Job 13:15). ¿Puedes ver cómo Dios puede permitir tus circunstancias difíciles?

13:7b Su autoridad se extendió a "cada tribu, lengua y nación" para demostrar que no hay escape para nadie en la tierra. Su ambición de dominar sobre el mundo le llevará a controlar "toda tribu, lengua y nación". ¡Es interesante que la ambición egoísta de él haga que se cumpla en unos pocos meses lo que la Iglesia no completó en 2.000 años!

Los Devotos del Anticristo

Y la adoraron todos los moradores de la tierra cuyos nombres no estaban escritos en el libro de la vida del Cordero que fue inmolado desde el principio del mundo.

13:8 La frase "todos los moradores de la tierra" se refiere a los no-creyentes, ya que ellos están definidos por aquellos "cuyos nombres no estaban escritos en el libro de la vida del Cordero…" A los creyentes verdaderos se les prometió que sus nombres no serían borrados del libro de la vida (Ap 3:5), sino que son eternamente salvos a través de la fe en Cristo (Jn 3:15; 5:24; Hch 13:39; 16:31; Ro 3:22-30; 4:5; 10:9-10; Gá 3:22-26; Ef 2:8-9). Por otro lado, los no creyentes no están registrados en el libro de la vida y todos "se pierden, por cuanto no recibieron el amor de la verdad para ser salvos" (2 Ts 2:10). Además, ellos rechazaron la verdad porque "se complacieron en la injusticia" (2 Ts 2:12).

Reflexión: ¿Qué es la razón qué muchos hoy en día rechazan el evangelio?

SÚPLICA PARA ENTENDER LA REVELACIÓN

13:9
Si alguno tiene oído, oiga.

13:9 Tal como Juan escribió a las siete iglesias, ahora él exhorta a los habitantes de la tierra. Finalmente el sueño del hombre religioso: Por fin se llevará a cabo la iglesia universal – sin embargo, ésta es satánica y blasfema. La apelación es para que quienquiera que esté en este mundo apóstata se vuelva del Anticristo a Dios, pero este no era el mensaje a aquellos que estaban en las iglesias (Ap 2-3), lo cual podría indicar que la Iglesia ya ha sido raptada. Este era un desafío frecuente en los evangelios (Mt 11:15; 13:9, 43; Mar 4:9, 23; Lc 8:8; 14:35) y quince veces en el NT.

Se debería notar que el "oír" no se refiere a un sonido místico audible desde el cielo, sino más bien a la Palabra de Dios escrita, la cual el hombre es responsable de conocer y obedecer. Hay un Hebraísmo más allá de esta expresión: en Hebreo la palabra "oír" y "obedecer" son la misma. Por lo tanto, tener un oído, significa tener una predisposición a obedecer cualquier mandamiento aplicable. El "oído" y el "corazón" son prácticamente sinónimos. ¿Quieres de veras "oír" lo que Dios está diciendo en Su Palabra?

UN PROVERBIO DE DESTINO

13:10
Si alguno lleva en cautividad, va en cautividad; si alguno mata a espada, a espada debe ser muerto. Aquí está la paciencia y la fe de los santos.

13:10 Hay justicia en la providencia de Dios, pero a menudo no es inmediata. Estos slogans son diseñados para animar a los creyentes en medio de su Tribulación. El trato horrible que ellos están recibiendo será luego exactamente igual de malo para aquellos que están causando la aflicción al pueblo de Dios. Así mismo era una advertencia para no tomar los asuntos en sus propias manos atacando a los enemigos del pueblo de Dios. El creyente debe mantener su "resistencia inquebrantable" (14:12). El plan de Dios ya está establecido. Aquellos que sufrirán en prisión irán a prisión, los que serán asesinados, serán asesinados. Estos son números exactos ya conocidos y establecidos. Ellos van a dejar que la Bestia haga lo peor (1 Pe 4.14). Sin importar lo que suceda, ellos serán victoriosos (Ro 8:37).

Reflexión: ¿Cuántos principios en cuanto al sufrimiento puedes obtener de 1 Pe 2:19-24?77

LA BESTIA

¿Cuál es la "paciencia y fe" de los creyentes?

EL SÉPTIMO PERSONAJE: LA BESTIA QUE SALE DE LA TIERRA (13:11-18)

13:11-14

Después vi otra bestia que subía de la tierra; y tenía dos cuernos semejantes a los de un cordero, pero hablaba como dragón. 12Y ejerce toda la autoridad de la primera bestia en presencia de ella, y hace que la tierra y los moradores de ella adoren a la primera bestia, cuya herida mortal fue sanada. 13También hace grandes señales, de tal manera que aun hace descender fuego del cielo a la tierra delante de los hombres. 14Y engaña a los moradores de la tierra con las señales que se le ha permitido hacer en presencia de la bestia, mandando a los moradores de la tierra que le hagan imagen a la bestia que tiene la herida de espada, y vivió.

13:11-12 Esta bestia de que está hablando (¿cantando?) y la obra milagrosa de poder se enfoca en adorar experiencias indicando que él es un líder religioso que da soporte a la bestia política, el Anticristo, o a la primera bestia. Su "autoridad" se deriva de la posesión demoníaca del abismo y se enfoca para hacer que el mundo "adore" a la primera bestia. Su influencia se vuelve global en un corto lapso de tiempo.

Las tres bestias: Satanás, Anticristo y Falso profeta

La Religión es la clave para cualquier reino. Los humanos son adoradores por sí mismos, sea a los falsos dioses o al verdadero Dios. Esta persona es distinta del Anticristo, ya que él ejerce autoridad (por señales) en presencia del Anticristo (dicho tres veces-13:12, 14 y 19:20). Debido a esta inclinación religiosa, el hombre es fácilmente engañado a pensar que cualquier cosa espiritual que "le haga sentir bien" es genuina. A él se le permite "motivar" (*poieo*, tiempo presente, "continuamente hacer que, preparar, ser la causa de") que la tierra "adore" (*proskuneo*, "besar la mano, caer de rodillas y tocar la tierra con la frente, rendir homenaje") al Anticristo (la primera bestia).

Su mensaje es como que todos se unen en total sumisión, el Anticristo puede terminar con las calamidades de todo el mundo. Aquellos que caigan en este engaño enfrentarán un terrible juicio (14:9-11; 16:2). Sin embargo, el elemento convincente es el supuesto milagro de sanidad del Anticristo.

Reflexión: ¿Cuán populares son los hacedores de milagros hoy día?

|**13:13**   No solo estará involucrado el falso profeta en la sanidad (tal vez también la herida fatal es falsa), sino también el poder de realizar "grandes" (*megas*) señales que incluirán "bajar fuego del cielo delante de la gente". Estas señales Satánicas serán vistas por el mundo en vivo. Ellos, sin embargo, serán engañados por "el engaño del inicuo" especialmente "para los que se pierden, por cuanto no recibieron el amor de la verdad para ser salvos" (2 Ts 2:9-10).

Aquellos que rechazan el evangelio verdadero aceptarán fácilmente a este falso profeta que "hace descender fuego del cielo" (*poieo*, tiempo presente, "continuamente y repetidamente... está haciendo...") como Elías (1 Reyes 18:36-38) ¿o como uno de los dos testigos? (11:5) Satanás es el mago maestro, capaz de imitar señales sobrenaturales a plena vista del público como en la corte del faraón (2 Tim 3:8-9; Ex 7:11-12, 22).

De igual forma, el falso profeta imita las habilidades de los Dos Testigos para traer fuego del cielo sobre sus enemigos (11:5). "Los milagros" son eventos sobrenaturales, es decir, acciones que están fuera de la habilidad humana para hacerlos o explicarlos. Los ángeles, o los demonios, pueden realizar hazañas que están fuera del poder humano para realizarlas. Esto aparece como "milagros", pero no incluye poderes creadores (hacer algo de la nada), ni poderes de dar vida. En Hch 8:9-11 Simón el mago fue llamado "el Gran Poder de Dios". Y ellos le prestaban atención debido a que él les tuvo por un largo tiempo atónitos con sus artes de magia".

13:14   El falso profeta "engaña" (*planao*, tiempo presente, "continua o repetidamente... hacer que se desvíen, pasear, deambular, sacarlos de la forma correcta") a la población desesperada que quiere que alguien controle sus condiciones desastrosas. Ya que la persona ya ha rechazado el evangelio y se ha unido a espíritus demoníacos al blasfemar a Dios (16:9, 11), las masas serán fácilmente engañadas por las mentiras e ideas falsas y falsas esperanzas. Los falsos profetas siempre sacan a la gente de la verdad y de la Palabra de Dios.

Ellos quieren que la gente sea dependiente de nuevas revelaciones y sueños, diciendo que la revelación inspirada de la Palabra de Dios es anticuada e inferior. Dios ha advertido acerca de esas experiencias en Dt 13:1-3. "Cuando se levantare en medio de ti profeta, o soñador de sueños, y te anunciare señal o prodigios, y si se cumpliere la señal o prodigio que él te anunció, diciendo: 'Vamos en pos de dioses ajenos', que no conociste, 'y sirvámosles'; no darás oído a las palabras de tal profeta, ni al tal soñador de sueños; porque Jehová vuestro Dios os está probando." Depender en señales y milagros como prueba de la verdad les llevará a la aceptación del propósito de edificar una estatua masiva al Anticristo en el Templo de Jerusalén (2 Ts 2:4). La frase "fue herido por una espada y aun así vivió" se da como prueba de que él es el Mesías y por lo tanto salvará al mundo.

Como resultado, el falso profeta estará "diciendo" ("decir" verbo+ infinitivo tiene el matiz de "orden") al mundo, que adore a la imagen. Para aquellos que han decidido rechazar la Palabra de Dios, Dios les ofrece cumplir su deseo cuando "les envíe un poder engañoso, para que crean la mentira, a fin de que sean condenados todos los que no creyeron a la verdad, sino que se complacieron en la injusticia" (2 Ts 2:11-12).

Nunca después de Nabucodonosor (Dn 3:1-11) ha habido semejante idolatría, y ahora, a escala global. Una vez más, una religión-estado tendrá la autoridad para castigar con pena capital a aquellos que no se conforman. Solo aquellos que conocen la verdad y la creen, no serán engañados a pesar del aparente milagro que viene a continuación.

Reflexión: ¿Cómo puede alguien determinar lo que es verdadero o falso?

SE DEMANDA ADORACIÓN MUNDIAL

13:15-17

Y se le permitió infundir aliento a la imagen de la bestia, para que la imagen hablase e hiciese matar a todo el que no la adorase. 16Y hacía que a todos, pequeños y grandes, ricos y pobres, libres y esclavos, se les pusiese una marca en la mano derecha, o en la frente; 17y que ninguno pudiese comprar ni vender, sino el que tuviese la marca o el nombre de la bestia, o el número de su nombre.

13:15 Se le dio a la segunda bestia o falso profeta el poder para hacer que esta única imagen parezca que vuelve a la vida. La Biblia se burla de los ídolos como incapaces de hablar (Sal 115:5; 135:15-17; Isa 46:7; Jer 10:5). A esta imagen se le dio "aliento" (pneuma, "espíritu" no zoe o bios, que significan "vida"). Esta será una animación que parece estar viva. El mundo anhela tanto creer en algo excepto en el Dios viviente, que prefieren creer en una estatua que habla.

El carácter del Anticristo que parece de Dios, se vuelve demoníaco cuando aparecen los rebeldes y su paranoia demanda la eliminación de todas las amenazas. Se dan sentencias de muerte sobre todo a aquel que es piadoso y que rehúsa adorar a la bestia, tal como en el primer siglo. De acuerdo a Zacarías, dos tercios de los Judíos serán muertos (Zac 13:8-9), probablemente por rehusarse a adorar al Anticristo. ¿Caerías tú ante la presión de comprometerte a tu religión? ¿o estarás dispuesto a ser asesinado por tu fe?

13:16 Todas las personas serán categorizadas o registradas por "pequeño y grande, rico y pobre, libre y esclavo" probablemente como medio para controlar a la población. La intención al registrar es dar una marca permanente a todo el mundo. En lugar de una tarjeta de registro, la cual puede perderse, se decidirá marcar a todos permanentemente como ciudadano del nuevo orden mundial.

La "marca" (*charagma*, "grabar") era a menudo un tatuaje o marca dada a los esclavos, soldados y devotos de cultos religiosos. Así como Cristo marcó a los 144.000 para protegerlos de la ira de Dios (7:2-3), el falso profeta marca a sus devotos para protegerlos de la ira del Anticristo contra la gente de Dios. Sin la marca quienquiera es sujeto de ejecución instantánea.

13:17 Como un incentivo adicional para recibir la marca, esto se volverá necesario para hacer cualquier adquisición o venta. Esto se realiza fácilmente y se aplica en esta era digital y de código de barras. En la mayoría de países se necesita una tarjeta de registro nacional (además de pasaporte si uno viaja internacionalmente) para cualquier compra o venta importante y para la aplicación a una tarjeta de crédito.

En un mundo que crecientemente trabaja sin dinero, todas las finanzas son transacciones computarizadas y fácilmente monitoreadas y controladas. En algunos regímenes comunistas este sistema ha sido ya practicado como medio de control poblacional. Lo que sea que signifique marcar y monitorear esta marca, la tecnología de hoy en día hace de esto un procedimiento fácilmente aplicable al sistema político mundial.

Refleción: ¿Cómo evitarías que te pongan la marca?

EL NÚMERO DE LA BESTIA

13:18

Aquí hay sabiduría. El que tiene entendimiento, cuente el número de la bestia, pues es número de hombre. Y su número es seiscientos sesenta y seis.

13:18 Hay mucha especulación para el significado del 666 o de la identificación de aquellos cuyo nombre sea equivalente al 666 atribuyendo un valor numérico a cada letra de un nombre. En los alfabetos del Griego, Hebreo y Latín, a cada letra se le da un valor numérico. Se ha propuesto una multitud de formas para combinar las letras de ciertos nombres que, por lo tanto, llegan a un valor numérico que tiene un significado predeterminado. Las letras de los nombres de líderes tales como Nerón, Calígula, Dominico, Napoleón, Hitler, Musolini, Stalin y muchos otros pueden ser manipulados para llegar a la suma de 666.

Sin embargo, el significado verdadero del número no puede ser aplicado a ninguna persona histórica. Solo se aplicará a esta bestia misteriosa que aparecerá después del rapto de la Iglesia. En algún momento en el futuro, el número tendrá un significado especial a la generación a la cual se aplica. Obviamente el número 6 es menor al número 7, el cual refleja la perfección, por eso "el número de hombre" es menor a la perfección. Al repetirlo tres veces, se enfatiza que lo mejor del hombre es la bestia del Anticristo. ¿Qué es lo que advierte la Escritura en cuanto a aquel que trate de salvar su vida poniéndose la marca y adorando a la bestia, según Ap 14:9-11?

El último destino de los adoradores de la bestia está descrito en Ap 19:20 (con el 20:10).

EL ANTICRISTO

-Será un hombre (13:18)
-Saldrá del mar de la humanidad (13:1; Dn 7:24, 9:27; 11:36-45)
-Llegará a ser el gobernador del territorio de los 7 reinados simbolizados por las 7 cabezas (13:1; 17:8-17)
-Llegará a ser el gobernador de los 10 reinados que son formados dentro del territorio del antiguo Imperio Romano (13:1; 17:8-17; Dan 7:23-24)
-Será un blasfemo (13:1, 15; 17:3)
-Revivirá el antiguo Imperio Griego, el leopardo (13:3; 17:8-17; Dn 7:6; 8:20-23)
-Tendrá las características del imperio Medo/Persa, el oso (13:3; Dn 7:5) y Babilonia, el león (13:3; Dn 7:4)
-Recibirá su poder, trono y gran autoridad de parte de Satanás: (13:2; 16:13-16; 2 Ts 2:8-12; Dn 8:24-25; 11:38-39)
-Él no será asesinado y resucitado de la muerte.
-Él tendrá a todo el mundo maravillado ante él (13:2-4, 8-18)
-Será objeto de adoración (13:4, 14-18; 14:9-11; 15:2; 16:2; 20:4-6)
-Será un orador dotado sobrenaturalmente (13:5-6; Dn 7:8, 11, 20, 25; 8:23, 11:36)
-Se le otorgará poder y éxito durante 42 meses (13:4; 11:1-3; 12:6, 14; Dn 7:25; 12:7)
-Desafiará a Dios y declarará que él mismo es Dios (13:6; 2 Ts 2:3-4; Dn 7:25; 8:25; 11:36-39)
-Él hará guerra a los Judíos y Cristianos y por él serán muertos multitudes (13:7, 15; 7:9-17,14,13; 15:2-4; 20:4-6; Dan 7:21; 9:23-25)
-A él le será dado poder sobre todas las naciones dentro de los 10 reinados del

territorio del antiguo Imperio Romano (13:7; Dn 7:23, 24; 8:23-25; 11:36-45).
-Será adorado como Dios (13:8, 14-18; 14:9-11; 20:4-6)
-Él tendrá un líder religioso en el falso profeta (Ap 13:11-17; 16:13-16; 19:20; 20:10)
-Permitirá que adoren a una imagen de sí mismo (13:14-17; 14:9; 15:2; 20:4-6)
-Él hará que se ponga la marca de su reino, o nombre o número en la mano derecha o en la frente de sus seguidores (13:16-18; 14:9-11; 15:2; 16:2; 20:4-6)

EL FALSO PROFETA

-Él también será un hombre (allos, "de la misma clase") (13:18, 11; 16:13; 19:29; 20:10) – Se usa pronombres personales para ellos, los cuales indican que son personas.
-Saldrá de la tierra (13:11)
-Las dos Bestias morirán en el Armagedón (19:20; Dn 7:11; Isa 11:4; 2 Ts 2:8)
-Él vendrá después de la primera Bestia y será su Profeta (13:13; 16:13; 19:29; 20:10)
-Vendrá con una apariencia de cordero para engañar, pero hablará como el dragón (13:12)
-Ejercerá todo el poder de la primera Bestia o Anticristo frente a él (13:2, 12; 19:29; 2 Ts 2:8-12)
-Él hará que los hombres de la tierra adoren a la primera bestia (13:12; 17:8-11)
-Hará grandes milagros, inclusive traer fuego del cielo frente a los hombres, contra atacando a Dios y Sus obras (13:13; 19:20; compare Núm 11:1-3; 26:10)
-Engañará a los hombres con los milagros que hará a la vista de la primera bestia (13:14; 19:20)
-Hará que los hombres hagan una imagen de la primera bestia para que sea adorada (13:14; 14:9-11; 15:2; 16:2; 20:4-6)
-Él tendrá el poder de dar vida a la imagen, haciendo que hable y haga actos personales (13:15; Compare con Éx 7:10-12)
-Él hará que la imagen demande pena de muerte a todo aquel que no adore al Anticristo (13:15; 7:9-17; 15:2; 20:4-6)
-Él hará que los hombres del reino del Anticristo tengan una marca en sus manos o en sus frentes (13:16; 14:9-11; 15:2; 16:2; 10:4-6)
-Él hará una ley que diga que nadie puede comprar o vender si no tiene esta marca (13:17)
-Será igual a la primera bestia en enviar espíritus demoníacos, obrar por medio de embajadores, para juntar a todas las naciones para el Armagedón (16:13-16; 19:19-21)
-Él será tomado con el Anticristo en el Armagedón y será echado vivo en el lago de fuego (19:20)
-Estará todavía en el lago de fuego en un tormento consciente hasta 1000 años más tarde (20:10).

CAPITULO 14

LOS 144,000 Y TRES GRUPOS DE ÁNGELES

Dios está ahora en las últimas etapas de destrucción de la maldad y de retomar Su creación, la cual lo había abandonado. Los juicios de los Sellos y de las Trompetas de los capítulos 6-11 comienzan a mostrar la autoridad del Creador en el reino terrenal. En el Capítulo 11 sonó la 7ª Trompeta, pero los juicios fueron mantenidos en suspenso hasta el capítulo 15. Los capítulos 12 y 13 dan una revisión de la Tribulación incluyendo la intervención directa de Satanás para destruir a Israel (cap. 12) y el liderazgo poseído por demonios del Anticristo y del Falso Profeta (cap. 13). Mientras tanto, el capítulo 14 describe, a través de tres visiones, lo que Dios está haciendo, las preparaciones para los juicios finales que están por venir.

I. LOS 144.000 EN EL MONTE SION (14:1-5)

14:1

Después miré, y he aquí el Cordero estaba en pie sobre el monte de Sion. Y con él ciento cuarenta y cuatro mil, que tenían el nombre de él y el de su Padre escrito en la frente.

14:1 Esta visión comienza con el cumplimiento de lo que los profetas escribieron, "Pero yo he puesto mi rey sobre Sion, mi santo monte" (Sal 2:6; ver también Is 24:23). Este es el "juego final" de la Tribulación, cuando se logra la victoria. Los 144.000 fueron elegidos y sellados con la marca de Dios según 7:4-8 (también 9:4) para ir a través de la última mitad de la Tribulación sin ser heridos por los juicios de las trompetas/copas ni por los intentos del Anticristo de destruirlos. Al Anticristo se le confiere el poder para matar a los dos testigos, pero no a los 144.000. Ahora la escena está rodeada de arpas que tocan en el cielo, la batalla se está librando en la tierra y miles han sido martirizados por no recibir la marca de la bestia (13:15-17). Dios siempre tiene Su pueblo fiel, aun en las circunstancias más corruptas y peligrosas. Es este "Monte de Sion" la escena celestial al final de la Tribulación (He 12:22-24) o es el Monte de Sion terrenal de Jerusalén, el cual precederá a la coronación de Cristo cuando Él establece Su reino terrenal (Zac 14:4 y lo que sigue). El hecho de que una voz venga del cielo (v.2) indica que esta escena es en la tierra en Jerusalén cuando Cristo vuelve al Monte de Sion a establecer su reino en la tierra. Como para alentar a Juan se le muestra el fin de la terrible Tribulación y a los escogidos 144.000 que sobrevivirán sin ser dañados. Ellos tienen el nombre del Padre escrito en sus frentes como todos los creyentes lo tendrán según 3:12 y 22:4, en lugar de la marca de la bestia (13:16; 14:11).

Reflexión: ¿Cómo son sellados hoy los creyentes, y cómo se puede saber eso con seguridad?

2 Co 1:22

Ef 1:13

Ef 4:30

2 Ti 2:19

14:2

Y oí una voz del cielo como estruendo de muchas aguas, y como sonido de un gran trueno; y la voz que oí era como de arpistas que tocaban sus arpas.

14:2 Juan escuchó una "voz" (phone, "sonido, tono, como instrumentos musicales") desde el cielo82 que sonó como "el estruendo de muchas aguas" como en el 1:15 y 19:6. La siguiente frase es literal, "arpistas que tocaban sus arpas" lo cual enfatiza su música instrumental. El sonido de muchos arpistas tocando juntos esta hermosa música. La palabra para "arpa" es kithara (palabra raíz para "guitarra"). La multiplicidad de arpas tocando en el cielo sugiere muchas cosas: (1) Ya que muy pocos aprenden hoy a tocar el arpa, en el cielo habrá muchas oportunidades para aprender cosas nuevas, especialmente cómo tocar un instrumento para alabar; (2) La motivación para aprender a tocar instrumentos es provocada por conocer cualquiera de las nuevas formas para comprender a Dios y de cómo son éstas reveladas, que surgirán en diversas maneras de alabanza por todo tipo de expresión.

Reflexión: ¿Cuál es tu motivación principal para la alabanza y la adoración?

LOS 144.000 SE UNEN AL CORO CELESTIAL CON UNA NUEVA CANCIÓN (14:3-5)

14:3

Y cantaban un cántico nuevo delante del trono, y delante de los cuatro seres vivientes, y de los ancianos; y nadie podía aprender el cántico sino aquellos ciento cuarenta y cuatro mil que fueron redimidos de entre los de la tierra.

14:3 Los 144.000 (7:4) nunca será asesinados por el Anticristo, pero al final de los segundos 3 1/2 años del período de la Tribulación, ellos se pararán sobre el Monte de Sion en Jerusalén cuando Cristo aparezca. En ese momento ellos estarán frente al Mesías para cantar un nuevo canto frente a los observadores celestiales. Fluye la alabanza celestial por la redención dada a los participantes de la tierra en el retorno de Cristo.

El número es importante, porque nadie falta. Todos los que han sido sellados en la mitad de la Tribulación están presentes en el final. Ya que el número de los que serán asesinados en la Tribulación es un número específico (6:11), así también el número de los 144.000 que sobreviven a la Tribulación es preciso. Este grupo, así como todos los creyentes, son contados, sin pasar por alto a ninguno, e incluidos en todo lo que va a venir. Esto revela el carácter de nuestro Dios y Salvador. Los 144.000 han sido salvos después del Rapto y soportaron la peor persecución imaginable, así como también las olas horribles de los juicios de Dios sobre la humanidad.

Hay ciertas experiencias, generalmente dolorosas y temibles, que construyen una fraternidad especial de entendimiento. Los soldados de la trinchera están unidos por toda la vida, así como aquellos que pasaron por los horrores de la Tribulación. Aquellos que no han tenido esta experiencia no pueden entender genuinamente estas emociones. Este grupo vivirá un milagro maravilloso durante 3 1/2 años. Y luego terminará.

Adicionalmente, ellos son "redimidos" (agorazo, pasivo perfecto, "han sido... comprados en el mercado o comprados por precio"), es decir, "comprados" por la sangre de Cristo (Ap 5:9), tal como el Salvador debe "pagar" por los pecados de todos los que se arrepienten y son salvados en cualquier tiempo. Se da una amplia provisión para todo aquel que se arrepienta y crea. No hay otra forma de pagar por nuestros pecados.

Reflexión: ¿Cómo describe Pedro a la gente "redimida" en 1 Pe 1:18? ¿Cómo es esta redención según Tito 2:14? ¿Puedes ver por qué ellos querrán cantar una canción de alabanza a su Salvador?

DESCRIPCIÓN DE LOS 144.000

14:4

Estos son los que no se contaminaron con mujeres, pues son vírgenes. Estos son los que siguen al Cordero por dondequiera que va. Estos fueron redimidos de entre los hombres como primicias para Dios y para el Cordero;

14:4ª Debido a los tiempos turbulentos, estos 144.000 no se casarán, ni llevarán una vida normal (unos pocos lo harán en estos días). Ellos se mantendrán alejados de la idolatría perversa obligatoria y de la inmoralidad perversa de este tiempo. No existe indicación de que ellos serán evangelistas, predicadores, profetas o misioneros; pero se sabe que ellos serán varones Judíos vírgenes que enfrentarán constantemente la persecución del Anticristo, quien no será capaz de matarles.

Ya que el Anticristo torcerá las mentes de los hombres con toda perversión, podemos ver la pureza de ellos opuesta a la inmoralidad sexual universal de la Tribulación. Sin ninguna restricción divina o consciencia de una censura pública que limite la actividad Satánica (2 Ts 2:6-7) la moralidad será lo que la persona quiera que ésta sea. Mientras tanto, a la población, que está en rebelión, Dios los abandonará a una mente reprobada (Ro 1:24, 26, 28) permitiendo que el pecado sea tan perverso como en Sodoma y Gomorra (Gn 19) o peor.

La pureza sexual es esencial en cualquier servicio para el Salvador (1 Ts 4:3); por lo tanto, será notable la diferencia moral dramática de los 144.000 en este período de desviación. A Timoteo se le ordenó que "huya de las pasiones juveniles" (2 Ti 2:22), y a la iglesia de Corinto que "huya de la inmoralidad" (1 Co 6:13, 18). Mientras tanto, la tarea de ellos parece ser la preparación de Israel para reconocer a su Mesías cuando Él venga de nuevo (Zac 12:10; Ro 11:15, 26-27).

Reflexión: ¿Por qué es esencial el carácter moral para comunicar el evangelio?

14:4b Los 144.000 "siguieron" (akoloutheo, tiempo presente, "continuamente, siguiéndolo como su asistente a aquel que precede, unirse como un discípulo") al Cordero a dondequiera que Él "va" (hupage, subjuntivo presente, "continuamente retirarse uno mismo, abandonar, enviar a alguien a otro lugar a hacer algo", THAYER). Este grupo se convertirá en discípulos de Jesús, aprendiendo de Su Palabra, y estarán comprometidos con el propósito de Dios para ellos cualquiera que éste sea. "Si alguno de ustedes quiere ser mi seguidor, tiene que abandonar su manera egoísta de vivir, tomar su cruz y seguirme. Si tratas de aferrarte a la vida, la perderás; pero si entregas tu vida por mi causa y por causa de las Buenas Nuevas, la salvarás" (Mr 8:34-35). Juan había escrito: "Mis ovejas oyen mi voz (especialmente en la Palabra) y Yo las conozco, y me siguen" (Juan 10:27).

Reflexión: ¿A quién estás siguiendo? ¿Has pensado, o le has dicho al Señor, lo que tú NO harás para Su propósito en el mundo hoy? ¿Hay alguna cosa que no estás dispuesto a dejar por hacer Su voluntad? ¿Qué has aprendido últimamente en cuanto a seguirle en tu estudio de Su Palabra?

14:4c El Señor ha "redimido", o adquirido por el precio de Su sangre y vida 83 a los 144.000 que serán sus "primicias" (*aparche*, "primera parte de la producción como una ofrenda a Dios"). Estos son los primeros que serán salvos y que entrarán en el nuevo milenio. La familia de Estéfanas fue llamada las "primicias de Acaya" (1 Co 16:15). Estos son los primeros de Israel a ser salvados en el renacimiento que viene cuando "mirarán a mí, a quien traspasaron, y llorarán como se llora por hijo unigénito, afligiéndose por él como quien se aflige por el primogénito." (Zac 12:10). Pablo escribió de este renacimiento que viene "que ha acontecido a Israel endurecimiento en parte, hasta que haya entrado la plenitud de los gentiles; y luego todo Israel será salvo" (Ro 11:25-26).

Reflexión: ¿Qué tan atractivo te parece considerar convertirte en un sacrificio vivo ofrecido a Jesús? (ver Ro 12:1-2).

LOS 144.000 SIN MENTIRA NI MANCHA

14:5

y en sus bocas no fue hallada mentira, pues son sin mancha delante del trono de Dios.

14:5 Estos hombres no solo fueron puros externamente, sino que internamente sus corazones eran puros como es evidente en la forma como hablan "sin mentira" (*dulos*, "artificio, engaño, mentira"- del verbo "instigar") y públicamente desde otra perspectiva, ellos fueron "sin mancha" (*amomos*, "sin mancha", o moralmente, "sin acusación" como tenía que ser un cordero de sacrificio, sin mancha). El malvado y sus no salvos, todos aman "vivir una mentira" o aman "hacer mentira" (Ap 22:15). Los verdaderos creyentes son siempre transparentes y honestos así que pueden ser vistos como únicos (no completamente perfectos). Ellos están dispuestos a ser diferentes para que su mensaje sea visto como único y que cambia vidas.

Reflexión: ¿Qué significa ser "gente peculiar" según Tito 2:14?

II. EL MENSAJE DEL PRIMER GRUPO DE LOS TRES ÁNGELES (14:6-12)

PRIMER ÁNGEL: BUENAS NUEVAS DE GRACIA

A. El anuncio de volverse a Dios

14:6

Vi volar por en medio del cielo a otro ángel, que tenía el evangelio eterno para predicarlo a los moradores de la tierra, a toda nación, tribu, lengua y pueblo.

14:6 La segunda visión de Juan es la de tres ángeles entregando el mensaje final de Dios a la humanidad respecto al fin de la historia humana. Los ángeles son en cada capítulo del 4 al 12, como instrumentos para lograr los objetivos de Dios en este período. En medio de la gran ira de Dios sobre la tierra, es enviado el primero de los tres ángeles en el aire para anunciar al mundo el "evangelio eterno" para todos los vivientes sobre la tierra entre "toda nación, tribu, lengua y pueblo".

El término "en medio del cielo" traduce a mesouranema, "el punto más alto en el cielo, lugar que ocupa el sol al medio día". Desde esta posición elevada, el ángel sería más visible y también estaría fuera del alcance del Anticristo y de las influencias demoníacas, las cuales son en este tiempo restringidas a la tierra (12:7-9). Antes un ángel había anunciado los tres Ayes venideros de las Trompetas (8:13). No se describe la forma de cómo esto va a tener lugar. Cualquiera sea lo específico, una cosa es cierta, el Señor es siempre "paciente hacia la (humanidad), porque él no desea que nadie perezca, sino que cada uno llegue al arrepentimiento "(2 Pe 3:9).

A pesar de los intentos de gracia de Dios para llamar la atención del mundo a través de los dos testigos y de los 144.000 Judíos intocables, y de los incontables mártires de la fe, la población en general rechaza el evangelio (9:20-21; 16:9,11). La descripción del "evangelio eterno" ciertamente implica que son las inmutables Buenas Nuevas de salvación de los pecados para aquellos que se arrepienten de las mentiras del mundo y del Anticristo y confían por fe en Cristo Jesús.

Esta no es la primera vez que la predicación del evangelio a "cada nación, lengua, tribu y pueblo" ha alcanzado hasta los fines de la tierra. Es evidente que alguien llegó allá antes del rapto ya que la primera escena en el cielo en el principio de la Tribulación incluye a los redimidos "que salen de cada tribu y lengua y pueblo y nación" (5:9).

Reflexión: ¿Puedes tú describir lo que tu iglesia o tú están haciendo para alcanzar la última tribu o grupo de personas o tu vecindario con el evangelio antes del rapto?

Mensaje del ángel

14:7

diciendo a gran voz: Temed a Dios, y dadle gloria, porque la hora de su juicio ha llegado; y adorad a aquel que hizo el cielo y la tierra, el mar y las fuentes de las aguas.

14:7 El anuncio es de "temer a Dios y dadle gloria, porque la hora de su juicio ha llegado". Jesús había dado una advertencia similar, "Y no temáis a los que matan el cuerpo, mas el alma no pueden matar; temed más bien a aquel que puede destruir el alma y el cuerpo en el infierno" (Mt 10:28). El mensaje es de "temer a Dios" (no al Anticristo) "y darle la gloria" (no al Anticristo ni a uno mismo). Esto requiere de un cambio consciente de lealtad y confianza, lo que define a "arrepentimiento". Uno obedece a la persona que más teme.

El elemento "miedo" principalmente trata con la Palabra revelada, es decir, que uno debe ser "temeroso" de lo que Dios está haciendo lo cual es exactamente lo que Él dijo que haría. Si una persona no tiene miedo de lo que Dios dice, entonces hará sus propias reglas para la vida. Si Dios dice a todos los pecadores que no se han arrepentido ni han confiado en Cristo que pasarán la eternidad en el infierno con Satanás y el Anticristo, entonces mejor que temamos que Él va a hacer lo que Él dice, comprometiéndonos nosotros a llevar el evangelio a la mayor cantidad posible de gente. Si no tenemos miedo de lo que Él dice, entonces actuaremos como si Él no hubiera querido decir eso.

El mensaje en el texto aparece más como una advertencia que un medio de cómo ser salvos. Aun en esta degradación detestable de la sociedad Dios continua advirtiendo a la gente que se arrepienta de adorar a la bestia y aceptar las buenas nuevas de un Salvador perdonador Quien está pronto a venir como Rey. Nunca es tarde hasta que es muy tarde. Nadie podrá decir "Nunca lo supe" (Ro 1:20). Solo los necios niegan la evidencia que Dios ha provisto en la creación y "dicen en su corazón, 'No hay Dios'" (Sal 14:1).

Si una persona va al infierno es porque no quiere conocer la evidencia que lleva al único Dios verdadero, o porque nadie ha intervenido para mostrarle la verdad.84 Irónicamente, mientras más gracia tiene Dios para el nombre, más obstinado se vuelve en su modo de pensar egoísta y centrado en sí mismo. Aún si el hombre nunca escuchó el mensaje, él debería adorar a Dios porque existe obviamente un Diseñador-Creador quien hizo la expansión entera del cielo, toda forma de vida sobre la tierra, el mar y la tierra misma. La creación maravillosa es una vislumbre dentro de la majestad, poder, creatividad e inteligencia de un Dios impresionante digno de toda adoración.

Reflexión: ¿Cómo declaran estos versos este razonamiento?

Sal 19:1-4

Is 40:21-26

Ap 4:11

Segundo Ángel: Malas Nuevas de Juicio

14:8

Otro ángel le siguió, diciendo: Ha caído, ha caído Babilonia, la gran ciudad, porque ha hecho beber a todas las naciones del vino del furor de su fornicación.

14:8 El segundo ángel advirtió que Babilonia, la Gran Ciudad ha caído, una referencia de la institución mundial con un arrastre mundial, el cual es descrito como "fornicación".

La repetición de los juicios enfatiza la certeza de su condenación. "Babilonia" se refiere al poderoso Imperio mundial del Anticristo. Todos creerán que él y su Imperio son invencibles (13:4). Desde el comienzo, "Babilonia" ha simbolizado todo lo que es malo, rebelde, de falsa religión y demoníaco en el mundo, pero, en la Tribulación todos estos enfoques divergentes se concentrarán en el culto del Anticristo.

La religión global, identificada como Ramera de Babilonia, será explicada en el capítulo 17. Sin ninguna otra explicación, el lector debe esperar 3 -4 capítulos para la explicación. Juan está dando una vista final en estas visiones para mostrar la futilidad de confiar en el poder y autoridad del Anticristo. La inmoralidad o "fornicación" de la que se habla en ese versículo se refiere a un conglomerado vasto comercial/religioso, el cual será descrito en Ap 17-18.

La descripción más vívida de la inmoralidad espiritual o de la apostasía religiosa del antiguo Israel es dada en Ez 16:17-37, la cual es un cuadro de la apostasía del mundo. El Imperio del Anticristo está condenado antes de que comience. Solamente un tonto dudaría del anuncio que hizo el ángel en ese tiempo y de la Palabra de Dios durante 2.000 años. Todas las naciones confiarán sus riquezas y sus almas a este Imperio, solo para luego perderlo todo.

Reflexión: ¿Toma en serio la gente de hoy la Palabra de Dios?

El Tercer Ángel: Eterna condenación para cualquiera que adore al Anticristo (14:9-11)

14:9

Y el tercer ángel los siguió, diciendo a gran voz: si alguno adora a la bestia y a su imagen, y recibe la marca en su frente o en su mano,

14:9 El tercer ángel trae otro juicio advirtiendo a aquellos que se rindieron a la bestia al aceptar su marca y unirse a su adoración, que ellos serán el objeto principal de la ira de Dios, tanto en el tiempo que sobra de la Tribulación como por toda la eternidad (Ver Ap 13:16-17). Ya que ellos habrán escogido unirse al Anticristo y al Dragón, por lo tanto pasarán junto a ellos la eternidad en un tormento sin fin por participar en su intento demoníaco de destruir la creación de Dios, de la gente, y de Su plan. Sin embargo, una vez más, la gracia de Dios extiende una oferta final de arrepentimiento aun en esta hora final. Nadie va al infierno arbitrariamente, o sin un consentimiento personal de aceptar la mentira del diablo.

Reflexión: ¿Puedes tú describir lo difícil que sería oponerse a la presión de recibir la marca de la bestia?

Castigo Eterno

14: 10-11

él también beberá del vino de la ira de Dios, que ha sido vaciado puro en el cáliz de su ira; y será atormentado con fuego y azufre delante de los santos ángeles y del Cordero; 11y el humo de su tormento sube por los siglos de los siglos. Y no tienen reposo de día ni de noche los que adoran a la bestia y a su imagen, ni nadie que reciba la marca de su nombre.

14:10 La doctrina del castigo eterno es clara e innegable. Jesús y Juan hablaron más acerca del infierno que todos los demás escritores de la Biblia. Este versículo comienza con una aplicación individual, "esa persona", (lit. "también él…") beberá del vino de la ira de Dios", es decir, la furia completa de la ira de Dios. Esta no es una reacción que pasa, sino una ira definitiva, deliberada, inmisericorde, inmutable y sin fin de un Dios justo al separarse a Sí Mismo y a todos los que le pertenecen a Él de los pecadores sin arrepentimiento por siempre jamás.

El concepto de la "ira de Dios" siendo mezclado puro, en el "cáliz de Su ira" se refiere a la práctica del vino condensado que se convierte en almíbar, que luego es diluido con agua cuando se lo necesita beber. Esta ira es pura, ira a la máxima potencia sin compasión sobre todo individuo que no se arrepienta. Nadie se escapa. Es políticamente incorrecto hablar de "tortura" hoy día (basanizo, "atormentar con dolores graves (de cuerpo o mente), atormentar"). No existe la aniquilación, no hay un final de este tormento eterno. Si una persona escoge ser independiente de Dios en esta vida, Dios le otorgará ese deseo por la eternidad. Nada nos dice cuánto odia Dios al pecado cuanto la descripción del castigo por el pecado. ¡Con razón Jesús fue a la cruz!

Fuego y "azufre" o "sulfuro" se usaron para destruir Sodoma y Gomorra (Gn 19:24-25) y el lago de fuego "quema con azufre" (19:20; 20:10; 21:8). Para hacerlo peor es la frase "delante....del Cordero" (14:10). El grado de este sufrimiento es claro: "el humo de su tormento sube por los siglos de los siglos".85 Si esto es meramente un lenguaje simbólico, entonces la realidad es aún peor, pero aquí no indica que haya ningún simbolismo.86 Solo un espejismo humanista de Dios hace que este concepto sea difícil de aceptar. El horror del Anticristo palidece al compararse con al horror de la ira de Dios.

Reflexión: A medida que entendemos este aspecto de la ira de Dios, comenzamos a entender por qué Jesús no quiso sufrir la ira de Dios por el pecado… pero lo hizo, para que nosotros podamos ser libres de esa ira.

III. LA RECOMPENSA DE LOS FIELES (14:12-13)

14:12

Aquí está la paciencia de los santos, los que guardan los mandamientos de Dios y la fe de Jesús.

14:12 Bajo estas horribles circunstancias de la Tribulación, los creyentes necesitarán extrema paciencia y resistencia (13:10) para "guardar los mandamientos de Dios y la fe de Jesús. La "paciencia" (*hupomone*, "perseverancia, resistencia." "las características de un hombre que no se ha desviado de su propósito deliberado y su lealtad a la fe y la piedad, incluso por las más grandes pruebas y sufrimientos", STRONG). Este es evidentemente un grupo grande (7:9), que será inmisericordemente perseguido. Ellos llegarán a la salvación a través del ministerio de otros creyentes, los dos testigos (11:3-13) y tal vez los 144.000 (14:1-5).

Jesús describió esta persecución sin precedentes como un tiempo de "gran tribulación, como no ha ocurrido desde el comienzo del mundo hasta ahora, y que nunca lo habrá" (Mt 24:21). Sus vidas están caracterizadas por su obediencia a los mandamientos de Dios y a su fe en Jesús (o fidelidad a Jesús).

Algunos Cristianos piensan que vivir obedeciendo los mandamientos es legalismo y prefieren vivir sin mandamientos (antinomianismo).

La bendición del Apocalipsis se la promete a aquellos que obedecen los mandamientos de este Libro (Ap 1:3). Siempre se encuentra la voluntad de Dios al obedecer los mandamientos del NT (1 Ts 4:3; 5:18; 1 Pe. 2:15). La mayoría de Cristianos ni siquiera saben los 10 Mandamientos, mucho menos los 183 mandamientos del NT para los creyentes. Una de las misiones más importantes del estudio de la Biblia debería ser encontrar y entender los mandamientos, principios de guía y ejemplos que son aplicables para nosotros hoy en día. Esto no es legalismo, buscar ser más justo y aceptable delante de Dios. Ya tenemos la justicia de Dios por fe.

La misión para la obediencia no es ser más espiritual y aceptable, sino más bien, es demostrar el amor de uno para el Salvador y pensar como Él piensa en cuanto a la vida y las relaciones. A pesar de la matanza de creyentes inocentes, y los desastres a nivel mundial, estos creyentes se convertirán en un faro en el oscuro mundo de la Tribulación. Aún en este tiempo, hay la seguridad de que "a los que aman a Dios, todas las cosas ayudan a bien, esto es, a los que conforme a su propósito son llamados" (Ro. 8:28). El verdadero creyente es capaz de descansar en esta verdad. La seguridad de que por lo menos algunos soportarán a través de estos horribles tiempos será un estímulo para aquellos que sufren persecución hoy día y para aquellos que lean esto en la futura Tribulación que está por venir.

Reflexión: ¿Cómo serán ellos igualmente un estímulo para aquellos que estén en persecución?

Lc 21:19

2 Ti 4:5

He 3:6

Aquellos que mueren al final de la Tribulación

14: 13

Oí una voz que desde el cielo me decía: Escribe: Bienaventurados de aquí en adelante los muertos que mueren en el Señor. Sí, dice el Espíritu, descansarán de sus trabajos, porque sus obras con ellos siguen.

14:13 Una voz del cielo le dice a Juan que escriba. Hay una bendición especial por ser asesinado por la fe personal, especialmente en la última parte del período de la Tribulación, y puede referirse al final de los 7 años. "Estimada es a los ojos de Jehová la muerte de sus santos" (Sal 116:15). Ellos tendrán que esperar poco hasta la puesta en marcha del milenio y del orden del nuevo mundo. La liberación de su aflicción, tortura y pruebas es inmediata y permanente. "Descansarán de sus trabajos" (kopos, "golpes de pecho por el dolor, trabajo difícil, agotador"). Esto no se refiere al "trabajo" como una tarea, en donde uno trabaja para vivir, sino al trabajo de estar "creciendo en la obra del Señor siempre, sabiendo que vuestro trabajo en el Señor no es en vano" (1 Co 15:58).

No haber recibido la marca de la bestia hará que sus vidas sean difíciles y peligrosas. La muerte para ellos es un alivio deseado, pero los no creyentes nunca conocerán un momento de descanso por toda la eternidad (14:11). El aspecto emocionante de la obra del Señor es que los más grandes resultados de una vida suceden después de que uno se ha ido: "sus obras les seguirán".

Reflexión: ¿Qué enseñan estos versículos acerca de las recompensas que vendrán?

He 6:10

1 Co 3:12-14

1 Co 4:5

Todos los hombres enfrentan las dos opciones: Una eternidad sin Cristo en tormento o una eternidad maravillosa con Cristo. No hay otra opción.

IV. EL MENSAJE DEL SEGUNDO GRUPO DE LOS TRES ÁNGELES (14:14-20)

El tema del juicio final (14:6-11) continua con un estímulo breve para los santos que perseveran (14:12-13). Ahora Juan vuelve al anuncio de los juicios finales que destruirán la apariencia final de la civilización humana (Mt 24:21-22). Mientras haya una pizca de esperanza de que las cosas mejoren, el hombre persistirá en su rebeldía e independencia. El hombre seguirá pensando que no puede ser peor, pero sí lo va a ser. Una vez que el hombre elige una falsa creencia, está ya comprometido a justificar su error, hasta que sea demasiado tarde.

14:14

Miré, y he aquí una nube blanca, y sobre la nube uno sentado semejante al Hijo del Hombre, que tenía en la cabeza una corona de oro, y en la mano una hoz aguda.

14:14 "Miré, y he aquí..." introduce un nuevo tema del Apocalipsis (4:1; 6:2, 5, 8; 7:9; 14:1). Uno sentado semejante al "Hijo del Hombre" es probablemente Cristo Mismo quien es llamado el "Hijo del Hombre" (1:13) teniendo en la cabeza una corona de oro. En Su primera venida, Jesús vino como Siervo, Sembrador y Salvador (Lucas 19:10); sin embargo, cuando Él vuelva será para llegar al ser el Gobernador, Segador y para "juzgar a los vivos y a los muertos" (2 Ti 4:1).

En el Evangelio de Mateo el término "Hijo del Hombre"88 se usa 25 veces; esta es la última vez que Él es llamado el "hijo del hombre". La "corona" sobre su cabeza es un stephanos usado por los victoriosos en una guerra y en el atletismo, no es una diadema, la cual es una corona llevada por un rey. Esta es la corona de la victoria y conquista (Mt 24:30). El Segador está sentado, esperando el momento preciso para segar la cosecha. La hoz en Su mano sugiere el tiempo de la acción de la cosecha de los juicios finales. Cuando se usa la hoz como un arma es una cuchilla con filo agudo diseñada para cortar todo lo que está en su camino.

El Primer Ángel: Anuncio para Comenzar y Terminar el Proceso.

14:15

Y del templo salió otro ángel, clamando a gran voz al que estaba sentado sobre la nube: Mete tu hoz, y siega; porque la hora de segar ha llegado, pues la mies de la tierra está madura.

14:15 El primer ángel del segundo grupo llama a Cristo a comenzar la cosecha porque "la tierra está madura" (*exeranthe*, "seca, madura o podrida"). La fruta ya no es comible; es inservible y necesita ser "recogida y quemada con fuego" (Mt 13:40). El primer grupo de ángeles ha proclamado que el juicio ha llegado; ahora la declaración del tiempo es correcta. "La hora de segar ha llegado". El ángel de Dios el Padre no está ordenando al Hijo del Hombre sino que está dando el pronunciamiento más emocionante de la historia de la humanidad, "la hora de segar ha llegado" para comenzar los juicios finales e iniciar el milenio.

Esta fue la pregunta en cuanto al tiempo, que despertó la curiosidad de los discípulos: "Señor, ¿restaurarás el reino a Israel en este tiempo? Y les dijo: No os toca a vosotros saber los tiempos o las sazones, que el Padre puso en su sola potestad" (Hch 1:6-7). Ahora finalmente se nos da la respuesta del Padre a esa pregunta. "Ahora es el tiempo". El cuadro es de un campo maduro lleno de fruta descompuesta (Joel 3:13) que tiene que ser podado antes de un nuevo crecimiento.

Reflexión: ¿Por qué ha esperado tanto el Padre?

Comienza la Cosecha

14: 16

Y el que estaba sentado sobre la nube metió su hoz en la tierra, y la tierra fue segada.

14:16 El Hijo del Hombre de repente se levantará y afilará Su hoz y la tierra será cosechada. Esto es lo que el tiempo ha estado esperando. Como un segador mueve su hoz para limpiar un campo, así la puesta en marcha de la rápida secuencia de los eventos del juicio de la copa da comienzo al fin del horrible proceso de la Tribulación que está descrita en el cap. 16: úlceras malignas en los adoradores del Anticristo (16:2), muerte de toda vida en los océanos y mares (16:3), los manantiales y ríos del mundo se convierten en sangre (16:4), ráfagas de sol que abrasan la humanidad (16:8), oscuridad dolorosa sobre el reino global del Anticristo (16:10), invasión masiva por el rey del oriente (16:12), un terremoto masivo (16:18). Esto nos llevará a la etapa final del fin.

Segundo Ángel: el Ángel de la Muerte

14: 17

Salió otro ángel del templo que está en el cielo, teniendo también una hoz aguda.

4:17 El segundo ángel en la segunda visión tiene una hoz como la del Hijo del Hombre para ayudar en la cosecha. Este ángel también sale del templo, implicando que él está en una misión que ha sido encargada por el Padre. Los ángeles son los instrumentos claves que Dios usa para efectuar los juicios de Apocalipsis: Ellos evocan a los cuatro jinetes, tocan las siete trompetas, batallan con Satanás y su ejército demoníaco sacándoles de la escena del cielo, y ahora ellos derramarán las Siete Copas en el próximo capítulo. Este ángel es el "segador siniestro". La primera cosecha es descrita como una cosecha de grano en donde el grano es reunido para la quema final. Este ángel ayudará al Hijo del Hombre a llevar a cabo este juicio final. No se nos dice cuál será la misión de este segundo ángel hasta el anuncio del siguiente ángel.

Reflexión: ¿Qué luz dan estos versículos en cuanto al involucramiento de los ángeles en estos eventos del fin del tiempo?

Mt 13:39

Mt 13.49

2 Ts 1:7

Tercer Ángel: El Ángel de Fuego

14: 18

Y salió del altar otro ángel, que tenía poder sobre el fuego, y llamó a gran voz al que tenía la hoz aguda, diciendo: Mete tu hoz aguda, y vendimia los racimos de la tierra, porque sus uvas están maduras.

14:18 El tercer ángel sale con poder para usar fuego para destruir lo que queda. Este ángel es descrito como uno que "salió del altar". Este altar que está en el cielo es donde estarán orando "las almas de los que habían sido muertos por causa de la palabra de Dios" (Ap 5:8; 6:9-11). Era una costumbre reunirse en el altar y orar (Lc 1:10). Este lugar en el cielo, sin embargo, estará lleno de santos mártires pidiendo a Dios que tome venganza de sus asesinatos y derrame Su ira prometida. Este ángel tendrá el poder sobre el fuego del altar. Asimismo, este ángel no sale del trono de Dios como el ángel del v. 17, sino del altar, lo cual está asociado con las oraciones de los mártires. Dios usa a estos ángeles para contestar las oraciones de los santos de la Tribulación.

El tercer ángel ordena al segundo ángel "mete tu hoz aguda, y vendimia los racimos de la tierra" ej., los pueblos de la tierra. Las "uvas" o gente están "maduras" (ekmasan, "estar completamente crecidas, en las mejores condiciones"), que es una palabra diferente que la usada en el v.15. Es decir, están llenas de líquido, rebosando en su capacidad y listas para la cosecha. La imagen es la llenura de maldad que no puede ser peor. Es tiempo de su eliminación.

Cuando el pecado es desenfrenado, las funciones sociales, emocionales, relacionales e intelectuales del hombre se vuelven como las de animales (tomar, asesinar y ser asesinado), en lugar de ser como Dios, a cuya imagen fuimos hechos.

Reflexión: ¿Puedes tú entender por qué Dios decidiría nuevamente destruir esta humanidad corrupta y comenzar otra vez?

El tercer ángel comienza la cosecha

14:19

Y el ángel arrojó su hoz en la tierra, y vendimió la viña de la tierra, y echó las uvas en el gran lagar de la ira de Dios.

14:19 Continuando con la analogía, las uvas son recogidas, o se reunirán por su propia voluntad, y serán echadas en el "lagar" de la ira de Dios. Esto suena tan organizado y sin esfuerzo, pero cuando el ángel arroja la hoz, los resultados son catastróficos. Los sobrevivientes de los siete juicios de las copas serán reunidos como racimos de uva en tiempos de cosecha, en un esfuerzo masivo de eliminar cualquier cosa que sea relacionada a Dios o al pueblo Judío.

En tiempos bíblicos se hizo una prensa de vino que se componía de dos cuencas conectadas por un canal. En la cuenca de arriba se aplastaban las uvas para sacar sus jugos, que fluían por el canal a la cuenca de abajo, la cual contenía solamente los jugos. Era un proceso lleno de problemas, pero las uvas tenían que ser aplastadas. El chapoteo del jugo de uva muestra la salpicadura de la sangre de los ejércitos del Anticristo en la gran y final batalla del Armagedón.

Reflexión: ¿Puedes explicar la naturaleza de Dios al usar esta analogía de Is 63:3 y Joel 3:13? ¿Qué te dice en cuanto a cómo es realmente Dios?

Profundidad del Lagar

14:20

Y fue pisado el lagar fuera de la ciudad, y del lagar salió sangre hasta los frenos de los caballos, por mil seiscientos estadios.

14:20 En la analogía, el lagar está fuera de la ciudad. La referencia a la "ciudad" probablemente se refiere a Jerusalén (la "gran ciudad" en el 11:18). El Señor con gracia protege a Jerusalén de la matanza que viene en la Batalla del Armagedón (11:2; Dn 11:45). "Fuera de la ciudad" no significa fuera inmediatamente de las puertas, sino al norte como a 60 millas de distancia, en el Valle de Esdraelon o Meguido, uno de los valles más fértiles del mundo entero. Los no-convertidos del mundo se reunirán de todas partes para ayudar a librar al mundo del remanente de Israel y de cualquier rastro de los Cristianos. La matanza será tan devastadora que la sangre alcanzará a los frenos de los caballos, aunque no como un lago de sangre, sino como salpicaduras o cauces.

La amplitud de la escena de la batalla es de 1.600 estadios o cerca de 180 millas. Esto es aproximadamente el largo de Norte a Sur de Israel hoy en día. Isaías describió que esta batalla se libra tan al sur como Bozrah en Edom (Is 63:1), aunque Jerusalén será salvada. La indicación que sale de la cronología del texto es que esta masacre masiva está a punto de llevarse a cabo (como en Is 63:1-3; Ap. 16:14; Dn 11:40-45). Una descripción mayor de la gran batalla se encuentra en Ap 19:11-21. Esta será una Guerra Mundial en cuestión de días en la Segunda Venida de Cristo. Hasta que nosotros aceptemos y entendamos la necesidad del juicio de Dios sobre el pecado y los pecadores, nunca apreciaremos el significado de la misericordia.

La imagen de Dios como de un "padrino" nunca motivará nuestro arrepentimiento, obediencia y adoración sincera. Alguien escribió, "Aquellos que conocen a Dios lo suficiente como para temer su ira, conocen a Dios lo suficientemente bien como para desear Su gracia". La ira aplastante de Dios vendrá pronto. "Bienaventurados son los que han sido perdonados de sus pecados, y bienaventurados son aquellos que llevan a otros a la misericordia de Dios" (*Comentario de Aplicación Bíblica de la vida*, p. 177).

REFLEXIÓN: Sabiendo que este es el fin del Anticristo, ¿por qué persistirá y peleará él contra lo que Dios dice que sucederá? ¿Conoces a alguien que hace lo mismo?

CAPITULO 15

LAS ÚLTIMAS SIETE PLAGAS (COPAS)

Los últimos siete ángeles son presentados como procediendo del Templo celestial para comenzar sus juicios-plagas finales para la tierra. Esto será el castigo completo y final sobre la maldad de la humanidad y la destrucción del reino del Anticristo. Estos siete juicios parecen ocurrir en una sucesión rápida al final del período de 7 años. Esta rapidez solo hace que su impacto sea mucho peor. El propósito del capítulo 15 es demostrar cómo Dios es justo y santo al desarrollar estos juicios contra Su creación rebelde y aún todos estos eventos son parte de Su plan perfecto. El uso intercambiable de "plagas" y "copas" está diseñado para mostrar diferentes aspectos de estos juicios. Estas series de juicios de las copas, como un grupo, hacen el tercer "ay" (11:14), en consecuencia el tercer ay involucra las siete plagas, que completarán el misterio de Dios (10:7). Tan pronto como estos juicios de las copas estén completos, Jesús regresará a la tierra (Mt 24:30-31; Ap 19.11).

I. LA INTRODUCCIÓN DE LOS SIETE ÁNGELES (15:1)

15:1

Vi en el cielo otra señal, grande y admirable; siete ángeles que tenían las siete plagas postreras; porque en ellas se consumaba la ira de Dios.

15:1 Juan vio "otra" (*allos*, "otra de la misma clase") "gran" (*megas*, "alto, fiero, grande"- usado 11 veces en este capítulo) "y maravillosa" señal, pero no se nos dice qué será tan grande y admirable, a no ser que sea la aparición del horror de las plagas sobre la tierra, o solo el hecho de que estos últimos siete juicios serán el fin de los juicios de Dios sobre el reino del Anticristo. Una "señal" se refiere a un símbolo de una lección o verdad. Si los pecadores podían darse cuenta de cuán serio es Dios en cuanto a tratar con el pecado, ellos tendrían mucho miedo de ofenderle a Él. Solo un pecado de comer una fruta prohibida reveló la naturaleza arrogante, egocéntrica, egoísta y desconfiable que se manifestaría en miles de formas malvadas durante miles de años.

La ira de Dios fue demostrada contra Cristo, para que Él pudiera ser justo al perdonar los pecados. En la Tribulación, la ira de Dios será desplegada contra los pecadores (no contra el pecado) y contra Satanás, a fin de demostrar que la justicia en la tierra es hechura de Dios: "Mía es la venganza, yo pagaré, dice el Señor" (Ro 12:19). Este es el día del "rembolso, del pago, de la devolución". Las siete "plagas" (*plhgh*, "un soplo, duro golpe, herida" – no en el sentido de enfermedades o epidemias) son los siete juicios de la copas (16:1), que son más extensos, mucho peores y más globales que los juicios de las trompetas del 8:2-11:19. Estos son los "últimos" juicios, que indican que los juicios de las copas vienen después de los juicios de los sellos y las trompetas en secuencia cronológica y, como grupo, constituyen las siete trompetas.

Estos juicios venideros son tan horribles que la "ira" (*thumos*, "pasión, rabia, ira, calor, hervor", una palabra fuerte que describe la actitud de Dios contra el pecado) de Dios es considerada como "completa" (teleo, tiempo aoristo acumulativo, lleva al fin de un largo proceso – por lo que entonces, lo que se ha hecho corresponde a lo que ha sido dicho", STRONG), por lo que, entonces, será exactamente como dijo que sería. Estos juicios cumplirán el justo propósito de Dios en el Período de la Tribulación90 y el fin de los tiempos. Sofonías 3:8 describe este tiempo:

> "Por tanto, esperadme, dice Jehová,
> Hasta el día que me levante para juzgaros;
> Porque mi determinación es reunir las naciones,
> Juntar los reinos,
> Para derramar sobre ellos mi enojo,
> Todo el ardor de mi ira;
> Por el fuego de mi celo
> Será consumida toda la tierra."

La acción es necesaria debido a que Dios está trayendo justicia a la maldad global. Sin embargo, la consecuencia final de la ira eterna de Dios será sentenciar a todos los pecadores que no se arrepintieron para que se unan a Satanás en el infierno eternamente (Mt 25:41). Los siete sellos destruirán al 1/4 de la tierra (cap. 6-8), luego las siete trompetas destruirán 1/3 de la tierra (cap.9-11) dejando viva a un poco menos del 50% de la población mundial para la 2da mitad del período de la Tribulación (esto no incluye el número de muertos en otras catástrofes). Estas "siete plagas" (juicios de las copas), son los peores juicios, y son dirigidos contra el mundo entero que tendrá una gran cantidad de muertos. Estas acciones destruirán completamente el reino del Imperio malvado del Anticristo. Ningún lugar de la tierra se librará de las plagas: la tierra, el mar, los ríos y los lagos; el cielo y el reino de la bestia.

Reflexión: ¿Crees tú que la justicia es importante para Dios?

II. LA ALABANZA DE LOS MÁRTIRES DE LA TRIBULACIÓN (15:2-4)

15:2

Vi también como un mar de vidrio mezclado con fuego; y a los que habían alcanzado la victoria sobre la bestia y su imagen, y su marca y el número de su nombre, en pie sobre el mar de vidrio, con las arpas de Dios.

15:2ª El mar de vidrio parece como el mar de cristal del 4:6 y aquellos que aseguran la victoria sobre la bestia son el mismo grupo, aunque tal vez ahora ampliado, como en el 7:9-17. ¿El "vidrio mezclado con fuego" es un símbolo de la justa ira y juicio? ¿o es el vidrio de una ventana desde donde se observa el fuego? (Ver "atormentado con fuego y azufre delante de los santos ángeles" en el 14:10). Los que estaban presentes habrán tenido "victoria sobre la bestia" (el Anticristo, 13:1), "sobre su imagen" (13:14-15) y "sobre su marca" (13:16-17) y el "número de su hombre" (13:18).

Esta repetición enfatiza la esfera o circunstancias de esta victoria. La presión que llevarán será tremenda. Estos tendrán "victoria" (*nikao*, "conquistar o prevalecer") sobre la bestia al rehusar ser intimidados por la amenaza de muerte, ellos no se doblegarán ante la idolatría obligatoria. La victoria viene debido a su audacia. El "temor" se usa 77 veces en el NT, para advertirnos que no debemos estar temerosos o somos exhortados a temer selectivamente a los pronunciamientos de Dios más que a las amenazas del hombre.

Reflexión: De esta muestra de versículos, defina algunos principios del temor del NT:

Mt 10:28 (Lc 12:5)

Mt 10:31 (Lc 12:7)

Lc 5:26

Lc 12:32

Jn 7:13

Hch 5:5

Hch 13:26 (Ro. 3:18)

Ro 8:15

2 Cor. 7:15

Ef 5:21 (6:5)

Fil 1:14}

Fil 2:12

1 Ti 5:20

2 Ti 1:7

He 2:14-15

15:2b Ellos tenían arpas "que les había dado Dios", como en el 5:8 y 14:2, 13. El repetido énfasis de adoración, especialmente con instrumentos como la guitarra o el arpa (Gr. *kithara*, "instrumentos de cuerdas"), comunica cuán importantes son los instrumentos musicales y la adoración para la hueste celestial. Dios Mismo está asegurándose de que cada uno participe de la experiencia de adoración. El regocijo es en parte debido a que las oraciones de los santos de la Tribulación (6:9-19) están a punto de ser contestadas, ya que la justa venganza de Dios está siendo derramada sobre aquellos que han maltratado a Su pueblo. Esta es la razón por la que Pablo advirtió que no nos venguemos nosotros mismos (Ro 12:19).

Reflexión: ¿Puedes tú ver la razón por la que no se debe vengar uno mismo en Santiago 1:20?

15:3

Y cantan el cántico de Moisés, siervo de Dios, y el cántico del Cordero, diciendo: Grandes y maravillosas son tus obras, Señor Dios Todopoderoso; justos y verdaderos son tus caminos, Rey de los santos.

15:3 El "cántico de Moisés" y el "cántico del Cordero", (*arnion*, forma diminutiva, "cordero pequeño") celebraron la liberación de los temibles enemigos. El cántico de Moisés[91] se regocija sobre la liberación de Israel de Egipto y la destrucción del ejército del Faraón en el Mar Rojo (Ex 15:1-18; Dt 32). Fue entonada en el culto de la tarde cada Sabath como recordatorio a los Judíos de la liberación y soberanía de parte de Dios. La canción del Cordero "pequeño" se refiere a la liberación final de la Iglesia de los ataques y dominio de Satanás. El pueblo de Dios será liberado del poder del Anticristo y ellos estarán en el cielo debido a que el Cordero, el Señor Jesús, fue el cordero sacrificado por los pecados del mundo y ellos creerán en Él. En estas canciones de alabanza a Dios, Él es alabado por Sus grandes obras, justicia, verdad (16:7), gloria y santidad.

John Phillips compara estas dos canciones:

"El cántico de Moisés fue entonado en el Mar Rojo, el cántico del Cordero es entonado en el mar de cristal; el cántico de Moisés fue una canción de triunfo sobre Egipto, el cántico del Cordero es una canción de triunfo sobre Babilonia; el cántico de Moisés cuenta cómo Dios sacó a su pueblo, el cántico del Cordero cuenta cómo Dios ingresó a Su pueblo; el cántico de Moisés conmemoró la ejecución del enemigo, la expectativa de los santos, y la exaltación del Señor; el cántico del Cordero habla de los mismos tres temas".

Reflexión: Si tú fueras a escribir una canción de alabanza al Señor hoy día, haz una lista de las cuatro cosas que tú quisieras cantarle a Él en alabanza por cosas específicas que Él ha hecho o que son significativas para ti hoy día.

15:4

¿Quién no te temerá, oh Señor, y glorificará tu nombre? Pues sólo tú eres santo; por lo cual todas las naciones vendrán y te adorarán, porque tus juicios se han manifestado.

15:4a La declaración, "Sólo tú eres santo" (Gr., "porque solo santo"). Las notas de la Biblia NET establecen que hay tres inferencias: (1) Al omitir la forma verbal de la 2da persona en singular, "Tú", gramaticalmente pone más énfasis en el atributo de la santidad de Dios; (2) la "yuxtaposición" de 'solo' con 'santo' enfatiza la naturaleza única de la santidad de Dios y la completa "unicidad" en relación a Su creación." El término "santo" no es solo una referencia de pureza, sino de Su distinción única de toda la Creación. Él está fuera de la creación, no es parte de ella. (3) El uso de Juan del término santo (hosios) es contrastado con la palabra más común del NT, hagios. Este término es a menudo usado en contextos mesiánicos cuando se refieren a Cristo, por lo que implica Su deidad. Algunos tienen dificultad en declarar honestamente que los caminos de Dios son justos, cuando tienen que enfrentar pruebas y angustias. Tengan cuidado de estas trampas: (1) cuestionar el tiempo de Dios.

Debemos aprender a descansar en Su elección de los métodos y secuencias de los eventos, aun cuando estos no sean nuestras elecciones principales; (2) resentirse con los resultados. Decimos que confiamos en Dios y nos resentimos con su decisión de llevarse a un ser amado o terminar una relación querida. Recuerda: Nosotros no conocemos el futuro, por lo que resentirse con las decisiones de Dios es muy prematuro. Si nuestra vida está genuinamente en Sus manos, entonces todos los resultados son Su elección y nosotros estamos de acuerdo con eso. (3) Discutir sobre un tema en donde nosotros hubiéramos hecho de otra forma.

Decimos que Dios es bueno, e intentamos defender Su trato con una persona no salva o con un niño inocente. Explicar satisfactoriamente todas las acciones como un diseño de Dios, puede levantar dudas y debilitar nuestra propia confianza en el carácter de Dios. Por fe nosotros confiamos en la soberanía de Dios y en Su propósito en el tiempo y en el espacio. Él no comete errores. Pueden pasar años hasta que algunas cosas cobren sentido, si alguna vez lo llegan a tener.

Reflexión: ¿Has estado alguna vez tentado a cuestionar la bondad de Dios hacia ti?

15:4b Luego Juan dio una profecía añadiéndola a la adoración: "Todas las naciones vendrán y te adorarán, porque tus juicios se han manifestado". El fin es revelado antes de que comience la batalla. Esta es una cita de Salmos 10:7 o de Salmos 86:9. Porque Él es Dios, Él es omnipotente, soberano y justo; por lo tanto, Él es Creador y Juez Final para traer justicia a todas las cosas, si no inmediatamente, entonces finalmente. Si Él ignoraba el pecado, Él no hubiera sido justo, y entonces, Él hubiera contradicho Su propia naturaleza. Si existe maldad, entonces debe ser castigada y destruida, o Dios es una contradicción de Sí Mismo. El mundo sobreviviente reconocerá estas verdades y adorará al Salvador que vendrá en persona. El Salmista escribió, "Toda la tierra te adorará, y cantará a ti; Cantarán a tu nombre" (Sal 66:4). Las acciones de la Tribulación serán consideradas "justos juicios", que los sobrevivientes tomarán como un argumento poderoso para honrar a semejante Victorioso. Zacarías escribió, "Y todos los que sobrevivieren de las naciones que vinieron contra Jerusalén, subirán de año en año para adorar al Rey, a Jehová de los ejércitos, y a celebrar la fiesta de los tabernáculos" (Zac 14:16). Isaías escribió, "vendrán todos a adorar delante de mí, dijo Jehová" (Is 66.23).

Reflexión: ¿Estás de acuerdo con la declaración de que el objetivo de las misiones es la adoración?

III. LA APERTURA DEL TEMPLO (15:5)

Después de estas cosas miré, y he aquí fue abierto en el cielo el templo del tabernáculo del testimonio;

15:5 "Después de estas cosas" implica un intervalo de tiempo entre estas dos secciones. La primera sección mostró a los santos en el cielo alabando a Dios con un completo entendimiento de la causa de Su ira; la segunda sección, enfatizará la causa de lo que está por suceder. La frase introductoria una vez más presenta una sorprendente nueva visión que aparece cuatro veces en el Apocalipsis (4:1; 7:1; aquí y en 18:1). Juan "miró" (oida, "percibir, discernir, entender") y comprendió el significado de lo que esto significa.93 Esta nueva visión revelará los juicios de las copas (cap. 16), pero primero Juan ve a los mensajeros angelicales de las copas. Juan había visto el templo sagrado antes, "Y el templo de Dios fue abierto en el cielo, y el arca de su pacto se veía en el templo. Y hubo relámpagos, voces, truenos, un terremoto y grande granizo" (11:19). El "templo" (naos) se refiere al Santo de los Santos, el santuario interno en donde Dios habita, de donde saldrán los ángeles. Este tabernáculo celestial fue el modelo original del que copió Moisés el plano para el tabernáculo terrenal en el desierto (He 9:23). Esta es la razón por la que la construcción del tabernáculo/templo era tan sagrado: fue construido para reflejar el tabernáculo celestial.

La frase, "tabernáculo del testimonio" es una traducción Griega del Hebreo "Tabernáculo del Testimonio" (Nm 17:7; 18:2). El "testimonio" (*marturion*, "testigo de lo que es verdad") se deriva de la presencia dentro del arca del pacto de las tablas de piedra, las cuales contienen los Diez Mandamientos. Esto da testimonio de la pecaminosidad universal del hombre que es incapaz de obedecerlos. La ley prueba que el hombre es culpable delante de Dios e inaceptable para Él.

Por otro lado, la superficie superior del arca es cubierta anualmente con la sangre del sacrificio de un cordero inocente para probar que Dios ha provisto el pago completo por la pecaminosidad del hombre. Esto ilustró la obra de Cristo en la cruz (Hch 7:44; He 9:1-5). Tanto el tabernáculo como el templo representaron la morada de Dios y el lugar en donde el hombre podía encontrar a Dios ya que sus pecados estaban cubiertos. Normalmente el tabernáculo estaba cubierto con un velo que solo abría el sumo sacerdote una vez al año, pero ahora está abierto para que todos vean todo lo que sucede delante del trono (11:19) y de la expansión de la santidad de Dios confrontando al hombre pecaminoso.

Reflexión: ¿Cuál es hoy el "tabernáculo" de Dios en la tierra según 2 Co 5:1? ¿Cómo será esto similar en el futuro según Ap 21:3?

A. La puesta en marcha de los siete ángeles (15:6-7)

15:6

y del templo salieron los siete ángeles que tenían las siete plagas, vestidos de lino limpio y resplandeciente, y ceñidos alrededor del pecho con cintos de oro.

15:6 Cuando el templo se abrió, salieron siete ángeles vestidos de lino limpio y resplandeciente (símbolo de pureza y justicia y verdad (1 Jn 1:5) con cintos de oro ceñidos alrededor del pecho (simbolizando la gloria de Dios). En una aparente puesta en marcha solemne, una de las cuatro criaturas vivientes (Querubín o el rango más alto de las huestes celestiales) trajo a cada uno de los siete ángeles una copa de "plagas" de la "ira de Dios". Las "copas" (phiale, un recipiente amplio y poco profundo, un platillo") no eran para verter, sino para salpicar o derramar todo su contenido de una sola vez. Estos fueron recipientes usados en el templo para varios propósitos incluyendo para receptar la sangre de los sacrificios (Ex 27:3; 1 R 7:50; 2 R 25:15). No habría cómo detener ya que el contenido entero de la copa inundaría la tierra como una unidad, afectando a todos. Tal vez antes de que esto comience, deberíamos motivarnos a orar por pueblos, ciudades y naciones alrededor del mundo para que el evangelio alcance pronto su área.

Reflexión: Santiago dijo, "No tenéis lo que deseáis, porque no pedís" (4:2). ¿Quién está pidiendo por las naciones, tribus y pueblos hoy día?

15:7

Y uno de los cuatro seres vivientes dio a los siete ángeles siete copas de oro, llenas de la ira de Dios, que vive por los siglos de los siglos.

15:7 Los querubines ("cuatro criaturas vivientes") están comprometidas a proteger la gloria de Dios y Su justicia. Son los agentes de la puesta en marcha de estos últimos siete ángeles, distribuyéndoles los más horribles de todos los juicios con completa divina autoridad. Estas copas están "llenas" (gemo, "lleno hasta el borde"), eso enfatiza los efectos devastadores de estos juicios. La frase final "quien vive por siempre y para siempre", indica Su naturaleza eterna, la cual es diferente de todo y de todos en el cielo e indica que solo Él tiene el poder de poner "punto final" al pecado para que éste no exista más en Su presencia. Este es el propósito del tiempo y de la historia.

Dios ha mantenido pacientemente Su juicio en gracia (2 Pe 3:8-9), pero ahora su gracia ha alcanzado su fin. El hombre ha fallado en responder a la verdad; a cambio, ha rechazado la oferta de gracia de Dios, rehusándose a creer que la ira vendrá alguna vez. El milenio y la eternidad son historias diferentes de una entera nueva existencia y relación con Dios. Todo ahora es preparatorio para ese tiempo. Jesús conoce en cuanto al derramamiento de la ira de Dios y Él detestó el pensamiento de tener que sufrirlo, inclusive gotas de sudor de sangre lo contemplaron (Lc 22:44), pero Él lo sufrió una vez y para siempre para que los pecadores arrepentidos nunca tuvieran que ser condenados a vivir eternamente bajo Su ira.

Ahora la ira de Dios está a punto de ser derramada sobre los pecadores por lo que ellos hicieron y le hicieron a Jesús y a Sí mismo. Los pecadores han sido constantemente advertidos a través del período de la Tribulación, ellos han visto gente milagrosa (144.000 y a los 2 testigos) demostrar el poder de Dios; sin embargo, con todo eso ellos endurecerán sus corazones y cosecharán las consecuencias (Prov 28:14).

Reflexión: ¿Has conocido gente que se rehúsa a escuchar el evangelio, o que no considera confiar en Cristo? (Vea Juan 3:19)

B. La reacción a la presencia de Dios (15:8)

15:8

Y el templo se llenó de humo por la gloria de Dios, y por su poder; y nadie podía entrar en el templo hasta que se hubiesen cumplido las siete plagas de los siete ángeles.

15:8 A medida que Dios pone en movimientos estos juicios finales, el "humo por la gloria de Dios, y por su poder" llenó el templo prohibiendo entrar al área del templo. El humo ilustra la absoluta santidad de Dios, imposible verla o asociarla con maldad. "Muy limpio eres de ojos para ver el mal, ni puedes ver el agravio" (Hab 1:13). Tan pronto como el tabernáculo se abrió aparecieron los ángeles, y el tabernáculo se llenó de humo, como lo hizo con Moisés (Ex 40:34-35) cuando él terminó la construcción del tabernáculo hasta que fue hora de que Israel emprenda viaje. Es como que la adoración fue suspendida hasta que este acto final de la historia esté completo. La misericordia ahora es historia pasada.

La intercesión es puesta en pausa ya que nada ahora puede retrasar el derramamiento de la ira. Este es el comienzo del fin. Dios está totalmente comprometido con la ira y la justicia en estos días finales de la Tribulación. Todo lo demás cesará. El Salmista escribió, "Tú, temible eres tú; ¿Y quién podrá estar en pie delante de ti cuando se encienda tu ira? (Sal 76:7).

Reflexión: ¿Cómo se comporta la gente cuando cree que nunca va a ser trincada o atrapada? Si alguien nunca, en toda su vida, ha sido castigado por hacer mal, ¿ha aprendido a creer que no es malo o malvado, y por lo tanto cualquier castigo repentino es injusto? ¿Cómo responde el castigado a aquel que lo castiga? (Prov 14:16).

CAPÍTULO 16

LAS SIETE COPAS

Este es el tercer y final paquete de juicios contra la humanidad pecadora. Los juicios de los sellos (6:1-8:5), seguido por los juicios de las trompetas (8:6-11:19) y finalmente los juicios de las copas (16:1-21) concluyen con la ira de Dios contra el malvado. Las Siete Copas suceden en el último año o posiblemente en los últimos seis meses del período de la Tribulación. Estos son juicios globales, mientras que los juicios anteriores son localizados. Las primeras cuatro copas (así como las primeras cuatro trompetas) afectan a toda la tierra, mar, aguas dentro de la tierra, y al cielo; las últimas tres copas afectan a toda la humanidad. La diferencia entre las trompetas y las copas es:
(1) los juicios de las copas son completos y globales, mientras que las trompetas son parciales o limitadas (ej., 1/3 de la tierra); (2) los juicios de las trompetas continúan dando a los creyentes la oferta de arrepentirse y creer, pero el juicio de las copas no; (3) la humanidad es indirectamente afectada por los juicios de las trompetas, pero directa y dolorosamente afectada por el juicio de las copas. Los juicios de las copas son un paralelo o una recreación de las plagas de Egipto (Ex. 7-12).

El resultado de estos juicios trae absoluta convicción de que Dios es todopoderoso sobre toda la creación. Simultáneamente, a medida que los juicios de las copas están siendo derramados, Daniel describe una Guerra Mundial que sucederá, culminando con la batalla global del Armagedón (11:36-45).

I. LA ORDEN PARA QUE LOS JUICIOS DE LAS COPAS COMIENCEN (16:1)

16:1

Oí una gran voz que decía desde el templo a los siete ángeles: Id y derramad sobre la tierra las siete copas de la ira de Dios.

16:1 La escena continúa desde el frente del templo celestial (como en capítulo 15), en donde aparecen los siete ángeles (15:5-8), a cada uno de los cuales le ha sido dada una copa llena de la ira de Dios (15:7). Una "gran" voz (*megales*, "grande, grandioso, inmenso o gran" de donde obtenemos la palabra megáfono). ¡Esta palabra es usada 11 veces en este capítulo! La voz grita ahora desde el Templo y después de que la última copa es derramada (16:17). La voz debe ser la de Dios ya que nadie más está en el templo (15:8). El adjetivo se usa para describir el intenso calor (v.9), el gran río Éufrates (v.12), el gran día del Dios Todopoderoso (v.14), un terremoto fuerte (v.18), la gran ciudad,

Babilonia la Grande (v.19), enorme granizo (v.21) y una terrible plaga (v.21). Estos juicios son más grandes, más intensos, más globales y más severos que cualquier otro evento comparable en la historia de la humanidad. Ellos no pueden comenzar hasta que se dé la orden. Este será el tiempo que todos los cielos han esperado.

Hay una similitud entre los juicios de las copas y los juicios de las trompetas, pero las diferencias indican que son juicios separados, no simultáneos. Por ejemplo, el juicio de las trompetas trata con la tercera parte de la población, pero el juicio de las copas afectó a toda la población del mundo. Por lo tanto, es mejor entender que estos eventos son cronológicamente secuenciales, con solamente una pausa para reiterar que los juicios son justos (vs. 5-7).

Sin embargo, debería recordarse que hay tres elementos destructivos que están ocurriendo simultáneamente: (1) los juicios de Dios, (2) los ataques y las matanzas del Anticristo, y (3) los ataques implacables de un completo número existente de demonios (aquellos que fueron echados del cielo, el grupo "normal" de demonios que han estado operando sobre la escena de la tierra a través de toda la historia, y el grupo que recientemente fue liberado del abismo. La voz que les ordenó "id y derramad sobre la tierra las siete copas de la ira de Dios".

Reflexión: ¿Piensas tú que una persona puede cruzar una línea de infracción y debe ser juzgada, o debería dársele misericordia cuando la persona culpable dice que lo siente, aún si fuere encontrado en el acto mismo de la infracción?

(1) El Juicio de la Primera Copa (16:2) – Llagas dolorosas

16:2

Fue el primero, y derramó su copa sobre la tierra, y vino una úlcera maligna y pestilente sobre los hombres que tenían la marca de la bestia, y que adoraban su imagen.

16:2 Con respuesta inmediata, estos ángeles comienzan a "derramar" sus juicios sobre toda la tierra. Esta horrible "úlcera" (*helkos*, herida que produce descarga de pus, úlcera) es una llaga inflamada, que supura, ulcerosa y dolorosa en casi toda la gente. "Maligna" (*kakos*, "injuriosa, problemática, destructiva") y "pestilente", (*poneros*, "molestia, dificultades, que causa dolor, enfermas"). Estas úlceras son específicamente dirigidas a todo aquel que ha aceptado la marca de la bestia (13:16-17) y que ha adorado la imagen del

Anticristo (13:12), quien ha ignorado las advertencias del primer ángel (Ap. 14:6-7).

Habrán úlceras asociadas también con la quinta copa (vs. 10-11). Esta es la misma palabra usada en la Septuaginta para traducir la palabra Hebrea para "forúnculos" infligidos a los Egipcios en la sexta plaga de Egipto (Ex 9:8-12; ver también Dt. 28:27,35 para los juicios graves prometidos). Es posible que las úlceras no se vayan, sino que se vuelvan acumulativas, una sobre otra. Para el tiempo en que se realice el quinto juicio de la copa la gente todavía estará adolorida por el primer juicio.

En lugar de dejar de reflexionar en lo que estará pasándoles a ellos, ellos continúan con rebeldía y lujuria detrás de sus malas obras (9:20-21). Esta característica solo empeorará con cada juicio. Es difícil imaginar que la población mundial esté sufriendo por úlceras dolorosas y que nada ni nadie pueda curarlas, especialmente la bestia. Generalmente, la gente en esas condiciones no se reúnen con otras personas y se vuelven irritables.

Esto puede ser lo que Zacarías vio en su visión: "Y esta será la plaga con que herirá Jehová a todos los pueblos que pelearon contra Jerusalén: la carne de ellos se corromperá estando ellos sobre sus pies, y se consumirán en las cuencas sus ojos, y la lengua se les deshará en su boca. Y acontecerá en aquel día que habrá entre ellos gran pánico enviado por Jehová; y trabará cada uno de la mano de su compañero, y levantará su mano contra la mano de su compañero" (Zac 14:12-13). ¿Has tenido alguna vez carbuncos, úlceras o varicela? El autor una vez tuvo 32 úlceras por todo su cuerpo, al mismo tiempo, debido a una infección en la sangre en la selva de Colombia. Eso fue terrible.

Reflexión: ¿Puedes tú imaginar a todos padeciendo la misma cosa?

(2)El Juicio de la Segunda Copa (16:3) – La vida del mar destruida

16:3

El segundo ángel derramó su copa sobre el mar, y éste se convirtió en sangre como de muerto; y murió todo ser vivo que había en el mar.

16:3 Muere toda criatura viviente del mar debido a un cambio del agua con una substancia tóxica mortal con una apariencia de sangre. La segunda trompeta (8:8-9) convirtió a 1/3 del mar en una substancia similar con apariencia de sangre, matando a la tercera parte de las criaturas. Es interesante que la primera plaga de Egipto fue convertir al río Nilo en sangre (Ex 7.14-25), matando a todo lo que había en el río y causando un terrible hedor. Los océanos cubren cerca del 70 por ciento de la superficie de la tierra, la cual es ahora transformada en un lugar peligroso para todas las criaturas vivientes. Esto puede ser similar al fenómeno de la "Marea Roja", que ocurrió en Florida en el año 1949. En donde esto ocurre, todos los animales y las plantas del mar mueren y serán envenenados todos los que los coman. Mucha de la comida necesaria para la tierra depende del mar. Nunca nada ha sido comparable a la vastedad de la polución de esta segunda copa.

Reflexión: ¿Has estado alguna vez alrededor de muchos peces muertos sobre la orilla?

(3) El Juicio de la Tercera Copa (16:4-7) – Ríos contaminados

16:4

El tercer ángel derramó su copa sobre los ríos, y sobre las fuentes de las aguas, y se convirtieron en sangre.

16:4 La tercera copa ahora se extiende del juicio de los océanos de la segunda copa a los ríos y vertientes de aguas frescas, que asimismo se convierten como en sangre. La tercera trompeta hizo que la tercera parte de las aguas dentro de la tierra se hagan amargas y estén envenenadas como ajenjo (8:10-11). Adicional a esto, los dos testigos "tienen el poder de cerrar el cielo, para que la lluvia no caiga durante los días de su profecía (es decir, los últimos 3 1/2 años de Tribulación); y ellos tienen poder sobre las aguas para convertirlas en sangre" (11:6). Con la restricción temporal de los vientos de la tierra (7:1) no hay un ciclo de evaporación y condensación, causando sequías y el fin del ciclo del agua.

Ahora mueren todas las criaturas del mar y del agua y todas las fuentes frescas de agua se vuelven putrefactas, excepto lo que ha sido almacenado. Tal vez las aguas de pozo serán la única excepción, pero muy pocos de nosotros usamos agua de pozo hoy día. Más del 55% de la población del mundo que vive en las ciudades urbanas están en dificultades. La cantidad de sufrimiento, dificultades y hambruna no puede ser ni imaginada. No hay agua para tomar o con la cual bañarse. Con llagas supurando desde el primer juicio de las copas y un calor abrasador del juicio de la cuarta copa que está por venir, la vida es inaguantable. Los muchos terremotos harán que cada ciudad parezca una zona bombardeada en una guerra y las plantas nucleares estarán inoperables, dejando a la mayoría de las poblaciones sin electricidad. Acampar puede ser agradable por un tiempo, solo si se tiene accesibilidad al agua fresca.

Reflexión: ¿Has estado alguna vez en una situación en donde el agua y otro tipo de bebidas no estaban disponibles? ¿Le pediste ayuda al Señor?

Antes de que se ponga realmente malo, hay una pausa para reflexionar en cómo un Dios de compasión, misericordia y amor puede mandar semejantes juicios horribles sobre la humanidad. Este próximo ángel habla a todos los observadores en defensa del carácter de Dios y la justificación para la Tribulación.

Justificación de los juicios justos

16:5

Y oí al ángel de las aguas, que decía: Justo eres tú, oh Señor, el que eres y que eras, el Santo, porque has juzgado estas cosas.

16:5 Después de los horrores de las primeras cuatro copas, necesitamos una reiteración del razonamiento y justicia de Dios en todos estos juicios. Mucha gente tiene problemas aceptando la severidad de los juicios de Dios en estas descripciones (como en la severidad de la conquista de Canaán). La respuesta descansa en el carácter y justicia de Dios. Su ira puede ser terrible y final, pero es siempre justa y apropiada de acuerdo al rechazo del individuo al mensaje de Cristo. Su principio es que, de la forma como tú trates a los demás es la forma como tú serás tratado. En el título del Autor de estos juicios hay un cambio: "el que eres y que eras, el Santo..." Este pasaje no añade la descripción anterior: "y quien está por venir" (Ap 1:4, 8; 4:8). El Punto es que, en este tiempo, no es que Él "está por venir", sino que Él está viniendo en victoria. Él es Aquel que "juzgó" estas cosas. Nadie que conoce la situación de la Tribulación será capaz de decir que la destrucción es injusta. Las visiones de este tiempo futuro son suficientes para saber que estos juicios son merecidos por la población entera.

Reflexión: ¿Qué enseñan estos versículos en cuanto a los juicios de Dios?

Gn 18:25

Sal 19:9

Sal 119:75

Ro 2:5

Ap 19:1-2

Regla de Oro

16:6

Por cuanto derramaron la sangre de los santos y de los profetas, también tú les has dado a beber sangre; pues lo merecen.

16:6 Les será devuelto ahora, en la experiencia presente de la Tribulación, el tratamiento que les dieron los incrédulos a los creyentes y a los profetas/mensajeros a través de todos los tiempos. Estas poblaciones habrán tenido múltiples oportunidades para escuchar y entender el evangelio a través de la Tribulación, que aparentemente es debido a los cientos de miles o millones que creen y son asesinados, como en el quinto sello (Ap 6:9-11), los mártires celestiales (7:9, 14) y los dos testigos mártires (11:7). Las naciones se pondrán furiosas en su agresión contra los creyentes, tanto que estarán "ebria de la sangre de los mártires de Jesús" (17:6).

Esta gente apóstata y rebelde ha sacrificado sin pudor a muchos millones de creyentes, así que estos asesinatos recibirán un justo castigo. Ellos han tenido sed de sangre, por lo tanto ahora eso es todo lo que podrán tomar. Estos juicios son todos parte de la preparación del último minuto cuando Él venga, aunque los juicios son espantosos y terroríficos. El Faraón trató de ahogar a los bebés varones Judíos, pero todo su ejército fue luego ahogado en el Mar Rojo. Esos son los caminos de Dios. La justicia de Dios es exaltada en todos estos horribles eventos (v. 7 y 15:3). Tan devastadores son los juicios, que si esto es justo, podemos entonces imaginar cómo ha estado tratando el mundo a los creyentes.

Reflexión: ¿Has sido alguna vez lo suficientemente valiente para provocar crítica o persecución injusta por tu fe?

En medio del juicio Dios es Justo

16:7

También oí a otro, que desde el altar decía: Ciertamente, Señor Dios Todopoderoso, tus juicios son verdaderos y justos.

16:7 La personificación del altar o de la voz (voces) "desde el altar" puede referirse a las almas de los santos mártires (6:9-11) que estaban esperando su venganza justa. Todos estos confirman lo que el ángel anunciará (16:5). El ángel proclamará la justicia en la ira de Dios siendo derramada sobre los líderes y sus seguidores en su revuelta contra todo lo que es de Dios. La mayoría de la gente edifica una falsa imagen de Dios en sus mentes, dándole le imagen de un padrino, siempre justo y amable, mirando la maldad y nunca castigando lo malo. Ellos imaginan que Él siempre dará beneficios a los que no los merecen sin discriminación de ningún tipo. El punto de vista del hombre en cuanto a la justicia se deriva de una cosmovisión humanista o una realidad idealista con el hombre como el centro del beneficio, en lugar de Dios.

El hombre cree que Dios debe jugar con las reglas del hombre, si es que el hombre considera permitir que Dios sea Dios. Sin embargo, Dios establece Sus propios estándares de justicia. Sus decretos son justos y santos, aunque nosotros no los entendamos o no nos gusten. Aquellos que escogen rechazar a la persona de Dios, no están rechazando solamente una opción de estilo de vida; ellos están rechazando a la verdad y a la justicia misma. ¿Has tenido problemas en entender el horrible trato que el mundo recibirá en la Tribulación? ¿Por qué?

(4) La Cuarta copa (16:8-9) – Calor Abrasador

16:8-9

El cuarto ángel derramó su copa sobre el sol, al cual fue dado quemar a los hombres con fuego. 9Y los hombres se quemaron con el gran calor, y blasfemaron el nombre de Dios, que tiene poder sobre estas plagas, y no se arrepintieron para darle gloria.

16:8-9 Los primeros tres ángeles han derramado sus copas de la ira sobre la tierra, mientras que el cuarto derramó su juicio sobre el sol. Desde el 4to día de la creación, el sol ha sido la fuente de vida de la tierra, pero ahora se vuelve una herramienta de muerte para el 4to juicio de Dios. La cuarta trompeta (8:12) oscureció el sol, la luna y la iluminación de las estrellas por 1/3 de día, lo cual debe haber creado temperaturas de congelación. Ahora, en el 4to juicio de las copas el sol abrasa a la tierra con calor. Una de las últimas profecías del AT describieron este horrible calor en Mal 4:1.

El sol puede emitir a cualquier nivel explosiones de energía de las explosiones solares que pueda literalmente quemar cualquier parte de la superficie de la tierra a cualquier grado que eso sea. Los rayos del sol penetrarán todo y el dolor será inaguantable. La frase "quemar a los hombres con fuego" esto significa a un específico grupo de hombres, ej., aquellos que están con la marca de la bestia.

Los creyentes sobrevivientes no serán afectados. Nadie duda que estos eventos catastróficos sin precedentes son, de hecho, juicios de Dios. No importa cuán moderadas o severas sean las experiencias de los sobrevivientes en la Tribulación, ellos continuaron rehusando conocer a Dios o arrepentirse y creer. Ellos están tan influenciados por espíritus demoníacos seductores que crecientemente odian a Dios y perpetuamente blasfeman Su nombre. Ellos alcanzaron un punto de no retorno cuando tomaron la marca de la bestia.

Reflexión: ¿Has conocido a alguien que parecía odiar a Dios?

¡Qué advertencia para todos! ¡Cuán ciego y duro puede llegar a ser un hombre! Quienquiera que se vuelva amargado contra Dios, indiferente a Su Palabra e ignorando el trabajo de convicción del Espíritu, se vuelve más encallecido, indiferente y endurecido contra Dios.

Reflexión: ¿Qué nos enseñan estos versículos en cuanto a volverse endurecidos?

He 3:7-19

1 Cor 10.10

¿Cuál fue la promesa para el creyente en Ap 7.14, 16?

¿Cómo se asemejarán más a la Bestia que ellos adoran de acuerdo a los versículos 13:6 y 9:20-21?

(5) La Quinta Copa (16:10:11) – Oscuridad

El quinto ángel derramó su copa sobre el trono de la bestia; y su reino se cubrió de tinieblas, y mordían de dolor sus lenguas.

16:10   El quinto de los siete juicios de las copas son parte del desarrollo del Armagedón. Luego de una quemazón universal, la quinta copa es derramada selectivamente sobre el trono de la bestia, lo cual trae oscuridad sobre la administración del imperio del Anticristo y su reino mundial, y llagas dolorosas en toda la gente. Sea que el "trono" o la matriz es la Babilonia redificada, Jerusalén o Roma, parece ser que este juicio está dirigido específicamente al Anticristo. La oscuridad solamente añadirá su terror e incapacidad de escapar a los juicios, debido a que no hay nada que ellos puedan hacer para aliviar la oscuridad.

Joel describió este tiempo como "Día de tinieblas y oscuridad, día de nube y de sombra"... ¡Multitudes, multitudes en el valle de la decisión! Ya que el día del Señor está cerca en el valle de la decisión. El sol y la luna se irán oscureciendo y las estrellas perderán su esplendor" (Joel 2:2; 3:14-15). Sofonías vio este mismo evento, "Día de tiniebla y de oscuridad, día de nublado y de entenebrecimiento" (Sof 1:15). Lucas describió también este tiempo, "El sol se convertirá en tinieblas, y la luna en sangre, antes que venga el día del Señor, Grande y manifiesto; y todo aquel que invocare el nombre del Señor, será salvo" (Hch 2:20-21). ¿Es este un anticipo de las "tinieblas de afuera"? (Mt 5:9; 22:13; 8:12).

Reflexión: Dios está comunicando al mundo que el domino del Anticristo es el reino de las tinieblas. Dios nunca se rinde. Él todavía desea que algunos se arrepientan. ¿Has estado alguna vez muy enojado con alguien? ¿Qué tan fácil fue para ti pedir perdón y reconciliarte con él/ella? ...o aún no te has reconciliado?

16:10b El juicio que estamos viendo está diseñado para desacreditar al Anticristo, que pretenderá controlar la tierra. Un autor menciona que esta es la última referencia a un fracaso de arrepentimiento (2:21; 9:21; 16:9). Ahora vemos que la gente se está haciendo más obstinada y agresiva contra todo lo que es Dios. Esto es similar a la quinta trompeta (9:1-11), que fue de oscuridad parcial (1/3 del día), y la novena plaga (Ex 10:21-23).

Moisés escribió de esa plaga que era tan oscura que "durante ese tiempo la gente difícilmente se movió, porque no podían ver" (Ex 10.23). Ellos probablemente estarán sufriendo por las úlceras y los forúnculos de la primera copa (16:2) y las quemaduras de la 4ta copa (16:8). Los hombres no podrán ser capaces de ver para encontrar cualquier alivio a sus úlceras y quemaduras por lo que ellos "mordían (tiempo presente, continuamente mantenerse mordiendo") de dolor sus lenguas".

Reflexión: ¿Qué se necesita para quebrar la voluntad de una persona?

La Rebelión provoca blasfemia

16:11

y blasfemaron contra el Dios del cielo por sus dolores y por sus úlceras, y no se arrepintieron de sus obras.

16:11 Pero ellos no se arrepentirán. Ahora ellos se confirman en su rebeldía e incredulidad. No les importa para nada. Ellos solo pueden pensar en cuánto odian a Dios. Ellos han llegado a ser como su maestro, Satanás. Los últimos dos juicios son los más severos de todos y son derramados sobre los esclavos endurecidos, odiando y heridos de Satanás. ¿En dónde está el trono de la "bestia"? Su imagen está en el templo en Jerusalén, por lo tanto esa puede ser la matriz de su imperio. Sin embargo, él puede estar gobernando desde Roma, en cooperación con la iglesia apóstata y el falso profeta. Si "Babilonia" es tomada literalmente, entonces él está gobernando desde Iraq.

Estos sobrevivientes de la Tribulación no son ateos. Ellos saben que Dios existe, pero elegirán odiarle como el Dios de los Judíos y Cristianos. Ellos inicialmente reconocen que las circunstancias que están sufriendo vienen de la mano del Dios Judío (como todas las pólizas de seguro lo declaran), pero se rehúsan a confiar en Él o a adorarlo a Él. En lugar de un avivamiento y un volverse a Dios, produce una auto-compasión y auto-centrismo que se enfurece contra cualquier cosa que desacredite la importancia de ellos o que ellos no puedan controlar. Ya que las circunstancias se ponen peores universalmente, ellos se convencen que el Dios Judío/Cristiano debe ser destruido para tener algún alivio. Por eso todos los Cristianos y Judíos deben ser muertos.

Reflexión: ¿Puedes ver alguna ayuda para la ira en estos Salmos?

Sal 10

Sal 13

Sal 38

Sal 68

Su ira les llevará a pensar irracionalmente y a ser fácilmente persuadidos por influencias demoníacas para iniciar un ataque con todas las fuerzas sobre Israel.

(6) La Sexta Copa (16:12-16)- El Éufrates se seca permitiendo que los ejércitos orientales invadan Israel.

16:12

El sexto ángel derramó su copa sobre el gran río Éufrates; y el agua de éste se secó, para que estuviese preparado el camino a los reyes del oriente.

16:12 La sexta copa secará el Río Éufrates, abriendo la avenida para que los Reyes del Oriente invadan al Medio Oriente. Ese es el río más largo del Medio Oriente, habiendo 1.800 millas desde el Monte Ararat (Turquía moderna) hasta el Golfo Persa. Hoy la única cosa que separa a Irán de Iraq es el Río Éufrates, pero originalmente, era la frontera oriental de la tierra prometida a Abraham (Gn 15:18; Dt 1:7; 11:24; Jos 1:4), aunque cualquier invasor que cruce este río estaba técnicamente entrando a la Tierra Prometida. También era la frontera Oriental del Imperio Romano. Este río fue también la escena de la sexta trompeta (Ap 9:13), que liberó un ejército de 200 millones de caballos-hombre demoníacos. Después del calor abrasador de la 4ta copa, la nieve en el Monte Ararat se estará derritiendo, enviando así torrentes de agua río abajo, probablemente arruinando todos los puentes y expandiéndose más allá de sus riberas. Un ejército de las naciones del mundo se habrá ya reunido para la gran batalla del Armagedón. ¿Quiénes son los "reyes del Oriente"? Esta pregunta ha sido respondida por otras 50 interpretaciones de otras identidades. La única cosa que es clara es que ellos vienen del Oriente o del Este de Israel, en donde vive la mayoría de la población, la mayoría de los cuales ya tienen fuertes puntos de vista anti-Judío/Cristianos. La motivación política o ideológica para este ataque es solamente explicada por los siguientes versículos. El Éufrates es el límite geográfico básico que separa al Medio Oriente del Oriente, incluyendo a la gente de Irán (Persia), Afganistán, Pakistán, India y China. Ya se han construido presas por todo el Río Éufrates en el último siglo 20 para la irrigación, dejando poca agua en el Éufrates. La sequía de este río está profetizada en Is 11:15.

Reflexión: ¿Qué piensas tú que motivará a los ejércitos del Oriente para pelear contra Israel? ¿Hay acaso países hoy día que están al norte y al este de Israel, que odian a los Judíos?

Tres Demonios

16:13

Y vi salir de la boca del dragón, y de la boca de la bestia, y de la boca del falso profeta, tres espíritus inmundos a manera de ranas;

16:13-14 El plan de Dios es tratar con todas las naciones del mundo, en un juicio, en la tierra de Israel. La rabia y el odio contra Israel y su Dios necesitará ser inculcado dentro de las mentes de millones de Orientales. Tres demonios que parecían ranas (animales no limpios para los judíos –Lev. 11:10-11, 41) salieron de la boca de Satanás (el dragón -12:3-9), el Anticristo (13:1-10) y el falso profeta (13:11-18).

Estos son la falsa trinidad de Satanás. Estos demonios harán señales milagrosas para convencer al mundo que se una en la planicie de Meguido en el Centro de Israel95. Jesús advirtió que "se levantarán falsos cristos y falsos profetas, y harán señales y prodigios, para engañar, si fuese posible, aun a los escogidos" (Mr 13:22; también 2 Ts 2:9-10).

El "espíritu del anticristo" es esa doctrina que rechaza que Jesucristo es el Hijo de Dios (1 Jn 4:3) lo cual es una característica innata de la influencia demoníaca, y es el corazón de la doctrina del Islam. Llamar a Jesús "Hijo de Dios" es el término más ofensivo que un Musulmán puede escuchar y los lleva a un frenesí de asesinatos, aun cuando un miembro de su propia familia sea quien lo diga. La locura de este odio y fanatismo es una influencia demoníaca que se convertirá global en la Tribulación.

Un Espíritu Seductor se unirá a la última rebelión

16:14

pues son espíritus de demonios, que hacen señales, y van a los reyes de la tierra en todo el mundo, para reunirlos a la batalla de aquel gran día del Dios Todopoderoso.

16:14 Estos demonios seductores convencerán al mundo que su único alivio será destruir a todo lo que tenga que ver con el Dios de los Judíos/Cristianos. Toda esta actividad rebelde cumplirá perfectamente la voluntad de Dios y Sus propósitos revelados (Ap 17:17). La batalla seguirá por un período corto de tiempo e incluye la devastación de la ciudad de Jerusalén (Zac 14:1-3), ya que muchos de los Judíos no se inclinarán para adorar a la imagen. Dios ha decidido que "ya es suficiente". Ya es tiempo de terminar toda rebelión y maldad en la tierra de una vez y para siempre. Esto cumplirá la profecía: "¿Por qué se amotinan las gentes, y los pueblos piensan cosas vanas? Se levantarán los reyes de la tierra, y príncipes consultarán unidos contra Jehová y contra

Su ungido, diciendo: Rompamos sus ligaduras, y echemos de nosotros sus cuerdas. El que mora en los cielos se reirá; El Señor se burlará de ellos" (Sal 2:1-4).

Reflexión: ¿Por qué vienen estas naciones a Israel?

Zac 14:2-3
Joel 3:2
Joel 3:9-13

Advertencia final de Jesús directamente a los creyentes

16:15

He aquí, yo vengo como ladrón. Bienaventurado el que vela, y guarda sus ropas, para que no ande desnudo, y vean su vergüenza.

16:15 Este versículo, entre paréntesis, está escrito para el remanente creyente que ha sobrevivido, para darles consuelo y esperanza, así como advertencia de la rapidez del regreso de Cristo. Lo repentino de la venida de Cristo se compara al ladrón que ataca cuando nadie está preparado. La gente se reunirá en Jerusalén y estarán locos en su lujuria por sangre debido a sus éxitos anteriores, sin ni siquiera imaginarse que está a punto de ocurrirles una tragedia. Tal como los Cristianos en la época de la Iglesia no deben estar sorprendidos del Arrebatamiento (1 Ts 5:4), así los creyentes de la Tribulación no deberían ser tomados por sorpresa, sino que ellos deberían estar anticipando Su venida. Habiendo visto las señales del juicio de las copas, ellos deberían saber que el fin es inminente. La metáfora de los vestidos se refiere al vestido o túnica de justicia, que Dios provee por fe.

La sexta trompeta (Ap 9:14) es un poco antes de que se ha secado el Éufrates, pero ahora los ejércitos son mucho más grandes que los 200 millones. El tiempo entre los sextos y séptimos juicios puede ser relativamente corto.96 El Señor Jesús Mismo dice estas palabras de aliento. Lo repentino de Su regreso es también mencionado en Ap 3:3. Sus enemigos tendrán miedo de estas palabras, pero su pueblo sobreviviente aceptará el aliento: "Sí, ven, Señor Jesús". Los creyentes tienen que hacer dos cosas: (1) "Mantenerse despiertos" (*gregoreo*, tiempo presente, "continuamente"... dar atención a") significa mantener las prioridades correctas y el enfoque de la vida. (2) El creyente debe "mantener sus prendas de vestir", que se refiere al resultado práctico de la conducta del

Cristiano, o la semejanza-a-Cristo. En una era de horrible persecución habrá un precio terrible que pagar para mantener este carácter.

La metáfora es la de la necesidad de un soldado de estar despierto con sus prendas de vestir listo para la batalla cuando sea que ésta ocurra. Será tan de repente que no habrá tiempo de vestirse. La vergüenza es de un soldado negligente en su deber y no preparado para la batalla. De forma similar, el creyente de hoy debe estar listo todo el tiempo para el Arrebatamiento. Pero esto de aquí es más específico. Ellos sabrán que el fin está cerca cuando vean que los juicios de las copas están sucediendo tal como estuvo previsto.

Reflexión: ¿Cómo describe Juan la preparación del creyente hoy en 1 Juan 2:28?

Reunión en Armagedón

16:16

Y los reunió en el lugar que en hebreo se llama Armagedón.

16:16 Después de un corto aliento comienza la batalla. Sin embargo, la batalla real tendrá lugar al norte de Jerusalén en el valle de Esdraelón o Jezreel, cerca de la ciudad de Meguido. Tiene como 14 millas de ancho y 20 millas de largo. La batalla del "Armagedón" translitera las palabras Hebreas para "Monte de Meguido" (harmagedon, "lugar de tropas o masacre") (v.16). El significado Arameo de la palabra es "monte de la asamblea", y puede referirse a la asamblea de los reyes que vienen a pelear. No existe ningún monte con este nombre, por lo que puede referirse al monte en el cual está localizada la ciudad de Meguido.

Más de 200 batallas se han peleado en esta región. Este era el valle en donde Barac venció a los ejércitos de Canaán (Jue 5:19) y Gedeón se encontró con los Madianitas (Jue 7). La masacre de los ejércitos del Anticristo está fuera de cualquier descripción, dejando a pocos, en caso de haber, sobrevivientes. La sangre se esparcirá 4-5 pies de alto y correrá en corrientes de cerca de 200 millas (14:20). La sexta copa establece el escenario para la copa final, la batalla del Armagedón que finalmente terminará con todo, la cual está descrita en el capítulo 19.

(7) La Séptima copa (16:17-21)- Gran Destrucción

16:17

El séptimo ángel derramó su copa por el aire; y salió una gran voz del templo del cielo, del trono, diciendo: Hecho está.

16:17 La séptima copa es una serie devastadora de destrucción rápida, global y masiva sobre la tierra. Primeramente tiene como objetivo el aire, el principal dominio del demonio, "el príncipe de la potestad del aire" (Ef 2:2), pero el resultado inmediato de la inestabilidad de la atmósfera es meteorológico, dando como resultado convulsiones en el aire. Hubo una reacción similar después del séptimo sello (8:5) y de la séptima trompeta (11:15-19), cuando hubieron voces en el cielo que decían que el reino de Cristo ha llegado (11:15), luego hubo relámpagos, voces, truenos y un terremoto (11:19). Pero estas demostraciones meteorológicas anteriores no son comparables a este juicio final de las copas.

Este es el peor juicio de todos. En pocas palabras, es la descripción del evento más destructivo de la historia humana. Se acaba el tiempo con la conclusión de la séptima copa. Una voz masiva grita: "Hecho está" (*gegonen*, tiempo presente, "ha llegado a suceder"). Ya no vendrán más juicios. Cada uno ha sido diseñado para permitir que los afligidos se arrepientan, pero ahora los juicios han terminado. Uno no puede sino comparar esta declaración con la que Cristo hizo en la cruz, donde la ira de Dios fue derramada sobre el Hijo, "Consumado es" (Juan 19:30). La historia de la humanidad terminará aquí. De aquí en adelante será el comienzo del reino milenial. El mundo se precipitará a un conflicto, que piensan es su última esperanza, pero es realmente su condenación. Sus egos y su falsa ideología los llevarán a un conflicto directo con Cristo en Su segunda venida. No habrá sobrevivientes de este conflicto.

El terremoto más grande

16:18

Entonces hubo relámpagos y voces y truenos, y un gran temblor de tierra, un terremoto tan grande, cual no lo hubo jamás desde que los hombres han estado sobre la tierra.

16:18 Después de este último juicio de la copa habrán relámpagos y voces y truenos y un terremoto global sin paralelos. Ya hubieron otros terremotos horribles en el 8:5 y 11:19, pero este será global, excepto en Israel. Hageo profetizó "De aquí a poco yo haré temblar los cielos y la tierra, el mar y la tierra seca; y haré temblar a todas las naciones..." (2:-7ª). De acuerdo al v.20 la geología entera de la tierra será plana, probablemente volviendo al estado de antes del diluvio. Todo será diferente. Casi todo lo construido será destruido.

La destrucción de Babilonia

16:19-20

Y la gran ciudad fue dividida en tres partes, y las ciudades de las naciones cayeron; y la gran Babilonia vino en memoria delante de Dios, para darle el cáliz del vino del ardor de su ira. 20Y toda isla huyó, y los montes no fueron hallados.

16:19-20 La "gran ciudad" se refiere a la destrucción de Jerusalén, que fue dividida en tres partes por los trastornos geológicos del gran terremoto (v.18). Zacarías 14:4-10 describe estos cambios geológicos en detalle.97 De acuerdo al 11:8 "la gran ciudad" es Jerusalén, "la gran ciudad... en donde el Señor fue crucificado". Al mismo tiempo "las ciudades de las naciones cayeron". Estas ciudades son un grupo distinto de la "gran ciudad". Este mega terremoto reducirá a escombros a todas las ciudades Gentiles del mundo, y la catástrofe geológica puede ocurrir simultáneamente con la derrota al Anticristo (ver 17:12-14). ¿Puedes imaginarte el colapso total de todas las ciudades tales como Nueva York, Chicago, México, Londres, Tokio, Sao Paulo, Beijing, Nueva Deli, París y Sidney? ¿Todas al mismo tiempo?

Los estudiosos están divididos en cuanto al significado de "Babilonia", excepto que se convierte en la capital del imperio del Anticristo. Dios no ha olvidado su idolatría, crueldad y confusión religiosa durante siglos. Babilonia ha seducido a las naciones (17:2) hacia su falsa idolatría. Esto resultará en una pérdida enorme de vida y el colapso del imperio mundial del Anticristo.

El terremoto también será universal, tanto que todas las islas desaparecerán y las montañas serán hechas planas, probablemente al extender las masas de tierra, subiendo el nivel del mar de toda la tierra y causando tsunamis en todas las costas. Isaías describe esta convulsión geológica en Is 40:4. El mega terremoto completará el proceso que comenzó el 6to sello (6:12-14). Estos juicios serán la preparación topográfica masiva para el reino milenial. No habrá más montañas inhabitables, páramos del desierto o casquetes polares. Esta será la restauración de la topografía y clima pre diluvial. Jerusalén se convertirá en el punto más alto sobre la tierra y el centro del globo.

Reflexión: ¿Cuál es la razón que da Jer 3:17 para este enfoque?

Tormenta global de granizos gigantes

16:21

Y cayó del cielo sobre los hombres un enorme granizo como del peso de un talento; y los hombres blasfemaron contra Dios por la plaga del granizo; porque su plaga fue sobremanera grande.

16:21 Para hacer las cosas aún peores, con todos los terremotos y ahora las tormentas meteorológicas, habrá una tormenta de granizos gigantes, con granizos que pesen 125 libras98 bombardeando a los humanos por todo el mundo, destruyendo edificios que quedaron en pie y cualquier persona que esté expuesta. Este juicio final es similar a la séptima plaga de Egipto (Ex 9:22-26). Tal como el Faraón y el ejército Egipcio no se arrepintió, así también los sobrevivientes de la Tribulación no se arrepentirán aún; de hecho, ellos blasfemarán a Dios disgustados. En el AT, los blasfemos estaban supuestos a ser apedreados hasta su muerte (Lev 24:16). Aún los hombres no arrepentidos no serán quebrantados, sino que en lugar de eso "los hombres blasfemaron contra Dios" porque el juicio será "muy grande". Es difícil que algunos acepten el castigo eterno del hombre, pero la mejor respuesta es que los hombres que estén en el infierno permanecerán siendo eternamente no-arrepentidos. Se les describe con "el lloro y el crujir de dientes" (Mt.8:12), sin remordimiento por no creer y teniendo un odio amargo por su sentencia. No podemos imaginar lo horrible que serán los juicios terrenales o el tormento eterno en el infierno, pero los hombres libres recibirán lo que ellos mismos eligieron. Ellos han vendido sus almas a Satanás y están obligados al mismo destino de Satanás.

Reflexión: Estos eventos escatológicos son inevitables. Nada puede hacer que estos no sucedan (Is 43:13); sin embargo, hay un solo camino para escapar de la condenación final del Anticristo. Dios ha prometido que aquellos que por fe pongan su total confianza en Cristo como su Salvador y Señor, escaparán tanto de la ira del "fin del tiempo" que está por venir (Ap 3:10) y de Su ira eterna (1 Ts 1:10). Ya que Cristo sufrió la ira de Dios, porque Él tomó la condenación de nuestros pecados, haciéndose pecado por nosotros (2 Cor 5:21), podemos ser perdonados y se nos entregó gratuitamente la justicia de Dios. No somos más "hijos de ira" (Ef 2:3), y ahora se nos promete que seremos "liberados... de la ira que ha de venir" (1 Ts 1:10). Le debemos todo a Cristo por todo nuestro futuro y por la eternidad (1 Pe 2:24) ¿Puedo oír un "Amén"?

Cada generación de Cristianos puede identificarse de cierta manera con los santos de la Tribulación. Siempre ha habido una "bestia" o un líder demoníaco que ha oprimido al pueblo de Dios y un falso líder profeta religioso que controla las religiones que han descarriado a las naciones. Pero nada comparado con los días de la Tribulación. Se escribe ahora otro paréntesis para dar al lector más datos significativos en cuanto a la "Babilonia" que sufrió estos juicios finales.

CAPÍTULO 17

LA CAÍDA DE LA RELIGIOSA BABILONIA, LA RAMERA

Mientras los juicios de Dios están llevándose a cabo, el Anticristo está edificando su reino para atrapar en una falsa religión a la gente del mundo, la cual finalmente le adorará a él, junto con el sistema político/económico global que obliga sumisión total a su gobierno de parte de las Naciones Unidas. Esta larga tarea comenzó en la antigua Babilonia, el lugar de la primera más grande rebelión humana contra Dios (Gn 11:1-9), que se convirtió en la fuente de la mayoría de religiones paganas opuestas a Israel y a la fe verdadera a través de todos los tiempos.

El hombre fue creado como un ser relacional, especialmente deseoso de una relación con su Creador, por lo cual anhela sentirse religioso o "espiritual". Las fuentes demoníacas buscan satisfacer las tendencias del hombre religioso sin permitirle colocarse bajo la autoridad de Dios o el entendimiento de la Palabra de Dios ("cegó el entendimiento de ellos" -2 Co 4:4). Satanás trabaja para "seducir" hacia él al creer en "doctrinas de demonios" (1 Ti 4:1). "Babilonia" aparece más de 300 veces en la biblia. Es el origen y el símbolo del sistema religioso satánico que imita a la verdadera fe y engaña a millones que se equivocan al buscar la verdad o discernir el error de su sistema. La última Babilonia será la base del poder político del Anticristo.

Este capítulo comienza con otro paréntesis en la cronología de la Tribulación. Los eventos tienen que coincidir y encajar en algún lugar entre los sellos, trompetas y copas. El capítulo 17 deja al descubierto a la Babilonia religiosa del imperio del Anticristo como una religión mundial, que parece encajar en la primera mitad del período de la Tribulación. Solamente una religión con la apariencia de sobrenatural que puede ir más allá de las barreras físicas, históricas, geográficas y culturales será capaz de lograr la unidad mundial.

La Babilonia descrita en el cap. 18 parece ser un centro comercial/político y el asiento del imperio global del Anticristo, el cual dominará la segunda mitad de la Tribulación, permaneciendo hasta la Segunda Venida de Cristo.

Estos dos capítulos describen el sistema mundial bajo el liderazgo de Satanás, el Anticristo y el falso profeta. Ellos eventualmente ganan el control global completo de todos los aspectos de la vida para destruir y engañar a la humanidad. Todo movimiento que ellos hacen solo confirma la justicia de los juicios terroríficos que Dios derrama sobre la tierra. A medida que crece la severidad y se aceleran los juicios de los sellos, las trompetas y las copas, se hace evidente que el Anticristo no tiene poder para aliviar la situación, así que él hábilmente da la vuelta la mesa y hace que el enemigo sea Dios. En lugar de darse por vencido y volverse a Dios, el hombre está enemistado con Dios ya que es inspirado por el Anticristo, cuyo engaño demoníaco ha obrado exitosamente por milenios.

El Anticristo junto con el falso profeta establecerá una religión obligatoria mundial como medio para unir a los pueblos del mundo (cap. 17), "BABILONIA LA GRANDE, LA MADRE DE LAS RAMERAS Y DE LAS ABOMINACIONES DE LA TIERRA".

Luego, los celos o la paranoia le llevarán al Anticristo a asumir el liderazgo y enfocarse en su religión mundial. ¿Por qué se refiere como "Babilonia" a esta religión mundial futura?

Después del diluvio los descendientes de Noé migraron al Oriente a través del monte Ararat hacia las planicies de Babilonia en donde decidieron "hacerse un nombre para sí mismos" (Gn 11:4). Este rechazo a continuar esparciéndose y repoblando la tierra tenía implicaciones religiosas. Ellos edificaron torres de ladrillo, conocidas hoy día como zigurats, para alcanzar a los dioses. En la cúspide ellos inscribieron el signo del zodíaco, que fue usado por los sacerdotes paganos para categorizar a las estrellas en unas supuestas fuerzas que influyen sobre la tierra. Esto les dio a ellos el "poder" para discernir el futuro: un esfuerzo humano para suplantar cualquier necesidad del Dios verdadero y volverse omniscientes. El "nombre" que ellos edificaron para ellos mismos fueron dioses como humanos a menudo de sus ancestros. Nimrod, el bisnieto de Noé era un líder poderoso que edificó el imperio de babel con ciudades en la tierra del Sinar y Asiria (Irán e Iráq). Su nombre puede ser la raíz de la palabra Hebrea "rebelde", por lo que se volvió un precursor del Anticristo.

Cuando Dios juzgó la rebelión confundiendo la lengua, destruyendo su habilidad de unir y forzándoles a que se esparzan, ellos llevaron consigo las ideas de las religiones falsas que comenzaron en Babel. Babilonia siguió siendo un centro idolátrico de contagiosa falsa adoración. Inclusive Israel se volvió embelesado con la adoración a los ídolos de Ishtar, la diosa de la fertilidad, cuyo título era la "Diosa del Cielo". Luego Dios le dijo a Jeremías que pronuncie un juicio sobre la nación Judía por su adherencia desafiante y adictiva al culto de Ishtar en (Jer 44:20-27). La diosa, dioses y sacerdotes que desarrollaron en Babilonia se regarían tanto en el este como en el oeste, mutándose a varias formas de religiones, luego infiltrándose en el Judaísmo y Cristianismo. Esta religión mundial final descrita como una "ramera" es expuesta y destruida en el capítulo 17.

I. LA BABILONIA RELIGIOSA EXPUESTA (17:1-6)

17:1

Vino entonces uno de los siete ángeles que tenían las siete copas, y habló conmigo diciéndome: Ven acá, y te mostraré la sentencia contra la gran ramera, la que está sentada sobre muchas aguas;

17:1 Uno de los ángeles que tenían uno de los juicios de las copas expone a la "gran ramera" e invita a Juan a testimoniar también en el juicio contra ella. A medida que se le dice a Juan los significados de las metáforas él nos cuenta las respuestas: la ramera es "la gran ciudad que tiene soberanía sobre los reyes de la tierra" (17:18). Esta ciudad-ramera se sienta sobre "muchas aguas", lo cual está explicado en el v.15 como un símbolo de "pueblos, multitudes, naciones y lenguas". La idea de "sentarse" tiene el significado de una posición de autoridad sobre las poblaciones mundiales. La ramera no solo será una seductora, sino también dominará y gobernará a todos los pueblos de la tierra. Esta autoridad delegada entregada a la Ramera fue descrita en el 13:7, "Y se le permitió hacer guerra contra los santos, y vencerlos. También se le dio autoridad sobre toda tribu, pueblo, lengua y nación." El falso profeta ("la bestia que sale de la tierra") "ejerce toda la autoridad de la primera bestia..." (13:12). El mundo entero será forzado a entregarse a la falsa adoración de un sistema Babilónico, en lugar de al verdadero Dios. Más tarde el enfoque cambiará a adorar al ídolo del Anticristo, pero ya ha sido establecido el sistema de adoración religiosa idolátrica.

Reflexión: ¿Cuáles son los grupos religiosos más grandes de hoy y cuánta gente dominan ellos?

Alianzas de la Ramera

17:2

con la cual han fornicado los reyes de la tierra, y los moradores de la tierra se han embriagado con el vino de su fornicación.

17:2 Los reyes de la tierra han "cometido adulterio" con la ramera, llevando a su pueblo a estar "embriagados" en su "fornicación". Ellos están adictos a lo que ella ofrece y sin pensar siguen sus dictados. La forma histórica de controlar a la gente es a través de sus líderes, especialmente en una época de reyes y nobles.99 El lenguaje del texto parece indicar un sistema que trascendió el Imperio Romano político de los días de Juan, relacionado con la Roma antigua, y que es llamado Babilonia. ¿Existe una religión que salió de Babilonia y está asociada con Roma con una fundación global? La influencia mutua de los "reyes de la tierra" y de "todos los habitantes de la tierra" con su ramera es denominada "fornicación" (*porneuo*, "inmoralidad sexual" de cualquier tipo). En el AT la asociación con religiones falsas es considerada como "adulterio espiritual", el cual describe la apostasía de Israel con religiones falsas, la mayoría de las cuales son originadas en Babilonia (Ez 16,23).100 El término expresa el desdén de Dios con las falsas religiones.

Los gobernantes de todo el mundo se volverán íntimamente aliados con la futura religión Ramera Babilónica, engañados por el Anticristo y el falso profeta. Esta no es una descripción de un borracho alcohólico con "vino de fornicación" o la inmoralidad con una prostituta actual, aunque esa inmoralidad puede suceder y era parte de las religiones Babilónicas. Esta es una descripción metafórica de la intoxicación del mundo con la religión idolátrica falsa del Anticristo.

Jeremías vio esta religión Babilónica futura mundial cuando él escribió, "Copa de oro fue Babilonia en la mano de Jehová, que embriagó a toda la tierra; de su vino bebieron los pueblos; se aturdieron, por tanto, las naciones". Esta religión Ramera es descrita en el siguiente pasaje. Es difícil mostrar a los no creyentes lo repugnante que es su pecado a la vista de Dios y que Él juzgará el pecado. Él le da a la gente una voluntad libre y pacientemente espera y les da tiempo de arrepentirse antes de experimentar las consecuencias de sus pecados. Dios no se complace en castigar el pecado, pero esto se vuelve un imperativo. Pablo escribió, "Pero por tu dureza y por tu corazón no arrepentido, atesoras para ti mismo ira para el día de la ira y de la revelación del justo juicio de Dios, el cual pagará a cada uno conforme a sus obras" (Ro 2:5-6).

Reflexión: ¿Crees que la gente ve cómo Dios trata con el pecado del hombre, o ellos piensan que Dios no juzgará el pecado?

Apariencia de la Ramera

17:3

Y me llevó en el Espíritu al desierto; y vi a una mujer sentada sobre una bestia escarlata llena de nombres de blasfemia, que tenía siete cabezas y diez cuernos.

17:3 Ahora Juan "fue llevado en (su) espíritu" (ej., en una visión, no físicamente, como 1:10; 4:2; 17:3; 21:10) al "desierto" (*eremos*, "desierto, tierra desolada" – similar a donde está localizada Babilonia) en donde él ve a la "mujer" (la ramera del 17:1) sentada sobre una "bestia escarlata". La bestia tiene siete cabezas y diez cuernos con nombres de blasfemia. Esta descripción identifica a la bestia como el Anticristo (13:1, 4; 14:9; 16:10). En Ap 13:1 Satanás es visto como el "gran dragón rojo", pero aquí el "escarlata" significa un estatus real, 101 y es el color del pecado (Is 1:18). La bestia está llena de "nombres de blasfemia" en cada una de sus siete cabezas (13:1). La arrogancia y auto-deificación del Anticristo le llevará a él a asumir nombres que le pertenecen a Dios.

El Anticristo "hablará palabras contra el Altísimo… y contra el Dios de los dioses hablará maravillas" (Dn 7:25; 11:36). Las Escrituras dan la interpretación de los símbolos de las siete cabezas en vs. 9-10 como "siete montes, sobre los cuales se sienta la mujer, y son siete reyes. Cinco de ellos han caído; uno es, y el otro aún no ha venido; y cuando venga, es necesario que dure breve tiempo". Las siete cabezas son siete gobiernos, pasados, presentes y futuros desde los cuales el reino del Anticristo será edificado, "por breve tiempo". Los "diez cuernos" son diez reyes (v.12), que formarán la federación de reinados del Anticristo.

Una vez más, la iglesia y el estado estarán unidos como en las Edades Oscuras, pero ahora en una unidad universal sin parangón en la historia. Unificará a cada cultura y nación desde el rey hasta el peón, para adorar una religión.

Reflexión: ¿Ves algunos esfuerzos hoy en día para unir a todas las religiones, o unir gobiernos bajo un grupo de líderes mayores o para unir la economía mundial? ¿Hay alguna necesidad para hacerlo?

La bonanza de la Religión debido a la extorsión

17: 4

Y la mujer estaba vestida de púrpura y escarlata, y adornada de oro, de piedras preciosas y de perlas, y tenía en la mano un cáliz de oro lleno de abominaciones y de la inmundicia de su fornicación.

17:4 Esta ramera estará adornada de realeza y lujo; "vestida de púrpura y escarlata, y adornada de oro, de piedras preciosas y de perlas". A través de su inmoralidad religiosa ella ha obtenido el estatus de realeza, prosperidad, nobleza y riqueza. "Escarlata" es como el vestido de las prostitutas exitosas (Pr 7:10). Así mismo, sus adornos son todos similares a los vestidos de las religiones ritualistas de hoy día. En su mano ella tendrá "un cáliz de oro lleno de abominaciones y de la inmundicia de su fornicación". Es como descubrir el interior de una prostituta que parece tan atractiva por fuera, pero es corrupta y rebelde por dentro. Es difícil imaginar una religión que calce con esta descripción, ya que nosotros solamente vemos lo externo y queremos ver lo mejor en las religiones.

Cuando la verdad se prostituye para obtener ganancia y es torcida por medio de un control manipulador, ese sistema religioso puede volverse muy parecido a una prostituta. Cuando los beneficios espirituales pueden ser comprados, están prostituidos y no tienen valor. Así como Juan fue llevado a un lugar desértico para ver la realidad de la fachada de la falsa religión, tal vez nosotros necesitemos examinar nuestras vidas no por las apariencias que intentamos proyectar sino por la realidad de quien somos por dentro.

Reflexión: ¿Caemos en la misma trampa de esconder la corrupción interna, mientras damos la apariencia de religiosos y espirituales por fuera?

17:5

y en su frente un nombre escrito, un misterio: BABILONIA LA GRANDE, LA MADRE DE LAS RAMERAS Y DE LAS ABOMINACIONES DE LA TIERRA.

17:5 La identidad de esta ramera es más tarde revelada por su título. La primera palabra "misterio", probablemente no es parte del título, pero describe al título.102 La palabra "misterio" implica que nosotros no estamos hablando de una ubicación geográfica, sino de una verdad previamente desconocida que ahora es revelada y que será más evidente en el transcurso de la historia y especialmente en el fin de los tiempos. "Babilonia la Grande, la Madre de las Rameras y de las abominaciones de la tierra" es una descripción fea de cualquier cosa, pero más aún de una religión. En las Escrituras, el adulterio y la fornicación son a menudo símbolos de idolatría y falsa religión (Jue 2:17; 8:27, 33; 1 Cr 5:25; 2 Cr 21:11; Jer 3:6, 8-9; Ez 16:30-31, 36), así que Babilonia es la fuente que dio nacimiento a las religiones falsas y corrompió a las poblaciones mundiales y lo hará de nuevo.

Desde la falsa religión de la torre de Babel (Gn 10-11) cerca de 3000 años antes de Cristo, ella ha cumplido con el significado de su título "Confusión". El fundador de Babilonia, Nimrod, tuvo una esposa llamada Semiramis, quien fundó los ritos religiosos secretos de la misteriosa religión Babilónica. Semiramis tuvo un hijo, que fue "milagrosamente" concebido, que fue un cumplimiento falso de Gn 3:15, siglos antes de que Moisés escribiera el Génesis por revelación. Su nombre era Tamuz, pero luego fue asesinado por un animal salvaje y vuelto a la vida, como una imitación Satánica de la resurrección del Mesías. La adoración a Baal es una adaptación de la adoración a Tamuz. La corrupción de estas falsas religiones es evidente en la perversión con la que impregnó la tierra de Canaán en el tiempo de Josué.

Después de un período de decadencia, Babilonia nuevamente se levantó a la prominencia bajo Nabucodonosor, 600 años antes de Cristo. Cuando los Persas se hicieron cargo de Babilonia en el año 539 AC ellos desaprobaron las religiones misteriosas del anterior imperio Babilonio. La historia revela que los sacerdotes de Babilonia migraron hacia el occidente a Pérgamo, referido luego como una de las siete iglesias del Asia Menor (2:12-17) como el "trono de Satanás". En el *Bible Knowledge Commentary*, John Walvoord escribe:

Las coronas con forma de un pescado fueron usadas por los sumos sacerdotes del culto Babilonio para honrar al dios pez. Las coronas tenían perforadas las palabras, "guardián del Puente", simbólico del "puente" entre el hombre y Satanás. Este título fue adoptado por los emperadores Romanos, que usaron el título latino Pontifex Maximus, que significa "Guardián Mayor del Puente". El papa hoy día es a menudo llamado el pontífice, que viene de pontifex. Cuando los maestros de las religiones misteriosas de Babilonia luego se cambiaron de Pérgamo a Roma, influenciaron para paganizar al Cristianismo y fueron la fuente de muchos de los ritos llamados religiosos que se han deslizado en iglesias ritualistas. Babilonia, luego, es el símbolo de la apostasía y substitución blasfema de la adoración de ídolos a la adoración de Dios en Cristo. En este pasaje Babilonia llega a su juicio final.103

Reflexión: ¿Qué sabes tú acerca de la Iglesia Católico Romana?

Asesinatos de la Ramera

17:6

Vi a la mujer ebria de la sangre de los santos, y de la sangre de los mártires de Jesús; y cuando la vi, quedé asombrado con gran asombro.

17:6 El sistema religioso "femenino" estaba "ebria de la sangre de los santos, y de la sangre de los mártires de Jesús". Matar a Cristianos era el entretenimiento para pasar el tiempo en la ciudad de Roma y el culto de adoración. Roma vivía para herir y masacrar al pueblo de Dios. La matanza de los Cristianos asociada con la religión de la ramera es la referencia principal a la persecución religiosa, no la persecución política que fue común a través de la historia. La falsa religión de la ramera es un sistema asesino.

Un ejemplo de persecución religiosa se ve en la masacre de un estimado mayor a 50 millones de creyentes evangélicos brutalmente asesinados en las purgas religiosas hechas por la religión Católico Romana a través de la historia de la iglesia.104 Esto no incluye la persecución contra los Cristianos de parte de movimientos políticos (ej., comunismo e Islamismo).

Parece que el sistema religioso apóstata de la primera mitad de los siete años de Tribulación eliminará virtualmente a todos los creyentes verdaderos de todo el mundo. Los creyentes que ya están en el cielo (Ap 7:9-17) fueron martirizados por este sistema religioso durante los primeros 3 1/2 años de la Tribulación. Juan estaba impresionado de esta revelación.

Reflexión: ¿Puedes imaginar un holocausto global de creyentes evangélicos? ¿Cuántos son muertos hoy día en la China? ¿Cuántos evangélicos son asesinados en tierras musulmanas por ser Cristianos?

II. LAS EXPLICACIONES DE LA BESTIA (17:7-8)

17:7

Y el ángel me dijo: ¿Por qué te asombras? Yo te diré el misterio de la mujer, y de la bestia que la trae, la cual tiene las siete cabezas y los diez cuernos.

17:7   El ángel cuestionó el espanto de Juan ("¿Por qué te asombras?") frente a estas masacres y símbolos como si Juan debería haber reconocido lo que estaba sucediendo. Para claridad, el ángel prometió interpretar los símbolos de la visión, "Yo te diré el misterio…" En Ap 13:4, 8, 12 Juan había visto que un sistema religioso masivo coordinaría la adoración global al Anticristo, lo cual tendrá lugar en la segunda mitad de la Tribulación. Esta es la mujer ramera que montaba una bestia en su ascenso hacia la autoridad global en la primera mitad de la Tribulación. Los misterios en las Escrituras105 están explicados en algún lado en las Escrituras cuando Pablo escribió, "acomodando lo espiritual a lo espiritual" (1 Co 2:13). Cada uno de los elementos del "misterio" será explicado después. El resto del capítulo 17 explica este misterio de la bestia y de la ramera; luego, el capítulo 18 explica más en cuanto al sistema Babilónico.

Imitación de Cristo

17:8

La bestia que has visto, era, y no es; y está para subir del abismo e ir a perdición; y los moradores de la tierra, aquellos cuyos nombres no están escritos desde la fundación del mundo en el libro de la vida, se asombrarán viendo la bestia que era y no es, y será.

17:8   Primero, a Juan se le dice la identidad de la ramera y de la bestia, a quienes Juan ya había visto. El ángel quería estar seguro de que Juan (y todos sus lectores) sabrían la identidad de estas dos cohortes. Los misterios son explicados para todos aquellos que investigan las Escrituras. Este entendimiento no es adquirido por revelación mística o especial. A Juan se le dio las respuestas por revelación, a fin de que pudiera registrarlas por inspiración para nosotros para descubrir en sus escritos. La bestia es identificada como el Anticristo (17:3), con su fuente de poder del mismo Satanás. La referencia a la Bestia que "era y no es; y está para subir del abismo e ir a perdición". Esto encaja con la descripción de la Bestia en el 13:3, "Vi una de sus cabezas como herida de muerte, pero su herida mortal fue sanada; y se maravilló toda la tierra en pos de la bestia". El falso profeta usará milagros falsos para convencer al mundo de adorar al Anticristo. Cuando él haya resucitado, él es poseído con el espíritu de un poderoso demonio "que sale del abismo".106 Aquellos cuyos nombres no estén registrados en el "Libro de la Vida"107 serán engañados ya que no conocen la Palabra de Dios (1 Co 2:14) o no poseen el Espíritu Santo para que les guíe en verdad (Jn 16:13). Aquellos "moradores de la tierra" (una frase que describe a los no creyentes de la Tribulación – 17:2; 3:10; 6:10; 8:13; 11:10; 13:8, 12, 14; 14:6) estarán asombrados por el Anticristo y engañados para adorarle a él como un dios que viene en carne. Solo los elegidos no serán engañados (Mt 24:24).

Reflexión: ¿Tiende a seguir la gente hoy en día a quienquiera que pueda realizar "milagros", sin importar la doctrina que tienen?

III. LA DESCRIPCIÓN DE LA RAMERA (17:9-11)

17:9

Esto, para la mente que tenga sabiduría: Las siete cabezas son siete montes, sobre los cuales se sienta la mujer, 10y son siete reyes. Cinco de ellos han caído; uno es, y el otro aún no ha venido; y cuando venga, es necesario que dure breve tiempo.

17:9-10 El ángel establece que la "sabiduría" es necesaria para entender el significado (como el 13:18); es decir que requiere de percepción espiritual para entender.108 La sabiduría no es sentido común, sino un conocimiento investigativo adquirido y aplicado a situaciones prácticas. Históricamente, han habido muchas interpretaciones de estos pasajes, efectivamente ilustrando su dificultad. Las "siete cabezas" de la bestia son símbolos de "siete montañas", el fundamento de la religión ramera. El desafío a aplicar "sabiduría" junto con la interpretación de las siete montañas deben significar que esta no es obviamente una interpretación geográfica.

El comentario anterior de Apocalipsis describió estas siete montañas como "la ciudad de los siete montes" es decir, Roma.109 Sin embargo, tomando el pasaje como un todo, las siete montañas son también "siete reyes". Por lo que la interpretación de que la ciudad es Roma es algo dudosa. "Cinco han caído; uno es, y el otro aún no ha venido". Cuando se toma la perspectiva del primer siglo de Juan, vemos que habían caído cinco imperios Gentiles grandes (Egipto, Asiria, Babilonia, Medo-Persia y Grecia). El sexto reino ("es decir") el que existió cuando Juan escribió, era Roma.

El séptimo imperio ya iba a venir: el imperio mundial final del Anticristo. Todos estos siete imperios fueron centros del panteón idolátrico Babilonio de la Ramera. El séptimo imperio que viene para unir al mundo en una Federación de 10 reinos solo "durarán un breve tiempo". Este probablemente se refiere a los 3 1/2 años de la última mitad de la Tribulación. La condenación del Anticristo es segura, aunque él esté luchando para anular el juicio de Dios.

Reflexión: A través del transcurso de la historia ¿ha habido una mejoría en el carácter moral de las naciones?

El último intento de la condenada Bestia

17:11

La bestia que era, y no es, es también el octavo; y es de entre los siete, y va a la perdición.

17:11 La Bestia sale del séptimo imperio, "el octavo" rey, quien es herido mortalmente, pero impresionantemente es resucitado. Cuando el Anticristo es poseído por un espíritu demoníaco del Abismo a la mitad de la Tribulación, él se convierte esencialmente en Satanás encarnado. Si el séptimo rey (reino) es algo futuro, entonces se refiere a la Federación inicial de los 10 reinos del Anticristo, que se establecerá al principio de la primera mitad de los 7 años de la Tribulación y trae paz inicial al mundo. A la mitad de la Tribulación llega una crisis, (después de los seis sellos) cuando el Anticristo destruirá el sistema religioso global de la Ramera (que será descrito más tarde en este capítulo) y suplantará tres de los diez reinos. Esta acción dejará siete reyes en la federación global que se rendirá a la presunción del Anticristo de tener autoridad divina absoluta, tanto política y religiosa, sobre el mundo entero durante los últimos 3 1/2 años de la Tribulación. Daniel asimismo vio una federación de diez naciones bajo el Anticristo:

> Daniel 7:24-25 "Y los diez cuernos significan que de aquel reino se levantará otro, el cual será diferente de los primeros, y a tres reyes derribará. Y hablará palabras contra el Altísimo, y a los santos del Altísimo quebrantará, y pensará en cambiar los tiempos y la ley; y serán entregados en su mano hasta tiempo, y tiempos, y medio tiempo." (ó 3 1/2 años).

No importa cuán poderoso parece ser el Anticristo, su condenación está lista y él no puede evitar el juicio final de Dios. La única pregunta es ¿A cuántos humanos engañados e inconscientes puede arrastrar con él hacia abajo? La alianza con la iglesia mundial apóstata de la Ramera obligará un lazo con el Anticristo que condenará sus almas junto con Satanás. ¿Por qué están intentando unirse las naciones en bloques regionales políticos hoy en día? (ej., grupo Andino, grupo Europeo, grupo Norteamericano, grupo Norte Africano, grupo Sudafricano, grupos Musulmanes, grupo de la India, Chinos, grupos de la República Soviética y grupo de Sudeste de Asia). Estos grupos existen hoy día para unir sus economías, leyes mercantiles, etc.

Reflexión: Lo que está siendo descrito en Ap 17 no está lejos de lo que existe hoy día. ¿Nos motiva esto a vivir piadosamente y a evangelizar?

IV. LA FEDERACIÓN DE DIEZ NACIONES (17:12-14)

17:12

Habían también quitado a las otras bestias su dominio, pero les había sido prolongada la vida hasta cierto tiempo.

17:12 Los "diez cuernos" (17:3) eran los "diez reyes" que gobernarán las diez naciones del imperio del Anticristo. Ellos no han recibido sus reinos todavía, pero se les dará autoridad como reyes. Todos estos diez "reyes" son contemporáneos en el Período de la Tribulación y formarán una vasta Federación mundial. Los diez reyes tendrán "autoridad" especial, (exousia, "el poder de gobernar o gobierno") probablemente un poder demoníaco, que les fue otorgado a ellos por "una hora", lo cual es una figura de discurso que indica un tiempo breve.

Reflexión: ¿Qué similitud tiene esta historia a la clásica leyenda Alemana "Fausto"?

Poder de Unidad (bueno o malo)

17: 13

Estos tienen un mismo propósito, y entregarán su poder y su autoridad a la bestia.

17:13 Ellos son de "una mente", que suena como una característica similar a la torre de Babel: "el pueblo es uno, y todo éstos tienen un solo lenguaje; y han comenzado la obra, y nada les hará desistir ahora de lo que han pensado hacer" (Gn 11:6). Estos reyes darán una lealtad y sumisión incuestionables al Anticristo. Este gobernador del Medio Oriente que aparecerá al principio de la Tribulación es tan dinámico y convincente, que aunque la situación global se está volviendo caótica, estos gobernantes brindan una sumisión total incuestionable al Anticristo.

Reflexión: ¿Se define al liderazgo como capaz de hacer que la gente dé al líder una autoridad ciega y absoluta en sus vidas?

Compromiso de Pelear con Cristo

17:14

Pelearán contra el Cordero, y el Cordero los vencerá, porque Él es Señor de señores y Rey de reyes; y los que están con él son llamados y elegidos y fieles.

17:14 La agenda de los diez reyes y del Anticristo contempla destruir cualquier noción de Dios en Su pueblo durante los siete años de Tribulación. Ellos son extremadamente efectivos en acabar a casi todos los creyentes en la primera mitad de la Tribulación. Luego a finales del período de los siete años atacarán a Israel y a Jerusalén para destruir hasta el último vestigio del Dios de la Biblia. Por muy desoladora que pueda parecer la situación para ellos en ese momento, la persecución del Anticristo fracasará y todos los que estén asociados con él serán condenados.

El Cordero (el Señor Jesucristo) no puede ser vencido; Él es el "Señor de señores y Rey de reyes". Él no es un enemigo a provocar, porque Él vencerá al ejército del Anticristo en una destrucción total descrita en Ap 19. Él es la única autoridad real. ¡Qué tonto estar en contra de Dios! Cuando Él regrese, "los que están con él son llamados y elegidos y fieles". Cuando ocurra esta confrontación en el Armagedón, todos los creyentes de la Era de la Iglesia, que están en el cielo, volverán con Él, implicando esto que el Rapto habrá ocurrido mucho antes de este retorno (7 años antes). Ya que la última batalla con Satanás es segura, podemos nosotros ganar la batalla sobre las tentaciones demoníacas de todos los días. Él no tiene poder, pero nos tienta y nos sugiere falsas ideas y enseñanzas. Al conocer la Palabra de Dios no seremos engañados. Si nos comprometemos con Su voluntad descrita en las Escrituras, nosotros podemos resistir la lascivia y tentaciones que Satanás puede usar para destruir una vida.

Reflexión: Describe cómo vences la tentación hoy día.

V. REBELIÓN DE LAS "AGUAS" QUE ESTÁN DEBAJO DE LA RAMERA (17:15-17)

17: 15

Me dijo también: Las aguas que has visto donde la ramera se sienta, son pueblos, muchedumbres, naciones y lenguas.

17:15 En el 17:1 la Ramera "se sienta sobre muchas aguas". Estas "aguas" son ahora interpretadas como "pueblos, multitudes, naciones y lenguas". La religión ramera será una religión mundial, inclusiva y posesiva. La imagen de "sentarse" sobre la gente del mundo, sugiere supresión, dominio y autoridad. Al estar montada sobre la espalda de la bestia, esta falsa religión tiene la autoridad de la bestia de demandar absoluta sumisión con la consecuencia de sufrir castigo capital si se rebelan. Un caso similar sucedió cuando la Iglesia Católica fue declarada la única religión del estado (380 DC), obligando así a que todos se conviertan en Católico Romanos o de lo contrario serían considerados traidores al imperio y sufrirían la pena de muerte por su rebelión.

El mundo estará obligado a unirse a la falsa adoración del sistema Babilonio, abandonando cualquier otra religión, mucho más la fe bíblica. Así fue el caso con el ascenso al poder de la Iglesia Católico Romana (500-1000 DC), los poderes políticos despreciaron a los líderes de la Iglesia Católica porque "interferían" y asumían autoridad sobre las reglas "soberanas" de la tierra.110 Solo se puede imaginar qué es lo que provocó el odio del Anticristo (17:16) contra esta religión ramera. Los Anabautistas y la Primera Enmienda de la Constitución de los Estados Unidos fueron los primeros en establecer la separación de la iglesia del estado como una política oficial del gobierno, que buscó eliminar estos abusos de poder en la iglesia.

Reflexión: ¿Por qué crees que actualmente la gente es tan temerosa del poder que tienen las iglesias involucradas en políticas y leyes?

La Destrucción de la Religión Ramera

17: 16

Y los diez cuernos que viste en la bestia, éstos aborrecerán a la ramera, y la dejarán desolada y desnuda; y devorarán sus carnes, y la quemarán con fuego;

17:16 El amorío del Anticristo o su admiración mutua con la religión de culto Babilonio probablemente terminará a mediados de la Tribulación, cuando ocurra la "abominación desoladora" (Dn 9:27; Mt 24:15). El Anticristo y la Ramera se habrán usado mutuamente para ascender a un poder absoluto sobre el mundo entero, pero solamente hay lugar para uno en la cima. La paranoia y la desconfianza son síntomas comunes de los líderes poderosos que piensan que solo ellos deberían liderar y que ven a los otros como competidores. Así como los sobrevivientes del sexto sello ven lo impotente que es la iglesia Babilonica Ramera para protegerles a ellos, así el Anticristo y la Federación de las 10 naciones deciden librarse de esta molesta religión. Toman los asuntos en sus propias manos y crean la religión y adoración al Anticristo. Quienquiera que no le adore será asesinado (Dn 11:36-38; 2 Ts 2:4; Ap13:8,15).

La iglesia de la Ramera será necesariamente malvada para ganar poder sobre el mundo, pero el Anticristo no confiará en ella. Los cuatro medios para destruir el sistema religioso de la Ramera parecen la inquisición con algunas hipérboles ("comer sus carnes"). Será despojada de toda su hermosura, poder, riqueza, autoridad y será ilegal congregarse. "Desolada" puede indicar su aislamiento (¿en prisión?), "desnuda" puede indicar desolada de todas sus posesiones, "comer sus carnes" (como con Jezabel, Elías profetizó que los perros comerían su carne en 2 R 9:36) puede significar que los líderes de la Ramera serán asesinados inmisericordemente y dejados para que les coman los perros, y "la quemarán con fuego" puede indicar la quema de todas sus iglesias o posiblemente el retorno a la quema de los disidentes en la hoguera. Este no es un cuadro bonito. Caer en la desaprobación del Anticristo es fatal.

Reflexión: ¿Has visto cuán destructiva puede ser la ambición egoísta por poder y prestigio?

EL INVOLUCRAMIENTO DE DIOS EN LA CAÍDA DE LA BESTIA

17: 17

porque Dios ha puesto en sus corazones el ejecutar lo que él quiso: ponerse de acuerdo, y dar su reino a la bestia, hasta que se cumplan las palabras de Dios.

17:17 De los 23 versículos que hablan de que Dios ha puesto ideas en los corazones de los hombres, solamente dos tienen consecuencias negativas: Dios le dio a Judas la idea de traicionar a Jesús (Jn 13:2) y en este texto fueron los reyes quienes tuvieron la idea de dar sus reinos al Anticristo. Las dos situaciones son eventos que cumplen la profecía. La palabra "lo que él quiso" es gnome, "lo pensado o conocido, resuelto o decretado". Al hacer esto, los reyes actuarán exactamente como la profecía lo predijo. No hay nada que Satanás pueda hacer para anular una de las profecías o propósitos de la Palabra de Dios. Dios puso eso en sus corazones, pero ellos conscientemente eligen unirse a las filas con el Anticristo y abandonar la religión Ramera.

Cuando Satanás invade el mundo y finalmente destruye su reino y a sus seguidores, él está haciendo exactamente lo que Dios sabía que haría. Irónicamente, la decisión que tomaron los reyes de la tierra de servir al Anticristo, decisión auto-complaciente, egoísta, que desea estar en el lugar de los ganadores, encaja perfectamente en el plan profético de Dios para la destrucción final del gobierno Satánico del mundo.

Por último toda la humanidad está unida en un solo gobierno mundial, cumpliendo el sueño de los humanistas, únicamente trayendo la condenación del mundo. La última frase es un concepto clave: "hasta que se cumplan las palabras de Dios". Satanás piensa que él está gobernando, pero él solamente estará haciendo lo que Dios dijo que haría. Nada puede detener la destrucción de la religión Ramera, que llevará consigo el juicio final de Dios contra todos aquellos que rechazaron Su oferta de salvación.

Reflexión: ¿Por qué es Dios tan duro con las religiones falsas, de acuerdo con Is 42.8?

Ciudad Reinante

17: 18

Y la mujer que has visto es la gran ciudad que reina sobre los reyes de la tierra.

17:18 La respuesta a la pregunta, "¿Quién es la mujer/ramera?", (17:1,3) está en el v. 18. Es "la gran ciudad que reina sobre los reyes de la tierra". Los lectores de Juan y la Iglesia Primitiva identificaron a esta ciudad como Roma, la capital del conocido mundo en el momento en que se escribió Apocalipsis (95 DC). Tanto como un imperio político y luego como una forma torcida del Cristianismo, Roma ha perseguido a los creyentes en la Biblia sin misericordia durante 1600 años. ¿Hay algún vínculo con Babilonia?

Después de la destrucción de Babilonia por los Persas, los sacerdotes Babilonios migraron a Pérgamo (Ap 2:13). Luego los sacerdotes migraron a Roma como al Colegio Romano de los Pontífices de las antiguas religiones paganas Romanas. Para ganar poder político, el emperador Augusto (63 AC a 14 DC) fue hecho el primer Máximo Pontífice de los sacerdotes Babilónico/Romanos. Este oficio religioso se volvió una parte inseparable del oficio Imperial. Cuando Constantino declaró al Cristianismo como algo legal (313 DC) él era el Máximo Pontífice del panteón Romano. Para poner al Cristianismo a la par de las religiones paganas, el emperador se convirtió en la cabeza de la Iglesia Católica. Constantino presidió los Concilios de la Iglesia primitiva con este mismo título,

Máximo Pontífice, para así dar autoridad a las decisiones de la Iglesia. Con el emperador viviendo en Constantinopla, por edicto de Teodosio en Febrero del 380, el Cristianismo fue declarado la única religión legal y Damasco I, obispo de Roma (366-384), fue nombrado el Máximo Pontífice para reforzar el decreto imperial.

Los emperadores ya no se llamaban Máximo Pontífice. Fueron los mismos decretos de Teodosio que dieron legalidad a las Inquisiciones 600 años más tarde para perseguir a cualquier disidente. La Iglesia Católico Romana ha hecho que todos los papas desde Damasco I sean Máximo Pontífice con toda la autoridad civil y religiosa, sean el Vicario infalible (representante) de Cristo. En el Arrebatamiento, todos los que sean creyentes genuinos de la Iglesia Católico Romana serán echados fuera, dejando la vasta infraestructura global llena de incrédulos fácilmente engañados por la lógica y persuasión del Anticristo. Ella llevará su crecimiento hacia el poder global destruyendo o subyugando a todas las religiones hasta que ellos solos controlen el destino de la humanidad, solo para ser luego traicionados y destruidos por el mismo Anticristo 3 1/2 años más tarde, el cual puede descansar al no tener otra autoridad que cuestione sus decisiones.

Babilonia y Roma fueron la base de este vasto sistema que será el más cruel e inmisericorde jamás imaginado. Al final sus crueldades serán nada comparables con la religión de auto-deificación del Anticristo durante los últimos 3 1/2 años de la Tribulación.

Reflexión: ¿Qué sabes tú en cuanto a la "Iglesia Perseguida" de hoy día? ¿Se compara con esto?

CAPÍTULO 18

CAÍDA DE BABILONIA

El Capítulo 17 revela a la "gran ramera" llamada "Babilonia la Grande" (17:5) y por qué ella será destruida (17:1): Ella representa un sistema religioso inmoral y malvado cuyo propósito principal será matar a los creyentes. Pero su destrucción (Cap. 17) solo establecerá una mucho peor empresa religiosa/política/comercial que solo sacará dinero al mundo que ya tiene pocos recursos, para la ganancia del Anticristo y su empresa. Este capítulo detalla la destrucción del control comercial mundial del Anticristo y del sistema de su propia adoración, y cómo esto afectará a los habitantes del mundo.

I. EL ANUNCIO DEL JUICIO SOBRE LA GRAN CIUDAD (18:1-8)

18:1

Después de esto vi a otro ángel descender del cielo con gran poder; y la tierra fue alumbrada con su gloria.

18:1 "Después de estas cosas", es decir, la siguiente secuencia de eventos serán después de la destrucción de la religión Ramera (capítulo 17) a mediados de la Tribulación y el establecimiento de la auto-adoración del Anticristo y la toma de posición global. "Otro" (allos) ángel, no uno de los "siete ángeles" del 17:1, tampoco se refiere esto a una presentación de Cristo; sin embargo, por la presencia y majestad de este ángel "la tierra fue iluminada con su gloria (o esplendor)". Los diferentes niveles de autoridad de los ángeles son probablemente evidentes por su semejanza al esplendor de Cristo.

Este ángel tendrá "gran" (*megas*) "poder", en comparación a los ángeles de los juicios de las copas que serán capaces de generar catástrofe mundial. La gloria resplandeciente o resplandor que emana de este ángel parece reflejar la gloria misma de Dios, indicando que él podría estar viniendo de la misma presencia de Dios. Este será el mensaje final de destrucción sobre el sistema mundial corrupto del Anticristo. Este ángel no solo trae el mensaje, sino que llevará también a cabo los juicios.

Reflexión: ¿Creemos nosotros que si somos rebeldes y desobedientes, Dios se convierte en nuestro enemigo o nuestro castigador para enseñarnos de la manera más dura a ser obedientes?

La Gran ciudad ha caído

18:2

Y clamó con voz potente, diciendo: Ha caído, ha caído la gran Babilonia, y se ha hecho habitación de demonios y guarida de todo espíritu inmundo, y albergue de toda ave inmunda y aborrecible.

18:2 Él clamó con una voz "potente", "Ha caído, ha caído la gran Babilonia"111 ¿Es ésta la misma destrucción descrita en el 17:16-17? Una comparación revela que estos son eventos separados. La Ramera del capítulo 17 "sentada sobre", estaba asociada con el poder político de la bestia, pero no con el mismo poder político descrito en este capítulo.

La descripción de esta nueva gran religión global está entrelazada con un gran sistema económico nunca antes visto en la historia. El uso metafórico de "Babilonia" describe un poder mundial malvado y corrupto que será difícil de identificar en este punto de la Tribulación. Con ciertos elementos en su lugar, una toma de posesión mundial podría ocurrir en cuestión de meses, por lo tanto, después de 3 1/2 años de desenvolvimiento, esta Mesiánica economía global y mundial junto con la adoración al líder tendrá a cambio una infraestructura global como la de Babilonia.

Cuando comiencen los eventos del período de 7 años, éstos se acelerarán rápidamente. Esta destrucción golpeará a los poderes políticos y económicos del mundo al final de los siete años. La catástrofe aquí descrita no viene de parte de la bestia o de la Federación de los 10 reyes, sino de un terremoto, que parece ser el descrito en el 16.19-21 en el juicio de la séptima copa. Babilonia "se ha hecho habitación de demonios y guarida de todo espíritu inmundo, y albergue de toda ave inmunda y aborrecible112 (orneon, "pájaro"). El tipo de ave es "inmunda y aborrecible" y algunas traducciones usan "águila ratonera" o "buitre". La enorme concentración de recursos demoníacos (todos los ángeles caídos en el pozo del abismo (9:1-2), más los ángeles que cayeron del cielo junto con Satanás (12:4), y la actividad permanente de los demonios en la tierra a través de todos los tiempos) hace que este sea un lugar terrible. La perversa influencia demoníaca será insostenible.

Reflexión: ¿Has sentido alguna vez la presencia demoníaca o has reconocido una influencia demoníaca en tu vida?

Los Negocios con Babilonia los convierte en millonarios

18:3

Porque todas las naciones han bebido del vino del furor de su fornicación; y los reyes de la tierra han fornicado con ella, y los mercaderes de la tierra se han enriquecido de la potencia de sus deleites.

18:3 Porque todas las naciones han "bebido" (*pino*, "tomar, absorber, chupar") del vino del furor de sus adulterios y su vida lujosa" (*strenos*, "fuerza excesiva, deseo imperioso, sensualidad, desenfreno" o "una forma de vivir caracterizada por terco orgullo" Friberg). La palabra para "bebido" es usada metafóricamente por Jesús: "mas el que bebiere del agua que yo le daré" (Jn 4:14) lo cual resulta en vida eterna; pero aquí, la situación es negativa. La primera acusación es contra las "naciones" (*ethnos*, raza humana o pueblos individuales) que se han comprometido con el acto de absorber todas las ofertas del Anticristo, rindiéndole a él sus almas y deleitándose en sus tentaciones de lujuria y maldad en una escala global que causa la unión de sus almas al Anticristo.

La razón para la caída de Babilonia es que esta falsa religión lleva a la gente a vicios y adicciones enloquecedoras, mientras que los "mercaderes" se vuelven ricos. Babilonia personifica a todo lo malvado: inmoralidad sexual, idolatría, avaricia, adicciones, poder y opresión. La segunda acusación es contra los gobernadores del mundo que han cometido adulterio con ella; es decir, ellos se han unido al sistema Babilónico en sus pecados vergonzosos, buscando las sensaciones y experiencias de pasiones auto-gratificantes.

El término "adulterio" puede referirse a las vergonzosas alianzas para obtener ventaja política y/o al total abandono de la moralidad bíblica. La tercera acusación es por cómo se han hecho ricos los comerciantes de todo el mundo viviendo la lujuriosa vida de "Babilonia". Los negocios fueron seducidos por la enorme riqueza obtenida al asociarse con ella. No hay posibilidad de elección, ya que la economía global y el Anticristo no tienen competición alguna.

La prosperidad de ellos motivó su orgullo y auto-suficiencia; esto es adulterio espiritual. Ellos están en el interior del sistema haciéndose ricos sin ningún escrúpulo moral que les importe. Esta prosperidad será el resultado de un monopolio total de la economía del mundo a través de forzar a comprar y vender exclusivamente lo que tenga la marca de la bestia. Las naciones estrán sometidas a esto, los líderes obligan a esto y los comerciantes prosperan de esto.

Reflexión: ¿Puedes ver alguna comparación con los gobiernos socialistas?

LA CAÍDA DE BABILONIA
Advertencia a los habitantes

Y oí otra voz del cielo, que decía: Salid de ella, pueblo mío, para que no seáis partícipes de sus pecados, ni recibáis parte de sus plagas;

18:4 "Otra" (*allos*) voz, evidentemente de Dios Mismo, que advierte al pueblo de Dios ("pueblo mío") para que abandonen la ciudad y así puedan escapar de su juicio o "plagas". Hasta el final, Dios advierte a los Suyos para librarles de la catástrofe que está por venir tal como lo hizo con Noé (Gn 6:13-22) y con Lot (Gn 19:12-22). Evidentemente continuará existiendo un flujo constante de nuevos creyentes. Los creyentes verdaderos siempre deben separarse de los sistemas malvados e impíos. Esta es la misma forma en que se le ordenó a Abraham que se separe del paganismo de Ur que era provincia de Babilonia (Gn12:1).

Jeremías había visto este mismo dilema para los creyentes sobrevivientes, "Huid de en medio de Babilonia, y librad cada uno su vida, para que no perezcáis a causa de su maldad; porque el tiempo es de venganza de Jehová; le dará su pago" (Jer 51:6; ver también Jer 51:45). Hay un daño colateral cuando cae el juicio de Dios. Si los creyentes están muy cerca, es porque ellos quieren estar cerca de la maldad. Ellos fueron advertidos con anticipación. Un terremoto no puede ser selectivo. Cuando uno se asocia con los necios, la destrucción del necio puede ser compartida (Pr 13:20).

El mandamiento "salid" (*exerchomai*, imperativo aoristo, "inmediatamente, urgentemente… sepárate"). Juan da dos razones por las que el pueblo de Dios debe estar separado de este sistema demoníaco (1) Primero, tienen que obviar la contaminación y corrupción que viene de asociarse con ellos o llegar a ser "partícipes de sus pecados" (18:4; ver también 1 Ti 5:22; Ef. 5:11). Los creyentes no están supuestos a compartir pecados en sociedad a menos que también compartan su juicio, el cual será inevitable. Esto significa tanto una separación física como espiritual, mental y emocional de los pecados que destruyen la sociedad.

Los comerciantes aprenden cómo explotar los placeres pecaminosos de la gente que cree que "necesita" ciertas cosas para estar feliz, satisfecho, completo, exitoso, etc. Los Cristianos debemos modelar la vida de Cristo al servir, dar, tener auto sacrificio, vivir en obediencia, santidad y verdad. (2) Segundo, los creyentes no deben estar presentes cuando Dios juzgue a Babilonia, como Él de seguro lo hará. Cualquier asociación con este sistema corrupto resultará en sufrir el juicio venidero.

Reflexión: ¿De qué prácticas pecaminosas te advierten estas palabras que debes huir o desasociarte para no ser juzgado con los hacedores de maldad? ¿Haces algo o vas a lugares que luego te produzcan vergüenza si de repente Cristo viene y te encuentra ahí?

Los pecados dejan marcas permanentes

18:5

porque sus pecados han llegado hasta el cielo, y Dios se ha acordado de sus maldades.

18:5 El impacto de los pecados de Babilonia (adulterios espirituales con asquerosa adoración falsa y una vida lasciva y sensual -18:4) han "llegado hasta el cielo" (ekollethesan, aoristo pasivo, "subido a, tener un contacto cercano con", como poniéndose uno sobre otro). La Babilonia antigua edificó torres altas (zigurats) para alcanzar a sus dioses (Gn 11:4), pero lo que fue efectivo para obtener la atención del Dios verdadero fue su pecaminosidad, de la cual Él nunca se olvidó de ninguna obra, y cada una de ellas tendrá su justa recompensa.

La frase "Dios se ha acordado" no implica que Él podía olvidarse, sino que "sus pecados" se han convertido en una ofensa tan grande que ellos han llegado a ser una prioridad y ahora deben ser tratados de una vez y para siempre. Dios nunca se olvida la ofensa del pecado a no ser que éste esté pagado ya con un castigo justo. Para el creyente, la promesa es completamente opuesta. Él dice "y no me acordaré de tus pecados... porque perdonaré la maldad de ellos, y no me acodaré más de su pecado" (Is 43:25; Jer 31:34).

Reflexión: Si Dios castiga a un pecador por su pecado, ¿es ésta una "justa" recompensa? ¿Por qué debe durar para siempre? ¿Cuál es la naturaleza doble del juicio de Dios sobre el pecado según 1 Ti 5:24?

¿Qué aprendemos en cuanto a Dios en nuestro texto (18:5) y de 1 Ti 5:27?

La Regla de Oro

18:6

Dadle a ella como ella os ha dado, y pagadle doble según sus obras; en el cáliz en que ella preparó bebida, preparadle a ella el doble.

18:6 Como sea que Babilonia te ha tratado o "rendido" (apodidomi, aoristo, "pago, devolver lo que se debe, recompensar") a "ti" (este objeto directo es omitido en el Griego cuando el sujeto es obvio por el contexto como "tú" u "otros"), ella, Babilonia, recibirá una doble porción como devolución. El sujeto "tú" se refiere nuevamente a las "almas bajo el altar" (6:9-10) de los que habían sido asesinados en la primera mitad de la Tribulación.

Dios está constantemente animando a aquellos que están en el cielo con lo que está pasando en la tierra. Esta retribución será entendida según la ley Romana, lex talionis, la cual requiere que el castigo de una persona debe ser igual a su crimen, excepto que el ángel le pidió a Dios que le dé a ella el doble de pena por todas las obras malas de la malvada Babilonia.

En la Ley Mosaica la recompensa debería doblar (Ex 21:23-25). Note el pensamiento principal de 1 Co. 6:6-7. Ella había dado terror (haciendo la guerra contra todos los creyentes y Judíos, desparramando su sangre -13:7; 17:6) por lo que ella recibirá el doble de la mucha maldad que ha hecho. Los poderosos nunca creen que estarán obligados a rendir cuentas de cualquier injusticia o pecaminosidad que hayan hecho, creyendo que ellos siempre han sido y siempre serán la excepción a la regla.

Reflexión: ¿Piensas algunas veces que puedes pecar con inmunidad, y que nadie nunca lo sabrá? ¿Piensas que no hay ningún peligro cuando pecas en secreto?

Debe notarse que por más cruel que sea la tortura del Anticristo o de cualquier enemigo de los creyentes, nunca debemos buscar venganza (Ro 12:14, 17, 19-21). Ver también 1 Ts 5:15; 1 P 3:9 para encontrar otros mandamientos que hablan de buscar venganza. Si Israel, el pueblo elegido de Dios, recibió el doble por sus pecados (Is 40:1-2; Jer 16:18), ¿Cuánto más los enemigos de Dios recibirán el doble por su desobediencia a Su Voluntad?

Proporcionado y Justo

Cuanto ella se ha glorificado y ha vivido en deleites, tanto dadle de tormento y llanto; porque dice en su corazón: Yo estoy sentada como reina, y no soy viuda, y no veré llanto;

18:7 Este sistema Babilónico del Anticristo vivirá en lujo y placer, que luego encajará con tormentos y sufrimientos. Esta era la oración de Jeremías contra la antigua Babilonia en Jer 51:34-35. En la proporción que ella se ha "glorificado" (*doxazo*, aoristo, "alabanza, magnificencia, honor, hacer reconocido") y ha vivido en deleites" (*streniao*, aoristo, "ser infiel, indulgente, rebelde") en esa misma proporción se le dará "tormento y llanto".

La sentencia está dada porque ella piensa o "dice en su corazón", "Yo estoy sentada como reina, y no soy viuda, y no veré llanto". Ella cree que está exenta de los juicios de la Tribulación, y falsea su exención cubriendo sus llagas, etc., pretendiendo ser como los 144.000 y los dos testigos que fueron exentos. Los pecados Babilónicos serán su impiedad, orgullo y glorificación por su riqueza y lujos, buscando exaltarse a sí misma. Ella no creerá que está condenada hasta que sea ya muy tarde. Dios será su juez seguramente tal como lo fue con la antigua Babilonia (Is 47:9-11).

Hay tres pecados que demandan el castigo para Babilonia (1) Ella es orgullosa. Dios dijo "a otro no daré mi gloria" (Is 42:8). Él odia el orgullo (Pr 6:16-17; Stg.4:6); (2) Ella buscó lo sensual, egoísta y su auto-gratificación. Pablo dijo de eso "pero la que se entrega a los placeres, viviendo está muerta." (1 Ti 5:6); (3) ella es culpable de auto-suficiencia y presunción de poder por lo que nunca "verá llanto" o "dolor" lo cual es una reflexión de orgullo de la Babilonia antigua que dijo: "..Para siempre seré señora... no quedaré viuda ni conoceré orfandad" (Is 47:7-8). Pero tal como Isaías profetizó de la antigua Babilonia, "Estas dos cosas te vendrán de repente en un mismo día, orfandad y viudez; en toda su fuerza vendrán sobre ti, a pesar de la multitud de tus hechizos y de tus muchos encantamientos." (Is 47:9).

Reflexión: Es natural pensar que las cosas malas no nos pasarán a nosotros, ¿verdad? ¿Alguna vez tuviste que regresar con violencia de tu egoísmo a una realidad humillante de dependencia total hacia Su providencia sin importar el resultado? ¡Es mejor ser castigado que ser condenado!

Cómo caen los poderosos

18: 8

por lo cual en un solo día vendrán sus plagas; muerte, llanto y hambre, y será quemada con fuego; porque poderosos es Dios el Señor, que la juzga.

18:8 "Por lo cual" (*dia touto*, "a través de esto") significa "por las razones mencionadas" el castigo de ella será justo. Sus "plagas" o juicio vendrán en "un día", (literal o representando un muy corto período de tiempo; ej., "una hora" en el 17:12) que incluirá "muerte, luto y hambre". De la misma manera en que la antigua y poderosa Babilonia cayó en una noche (Dn 5:30) así ocurrirá de nuevo.

Evidentemente para la mayoría, Babilonia ha sido capaz de evadir muchas consecuencias serias de la Tribulación, pero ya no más. Por todo su orgullo, pompa y prestigio, ella será bajada a un caos y destrucción humillante. La ciudad más malvada en la historia de la humanidad será destruida como seguramente lo fueron Sodoma y Gomorra. Ella será "quemada con fuego". El juicio de la séptima copa traerá destrucción sin paralelo a "Babilonia" (16:17-21) y luego ella será quemada con fuego.

Jeremías ha dado una profecía similar de la antigua Babilonia (en la cima de su poder), "el muro ancho de Babilonia será derribado enteramente, y sus altas puertas serán quemadas a fuego; en vano trabajaron los pueblos, y las naciones se cansaron sólo para el fuego." (Jer 51:58). Lo que debería haber sido obvio para todos y provocar un sentimiento de arrepentimiento es la frase "poderoso es Dios el Señor, que la juzga". Nadie puede cambiar o detener los planes de Dios o hacer que Él deje de cumplir Su voluntad. Job lo dijo de esta manera, "Yo conozco que todo lo puedes, y que no hay pensamiento que se esconda de Ti".(Job 42:2).113

Reflexión: ¿Es fácil que los creyentes olviden que Dios castigará toda desobediencia? ¿Creemos realmente que Él castigará nuestras desobediencias? Dios es tan paciente que los hombres descuidados comienzan a presumir que Dios no quiere decir lo que Él dice. Si los creyentes son descuidados, ¿cuánto más los rebeldes y no regenerados enfrentará juicios inevitables?

II. LOS GOBERNANTES DEL MUNDO LAMENTAN LA DESTRUCCIÓN DE LA CIUDAD (18:9-10)

18:9

Y los reyes de la tierra que han fornicado con ella, y con ella han vivido en deleites, llorarán y harán lamentación sobre ella, cuando vean el humo de su incendio,

18:9 Los reyes ausentes, adictos "que han fornicado con ella, y con ella han vivido en deleites" podrán escapar a la destrucción de ella, pero no a las consecuencias de su colapso. El "lamento" de ellos es por la pérdida de ingresos y placer, "cuando vean el humo de su incendio". Ellos nunca se arrepentirán por sus pecados, pero llorarán por la pérdida que ellos tienen de placer, prestigio y poder. Este "lamento" se convierte rápidamente en resentimiento, luego en amargura y luego en desesperación por retaliación y venganza, cuando el mundo se junte para destruir el último vestigio del Dios Judío/Cristiano.

Los versículos 9-20 son un sentimiento de funeral por la caída de Babilonia cantado por tres grupos diferentes: (1) gobernadores del mundo (18:9-10), (2) los comerciantes (18:11-16), y (3) los dueños de los barcos-transportadores (18:17-20). Todos estos grupos han crecido en riqueza a través de los tratos comerciales exclusivos y obligatorios que impuso la marca de la bestia. Todo aquel que se asocia con el Anticristo prosperará enormemente, alimentando el resentimiento contra cualquier impedimento a su prosperidad, como con aquellos que no recibieron la marca de la bestia y que por lo tanto tratan de negociar ilegalmente y contra el Dios Judío /Cristiano a Quien se le culpará por destruir la economía y el medio ambiente del mundo entero. Estos son los diez reyes de la federación y los reyes vasallos regionales bajo todos los cuales "han fornicado con ella, y con ella han vivido en deleites (Babilonia)" (v.3).

Primero, estos "reyes de la tierra" "llorarán y harán lamentación sobre ella", por la pérdida personal de la riqueza, prestigio y poder de ellos. Todos serán disueltos en unas pocas horas. ¡Cuán volátil es el poder y el prestigio! El lamento es tanto por ellos mismos (si no más), como por Babilonia. La vida egoísta deja muy poca preocupación por otros. Por lo que si ellos tienen que ayudar a causar horrible aflicción a algunos con el fin de ganar un mejor trato para las masas (y para ellos por supuesto!), entonces su conciencia es anulada.114 Ellos estarán emocionalmente perturbados por sus pérdidas. En el colapso económico muchos ricos pueden perder sus fortunas en cuestión de horas y despertar sin un céntimo.

Reflexión: ¿Cómo debería responder un creyente a este tipo de circunstancias? ¿Conoces tú a alguien que ha sufrido tales pérdidas?

Evasión de los caídos

18: 10

parándose lejos por el temor de su tormento, diciendo: ¡Ay, ay, de la gran ciudad de Babilonia, la ciudad fuerte; porque en una hora vino tu juicio!

18:10 Los reyes no querrán estar cerca de esta ciudad por "temor de su tormento", sino que más bien, serán testigos a distancia a través de los medios de comunicación. La palabra para "Ay" es oiai, traducido "ay", una interjección de dolor usado en casos especiales "porque en una hora vino tu juicio", un juicio que pensaban ellos que nunca iba a llegar. La sensación de inmortalidad hace que la gente sea descuidada: el síndrome de que "eso nunca me pasará a mí". Esta ciudad/sistema ha sobrevivido los juicios de la Tribulación hasta ahora. Su desesperación tiene sus raíces en sus valores egoístas, los cuales están siendo destruidos: ahora ellos también son nada, sin poder y quebrados. Ellos temen la retaliación de aquellos a quienes han abusado con su poder/relaciones comerciales. Toda su riqueza se evaporará y su base de poder será destruida, dejándolos indefensos. ¿Cuántas veces hoy en día la gente entrega su vida a una línea de productos de una compañía, que quiebra justo cuando los trabajadores estaban a punto de retirarse y el empleado pierde todo hasta su trabajo y pensión?

Reflexión: Mucho peor es la historia de muchos creyentes que pasan sus vidas construyendo un retiro, una casa y una vida de disfrute (carros, cosas, vacaciones, etc.) pagando deudas interminables, pero con una inversión mínima, en caso de que exista, con alguna contribución significativa para el reino de Dios.

III. LOS COMERCIANTES QUE SE VUELVEN RICOS A TRAVÉS DEL NEGOCIO (18:11-16)

18: 11-13

Y los mercaderes de la tierra lloran y hacen lamentación sobre ella, porque ninguno compra más sus mercaderías; 12mercadería de oro, de plata, de piedras preciosas, de perlas, de lino fino, de púrpura, de seda, de escarlata, de toda madera olorosa, de todo objeto de marfil, de todo objeto de madera preciosa, de cobre, de hierro y de mármol; 13y canela, especias aromáticas, incienso, mirra, olíbano, vino, aceite, flor de harina, trigo, bestias, ovejas, caballos y carros, y esclavos, almas de hombres.

18:11-13 El siguiente grupo de gente desesperada (después de la destrucción de la ciudad/sistema de Babilonia y sus reyes o líderes) serán los comerciantes. Grandes pérdidas económicas llevarán a los magnates más ricos a caer de rodillas y llorar. Lo que sea que esta ciudad esté comercializando, ya no lo hará debido a la devastación global, "ninguno compra más sus mercaderías". Sus fantasías materialistas se desvanecerán. ¿Significa esto que la marca de la bestia requerida anteriormente, ya no es válida? Por un corto período la gente hará lo que quiere. La lista de 28 productos o categorías de productos que van desde el oro hasta vidas humanas llegan de todas partes del mundo; desde la China, India hasta el África del Norte y probablemente también del resto del mundo. En medio del horrible caos y catástrofes de los juicios de los sellos, trompetas y copas, la gente se volverá aún más auto indulgente, que busca placer y edificar su estatus y estará deseosa de hacer cualquier cosa para satisfacer su lujuria. El listado de cosas incluye una larga lista de productos de lujo y "todo tipo de objetos", y luego el ángel termina la lista con la siguiente frase: "esclavos, almas de hombres".

Probablemente debido a las deudas y calamidades, la gente no tendrá otra opción que entregarse a sí mismos, o serán tomados como esclavos. La lista descrita en este texto se lee como si fueran productos básicos del Imperio Antiguo de Babilonia del siglo sexto AC y del Imperio Romano en el primer siglo. Cuando los ricos pierden todo de lo que obtenían su valor personal o auto-estima, ellos se sienten sin valor, incapacitados de poder, autoridad y recursos para hacer que las cosas sucedan e imposibilitados para pagar a su acreedores. Los tiempos de desesperación llevan a medidas de desesperación.

Cuando un creyente verdadero muere, él se lleva consigo todo lo que valoró en la vida, pero cuando un no-creyente muere, él pierde todo lo que valoró en la vida y no tiene nada que mostrar de su viaje por la vida. Cuando una persona encuentra su satisfacción en las cosas de este mundo, entonces aquellas cosas se convierten en su dios, llenando el lugar que Dios debería llenar si se le hubiera permitido ingresar a su vida.

Reflexión: ¿Has visto, oído o experimentado algo similar a este colapso económico?

Sueños vacíos

18: 14

Los frutos codiciados por tu alma se apartaron de ti, y todas las cosas exquisitas y espléndidas te han faltado, y nunca más las hallarás.

18:14 Los "frutos codiciados por tu alma" y "todas las cosas exquisitas y espléndidas" no satisfarán más tu lujuria. El secreto para el éxito es encontrar lo que el hombre quiere como gratificación y apariencia, comprarlo barato y venderlo por mucho más. Los lujos y placeres de este mundo nunca pueden satisfacer al alma, sólo la llevan a más insatisfacción y desilusión. Esto fomenta la falsa idea de que más indulgencia traerá mayor satisfacción, pero la saturación no puede traer más satisfacción, solamente falsa esperanza. Ya no hay más esperanza al adquirir cualquier satisfacción a través de esta comercialización.

La desesperación y frustración llegan a proporciones enormes en la mente de la gente. Los creyentes no están exentos de estas tentaciones de sustituir la búsqueda de satisfacción que llega solamente por la comunión con Dios.

Muchas personas buscan ser importantes frente a los hombres o desviar su atención de la miseria personal que hay alrededor de ellos siendo indulgentes con su lascivia y placer.

Reflexión: ¿Cuántos placeres necesita una persona, cuánta ropa, carros, etc.? Pon límites en ti mismo, en tu presupuesto, y en tu deseo de tener lo mejor, lo último, lo más placentero. La prueba viene cuando pierdes algo, ¿te duele eso profundamente? Entrega todo al Señor y si Él te lo quita, de todas formas era Suyo, solo te lo prestó por un tiempo. Asegúrate de usar esas cosas para honrarle a Él y que nunca tomen Su lugar de importancia en tu corazón. Él ve tu corazón.

¿Cómo te sentirías si hoy día una tormenta o un fuego destruyen tu casa y todo lo que tenías?

¿Y no tenías seguro?

La vanidad del materialismo

18: 15-16

Los mercaderes de estas cosas, que se han enriquecido a costa de ella, se pararán lejos por el temor de su tormento, llorando y lamentando, 16y diciendo: ¡Ay, ay, de la gran ciudad, que estaba vestida de lino fino, de púrpura y de escarlata, y estaba adornada de oro, de piedras preciosas y de perlas!

18:15-16 Los comerciantes perderán su fuente principal o exclusiva de ingresos. La tristeza de ellos no será de pena por la destrucción de Babilonia, sino por sus bancarrotas y sus pérdidas. Terminará el monopolio de ellos en las compañías comerciales con la obligatoriedad del uso de la marca de la bestia. Ellos harán eco de la agonía de los líderes y reyes, quienes también perderán su parte en la comercialización así como en su poder político y su posición. ¡Este lamento dura por la eternidad! (Mt 8:12; 13:43, 50; 22:13; 24:51; 25:30). A partir de ahora todo el mundo sigue por su propia cuenta. Nadie puede creer que semejante empresa mundial podía colapsar tan de repente. Ahora todos están interesados en sobrevivir y tienen poco interés en los lujos de estas mercancías. Sus productos básicos tendrán poco o ningún valor.

Reflexión: Estos mercaderes codiciosos y sin conciencia son una ilustración de todos los que venden sus almas por las cosas (Mr 8:36). ¿Te parece esto tonto?

IV. LOS DUEÑOS DE EMBARCACIONES, Y CAPITANES DE BARCOS MERCANTES (18:18-20)

Las expectativas perdidas traen frustración

18: 17

Porque en una hora han sido consumidas tantas riquezas. Y todo piloto, y todos los que viajan en naves, y marineros, y todos los que trabajan en el mar, se pararon lejos;

18:17 Toda la riqueza del mundo del comercio "se hizo nada". El colapso económico siempre tiene un efecto dominó. Todos los empleados y las compañías afiliadas a la alianza de la economía global quedarán asimismo sin trabajo de la noche a la mañana. Se destruyen todos los planes de pensiones, ahorros y cuentas bancarias.

Reflexión: ¿Has conocido a alguien que rápidamente perdió todo, todas sus inversiones y tal vez todas las reservas de su compañía? Nunca pensamos que ese tipo de pérdidas serían posibles en el mundo mercantil de hoy día, pero miles perdieron todo en la recesión del 2009. Eso es nada comparado con lo que va a suceder aquí.

La esperanza perdida trae desesperación

18: 18-19

y viendo el humo de su incendio, dieron voces, diciendo: ¿Qué ciudad era semejante a esta gran ciudad? 19y echaron polvo sobre sus cabezas, y dieron voces, llorando y lamentando, diciendo: ¡Ay, ay de la gran ciudad, en la cual todos los que tenían naves en el mar se habían enriquecido de sus riquezas; pues en una hora ha sido desolada!

18:18-19 Aquí vemos lamento sobre la "gran ciudad" la cual será finalmente irrecuperablemente destruida. La gente no podrá creer lo que está viendo. El tercer grupo de abajo en la cadena serán los transportistas y los hombres del mar, capitanes de barcos y navegantes. La riqueza de este sistema ha traído lujos de tierras distantes. Ahora la riqueza no significa nada cuando sobrevivir es lo más importante.

Ezequiel vio esta misma destrucción cuando escribió, "Descenderán de sus naves todos los que toman remo; remeros y todos los pilotos del mar se quedarán en tierra, y harán oír su voz sobre ti, gritarán amargamente y echarán polvo sobre sus cabezas, y se revolcarán en ceniza" (Ez 27:29-30). Sus barcos no sirven para nada. Sus inversiones de riesgo han venido a no tener ningún valor. El sistema monetario colapsará. Nada se venderá, porque no hay compradores con medios para pagar. Ellos se echaron "polvo sobre sus cabezas" (como Jos 7; 1 S 4:12; 2 S 1:2; 15:32; Job 2:12; Lm 2:10; Ez 27:30). Entonces no serán capaces de creer que este sistema mundial, grande y poderoso sea destruido tan rápidamente.

Reflexión: ¿Cuáles son los mejores y los peores ejemplos que has escuchado en cuanto a hombres y compañías que lo han perdido todo? ¿Puedes imaginarte cómo esta experiencia al final de la Tribulación les dejará a los hombres devastados?

Reacción en el cielo por la caída de Babilonia

18:20

Alégrate sobre ella, cielo, y vosotros, santos, apóstoles y profetas; porque Dios ha hecho justicia en ella.

18:20 Por otro lado, se les dice a los santos que están en el cielo "alégrate" (*euphraino*, tiempo presente, "estar continuamente, haber recibido la dicha, deleitarse en algo"), "porque Dios ha hecho justicia en ella". Este es el comienzo del fin de la largamente prometida justicia a los asesinos de los santos de la Tribulación (6:9-10). La alegría no será por la condenación de los pecadores, sino por la victoria de la justicia, la eliminación de todo el sistema enemigo y la pronta llegada del clímax de la Tribulación (cap. 19).

Aquellos que tengan interés especial en esta alegría serán los que habían sufrido gravemente a manos del sistema "Babilonio" de Roma y/o de la adaptación al sistema global del Anticristo. Los santos (un término general para todos los creyentes de todos los tiempos) y los "apóstoles y profetas", es decir, los fundadores de la Iglesia Cristiana (Ef 2:20; 4:11). Esta es la única mención de los "apóstoles y profetas en Apocalipsis". Para los cristianos contemporáneos que no conocen nada en cuanto a la persecución por su fe, esta venganza por el daño hecho a los creyentes no tendrá nunca el mismo significado.

Reflexión: ¿Sabes de alguna injusticia cometida a los Cristianos o a ti mismo que merece los juicios de la Tribulación?

V. EL COLAPSO VIOLENTO DE BABILONIA (18:21-24)

Violencia o rápida destrucción

18:21

Y un ángel poderoso tomó una piedra, como una gran piedra de molino, y la arrojó en el mar, diciendo: Con el mismo ímpetu será derribada Babilonia, la gran ciudad, y nunca más será hallada.

18:21 "Un ángel poderoso" (*ischuros*, "fuerte") dará una ilustración de la destrucción de Babilonia como lanzar una "gran piedra de molino" en el mar. Levantar y echar semejante piedra de molino no es ninguna hazaña pequeña (4-5 pies de diámetro, 1 pie de grosor de piedra sólida). Para describir la terrible destrucción el autor solamente añade, "con violencia" el sistema/ciudad será destruido. Sin advertencia y con "violencia" la ciudad será derrocada. Tan rápido como la piedra de molino golpea el mar y desaparece, así será Babilonia rápidamente destruida.

La frase añadida, "y nunca más será hallada", da la impresión de una destrucción final en un corto tiempo. Jeremías vio esta destrucción final, "Así se hundirá Babilonia, y no se levantará del mal que yo traigo sobre ella; y serán rendidos" (Jer 51:61-64).115

Reflexión: Poner la esperanza en el sistema político, sin importar lo poderoso que éste sea, es una necedad. Dios levanta y acaba lo que sea que cumpla Su propósito. La sabiduría dice que confiemos en el Todopoderoso, no en los poderes terrenales.

No hay más música, edificaciones o panaderías

18:22

Y voz de arpistas, de músicos, de flautistas y de trompeteros no se oirá más en ti; y ningún artífice de oficio alguno se hallará más en ti, ni ruido de molino se oirá más en ti.

18:22 Una característica de la ciudad corrupta es "voz de arpistas, de músicos, de flautistas y de trompeteros", ya que Babilonia será una sociedad dominada por la música. No habrá sonido de artesanos haciendo los productos para vender alrededor del mundo, o construcciones de edificios para hospedar a los líderes del gobierno mundial/centro comercial o el "sonido de una piedra de molino", que se usa para hacer harina para el pan y los pasteles.

Reflexión: ¿Puedes imaginarte el silencio amargo en los escombros de la destrucción de esta gran ciudad?

No habrá más electricidad ni bodas

Luz de lámpara no alumbrará más en ti, ni voz de esposo y de esposa se oirá más en ti; porque tus mercaderes eran los grandes de la tierra; pues por tus hechicerías fueron engañadas todas las naciones.

18:23 No habrán más "novias" o "novios", ni sonido de bodas. Nadie tiene un futuro, ni han quedado empleos, no hay economía, ni seguridad, solo temor e intentos de sobrevivir otro día más. "Pues" introduce una razón de cierta acción: lo que sigue es una serie de tres razones para los juicios de Babilonia.

Primero, el abuso del sistema comercial. Los mercaderes que vendían los productos de la Gran Babilonia llegaron a ser "los grandes de la tierra". Santiago hizo una pregunta, "¿No os oprimen los ricos, y no son ellos los mismos que os arrastran a los tribunales?" (Stg 2: ver también Stg 5:4-6).

Segundo, los medios usados para engañar "a todas las naciones" serán sus "hechicerías" (*pharmakeia*, se refiere a prácticas mágicas y ocultas, como en el 9:21; Gá 5:20), en donde puede referirse a sus prácticas ocultas o al uso de drogas. Con todas las tragedias que están ocurriendo alrededor del mundo, la tentación de aliviar el sufrimiento por medio de las drogas será abrumadora. Parece ser que Babilonia le mantendrá al mundo sujeto a la adicción a las drogas, esclavos a su suministro de "drogas medicinales". Una vez que se vuelve adicta a la gente hará lo que sea para conseguir más droga.

Reflexión: ¿Por qué crees que la gente se permite a sí mismo ser adicto a las drogas?

La tercera razón está en el siguiente versículo.

Culpabilidad por matar a los santos

Y en ella se halló la sangre de los profetas y de los santos, y de todos los que han sido muertos en la tierra.

18:24ª Tercero, la desenfrenada e indiscriminada matanza de todos los creyentes. Babilonia es culpable de asesinar sin misericordia a innumerables creyentes: "en ella se halló la sangre de los profetas y de los santos, y de todos los que han sido muertos en la tierra" (6.10; 11:7; 13:7,15; 16:6; 17:6). Esta condenación parece ir más allá del período de la Tribulación, pero el pasaje tiene una referencia especial a la persecución en la Tribulación.

En el Período de la Tribulación nadie podrá comprar o vender sin la marca de la bestia, para lo cual Babilonia debe ser el guardián de la marca a fin de controlar la economía. Ellos tendrán la licencia completa para matar a cualquier persona que no tenga la marca y que intente comprar o vender. Esto implicaría que toda la economía del mundo será controlada por Babilonia y que todo lo vendido y comprado será solo lo controlado por la tarjeta de crédito/banco controlados por el estado. Esto puede implicar la transformación de una sociedad de dinero en efectivo a una sociedad de crédito mundial o de una economía cibernética dirigida por oficiales del gobierno a fin de controlar las negociaciones y maximizar sus ganancias, supuestamente para el beneficio de las masas.

Reflexión: ¿A qué se te parece este sistema comercial?

18:24b ¿A qué ciudad contemporánea se refiere la "Gran Babilonia"? ¿Es el sistema Católico Romano basado en Roma o es la capital Musulmana de la antigua Babilonia sobre el Río Éufrates? Esto demandaría una gran modificación no solo de la ciudad, sino del río para permitir la navegación predicha.

Los eventos de Apocalipsis 17 ocurrirán a mediados de la Tribulación, mientras que Apocalipsis 18 sucederá cerca del fin de la Tribulación, inmediatamente antes de la Segunda Venida de Cristo. La destrucción total de la religión mundial y de la economía global, así como de las más grandes ciudades del mundo, incluyendo la Gran Babilonia y simultáneamente, los terremotos y las tormentas de granizo mundiales sin precedentes, todos estos serán causados por el gran odio hacia el Dios de los Judíos y Cristianos. El escenario está listo para que la ira del hombre estalle vanamente contra el omnipotente Dios del universo. El hombre descubrirá, sin embargo, que está completamente equivocado y dará paso a su locura y condenación en la gran Batalla del Armagedón del capítulo 19.

CAPITULO 19

LAS BODAS DEL CORDERO Y LA BATALLA DEL ARMAGEDÓN

asta ahora hemos estados estudiando los eventos del Período de la Tribulación (Ap 4-18), y viendo los días finales de la Tribulación en la tierra.

I. ALABANZA Y ADORACIÓN EN EL CIELO (19:1-10)

Este corto tiempo está lleno de misterio, desilusión, frustración, odio y amargo resentimiento contra Dios, odio que culminará en una turba mundial enojada intentando destruir cualquier cosa que esté relacionada con el Dios Judío/ Cristiano. Mientras tanto, en el cielo, el lector es introducido a la más grande celebración desde la creación.

ALELUYA DE LAS MULTITUDES DEL CIELO (19:1-3)

19:1

Después de esto oí una gran voz de gran multitud en el cielo, que decía: ¡Aleluya! Salvación y honra y gloria y poder son del Señor Dios nuestro.

19:1 "Después de esto" (meta tauta, "después de estas", una referencia directa al capítulo 18) significa que estos eventos son secuenciales. A Juan se le muestra una "gran voz" (ponen, "sonido o estruendo") descrito como "gran" (megalen, "gran") gritando ¡Aleluya! Salvación y honra y gloria y poder son del Señor Dios nuestro". La palabra "aleluya" es transliterada del Griego *hallelouia*, y es utilizada cuatro veces en el NT, todas ellas en Apocalipsis 19 (vs 1,3,4 y 6). La palabra es una combinación de palabras Hebreas *halal* y *Jah*, significando "Alabad a Yahweh o Dios". Luego esta palabra es nuevamente transliterada al Griego y transliterada al Inglés y a otros idiomas. Salmos 113-118 usan "aleluya" tan frecuentemente que se les conoce como los Salmos Aleluya.

Reflexión: ¿Cuáles son algunas de las cosas por las que puedes alabar al Señor hoy día? ¿Existe alguna similitud en el significado entre "Gracias, Señor" y "Alabad al Señor"?

¿Puedes tú describir por qué habría semejante gozo en el cielo en este tiempo?

La Maldad es finalmente deshecha

porque sus juicios son verdaderos y justos; pues ha juzgado a la gran ramera que ha corrompido a la tierra con su fornicación, y ha vengado la sangre de sus siervos de la mano de ella. 3otra vez dijeron ¡Aleluya! Y el humo de ella sube por los siglos de los siglos.

19:2-3 El motivo de la alabanza es la proclamación de que Sus juicios son "verdaderos y justos" (Ver 15:3; 16:5, 7 para el mismo énfasis). Son completamente justos para la ofensa. Él será alabado por vengar la muerte de los santos de la Tribulación. La razón bipartita para la destrucción de la "gran ramera" es porque (1) ella "ha corrompido a la tierra con su fornicación". Esta corrupción es tan perversa que la gente llega a consumirse con sus lascivias, codicia y adicciones, que ella usa para manipular a la gente y mantenerlos desinteresados o despreciando al verdadero Dios. (2) Ella derramó "la sangre de Sus siervos", especialmente durante los siete años de Tribulación. Antes la Ramera fue descrita como estando "ebria con la sangre de los santos de Dios que fueron testigos de Jesús" (17:6). Una y otra vez las diferentes multitudes del cielo aclamaron la alabanza a la victoria final de Dios sobre el demonio. El juicio de este sistema corrupto y de sus participantes es solo el comienzo ya que "el humo de ella sube por los siglos de los siglos" (Ver 9:2; 14:11; 18:9,18).

La destrucción de la ciudad y de sus habitantes llevará con ellos el fuego y el humo del Hades y del Lago de fuego. Este pasaje aclara que no hay aniquilación de los no salvos, o una segunda oportunidad para reconsiderar. Las decisiones que hacemos tienen consecuencias permanentes y eternas. Escogemos ser engañados porque rechazamos o no queremos la verdad y preferimos creer en las mentiras en cuanto a la realidad. La gente piensa que si son sinceros en cuanto a sus creencias, aunque éstas sean equivocadas, Dios entenderá y los seguirá aceptando.

Reflexión: ¿Puedes describir cómo prefieren los hombres el humanismo secular y los argumentos para la satisfacción sensual, inmoral más que la elección de la verdad de la revelación de Dios por medio de Su Palabra?

Aleluya de los 24 Ancianos (19:4-5)

Y los veinticuatro ancianos y los cuatro seres vivientes se postraron en tierra y adoraron a Dios, que estaba sentado en el trono, y decían: ¡Amén! ¡Aleluya! 5Y salió del trono una voz que decía: Alabad a nuestro Dios todos sus siervos, y los que le teméis, así pequeños como grandes.

19:4 Este no es solo un tiempo de alabanza por la retribución de los santos de la Tribulación ("una gran multitud" v 1), sino que también a ellos se unieron para cantar alabanzas todos los santos del cielo representados por los veinticuatro ancianos y el cuerpo angelical representado por los "cuatro seres vivientes", o querubines, el rango más alto de los ángeles que están más cerca de la presencia de Dios. El grito de ¡Amén! Significa "estamos de acuerdo", o "así será", es decir, un convenio solemne. Ellos están diciendo ¡Tu voluntad será hecha!

Reflexión: ¿Incluye tu alabanza una actitud sumisa a Su voluntad en tu diario vivir?

19:5 "Salió del trono una voz", que probablemente es de uno de los "cuatro seres vivientes" (vs. 4 que constantemente están alabando a Dios - 4:6-8) o de otro ángel, ya que usa la frase "nuestro Dios". Con una voz extremadamente potente este ángel declarará "Alabad (*aineo*, tiempo imperativo presente, "continuamente estar…exaltando, permitiendo, recomendando, honrando") a nuestro Dios todos sus siervos, y los que le teméis, así pequeños como grandes". Este mandamiento está dirigido a los "siervos" que son los creyentes redimidos que están en el cielo, y a todos aquellos "que le teméis". La descripción es luego ampliada para incluir "pequeños como grandes" (como en el 11:18). Este ámbito va más allá de todas las categorías y distinciones, incluyendo así a todos.

Es lo mismo que el Salmista, "Alabad, siervos de Jehová, Alabad el nombre de Jehová (113:1) "Desde el nacimiento del sol hasta donde se pone, Sea alabado el nombre de Jehová" (Sal.113:3). "Bendecirá a los que temen a Jehová, a pequeños y a grandes" (Sal.115:13). Aquí está un mandamiento primordial para todas las edades, naciones y por siempre jamás de alabar y agradecer al Señor por Sus tratos contigo personalmente. Sin embargo, este es un tiempo especial. El mundo de maldad ha sido completamente destruido.

Reflexión: ¿Puedes tú unirte de todo corazón a este coro? ¿Albergas resentimientos, un espíritu falto de perdón hacia otros, un rechazo de cómo Dios te ha hecho o desilusiones con las circunstancias de tu vida y de la gente que te rodea? Si no puedes ver la sabiduría y la mano de Dios en tu vida y aceptar lo que quiera que sea, entonces tu corazón nunca puede estar libre para alabar completamente a Dios.

LA BODA DEL CORDERO Y LA BATALLA DEL ARMAGEDÓN

Alabanza porque Dios está reinando (19:6-7)

Y oí como la voz de una gran multitud, como el estruendo de muchas aguas, y como la voz de grandes truenos, que decía: ¡Aleluya, porque el Señor nuestro Dios Todopoderoso reina! Gocémonos y alegrémonos y démosle gloria; porque han llegado las bodas del Cordero, y su esposa se ha preparado.

19:6-7 La "boda del Cordero" está a punto de comenzar. La "esposa se ha preparado". Las bodas son tradicionalmente los eventos sociales más grandes en la cultura Judía. Típicamente una boda podría prepararse durante años. Un compromiso matrimonial podía ser firmado cuando los niños estaban por los quince años, es decir años antes de la ceremonia. Solo un procedimiento de divorcio (como en el caso de María y José en Mt. 1:18-19) podría romper este convenio. Una boda se constituía de tres partes:
(1) la consumación legal del matrimonio hecha por los padres de la novia y el novio, usualmente con el pago de la dote;
(2) el novio viniendo a reclamar su novia o la presentación de la novia, a veces algunos años más tarde, lo cual es el reflejo del arrebatamiento y nuestra presentación delante del Padre (2 Co 4:14; Ef. 5:27; Col 1:22; Jud 24);
(3) la ceremonia actual y la cena de la boda (como en Juan 2:1-11), la cual era una fiesta que podía durar varios días. Este pasaje está introduciendo la "cena de la boda" o la fase 3.

El simbolismo del matrimonio de la Fase 1 parece reflejar la Era de la Iglesia en la cual están siendo salvadas las personas e incorporadas en el Cuerpo de Cristo y en una relación personal con Cristo. Pablo escribió en cuanto a este período de "desposorio" en 2 Co 11:2, "Porque os celo con celo de Dios; pues os he desposado con un solo esposo, para presentaros como una virgen pura a Cristo".

Este contrato matrimonial fue firmado antes de la creación cuando nuestros nombres fueron escritos en el Libro de la Vida. Esto se repite en Ef. 5:25-27 describiendo más ampliamente este período de espera antes del matrimonio.

Fase 2, o la presentación de la Novia al Novio, es reflejado en el Arrebatamiento de la Iglesia, cuando Cristo viene a llevar a su Novia a la casa de Su padre que Él ha preparado en el cielo (Jn 14:1-3).

La Fase 3 tiene lugar en el comienzo del milenio que se da como una cena de bodas y bodas del Cordero. El término "novia" (*gyne*, "mujer desposada o casada") implica que la Fase 2 de la boda ya ha ocurrido dejando solamente la fiesta de boda o recepción. Ahora ella "se ha preparado"[117] durante el período de los 7 años entre el rapto y la Segunda Venida.

Este es el período de tiempo del Tribunal de Cristo, el cual concluye con todos siendo alabados y premiados de acuerdo a la contribución que hicieron al reino de Dios durante toda su vida.

Reflexión: ¿Cuál dice 1 Co 4:5 que será el resultado de este Tribunal? ¿Parece como si el esposo estuviera hablando con la que va a ser su esposa?

El Lino fino de los santos

19: 8

Y a ella se le ha concedido que se vista de lino fino, limpio y resplandeciente; porque el lino fino es las acciones justas de los santos.

19:8 "Se le ha concedido (*didomi*, aoristo pasivo, "una vez que le fue dado") que se vista" (*periballo*, "pasarse de uno a otro, ponerse o vestirse uno mismo") "de lino fino", descrito como "limpio" (*katharos*, "puro" metafóricamente: "libre de corrupción o deseo, pecado y culpa") y "resplandeciente" (*lampros*, "brillando, resplandeciendo, espléndido") lo cual es usado para describir a los ángeles (15:6) y los vestidos de los ejércitos del cielo, tanto de la Iglesia, "sus siervos" y de los ángeles cuando Cristo venga a la tierra (19:14). Este lino se explica que está como representando "las acciones justas de los santos" (19:8).

Desde el momento en que se tuvo una fe personal en Cristo y en Su Palabra y para siempre jamás, el creyente está cubierto en justicia perfecta (Ro. 3:21-24; 4:5; 5:19; 1 Co 1.30; 2 Co 5:21; Fil 3:8-9). Sobre esta impecable base de justificación perfecta, el creyente debe edificar su propio estilo de vida piadoso y su trabajo de amor, por el cual él ha sido eternamente premiado (1 Co 3.12-15). Esta decoración sigue al Tribunal de Cristo en donde los santos son honrados por sus contribuciones al avance del Evangelio y del reino de Dios durante su peregrinaje en la vida. Finalmente, cuando él aparece "seremos semejantes a Él porque seremos tal como Él es" (Ro 8:29-21).

Reflexión: ¿Cómo describen los siguientes versículos esta preparación final?

Mt. 5.12

Mt. 6:4

Mt. 10:41

Mt. 10:42

Mt. 16:27

Lc. 6:35

He. 11:26

Los invitados a la boda

Y el ángel me dijo: Escribe: Bienaventurados los que son llamados a la cena de las bodas del Cordero. Y me dijo: Estas son palabras verdaderas de Dios.

19:9 Una vez más se le ordena a Juan que escriba (ver 14:13) un mensaje a los creyentes, "Bienaventurados118 los que son llamados a la cena de las bodas del Cordero" Parece que no se refiere a la "novia" sino a los invitados. ¿Hay tres diferentes grupos en el cielo? ¿Van los santos del AT a cumplir un propósito distinto del propósito de la Iglesia, así como un grupo distinto del período de la Tribulación? De acuerdo con Mt. 8:11, "Y os digo que vendrán muchos del oriente y del occidente, y se sentarán con Abraham e Isaac y Jacob en el reino de los cielos".

Toda la gente de fe de Hebreos 11 (santos del AT) estará ahí como invitada. Asimismo, Juan el Bautista, que fue conocido como el más grande por todos los creyentes del AT (Mt 11:11), que se describió a sí mismo como "amigo del esposo" (Juan 3:29), será uno de los invitados. Esta inclusión del Israel creyente demuestra la promesa de gracia de Dios para restaurarla, aunque, como nación, ella apostató como una esposa infiel y rechazó al Mesías tal como lo describe Oseas 14:4, "Yo sanaré su rebelión, los amaré de pura gracia; porque mi ira se apartó de ellos". Israel tendrá por gracia un lugar prominente en la Nueva Jerusalén tal como lo describe Ap 21:10-14. Los doce patriarcas son llamados las 12 puertas y los doce apóstoles las piedras del fundamento (Ef. 2:20) de los muros de la Nueva Jerusalén.

Henry Morris escribe en cuanto a los diferentes grupos de las diferentes eras que gozarán juntos las glorias completas de la eternidad.

> Cualesquiera sean las distinciones que puedan existir entre los santos del período pre-Abramico, los santos de Israel antes de Cristo, los santos entre los Gentiles desde Abraham hasta Cristo, los santos de la tribulación, y los santos de las iglesias desde Cristo hasta el Arrebatamiento ...esas distinciones son secundarias frente a la gran verdad principal de que todos estarán ahí en virtud de la obra salvadora de Cristo y de la fe personal de

ellos en el Dios Creador y su provisión de salvación.119

Se repartirán muchas invitaciones para la cena de la boda, lo cual se repite en Ap. 22:17. De todos los seres creados desde el comienzo, Dios finalmente ha reunido a todos aquellos que libremente escogieron honrarle y adorarle a Él. Este es el grupo de personas para quienes Él preparó la eternidad. Es tan solemne esta declaración que es puntualizada por la expresión, "Estas son palabras verdaderas de Dios".

Para el Apóstol exiliado y los millones que han sufrido el peor tipo de ridículo y persecución, esta seguridad especial fue dada de que el reino de Dios finalmente triunfaría. Nada puede hacer que este momento se detenga antes de suceder. Todos los creyentes de todos los tiempos estarán ahí juntos. Este es el momento de celebración que Dios y los invitados del cielo han estado esperando desde el comienzo del tiempo.

Reflexión: ¿Puedes ver por qué Pablo escribió "para que no haya desavenencia en el cuerpo, sino que los miembros todos se preocupen los unos por los otros"? (1 Co 12:25)

Mandato de Adorar a Dios (19:10)

19: 10

Yo me postré a sus pies para adorarle. Y él me dijo: Mira, no lo hagas; yo soy consiervo tuyo, y de tus hermanos que retienen el testimonio de Jesús. Adora a Dios; porque el testimonio de Jesús es el espíritu de la profecía.

19:10 Juan estaba tan abrumado con esta escena, los cuatro poderosos Aleluyas y el anuncio de la fiesta de la boda, que él no podía mantenerse en pie, sino que cayó sobre su rostro en adoración. El ángel fue rápido en terminar semejante admiración o adoración con la prohibición, "Mira, no lo hagas" El ángel es solamente otro consiervo del Altísimo Dios, aunque con mucho más poder y gloria que el hombre. Los ángeles siguen siendo solamente otra forma de seres creados hechos por nuestro Creador, por lo que es absurdo adorarles como si fueran divinos.

Este episodio demuestra la actitud en el cielo en donde los humanos hacen reverencia a los santos y a los ángeles. ¡Eso no está permitido! Es una manera de idolatría. El imperativo, "Adora a Dios" no es una opción. En efecto, los creyentes han sido redimidos para este propósito (Juan 4:23) y será nuestra actividad durante toda la eternidad. El ángel añade, "porque el testimonio de

Jesús es el espíritu de la profecía". La naturaleza de la profecía es revelar el carácter y la persona de Jesucristo y darle gloria a Él.

El tema central de la profecía del AT y de la enseñanza del NT es el Señor Jesucristo. El libro entero de Apocalipsis revela cómo Cristo ejercerá Su poder y autoridad y Su segunda venida como el Juicio de los malos y el inicio de Su reino que Él compartirá con todos los creyentes.

Pablo escribió, "Porque es justo delante de Dios pagar con tribulación a los que os atribulan, y a vosotros que sois atribulados, daros reposo con nosotros, cuando se manifieste el Señor Jesús desde el cielo con los ángeles de su poder, en llama de fuego, para dar retribución a los que no conocieron a Dios, ni obedecen al evangelio de nuestro Señor Jesucristo" (2 Ts 1:6-8)

Reflexión: ¿Cuáles son dos características de los verdaderos creyentes según estos versículos?

2 Ti 4:8

Fil 3:20

II. LA SEGUNDA VENIDA DE CRISTO (19:11-21)

Juan ahora cambia su visión, tal como lo hicimos nosotros un día, del cielo al evento más poderoso, majestuoso e impresionante en la historia del mundo: la Segunda Venida de Cristo.120 Cualquier entendimiento literal, gramatical, lingüístico del texto apuntan a un evento futuro. Tal como Él vino literalmente la primera vez, así Él vendrá nuevamente la segunda vez. El tema más importante es cuando el "arrebatamiento" ocurra, lo cual está descrito en 1 Ts 4:13-18 y 1 Co 15:51-58.

El punto de vista pre-tribulacionista es que el arrebatamiento ocurrió al principio de la Tribulación de 7 años antes de la Segunda Venida de Cristo. Aunque hay algunas similitudes entre el arrebatamiento y la Segunda Venida, la diferencia más grande es que el arrebatamiento ocurre en el aire o en las nubes (1 Ts 4:17), mientras que la Segunda Venida sucede en la tierra (Ap 19:11-21). En el pasaje entero de Apocalipsis 19-20 no existe mención de los creyentes vivos siendo transformados en un estado incorruptible y resucitado (como en el Arrebatamiento), ya que el énfasis está en los creyentes sobrevivientes que permanecen en la tierra para entrar al reino milenial y poblarlo en sus cuerpos naturales.

Naturalmente, si hubiera un arrebatamiento en la Segunda Venida, no habría creyentes vivos en la tierra para poblar el nuevo milenio.121 Aunque la posibilidad del Arrebatamiento es un argumento del silencio, ya que no existe ninguna mención o indicio de un rapto conectado con la Segunda Venida, y eso crearía el problema de comenzar el milenio solo con los creyentes sobrevivientes de la Tribulación (ya que todos los creyentes que quedaron serían llevados), tiene más sentido ver el arrebatamiento como un evento anterior, pre-tribulacional. Esta narración comienza con el Regreso de Cristo a la tierra para establecer un reino de mil años con los creyentes sobrevivientes de la Tribulación. Esta es la revelación monumental del poder y majestad del conquistador Mesías-Salvador-Señor de señores, Jesucristo en toda Su gloria... y nosotros estaremos ahí con Él.

A. LA REVELACIÓN DEL JINETE DEL CABALLO BLANCO (19:11-13)

19:11

Entonces vi el cielo abierto; y he aquí un caballo blanco, y el que lo montaba se llamaba Fiel y Verdadero, y con justicia juzga y pelea.

19:11   Juan está viendo ahora la escena desde la perspectiva terrenal ya que ve "el cielo abierto" y a Cristo montando un "caballo blanco". En el 4:1 los cielos se abrieron para dejar entrar a Juan, pero aquí la puerta se abre para dejar salir a Jesús. Este es el cumplimiento de Mt. 24:27-31. Este Jinete es distinto del jinete del caballo blanco del 6:2 que se convierte en el gobernador de la Gran Tribulación. Este Jinete viene del cielo, no de la tierra, y todos los santos de las edades vienen con Él. En la primera venida del Mesías, Jesús se retrata en la profecía en humillación como "humilde, y cabalgando sobre un asno, sobre un pollino hijo de asna" (Zac 9:9), pero ahora se le ve a Él cabalgando un caballo blanco, como era la costumbre Romana para un general conquistador de desfilar en la Via Sacra, que es el camino principal en Roma, seguido por las evidencias de su victoria los cuales eran el botín y los cautivos.

El lenguaje simbólico enfatiza las acciones reales o aspectos de los eventos tales como el caballo blanco, las coronas (v.12), la espada aguda (v.15), la vara de hierro (v.15) y la prensa de vino (v.15). A este jinete se le llama, "Fiel y Verdadero" como en el 3:14, "el testigo Fiel y Verdadero" por lo que es la misma Persona. Él es fiel para mantener Sus promesas (2 Co 1:20) y lo que quiera que Él hable es siempre verdad (Juan 8:45-46; Tito 1:2). El jinete del primer "caballo blanco" será el gran engañador y mentiroso (Ap. 12:9). Este título se aplica a la descripción que sigue, "con justicia juzga y pelea". Su naturaleza santa y justa demanda una reacción justa frente al pecado y a la maldad.

La fiereza de Su respuesta solamente demuestra lo ofensivo y malvado del pecado. A aquellos que ven el pecado como un "error" o como "defectos desafortunados del carácter", la dureza de Su juicio parece ser injusta, porque los pecadores no ven cuán repugnante es su propio pecado para un Dios santo. Él no puede ignorar el pecado en la vida de nadie. Ahora Él también va hacia adelante para "pelear" contra el malvado y aquellos que han torcido y corrompido Su creación. El resultado nunca se cuestiona, pero Él no dejará que el pecado prevalezca indefinidamente, ni en la Tribulación ni en nuestras vidas personales.

Reflexión: Si Él no dejará que el pecado quede sin castigo en las vidas de los creyentes, ¿cuánto más tratará él con los incrédulos malvados? ¿Qué muestran estos versículos concernientes al trato de Dios de justo castigo para los creyentes?

He 12:6-9

Ap.3:19

La imagen temerosa del Rey

19: 12-13

Sus ojos eran como llama de fuego, y había en su cabeza muchas diademas; y tenía un nombre escrito que ninguno conocía sino él mismo. 13Estaba vestido de una ropa teñida en sangre; y su nombre es: EL VERBO DE DIOS.

19:12-13 Se le describe al Jinete como con "ojos... como llama de fuego" (Ap 1:14). Esta no es una acción correctiva, sino una destrucción final de toda la maldad. El enemigo es desafiante y lo confirmó en su rebelión contra cualquier cosa que sea relacionada con Dios. Las plagas y los juicios para romper su testarudez solamente han endurecido la rebelión (9:20-21; 16:9,11). Su autoridad incuestionable para gobernar y juzgar es evidente por "muchas diademas" (diadema, "corona de un gobernador" como en el 12:3; 13:1). Los reyes conquistadores mostraban las coronas de los gobernantes vencidos. Esto ilustra que "los reinos del mundo han venido a ser de nuestro Señor y de su Cristo; y él reinará por los siglos de los siglos" (Ap 11:15). Él tendrá "un nombre escrito que ninguno conocía sino Él mismo", sugiriendo la imposibilidad de describir y conocer todo acerca de él.

Es posible que estemos viendo aquí la referencia a un nombre que Él nos mostrará cuando Él establezca Su reino. Tal como Juan lo ve a Él, Su ropa estaba "teñida en sangre" como viniendo de una escena de una batalla sangrienta (Is 63:2-3; Ap 14:20). La guerra nunca es linda, y por último el juicio final contra la maldad es horrible. A Éste llamado "Fiel y Verdadero" también se lo llama "El Verbo de Dios" (logos como en Juan 1:1,14; 1 Juan 1:1), es decir, Él es el "resplandor de su gloria y la imagen misma de su sustancia" (He 1:3). En Ap 19:16 otro de Sus nombres está escrito en su ropa y muslo (por lo que se lo puede ver al nivel de los ojos ya que Él estaba sentado sobre un caballo) ese nombre es el "Rey de reyes y Señor de señores" (1 Ti 6:15; Ap 17.14). No puede haber ninguna duda de que este Jinete no es otro sino Jesucristo.

Reflexión: ¿Provocan estas descripciones algún nivel de temor de nuestro Dios y Salvador Jesucristo? ¿Qué significa la exhortación a los creyentes de "conducíos en temor todo el tiempo de vuestra peregrinación" (1 Pe 1:17)?

B. EL REY QUE VIENE Y SUS EJÉRCITOS DEL CIELO (19:14-16)

19:14

Y los ejércitos celestiales, vestidos de lino finísimo, blanco y limpio, le seguían en caballos blancos.

19:14 Acompañando al Rey que Viene está la vasta hueste de los "ejércitos del cielo" quienes asimismo están "en caballos blancos", pero sus vestidos es "lino finísimo, blanco y limpio", aunque el Rey está ensangrentado por la batalla. La novia del Cordero (la Iglesia) recién había sido descrita como usando "lino fino, blanco y limpio" (19:7-8). Los "ejércitos del cielo" parecen incluir 1) la novia del cordero o la iglesia, (2) los creyentes de la Tribulación que asimismo están vestidos con ropas blancas (7:9), (3) los santos del AT que son resucitados al final de la Tribulación (Dn 12:1-2), y (4) los ángeles poderosos que le acompañarán a Cristo (Mt 25:31).

Los "caballos blancos" son símbolo de alguna forma de transporte, tal como eran los medios de movilización de los ejércitos demoníacos en el 9:7 y 16, los cuales se "veían como caballos". En este "ejército" inmenso solo Uno está armado, el resto está desarmado. Solamente Cristo destruirá a Sus enemigos. Los santos vendrán a reinar con Cristo, no a pelear con Él. Es finalmente Su batalla.

Reflexión: ¿Qué indica 1 Co 6:2 en cuanto a la responsabilidad final en el milenio?

El Gobierno del Rey Conquistador

19:15

De su boca sale una espada aguda, para herir con ella a las naciones, y él las regirá con vara de hierro; y él pisa el lagar del vino del furor y de la ira del Dios Todopoderoso.

19:15 El Rey está armado con "una espada aguda, para herir con ella a las naciones". La espada "aguda" (*rhomphaia*) se refiere a una espada larga que puede usarse como lanza. Juan había visto esta espada antes (1:16 y 2:12) cuando Él la usó para defender a la iglesia contra los ataques de los demonios. La espada sale de Su boca para visualizar el poder de Sus palabras habladas. Él puede hablar palabras de vida y de consuelo o de muerte y condenación. Su objetivo es "herir con ella a las naciones" (*patasso*, "cortar, matar, asesinar") a quienes han elegido intentar destruir cualquier semblanza de Su memoria en la tierra. Esta batalla contra Israel tendrá lugar durante semanas o meses, con los ejércitos marchando por toda la tierra de Israel.

En el día del regreso de Cristo, los ejércitos habrán invadido Jerusalén en una lucha casa por casa (Zac 14:2). Satanás habrá llenado a estos ejércitos de odio, amargura y quién sabe qué tipo de mentiras, para motivar el último esfuerzo desesperado para destruir todo lo que le pertenece a Dios (16:12-16). Durante la batalla y después "Él las regirá con vara de hierro" (Sal 2:9; Ap 2:27), es decir, sobre los sobrevivientes mundiales. Esto sin duda traerá miedo en el corazón de cualquiera que esté en el milenio que dude que Él hará lo que Él dice.

El Salmista escribió acerca del Mesías "los quebrantarás con vara de hierro; como vasija de alfarero los desmenuzarás" (Sal 2:9). Anteriormente Jesús había prometido que los creyentes gobernarán con Él en el reino: "Al que venciere y guardare mis obras hasta el fin, yo le daré autoridad sobre las naciones, y las regirá con vara de hierro, y serán quebradas como vaso de alfarero; como yo también la he recibido de mi Padre" (Ap 2:26-27). Además Él es visto como Aquel que "vendimió la viña de la tierra, y echó las uvas en el gran lagar de la ira de Dios" (imágenes del 14:19-20), describiendo la gran ira de Dios contra aquellos que lo rechazan.

Este golpe final contra las naciones sobrevivientes rebeldes será visto por todo el mundo (posiblemente a través de los medios modernos de comunicación). En lugar de a las uvas, Cristo estará pisando fuerte sobre la gente, salpicando sangre (como el jugo de uva) descrito también por Joel 3.12-14. Los creyentes que quedan alrededor del mundo será reunidos, juzgados y ejecutados en el juicio de las Ovejas y los Cabritos (Mt 25:31-46) luego del retorno de Cristo, pero antes de que el milenio comience. A veces es difícil imaginar a Cristo de esa forma iracunda, porque es difícil para los pecadores entender lo horrible que son los (nuestros) pecados para un Dios santo.

Reflexión: ¿Qué tan a menudo hemos confesado nuestros pecados a Dios o por lo menos somos conscientes de pecados específicos? ¿Qué tan roto el corazón estamos por la forma como hemos ofendido a Cristo con nuestros pecados? ¿Estamos conscientes de cómo herimos a Dios cuando solamente contemplamos el pecado? O peor aún, ¿creemos que somos realmente personas bastante buenas que rara vez pecamos? Si nuestros pecados no nos molestan mucho, es difícil en este punto entender cómo podrían ofender a Dios. Tenemos mucho que aprender en cuanto a Dios.

El título del Rey

19: 16

Y en su vestidura y en su muslo tiene escrito este nombre: REY DE REYES Y SEÑOR DE SEÑORES.

19:16 El ejército del mundo estará siguiendo al Anticristo, que ellos creen tiene todo el poder. Luego, de repente, Cristo aparece y ellos son cortados en pedazos. Desde el piso, el muslo de un jinete está al nivel de los ojos. Lo último que ellos verán será el título del rey conquistador: "Rey de reyes y Señor de señores". Ellos entenderán la verdad, pero demasiado tarde. Este título de la soberanía de Cristo es también usado en algunas otras Escrituras (Ap17:14; Dt 10:17; Dn 2:47; 1 Ti 6:15) ¿Por qué es tan difícil para los creyentes dejar que Cristo sea el Rey y Señor de cada aspecto de sus vidas? La mayoría de creyentes no confían en Él lo suficiente como para decir, "Señor, sé el Rey de mi vida; Yo me rindo ante Toda instrucción de Tu Palabra; Yo entrego el derecho de mi vida y lo rindo total y completamente a mi Rey".
Reflexión: ¿Puedes decir esto sincera y libremente?

C. LA DESTRUCCIÓN DEL EJÉRCITO DEL ANTICRISTO (19:17-21)

19: 17-18

Y vi a un ángel que estaba en pie en el sol, y clamó a gran voz, diciendo a todas las aves que vuelan en medio del cielo: Venid, y congregaos a la gran cena de Dios. 18para que comáis carnes de reyes y de capitanes, y carnes de fuertes, carnes de caballos y de sus jinetes, y carnes de todos, libres y esclavos, pequeños y grandes.

19:17-18 Sin importar qué tipo de armas sofisticadas ellos tengan, los ejércitos del mundo no pueden mantener su posición en contra de los ejércitos del cielo. Un ángel aparece frente al resplandor del sol y llama a todos los pájaros "que vuelan en medio del cielo", es decir, el cielo, las cuales están buscando cadáveres de animales. Estas son águilas y buitres. Ellos se van a reunir en Israel a comer cadáveres de "reyes" y "generales" y "hombres poderosos", "caballos" y sus jinetes junto con sus seguidores los cuales han sido todos muertos sin misericordia. El poder demoníaco, incluso el poder Satánico, es poderoso, pero fracasa al compararse con el poder de Cristo. Esta será la más grande única carnicería en la historia del mundo. Ya que no habrá nadie que entierre a los muertos, la carne quedará expuesta para que la coman los pájaros, en la "gran cena de Dios".

Asimismo, este festín animal fue descrito por el profeta Ezequiel (39:17-20). Habrán millones de cuerpos muertos regados por todo el valle de Jezreel o Meguido por 200 millas (14:29). Aún después de que las aves se han llenado, tomará siete meses enterrar los cuerpos que queden (Ez. 39.12). Se les llama a los pájaros para que hagan su tarea aún antes de que comience la gran batalla. Lo más grande de la humanidad se convierte en nada más que comida para pájaros. ¡Qué desperdicio! Vivir apartado de Dios, o pero aún, en oposición a Dios es el fin de la vida de un necio.

La Batalla misma

19: 19

Y vi a la bestia, a los reyes de la tierra y a sus ejércitos, reunidos para guerrear contra el que montaba el caballo, y contra su ejército.

19:19 La "bestia" (Ap13 - el Anticristo) junto con los "reyes de la tierra" (los "diez cuernos" y sus reyes sustitutos) y sus ejércitos son manipulados por el Anticristo y sus demonios, como se describe en la sexta copa de la ira de Dios en donde, "demonios que hacen milagros, hicieron que todos los gobernantes del mundo se reúnan para pelear contra el Señor… a un lugar llamado Armagedón" (16:14-16). Esta batalla masiva se llama "la batalla del gran día del Dios Todopoderoso" en el 16:14. Este ejército se reúne para finalmente destruir cada vestigio de Israel y de la "Tierra Santa" y el Cristianismo. La batalla estaba librándose por algún tiempo por todo Israel habiendo sido asesinados antes de la llegada de Jesús.

Cuando Jesús aparece, todas las fuerzas están concentradas en la destrucción de este único Jinete. La presunción y orgullo de ellos así como su amargura y odio contra Dios, les lleva "reunidos para guerrear contra el que montaba el caballo y contra su ejército" a su propia destrucción. Ellos no creían que perderían.

Reflexión: ¿Es fácil para la gente de hoy oponerse a Dios y hacer que Su verdad sea objeto de burla?

Conclusión de la Batalla para el Anticristo y el Faso Profeta

19:20

Y la bestia fue apresada, y con ella el falso profeta que había hecho delante de ella las señales con las cuales había engañado a los que recibieron la marca de la bestia, y habían adorado su imagen. Estos dos fueron lanzados vivos dentro de un lago de fuego que arde con azufre.

19:20 Segundos después de comenzar la batalla, todo terminará. Durante la batalla la "bestia" y el falso profeta que había hecho delante de ella las señales" serán capturados. Estos dos líderes del Nuevo Orden Mundial encontrarán que sus poderes demoníacos milagrosos y la gran autoridad serán retirados de ellos y que ellos serán echados vivos al "lago de fuego que arde con azufre" (o sulfuro). El Falso Profeta es el Gran Manipulador que "había engañado a los que recibieron la marca de la bestia, y habían adorado su imagen" (descrito en 13:11-18).

En este punto todos los no salvos de la historia de la humanidad son condenados a un lugar llamado Hades (Lucas 16:23). Pero el destino del Anticristo y del Falso Profeta es el "lago de fuego", el cual es un distinto lugar de tormento, que ha sido preparado para el "demonio y sus ángeles" (Mt 25:41) y no será habitado por humanos hasta después del milenio (Ap 20.14-15). Esta es la primera mención del Lago de Fuego en las Escrituras.

Finalmente, Satanás mismo, el Dragón y todos los ocupantes del Hades (Mt 25:41), serán echados en el lago de fuego (20:10). Este será un lugar de "lloro y crujir de dientes" (Mt 13:42) y el "humo de su tormento sube por los siglos de los siglos. Y no tienen reposo de día ni de noche" (Ap14:11). Estos dos hombres son (evidentemente) transformados a su estado inmortal al ser echados en el Lago de Fuego, ya que ellos todavía vivirán mil años antes de que Satanás se una a ellos (20:10). Luego de la devastadora derrota en la batalla del Armagedón, Satanás es echado al "pozo sin fondo" por mil años, solo para ser liberado al final del milenio para dar al pecado una oportunidad final de engañar a los hombres en la tierra.

Cuando esta rebelión final se termine, Satanás es echado al lago de Fuego para unirse al Anticristo y al Falso Profeta que están todavía vivos y en perpetuo sufrimiento. El hecho de que el Anticristo y el Falso Profeta están vivos mil años más tarde desaprueba cualquier validez del aniquilacionismo. El tormento de ellos nunca terminará.122 Satanás está bien claro de esta profecía,

¡pero él no la cree! Él está convencido de que puede alterar el resultado final del juego.

Reflexión: ¿Por qué es fácil engañar a los no salvos? ¿Cómo describirías esta estrategia?

Conclusión de la Batalla para los ejércitos engañados

19:21

Y los demás fueron muertos con la espada que salía de la boca del que montaba el caballo, y todas las aves se saciaron de las carnes de ellos.

19:21 Los únicos sobrevivientes de la Batalla del Armagedón serán la bestia y su falso profeta. Todos los demás serán sacrificados por la espada de Cristo (Ap 1:16; 2:12, 16; 19:15) y enviados al Hades, hasta el fin del milenio. El número que será muerto será tan grande que los buitres no serán capaces de comerlos lo suficientemente rápido. Los sobrevivientes mundiales de esta escena horrible de batalla serán convocados a aparecer frente al Juicio de las Naciones (Mt 25) y los no salvos serán destruidos y echados en los fuegos del Hades para aguardar el Juicio del Gran Trono Blanco al final del milenio (20:12-13). Cuando se da la sentencia en este juicio, todos los habitantes de la "muerte y el infierno" serán echados en el lago de fuego (20:14). Esta descripción de tan sangrienta batalla motiva a algunos a querer dudar de la validez de las Escrituras al punto de contradecir el carácter de Dios.

Los liberales tienden a ignorar los pasajes de juicio buscando enfatizar solamente el amor de Dios. "¿Cómo puede hacer Dios esto? Esto es tan horrible que los liberales quieren espiritualizar esta narración para que signifique algo completamente diferente de lo que dice. Este es el juicio final que espera a los no creyentes rebeldes. Walvoord escribió, "La Segunda Venida de Cristo es la ocasión para un juicio mundial sin paralelos en las Escrituras desde el tiempo del diluvio de Noé."123 En efecto, el conocimiento de eventos como estos debería motivarnos a vivir piadosamente (2 Pe 3:11).

Pablo describió la respuesta del creyente al saber lo que va a suceder en el futuro en los siguientes versículos: "La noche está avanzada, y se acerca del día. Desechemos, pues, las obras de las tinieblas, y vistámonos las armas de la luz. Andemos como de día, honestamente; no en glotonerías y borracheras, no en lujurias y lascivias, no en contiendas y envidia, sino vestíos del Señor Jesucristo, y no proveáis para los deseos de la carne" (Ro 13:12-14).

Reflexión: ¿Cómo te ayuda el conocimiento de estos eventos futuros para luchar contra el pecado y la tentación en tu vida actual?

CAPÍTULO 20

EL REINO MILENIAL DE CRISTO

Aunque hay variedad de puntos de vista acerca de este capítulo, una simple lectura del texto, tomando lo que dice como verdad y literal, como ha sido hecho todo este estudio, es la forma más consistente para descubrir su significado.124 Lo que sea que el texto dice en la secuencia cronológica en la cual está escrito, es el punto de vista que nosotros tomaremos. Además, los capítulos 21-22 fueron escritos en secuencia cronológica y serán tomados como están escritos.

I. LA ATADURA DE SATANÁS (20:1-3)

La Llave del Abismo

20:1

Vi a un ángel que descendía del cielo, con la llave del abismo, y una gran cadena en la mano.

20:1 Comienza este capítulo sugiriendo una secuencia de eventos después del capítulo 19, el cual comienza con "después" y muchos de sus versículos comienzan con "y" y continúa en el capítulo 20 comenzando con "y" varios versículos, lo cual gramaticalmente indica que estos eventos proceden en secuencia, por lo que se desprende que el capítulo 20 debe ocurrir después de la Segunda Venida. Adicionalmente, el capítulo 19 da la causa de los eventos del capítulo 20, es decir, el lanzamiento de la bestia y del falso profeta en el lago de fuego y la destrucción del ejército entero del Anticristo, dejándole a Satanás mismo como el protagonista principal causante de la rebelión global. Ahora él será tratado en un juicio. Una vez más "un ángel" desciende "del cielo" con la "llave del abismo, y una gran cadena en la mano".

En el 9:1-12 vino desde el pozo sin fondo (Abismo) un ángel con esta llave para liberar del fondo del abismo a las langostas/escorpiones demoníacos en el juicio de la quinta trompeta. Parece que el pozo sin fondo (Abismo) está vacío después del juicio de la quinta trompeta, y está esperando a su nuevo residente. O este ángel es impresionantemente poderoso, o Satanás ha sido ahora despojado de todos sus anteriores poderes.

Reflexión: ¿Piensas que algún humano puede tener esta autoridad y poder para atar a Satanás y echarlo en el pozo? Si es así, ¿por qué no lo han hecho antes?

Encadenado por mil años

20:2

Y prendió al dragón, la serpiente antigua, que es el diablo y Satanás, y lo ató por mil años;

20:2-3 Este mismo ángel "prendió" (*krateo*, "tener poder, tener posesión de, convertirse en maestro de, apoderarse") al "dragón, la serpiente antigua, que es el diablo y Satanás". La cronología gramatical de estos eventos indica que este evento ocurre después de la segunda venida de Cristo. Es presuntuoso, por decir lo menos, el hecho de que algunos creyentes ingenuos dicen que ellos pueden atar a Satanás para hacerlo inefectivo hoy día. Él puede ser resistido y huirá (Stg 4:7)… a algún otro lugar, pero él no es atado fuera de la tierra por esta acción. Hasta que este evento futuro suceda, Satanás ejerce gran poder destructivo en el mundo y especialmente contra los Judíos y los verdaderos Cristianos. Se necesita mucha imaginación para negar el trabajo de Satanás hoy en día.

Reflexión: Describe lo que Satanás hace o puede hacer en este tiempo presente:

Lc 22:3

Hch 5:3

1 Co 5:5

1 Co 7:5

2 Co 2:11

2 Co 4:4

2 Co 11:14

2 Co 12

Ef 2:2

1 Ts 2:18

1 Ti 1.20

2 Ti 2:26

1 Pe 5:8

No hay duda de que Satanás está al presente limitado por el poder de Dios (ej. Job), pero él puede destruir a cualquier creyente incauto ignorante de sus estrategias (2 Co 2:11) y características. En la Tribulación aparece que Satanás es echado del cielo y permanece desenfrenado en la tierra para destruir y corromper al mundo durante siete años, probablemente esperando cambiar el resultado profetizado en las Escrituras. Pero, de acuerdo a nuestro texto, Satanás no será atado hasta el fin de la Tribulación y el comienzo del milenio. Él será encadenado solo, en el Abismo, durante mil años. El demonio de las langostas ha estado ahí durante mil años hasta que son liberados en la quinta trompeta. Luego lo peor de los demonios, Satanás mismo, será aislado de la creación de Dios por mil años.125

Reflexión: ¿Cómo sería si no hubiera engaño satánico hoy día?

El encarcelamiento de mil años

20:3

y lo arrojó al abismo, y lo encerró, y puso su sello sobre él, para que no engañase más a las naciones, hasta que fuesen cumplidos mil años; y después de esto debe ser desatado por un poco de tiempo.

20:3 El mismo período del encarcelamiento de Satanás en el pozo sin fondo son los mil años del reinado de Cristo (20:4-6). La principal actividad de Satanás a través de la historia ha sido la de "engañar a las naciones" para que acepten su oferta destructiva, lo cual ya no tendrá el poder de hacer. Pablo escribió que la batalla espiritual es contra "principados, contra potestades, contra los gobernadores de las tinieblas de este siglo, contra huestes espirituales de maldad en las regiones celestes" (Ef 6:12). Pero Pablo dibuja nuestra batalla presente como una postura defensiva para enfrentarse contra los ataques demoníacos, no como una confrontación ofensiva. Las batallas celestiales son entre seres angelicales. Al principio de la Tribulación él habrá sido echado del cielo ("de los lugares celestiales") para manipular a los líderes del mundo a odiar a Dios, pero ahora esa malvada y seductora influencia mundial (1 Ti 4:1) no existirá más durante mil años. Evidentemente el plan de Dios es probar a toda la humanidad una vez más: ¿Confiará la humanidad en la verdad de Dios después de los mil años de reinado de Cristo en la tierra? Cuando concluyan los mil años Satanás "debe ser desatado por un poco de tiempo". No todos los que entren en el milenio serán creyentes que sobrevivieron a la Tribulación. El Juicio a las Naciones de Mt 25 para entrar al comienzo del milenio es sobre la base de cómo trataron las naciones a los Judíos y a los creyentes durante el período de la Tribulación. Muchos se convertirán y vendrán a Sion o a Jerusalén a buscar la verdad, pero no todos. Antes de que comience la eternidad, cada persona incrédula que quede sobre la tierra debe ser evidente y eliminada. A Satanás se le permitirá ejercer sus mentiras tentadoras y engañar a fin de provocar una rebelión final contra Dios. Tan tonto como parece, esto indica claramente el poder engañador de Satanás. Anteriormente Juan escribió, "Vosotros sois de vuestro padre el diablo, y los deseos de vuestro padre queréis hacer. Él ha sido homicida desde el principio, y no ha permanecido en la verdad, porque no hay verdad en él. Cuando habla mentira, de suyo habla; porque es mentiroso, y padre de mentira" (Jn 8:44). Los intentos malvados de los no salvos serán apagados por la "vara de hierro" de Cristo, pero la presión externa nunca cambia el corazón humano. Cuando se les da la oportunidad de creer una mentira o de seguir con el pecado, los hombres malos tomarán esa oportunidad. Esto probará la depravación de los no salvos ya que ellos unen fuerzas para una rebelión final. Por esta razón Satanás no es echado en el Lago de Fuego con la bestia y el falso profeta hasta el fin de los mil años cuando esta fútil rebelión final fracasa.

Reflexión: ¿Por qué es más fácil para el hombre creer una mentira que aceptar la verdad?

II. LA RESURRECCIÓN Y RECOMPENSA A LOS MÁRTIRES DE LA TRIBULACIÓN (20:4-6)

20:4

Y vi tronos, y se sentaron sobre ellos los que recibieron facultad de juzgar; y vi las almas de los decapitados por causa del testimonio de Jesús y por la palabra de Dios, los que no habían adorado a la bestia ni a su imagen, y que no recibieron la marca en sus frentes ni en sus manos; y vivieron y reinaron con Cristo mil años;

20:4 Juan ve dos grupos de personas: (1) gente sentada sobre tronos, con autoridad de juzgar a otros; (2) mártires del régimen cruel del Anticristo durante la Tribulación. El primer grupo no es identificado, pero algunas promesas de autoridad para gobernar/juzgar fueron hechas a los 12 discípulos que juzgarían desde los doce tronos (Mt 19:28; Lc 22:29-30) y una sugerencia pasajera se dio a la Iglesia de que ellos "juzgarían al mundo" en 1 Co 6:2-3 como motivación para resolver los problemas internos de la iglesia sin ir a las cortes civiles.

En la segunda escena Juan vio un vasto número de mártires como "almas" encarnadas. Es decir que ellos tenían cuerpos intermedios esperando la resurrección. El primer grupo fueron "los decapitados (pelekizo, "cortado con un hacha") por causa del testimonio de Jesús y por la Palabra de Dios" (el grupo bajo el altar de Ap 6:9-11). El Anticristo intentará borrar todos los remanentes de creyentes. La siguiente traducción dice "quién" que se traduce de kai oitives,("y quienquiera"), lo cual podría referirse al mismo grupo o a otro grupo que no será martirizado, pero "que no habían adorado a la bestia ni a su imagen, y que no recibieron la marca en sus frentes ni en sus manos" por lo que, ellos serán contemporáneos con el reino del Anticristo.

Este podría ser un grupo diferente de creyentes muertos en las guerras, hambrunas, plagas y juicios que afectaron al mundo, pero no sentenciados directamente a muerte por decapitación. Sean dos o un solo grupo, ellos "vivieron (zao, tiempo aoristo, "volvieron a la vida, comenzar a gozar la vida real", y se usa para describir una resurrección física corporal –Ap1:18; 2:8; 13:14; 20:5; Mt 9:18; 27:63; Mr 5:23; Lc 24:23; Jn 11:25; Hch1:3, 9:41; Ro14:9; 2 Co 13:4) y reinaron con Cristo mil años". ¿Será esta una recompensa especial por su fe a Cristo?

A todos los santos de todas las edades se les ha prometido reinar con Cristo en Su Reino: Los santos del AT (Dn 7:27); los apóstoles (Mt 19:28); los santos del NT (1 Co 6:2; 2 Ti 2:12; Ap 2:26; 3:21; 5:10). La oración casi idéntica se puede encontrar en el 5:10 pero añade la frase "reinaremos sobre la tierra". Esta no es una referencia a un cielo celestial o espiritual sino a un reino físico, terrenal. Todos los creyentes de la era de la iglesia se unirán a los santos de la Tribulación y juntos reinarán con Cristo (2 Ti 2:12).

Reflexión: ¿Cómo deberíamos vivir nuestras vidas si sabemos que nuestra fe y nuestra utilidad de hoy son un factor determinante en el tiempo de reinar con Cristo y quién sabe si es también determinante para las responsabilidades en la eternidad?

Primera Resurrección

20:5

Pero los otros muertos no volvieron a vivir hasta que se cumplieron mil años. Esta es la primera resurrección.

20:5 Los muertos sin Cristo, "los otros muertos", de todas las edades anteriores, pero especialmente los no salvos de la Tribulación permanecerán en la tumba por mil años. "No volvieron" implica que este grupo entero de gente de la Tribulación ha muerto recientemente. Se estima que tal vez el 90% de la población del mundo habrá muerto en los juicios contra la humanidad. "Esta es la primera resurrección", que lleva a sus participantes a un estado glorificado, eterno, con poderes y cuerpos inusuales y que capacitarán al creyente a reinar con Cristo en sus cuerpos inmortales. Primero, si existe una "primera resurrección" debe haber una "segunda". La primera está comprometida con todos los creyentes de todas los tiempos previos. Hay una separación de los últimos 1000 años entre la primera y la segunda resurrección.

Reflexión: Si hay dos resurrecciones separadas por 1000 años, ¿Cuál es el propósito de la primera resurrección? ¿Qué nos prepara para hacer con Cristo?

Beneficio de la Primera Resurrección

20: 6

Bienaventurado y santo el que tiene parte en la primera resurrección; la segunda muerte no tiene potestad sobre éstos, sino que serán sacerdotes de Dios y de Cristo, y reinarán con él mil años.

20:6 Los creyentes de todas las edades en general serán parte de la "primera resurrección", (1 Co 15:51-53). Es la "primera" resurrección en el sentido de que es antes de la "segunda" resurrección y de la "segunda muerte" (20:6,14). La segunda resurrección es de los no salvos, impíos muertos al final del milenio. Por lo tanto la "primera resurrección" incluye a todos los que resucitaron previamente antes del milenio.126 Todos estos creyentes son "bienaventurados127 y santos". Si la iglesia no hubiera sido arrebatada antes de la Tribulación, la resurrección de solo los santos del período de 7 años, no de toda la era de la iglesia, es parcial y preferencial.

No hay ningún indicio aquí de la resurrección de la iglesia entera. Sin embargo, ya que la iglesia habrá sido arrebatada antes de que comience la Tribulación, tiene sentido que este es el coronamiento de la resurrección de todos los creyentes, que ahora incluiría a los creyentes que morirán o serán muertos en el período de siete años de la Tribulación.

Los creyentes son "bienaventurados" en este pasaje debido a dos promesas y son "santos" porque "Y a vosotros también, que erais en otro tiempo extraños y enemigos en vuestra mente, haciendo malas obras, ahora os ha reconciliado en su cuerpo de carne, por medio de la muerte para presentaros santos y sin mancha e irreprensibles delante de él" (Col 1:21-22).

La primera razón para ser "bienaventurados" es que después de su resurrección, a estos creyentes también se les ha prometido que la "segunda muerte no tiene potestad" sobre ellos.

La segunda muerte está definida en 20:14 como el "lago de fuego", o el infierno eterno, la habitación eterna para los no santos. Esto es verdad en cuanto a todos los creyentes de todos los tiempos. Pablo escribió, "por él seremos salvos de la ira" (Ro 5:9). A los creyentes de Tesalónica se les prometió, "a Jesús, quien nos libra de la ira venidera...Porque no nos ha puesto Dios para ira, sino para alcanzar salvación por medio de nuestro Señor Jesucristo" (1 Ts 1:10; 5:9). La segunda razón para ser "bienaventurados" es que ellos tendrán en la posibilidad de ser "sacerdotes de Dios y de Cristo, y reinarán con Él mil años".

Esto también les fue prometido a los creyentes de la era de la iglesia (1:5; 5:10). Los creyentes siempre han servido como "sacerdotes reales" llamados a "proclamar las virtudes de Aquel que os llamó de las tinieblas a Su luz admirable" (1 Pe 2:9). Un sacerdote es un adorador, intercesor, guía que lleva a otros hacia Dios y el Salvador y enseña las verdades de la Palabra de Dios: tarea de todos los creyentes de todos los tiempos. No solo los creyentes serán siempre sacerdotes, sino que "reinarán con Él" junto con los creyentes sobrevivientes de la Tribulación como cumplimiento del Sal 2:6-8 e Is 11:3-5 mientras construimos un reino global de los escombros de los juicios de la Tribulación. Este será el tiempo cuando el remanente sobreviviente de Israel se convierta a su Mesías (Jer 30:5-8; Ro 11:26) e Israel es restaurado a la tierra prometida a Abraham (Gn 15:18).

Las naciones Gentiles adorarán al Rey (Is 11:9; Mi 4:2; Zac 14:16). El reino traerá paz y seguridad al mundo (Is 32:17) y, gran gozo (Is 12:3-4). Durante este tiempo la maldición del Jardín del Edén será levantada o modificada (Is 11:7-9; 30:23-24; 35:1-2, 7), la comida será abundante (Jl 2:21-27). Habrá salud física universal (Is 33:24; 35:5-6) y se volverá a tener vidas largas como en la era pre-diluvial (Is 65:20).

Reflexión: Cualquiera sea el papel regional que juegue un creyente en el reino mundial de Cristo, estará determinada por nuestra fidelidad y utilidad a Cristo en la preparación del reino. Hoy día es el campo de entrenamiento y prueba para el reino que ha de venir. Él está equipándonos así como nosotros equipamos a otros para un rol estratégico con Él en Su reino venidero.

III. LA CONDENACIÓN DE SATANÁS (20:7-10)

20: 7-8

Cuando los mil años se cumplan, Satanás será suelto de su prisión, 8y saldrá a engañar a las naciones que están en los cuatro ángulos de la tierra, a Gog y a Magog, a fin de reunirlos para la batalla; el número de los cuales es como la arena del mar.

20:7-8 Sin más explicaciones del milenio, el texto salta al fin de los mil años.

Sabemos más de las promesas del milenio por los profetas del AT que por las profecías del NT. La naturaleza de Dios es la de poner a prueba al hombre una y otra vez. Él quiere que el pecado, la maldad y las creencias falsas sean expuestas por lo que son. A la gente que quiere creer una mentira, le será dada una mentira para que la crea y de ese modo sea engañado. Después de haber sido confinado por mil años en el abismo "Satanás será suelto de su prisión (el "Abismo") y saldrá a engañar a las naciones".

Cuando comienza el milenio no hay gente no salva que esté viva y que entre al reino. Solo los salvos de entre los Judíos (Ap12:6, 13-17; Is 60:21; Ro 11:26), y los Gentiles creyentes sobrevivientes (porque la mayoría fueron asesinados – 7:9-17) comenzarán las nuevas familias mundiales. Las perfectas condiciones sociales y ambientales del milenio junto con los ciclos de vida alargados en sus cuerpos físicos (Is 65:20), los niños proliferarán. Si las mujeres son restauradas a su condición física pre-maldición, entonces podrán tener niños sin dolor (Gn 3:16).

Aunque los humanos al principio del milenio serán todos salvos, aún son pecadores. Después de mil años de múltiples generaciones en un ambiente perfecto, los niños nacidos de estas familias vendrán a este mundo con una naturaleza pecaminosa requiriendo regeneración y un encuentro personal de salvación con Cristo; sin embargo, muchos amarán sus pecados y rechazarán al Señor (Ro 8:7). Tristemente la corrupción humana arruinará aún las condiciones más perfectas. Aun cuando la humanidad se creó en un ambiente perfecto, sin embargo la depravación egoísta humana se negó a confiar en Dios.

Ahora al final de la historia de la humanidad, una vez más en un jardín mundial del Edén, los pecadores nacidos de padres creyentes serán fácilmente engañados y escogerán amar sus pecados (Jn 3:19) en lugar de amar al Rey de reyes. Aquellos que se rebelaron durante el milenio enfrentarán un juicio rápido (como en 2:2; 12:5; 19:15; Sal 2:9), pero habrá una abundancia de quienes no se arrepientan y que estén vivos todavía cuando Satanás sea soltado y es así que habrá una gran rebelión mundial. No solamente Satanás nunca se arrepentirá, sino que él encontrará humanos que se resentirán del gobierno de Cristo y su falsa Cristiandad superficial será presa fácil para el Maestro Mentiroso.

Los engañados saldrán de "los cuatro ángulos de la tierra" (7:1; Is 11:12), es decir de los cuatro puntos de la brújula (norte, sur, este, oeste). La referencia a "Gog y Magog" se refiere a una guerra en Ez 38-39, en donde Gog fue un gobernador y Magog fue la gente que fue tanto rebelde contra Dios y enemiga de Israel. Esta batalla al final del milenio es distinta de la batalla a la que se refería Ezequiel 38-39, aunque hay algunas similitudes. Ezequiel se refiere a unas pocas naciones, pero Apocalipsis 20 se refiere a todas las naciones;

Ezequiel muestra los ejércitos que vienen del norte, pero Apocalipsis 20 a las naciones que vienen de todas direcciones.

El pasaje de Ezequiel se refiere a la batalla que ocurrirá con los eventos de lo tiempos finales antes del milenio (Ap 19:17-18). La referencia de Juan de la abominable batalla de Gog y Magog es similar al uso simbólico de "Waterloo" para referirse a la derrota de Napoleón en la batalla de Waterloo, Bélgica, pero se usa para referirse a cualquier desastre personal o nacional. El "número" (de los rebeldes) "es como la arena del mar", una hipérbole que describe una inmensa e incontable masa de gente que se reunirá para destruir al pueblo de Dios.

Reflexión: Tristemente, el comienzo y el final de la humanidad demuestran la misma historia; humanos pecadores que son depravados y comprometidos con sus pecados, ignorando a su Salvador, prefiriendo obedecer y seguir al Padre de mentira, Satanás mismo. ¿Qué nos dice esto en cuanto a Dios? ¿Qué precauciones necesitan todos para evitar ser engañados por Satanás?

Lugar de la batalla final

20: 9

Y subieron sobre la anchura de la tierra, y rodearon el campamento de los santos y la ciudad amada; y de Dios descendió fuego del cielo, y los consumió.

20:9 Esta vasta multitud de rebeldes se reúne en un amplio valle, "anchura de la tierra", la cual probablemente fue creada en una transformación geológica de la superficie de la tierra en Ap 16:20 (también Zac 14:4, 9-11), la cual aplastó las montañas dejando la superficie de la tierra como un vasto valle como lo era antes del diluvio. Los rebeldes "rodearon el campamento de los santos y la ciudad amada (la ciudad que Él ama)," lo cual se refiere a Jerusalén. Aquí vemos un despliegue impresionante de ignorancia, arrogancia, audacia, ambición e ira precipitada por las mentiras y la amargura del gran Dragón, Satanás, que ha estado trazando este esfuerzo final durante mil años.

El "campamento" (*parembole*, "el campamento de Israel en el desierto, cuarteles de los soldados Romanos") está ubicado alrededor de Jerusalén, en donde el trono de Cristo es el centro del reino milenial (Is 24:23; Ez. 38:12; 43:7; Mic 4:7; Zac 14:9-11) en "glorioso esplendor" (Is 24:23). Tan pronto como se congrega este ejército amenazador alrededor de la ciudad "descendió fuego del cielo, y los consumió".128 Las fuerzas de Satanás serán ejecutadas y sus almas pasarán en el castigo temporal del Hades, esperando que pronto ocurra el juicio final del Gran Trono Blanco (20:11-15). La "indiscreción de los necios es engaño" (Prov.14:8), es decir que son fácilmente engañados. Asimismo "el insensato se muestra insolente y confiado" (Prov.14:16).

A estas dos batallas enormes (Armagedón y Gog y Magog) solamente se les dedica dos versículos para describir cada batalla (derrota del Anticristo en 19:20-21; derrota final de Satanás en 20:9-10). Con Cristo está asegurada la victoria absoluta. Nunca vaciles o tengas dudas en cuanto a si vale la pena o si has elegido el lado correcto. Dios permite que el pecado se manifieste en todo su horror y orgullo, solo para repentinamente destruirlo.

Reflexión: ¿Tienes alguna vez pensamientos de rebeldía, orgullo secreto o pecados de presunción que crees puedes evitar que se divulguen? Dios tiende a dar tiempo para que los hombres reconozcan su insensatez y se arrepientan, pero llega un punto en que Él interviene con castigo, justicia y rectitud. ¿Ha sucedido esto en la vida de alguien que tú conoces? (Pr 19.25)

Uno más en la población del Lago de fuego

20: 10

Y el diablo que los engañaba fue lanzado en el lago de fuego y azufre, donde estaban la bestia y el falso profeta; y serán atormentados día y noche por los siglos de los siglos.

20:10 El líder de este gran engaño es rápidamente juzgado y condenado para siempre al Lago de fuego del cual él nunca será liberado nuevamente. Él se une a los únicos otros habitantes de este vasto Lago de fuego, la "bestia (Anticristo) y el falso profeta" que todavía están vivos en este lugar después de mil años (19:20). Este verso destruye la idea de la aniquilación total.129 La gente sigue viviendo en sus cuerpos que no pueden ser destruidos, nunca llegarán a ser insensibles ante el dolor y el tormento. Este es un lugar de agonía mental (Dn 12:2 – "desgracia" o "vergüenza y desprecio eterno"; Mt 8:.12; 13:42, 50; 22:13; 24:51; 25:30; Lc 13:28 "lloro y crujir de dientes"), así como tormento físico (Ap 14:10, "atormentado con fuego y azufre (sulfuro)"; Mt 25:41, "fuego eterno", Mr 9:43-44, "fuego que no puede ser apagado"; Lc 16:23-24, "atormentado en esta llama"). Aquellos que son sentenciados a vivir aquí "serán atormentados día y noche por los siglos de los siglos".

Esta es probablemente la más ominosa declaración que jamás se ha hecho. Solo un necio se arriesgaría a este destino. "El humo de su tormento sube por los siglos de los siglos. Y no tienen reposo de día ni de noche" (Ap 14:10-11).

El castigo de los malvados es tan eterno como es eterno el cielo para los salvos (Mt 25:46). Pablo escribió, "Los cuales sufrirán pena de eterna perdición, excluidos de la presencia del Señor y de la gloria de su poder" (2 Ts 1:9).

Reflexión: ¿Qué bien nos hace a nosotros saber lo que les sucederá a los no salvos? Por otro lado, ¿Qué enseñan estos versículos al creyente en cuanto a su relación y destino seguros?

Fil 3:20

Col 1:13

1 Ts 2:12

1 P 1:4

IV. EL JUICIO DEL GRAN TRONO BLANCO (20:11-15)

Estos últimos cinco versículos describen el final de la historia terrenal de la humanidad y el comienzo del estado eterno.

A. La Resurrección y el Juicio de los no salvos muertos (20:11-13)

20: 11

Y vi un gran trono blanco y al que estaba sentado en él, de delante del cual huyeron la tierra y el cielo, y ningún lugar se encontró para ellos.

20:11 El juicio del "gran trono blanco" que sigue a los mil años, referido seis veces en 20:1-6. Este trono es distinto del "trono" mencionado 30 veces en Apocalipsis (ej., 4:2). "Al que estaba sentado en él (el trono)" se refiere a Jesús ya que "el Padre le deja todo el juicio a Su Hijo" (Jn 5:22) y el hecho de que es necesario que "todos nosotros comparezcamos ante el tribunal de Cristo, para que cada uno reciba según lo que haya hecho" (2 Co 5:10). Este es el último juicio que ocurrirá jamás por toda la eternidad.

El planeta tierra y el vasto universo "pasarán" (pheugo, tiempo aoristo, "evitar, evitar huyendo de algo repugnante, desvanecer") descrito en Mt 24:35; Mr 13:31; Lc 16:17; y 21:33. Esta disolución de toda la creación original está descrita en 2 Pedro 3:10, "los cielos pasarán con grande estruendo, y los elementos ardiendo serán deshechos, y la tierra y otras obras que en ella hay serán quemadas." Todo el propósito del tiempo y del espacio desde el principio de la creación hasta el regreso de la eternidad, es para encontrar seres creados que voluntariamente escojan conocer y amar a Dios contra todas las presiones contrarias que buscan que los habitantes de la eternidad sean viciados por el pecado. Una vez que el pecado sea tratado, comienza un nuevo propósito de existencia para toda la eternidad (Ver Is 51:6). Los nuevos cielos y la nueva tierra de Ap 21 son totalmente diferentes a toda la creación presente.

Reflexión: ¿Te da esto un sentido de destino, esperanza y privilegio de gracia por tener parte en este nuevo mundo eterno?

El Prisionero de la Justicia

20:12

Y vi a los muertos, grandes y pequeños, de pie ante Dios; y los libros fueron abiertos, y otro libro fue abierto, el cual es el libro de la vida; y fueron juzgados los muertos por las cosas que estaban escritas en los libros, según sus obras.

20:12 La escena es vasta y las multitudes de los "muertos, grandes y pequeños, de pie ante Dios" incluirán a los que recientemente fueron destruidos en el fin del milenio tanto como a los impíos muertos de la Tribulación y a toda la historia humana a quien se le dijo que no iban a ser resucitados hasta después de los mil años, ya que ellos no tenían parte en la "primera resurrección" mil años antes (20:5). Esta es una escena de una corte de sentencia.130 El veredicto está, y todos estos han sido hallados culpables. La evidencia está contenida en los "libros" y si sus nombres están inscritos en el "Libro de la Vida".131

Cualquier veredicto que sea transmitido desde este tribunal será justo, porque Él, el Juez, es justo. Dt 32:4 declara en cuanto a Dios: "Porque todos sus caminos son rectitud; Dios de verdad, y sin ninguna iniquidad en él; es justo y recto". Dios es siempre absolutamente justo y recto en todo lo que Él hace. La justicia es Su naturaleza. Los pecadores todos han errado y han ofendido la justicia de Dios, pero la justicia de Dios no se ha equivocado o ha sido injusta con ellos, ya que eso no puede ser.

Nunca habrá motivo de una queja sobre el veredicto y la sentencia en el Juicio del Trono. Jesús le advirtió al mundo, "moriréis en vuestros pecados; porque si no creéis que yo soy, en vuestros pecados moriréis" (Jn 8:24). Todos los creyentes están inscritos por nombre en el Libro de la vida y las obras de vida de cada uno están grabadas en los libros (plural) de las obras en una precisa historia de vida de cada individuo.132

Todos serán finalmente medidos por sus obras. Aún los incrédulos serán sentenciados y castigados de acuerdo a sus obras y su respuesta al conocimiento de la verdad. Jesús advirtió a Capernaum, que aunque testimonió años de las enseñanzas y milagros de Jesús, rechazó Su mensaje, "Por tanto os digo que en el día del juicio, será más tolerable el castigo para la tierra de Sodoma, que para ti" (Mt.11.24).

Los pecados son horribles, pero rechazar a la verdad es mucho peor según los valores de Dios. Cada persona no salva de la historia "grandes y pequeños" sin excepción, estarán de pie frente a Dios, que tiene estas características: "no es parcial" (Ro 2:11); "no hace acepción de personas, ni toma cohecho" (Dt 10:17); "ni respeta más al rico que al pobre" (Job 34:19); "para Él no hay acepción de personas" (Ef 6:9); "no hay acepción de personas" (Col 3:25); y "aquel que sin acepción de personas juzga" (1 Pe 1:17). Este juicio no determina si la persona merece entrar al cielo, ya que nadie podría nunca merecer esa aceptación por sus propias obras delante de un Dios Santo. Este juicio es solo para determinar el grado de castigo eterno inevitable. John Phillips describió este día:

Hay una comunión terrible allí... Los muertos, grandes y pequeños, de pie ante Dios. Almas de los muertos se unen a los cadáveres en una comunidad de horror y desesperación. Ahí estarán pequeños hombres y mujeres cuyas vidas miserables estaban llenas de mezquindad, egoísmo y repugnantes pecados pequeños. Aquellos cuyas vidas llegaron a nada van a estar allí, y cuyos pecados eran muy monótonos y sin gracia, mezquinos, rencorosos, malhumorados, rastreros, vulgares, comunes y baratos. Los grandes estarán allí, los hombres que pecaron con una mano más alta, con guión, coraje y talento.

Hombres como Alejandro y Napoleón, Hitler y Stalin estarán presentes, los hombres que iban en la maldad a gran escala con el mundo por su escenario y que murieron sin arrepentirse al final. Ahora cada uno está acusado y en camino a ser condenado: una horrible hermandad congregada junta por primera y última vez.

Reflexión: ¿Hizo alguna diferencia el que ellos nunca escucharon el evangelio?, ¿o no? ¿Debería yo intentar hacer algo para llevar el evangelio a los no alcanzados así como a los no evangelizados aún?

Nadie es olvidado o pasado por alto

20:13

Y el mar entregó los muertos que había en él; y la muerte y el Hades entregaron los muertos que había en ellos; y fueron juzgados cada uno según sus obras.

20:13ª A medida que la escena se desarrolla, el alma de cada persona no-salva ha sido convocada de su estado temporal en el Hades. Tan pronto como una persona muere él/ella inmediatamente enfrenta un juicio decisivo: "Y de la manera que está establecido para los hombres que mueran una sola vez, y después de esto el juicio" (Heb 9:27).

Para los no salvos esto significará un confinamiento temporal en el Hades, esperando este Día final de Juicio. Los cuerpos de los muertos que perecieron en "el mar" y los cuerpos que fueron puestos en la tierra serán unidos con sus almas que vienen del Hades. Esta será la resurrección de los muertos espirituales, es decir, de los perdidos. El Hades es usado 10 veces en el NT, siempre como un lugar de castigo (cf. Lucas 16:23) en donde se les tiene a los perdidos hasta su sentencia final para ir al Lago de Fuego en el Juicio del Gran Trono Blanco. El "Mar", "Muerte y Hades" son vaciados de sus cuerpos y unidos con sus almas para vivir eternamente en un cuerpo indestructible y experimentar un tormento sin fin.

Se define a la muerte como la separación del alma del cuerpo, lo cual nunca más volverá a suceder. "Y el postrer enemigo que será destruido es la muerte" (1 Co 15:26). Juan exclamó que en el cielo "ya no habrá muerte" (21:4). Para este tiempo cada ser humano que haya vivido y muerto alguna vez será reunido, cuerpo y alma, y será de aquí en adelante un ser inmortal.135 En la resurrección, tanto los salvos y los no salvos, "cuando esto corruptible se haya vestido de incorrupción, y esto mortal se haya vestido de inmortalidad…" (1 Co 15:54).

Reflexión: Ahora con un cuerpo indestructible y más sensible, en lugar de solamente un alma, ¿será el tormento igual o peor?

12:13b Como se dijo en v.12, aquí se repite: "fueron juzgados cada uno según sus obras". Los libros contienen cada pensamiento, palabra y cada acción de cada persona no salva que haya vivido. La omnisciencia de Dios nunca pasa por alto ni una simple ofensa. Cada maldad del pecador será medida contra la santidad de Dios (Ro 3:23), solo para encontrar que nadie puede medirse con Su impecabilidad.

Pablo escribió, "Porque todos los que dependen de las obras de la ley están bajo maldición, pues escrito está: Maldito todo aquel que no permaneciere en todas las cosas escritas en el libro de la ley, para hacerlas" (Gá 3.10). Santiago amplió esta verdad diciendo, "Porque cualquiera que guardare toda la ley, pero ofendiere en un punto, se hace culpable de todos" (Stg 2:10). Nadie puede presumir para pensar o decir que ellos son inocentes o que "no son tan malos". Jesús advirtió: "Porque el Hijo del Hombre vendrá en la gloria de su Padre con sus ángeles, y entonces pagará a cada uno conforme a sus obras" (Mt 16:27). Intentar decir que se ignora los estándares de Dios no será una excusa aceptable, porque tanto la creación (Ro 1:20) y toda consciencia humana (Ro 2:14-15) revela la perfección de Dios, impecabilidad y justicia.

Aquellos que no tienen revelación bíblica de la ley de Dios (ej., Diez Mandamientos), serán juzgados equitativamente de acuerdo al conocimiento que ellos tuvieron (Ro 2:12).136 Como sea que varíe el castigo, éste será intolerable, indescriptible e interminable, sin ninguna esperanza de alivio, y todo esto sucede por la elección propia de cada persona.

El escritor de Hebreos escribió, "¿Cuánto mayor castigo pensáis que merecerá el que pisoteare al Hijo de Dios, y tuviere por inmunda la sangre del pacto en la cual fue santificado, e hiciere afrenta al Espíritu de gracia?" (He 10:29). Algunos serán engañados por su religiosidad e intentos de ser espirituales solo para descubrir con horror que ellos nunca fueron genuinamente salvos, "Señor, Señor, ¿no profetizamos en tu nombre, y en tu nombre echamos fuera demonios, y en tu nombre hicimos muchos milagros? (Mt 7:22), pero ellos oirán las palabras más miedosas que jamás se han dicho, "Nunca os conocí; apartaos de mí, hacedores de maldad" (Mt 7:23).

Aquellos que buscan establecer su propia justicia ignorando sus propios pecados sin confesar su pecaminosidad. Ellos no desean depender en la obra sustitutoria de Cristo, prefiriendo intentar ser lo "suficientemente buenos" pero se encontrarán ellos mismos condenados para siempre.

Reflexión: ¿Qué significa "conocer genuinamente a Cristo"?

Jn 17:3

1 Co 2:2

2 Co 13:5

2 Ts 1:8

1 Jn 5:20

B. El Lago de Fuego (20:14-15)

Y la muerte y el Hades fueron lanzados al lago de fuego. Esta es la muerte segunda. 15Y el que no se halló inscrito en el libro de la vida fue lanzado al lago de fuego.

20:14-15 No hay excusa aceptable, no hay apelación, no hay una segunda oportunidad, no hay extensión de la gracia luego de la tumba, y no hay excepciones. "Y el que no se halló inscrito en el Libro de la Vida…" Aquellos que escogieron conscientemente rechazar el mensaje de Cristo o porque nunca oyeron el mensaje de la muerte de Cristo por sus pecados, sus nombres nunca se escribieron en el Libro de la Vida como sí lo fueron los nombres de los creyentes en Cristo Jesús. Todos estos, sin excepción o excusa, serán "lanzados al lago de fuego".

Durante mil años la bestia (Anticristo) y el falso profeta habían sido atormentados ahí (19:20), y solo justo antes de este Juicio del Trono Blanco, el Dragón, Satanás, habrá sido echado en el lago de fuego (20:10). Cuando se pronuncia la sentencia los condenados son echados a las llamas del infierno desde donde nunca más serán escuchados. No hay nada más doloroso que el fuego. Si este es un lenguaje simbólico que describe algo que tal vez está fuera del universo existente, el cual pronto será destruido, entonces lo que sea que esto represente debe ser aún más terrorífico.

Las descripciones de este lugar incluyen un lugar de total oscuridad, que resultará en total aislamiento de cada persona (Mt 8:12; 22:13; 25:30; 2 Pe 2:17; Judas 13). Asimismo, es un lugar en donde "el gusano de ellos no muere" (Mr 9:44, 46,48), y un lugar de tristeza como "el lloro y crujir de dientes" (Mt 8:12; 13:42, 50; 22:13; 24:51; 25:30; Lc 13:28).

La única forma en que alguien en la tierra puede evitar este terrible fin de la existencia humana es haber escuchado el evangelio de la gracia de Dios, permitiendo que la muerte sacrificial de Cristo sea el sustituto suficiente por sus pecados. Esto se aplica a cualquier y a todas las personas deseosas de creer con todo su corazón en el pago de muerte de Cristo en la cruz y de quien lo invite a Él a entrar en sus vidas como Señor y Salvador.

Reflexión: ¿Cuál sería entonces nuestra tarea de toda la vida hacia aquellos que nunca han escuchado o que aún no pueden escuchar las buenas nuevas del Evangelio?

CAPITULO 21

NUEVO CIELO, NUEVA TIERRA Y NUEVA JERUSALÉN

Esto es una nuevo mundo enteramente jamás visto o imaginado por mortales. Esta nueva creación fue profetizado en Isaías 65:7, "Porque he aquí que yo crearé nuevos cielos y nueva tierra; y de lo primero no habrá memoria, ni más vendrá al pensamiento." Luego Isaías escribió, "como los cielos nuevos y la nueva tierra que yo hago permanecerán delante de mí, dice Jehová, así permanecerá vuestra descendencia y vuestro nombre" (Isa 66:22).

I. CREACIÓN DEL NUEVO CIELO Y DE LA NUEVA TIERRA (21:1)

21:1

Vi un cielo nuevo y una tierra nueva; porque el primer cielo y la primera tierra pasaron, el mar ya no existía mas.

21:1 Después del Juicio del Trono Blanco y al final del milenio Juan describe la creación del "cielo nuevo y la tierra nueva." La palabra "nueva" (*kainos*, "recientemente hecho superior a lo que prosigue, sin usar, nuevo tipo") no se refiere a: cronológicamente nuevo, sino nuevo en el sentido de calidad. El mundo viejo y el universo "pasarán con gran estruendo, y los elementos ardiendo serán desechos, y la tierra y las obras que en ella hay serán quemadas. Puesto que todas estas cosas han de ser desechas..." (2 Pedro 3:10-11). Este es un mundo completamente nuevo, nunca antes visto por los mortales.

En Isaías 65:17 está la profecía sobre esta nueva creación, "Porque he aquí que yo crearé nuevos cielos y nueva tierra; y de lo primero no habrá memoria, ni más vendrá al pensamiento". Después Isaías escribió, "Porque como los cielos nuevos y la nueva tierra que yo hago permanecerán delante de mí, dice Jehová, así permanecerá vuestra descendencia y vuestro nombre" La creación original estaba corrompida por la entrada del pecado, lo que requería la destrucción de Juicio de Dios (20:11). Esta contaminación incluía el presente universo de acuerdo a Job 15:15, "Y ni aun los cielos son limpios delante de sus ojos". Toda la creación gime o anhela este día cuando la maldición universal sea levantada (Ro 8:20-22), pero primero "El cielo y la tierra pasarán" (Lucas 21:33).

La característica más inusual de esta nueva tierra es que "el mar ya no existía mas". Aun cuando la vida actual se basa en el agua, estando el 70% de la tierra cubierta de agua en cinco cuencas oceánicas. El Océano Pacifico cubre 1/3 de la superficie de la tierra, todo esto, desaparecerá en la nueva tierra. La vida en la eternidad será radicalmente diferente sin un ciclo hidrológico de evaporación y lluvia. Este nuevo mundo no tendrá sol ni luna, y aparentemente ni estrellas. Entonces no hay comparación con el milenio; es una forma completamente nueva de vida y del sistema planetario. Este mundo es solo temporal.

Reflexión: No tiene sentido que desperdiciemos nuestras vidas viviendo para las cosas, bienes raíces, o posesiones, las cuales todas serán destruidas y reducidas a la nada. ¿Tiene sentido? ¿Entonces cómo deberíamos vivir?

II. LA NUEVA JERUSALÉN (21:2-8)

21:2

Y yo Juan vi la santa ciudad, la nueva Jerusalén, descender del cielo, de Dios, dispuesta como una esposa ataviada para su marido.

21:2 La visión de Juan se enfoca en la más grande característica de la nueva tierra, la ciudad capital de la eternidad, "la santa ciudad, la nueva Jerusalén, descender del cielo, de Dios". Esta Nueva Jerusalén es llamada "La Ciudad Santa" en contraste con la antigua Jerusalén, la cual fue llamada Sodoma en el 11:8. Vivir en esta ciudad ha sido la esperanza de todos los creyentes de todos los tiempos (Ap 3:12, He 11:10; 12:22-24; 13:14). Este es el futuro especial de todos los que han decidido caminar en comunión con Dios, rehusándose a las atracciones del pecado, los razonamientos y las mentiras de las filosofías humanas. Nosotros vamos a creer y amar al Dios de la Biblia y amarnos entre nosotros.

Esta ciudad es "Santa" (*hagios*) en el sentido de que ha sido "separada" exclusivamente para los propósitos de Dios. Cada uno que participa en esta ciudad también es "santo" ya que "Bienaventurado y santo el que tiene parte en la primera resurrección" (20:6). Juan ve cómo esta ciudad santa desciende del cielo donde su "arquitecto y constructor" es Dios (He 11:10). Este es el Hogar de todos los creyentes ahora en el cielo de acuerdo a He 12:22-23, "Sino que os habéis acercado al monte de Sion, a la ciudad del Dios Vivo, Jerusalén la celestial, a la compañía a de muchos millares de ángeles, a la congregación de los primogénitos que están inscritos en los cielos, a Dios el Juez de todos, a los espíritus de los justos hechos perfectos".

Esta "Jerusalén celestial" es donde van los creyentes cuando mueren, donde Jesús fue "para preparar un lugar" para ellos (Juan 14:1-3). Cuando sean creados el nuevo cielo y la nueva tierra, la "Nueva Jerusalén" descenderá a esta nueva tierra. Esta ciudad es descrita como la "novia" porque contiene a todos los redimidos y su carácter describe la belleza del Cuerpo de Cristo. Los desposorios de la novia del Señor sucedieron en la pasada eternidad (Ef 1) cuando Dios prometió a Su Hijo un pueblo redimido.

Esta segunda parte de la boda será la presentación de la novia en el arrebatamiento de la iglesia, cuando los cuerpos de los creyentes sean unidos a sus almas y traídos a Su hogar celestial.

La tercera parte de la boda comenzará durante la cena matrimonial del Cordero (19:7-9) y durará todo el milenio. La etapa final del matrimonio, su consumación, es el estado eterno. Ella está "adornada para su marido" (*kosmeo*, pasivo perfecto, "ha sido hecha hermosa o atractiva"). Esto incluirá a todos los creyentes desde la creación. Nada en este mundo podrá compararse con este momento en el tiempo.

Reflexión: Con razón que Pablo nos exhortaba para que pongamos nuestro afecto en las cosas celestiales (Col 3:1). ¿Cómo puedes tú, de forma práctica, poner tu afecto en las cosas de arriba? (Col 3:1)

Dios Morará con Su pueblo

21: 3-4

Y oí una gran voz del cielo que decía: He aquí el tabernáculo de Dios con los hombres, y el morará con ellos; y ellos serán su pueblo, y Dios mismo estará con ellos como su Dios. Enjugará Dios toda lágrima de los ojos de ellos; y ya no habrá muerte, ni habrá más llanto, ni clamor, ni dolor; porque las primeras cosas pasaron.

21:3-4 La "gran voz del cielo" era probablemente la de un ángel (Dios habla en el vs. 5) y en otras muchas ocasiones (5:2; 7:2, 14:9, 15, 18, 19:17). El anuncio trata del "Tabernáculo de Dios" el cual estará "entre los hombres". "Tabernáculo" (*skene*) significa "tienda" o "vivienda:" Dios ha levantado Su tienda" o tabernáculo "entre los hombres". Este es el mismo concepto de Juan 1, "Él habitó entre nosotros". Dios no será transcendente y distante, pero sí íntimo y cercano. Este es el cumplimiento de la oración de Juan 17, "Padre, aquellos que me has dado, quiero que donde yo estoy, también ellos estén conmigo, para que vean mi gloria que me has dado" (Juan 14:1-3).

Sin embargo, "Y no vi en ella templo (el cielo), porque el Señor Dios Todopoderoso es el templo de ella, y el Cordero" (21:22). La Gloria del Señor llenará todo en el cielo y no estará limitada a un solo lugar. Este concepto se repite en tres diferentes formas: (1) "Dios está con los hombres", (2) "Él habitará con ellos;" y (3) "Dios mismo habitará con ellos". Tal reiteración implica la importancia de la verdad. La intimidad y proximidad de la gloriosa presencia de Dios será incomparable a la más grande unión de hermandad que se haya tenido como experiencia durante nuestras relaciones limitadas por el pecado en nuestra vida física. Un beneficio adicional a este tiempo se ve en 1 Juan 3:2, "Sabemos que cuando Él se manifieste, seremos semejantes a Él, porque le veremos tal como Él es".

Nadie ha visto la plenitud de Su gloria porque ÉL "habita en la luz inaccesible" (1 Tim 6:16), y aun así Jesús prometió que en el cielo, "Los puros de corazón… verán a Dios" (Mateo 5:8). Ningún hombre mortal ha visto a Dios en la plenitud de Su Gloria y ha sobrevivido (Ex 33:20). Nada en este mundo se puede comparar con esa experiencia, por eso Pablo escribió, "Teniendo deseo de partir y estar con Cristo, lo cual es muchísimo mejor" (Fil 1:23). Cada visión del cielo describe a los redimidos en actos de adoración (4:10; 5:14; 7:11; 11:1, 16; 19:4). Todo esto será en el contexto de un servicio con propósito: "Y le sirven (a Dios) día y noche en su templo" (7:15). Este servicio reflejará nuestra fidelidad durante nuestra vida terrenal (2 Tim 2:12).

Como consecuencia, nunca volverán a existir cinco experiencias de la vida humana: lágrimas y muerte (Is 25:8), tristeza, llanto y dolor. Todas estas "cosas pasadas pasarán" (aperchomai, aoristo, "vete"), tal como "el primer cielo y la primera tierra pasarán" (21:1); aquí usa la misma palabra.

Reflexión: ¿De dónde vendrán estos sentimientos? Cronológicamente, siguen la conclusión del milenio con la rebelión final de la humanidad y el Juicio del Gran Trono Blanco de todos los perdidos durante toda la historia. ¿Existe una relación? ¿Cómo te vas a sentir?

Inauguración del Orden Mundial Eterno

21:5-6a

Y el que estaba sentado en el trono dijo: "He aquí, yo hago nuevas todas las cosas. Y me dijo: Escribe; porque estas palabras son fieles y verdaderas". 6 Y me dijo: "Hecho esta. Yo soy el Alfa y el Omega, el principio y el fin…

21:5-6a El anuncio es concerniente a un cambio radical en el nuevo orden mundial con un universo enteramente nuevo y una nueva tierra. Las típicas experiencias de una creación caída, pecaminosa se han marchado para siempre. Esta es una nueva creación: "Yo hago nuevas todas las cosas". El que está haciendo esta declaración es El mismo "De delante del cual huyeron la tierra y el cielo, y ningún lugar se encontró para ellos" (20:11).

Dios trae a Juan de vuelta al presente con el mandamiento, "Escribe, porque estas palabras son fieles y verdaderas," tal como Aquel que las revela es "fiel y verdadero" (3:13; 19:11). Aunque el presente "cielo y tierra pasarán", aun así las "Palabras de Dios no pasarán" (Lucas 21:33). Tan seguro como que hay un Dios, estos eventos ocurrirán tal como han sido descritos. El declaró, "¡Hecho está!" (ginomai, la voz perfecta "ha venido a existir o comenzado a ser") como una acción completada, no una en progreso. Este es el cumplimiento de 1 Cor 15:24-28:

Luego el fin, cuando entregue el reino al Dios y Padre, cuando haya suprimido todo dominio, toda autoridad y potencia. Porque preciso es que Él reine hasta que haya puesto a todos sus enemigos debajo de sus pies. Y el postrer enemigo que será destruido es la muerte. Porque todas las cosas las sujetó debajo de sus pies. Y cuando dice que todas las cosas han sido sujetadas a Él, claramente se exceptúa a Aquel que sujetó a Él todas las cosas. Pero luego que todas las cosas le estén sujetas, entonces también el Hijo mismo se sujetará al que sujetó a Él todas las cosas, para que Dios sea todo en todos.

Este es el cumplimiento de la redención, que comenzó cuando Jesús dijo, "Consumado es" (Juan 19:30) en la cruz. Y salió una gran voz del templo del cielo del trono, diciendo: Hecho está. (Ap 16:17). Jesús redimió y traerá a salvo a todos los redimidos de todos los tiempos a su nueva creación. Dios es "El Alfa y la Omega" (1:8, 17:18; 22:13, 16, la primera y la última letra del alfabeto griego), "el principio y el fin" (Is 44:6; 48:12-13).

Dios escribió la historia del hombre antes que comenzara la tierra, y ocurrió precisamente como fue planificado. Esta misma frase descriptiva se aplica al Señor Cristo Jesús en el 22:13, comprobando que su completa Deidad es completamente igual a la del Padre. La inauguración de la eternidad será mas dramática en la inauguración del reino milenial.

Reflexión: ¿Valdrá la pena cualquier cosa que suframos ahora solo para estar presente durante este tiempo?

Solamente para los vencedores sedientos

21: 6b-7

...Al que tuviere sed, yo le daré gratuitamente de la fuente de agua de la vida. El que venciere heredará todas las cosas, y yo seré su Dios, y el será mi hijo.

21:6b-7 Juan cambia el enfoque de los participantes de esta nueva tierra eterna a quienes se les promete "la fuente de agua viva (dada) libremente para aquel que tiene sed". Esta promesa fue hecha por Jesús dos veces (Juan 4:10, 14; 7:37). El caracterizó a los creyentes como aquellos que reconocen su desesperada necesidad espiritual, que "tienen hambre y sed de justicia" (Mat 5:6). Los redimidos no están insatisfechos con el pecado que saben que no pueden deshacer, y anhelan una limpieza y ser aceptados ante Dios. David lo dijo así, "Como el ciervo brama por las corrientes de las aguas, así clama por ti, oh Dios, el alma mía. Mi alma tiene sed de Dios, del Dios vivo; Cuando vendré, y me presentaré delante de Dios? (Sal 42:1-2).

La promesa de este versículo es que los que realmente le buscan a Dios encontraran por medio de Cristo su más profunda sed satisfecha. Jesús dijo durante un gran Día festivo "Si alguno tiene sed, venga a mí y beba, El que cree en mí, como dice la Escritura, de su interior correrán ríos de agua viva" (Jn 7:37-38). Y la última invitación para los lectores de Apocalipsis 22:17, "Ven. Y el que tiene sed, venga; y el que quiera, tome del agua de la vida gratuitamente".

El Agua aquí es el símbolo de la vida eterna. Aquellos que están sedientos y buscan apasionadamente la salvación son los que compartirán en sus bendiciones y serán llenados con las delicias del cielo.

Así mismo, la frase, "El que venciere" es la misma promesa usada por Jesús a las siete iglesias (2:7, 11, 17, 26; 3:5, 12, 21). Juan define este termino en 1 Juan 5:4-5, "Porque todo lo que es nacido de Dios vence al mundo; y esta es la victoria que ha vencido al mundo, nuestra fe. Quien es el que vence al mundo, sino el que cree que Jesús es el Hijo de Dios?

Tres promesas increíbles se les da a los creyentes: (1) ellos "heredaran estas cosas", las cuales Pedro describió como "Para una herencia incorruptible, incontaminada e inmarcesible, reservada en los cielos para vosotros". (1 P 1:4). Esto no se refiere a la tierra milenial, la cual será disuelta. El cielo es el tema de 237 versículos en el NT. Sin duda alguna este momento es el sueño de todos los redimidos, empezar las relaciones celestiales eternas en la nueva tierra. (2) "Yo seré su Dios" en la relación más personal, íntima y cercana. (3) Los vencedores "Serán Mis hijos".

Ahora somos hijos adoptados por fe (Juan 1:12; Ro 8:14-17; 2 Co 6:18; Gá 4:5; Ef 1:5; Heb 12:5-9; 1Juan 3:1), pero en la nueva tierra esta adopción es hecha completa como lo anticipa Pablo, "Sino que también nosotros mismos, que tenemos las primicias del Espíritu, nosotros también gemimos dentro de nosotros mismos, esperando la adopción, la redención de nuestro cuerpo. (Ro 8:23)

Reflexión: Has meditado tú y contemplado la grandeza de este momento cuando todo ha sido preparado y cambiado para la nueva eternidad?

Los Excluidos en la segunda muerte
21:8

"Pero los cobardes e incrédulos, los abominables y homicidas, los fornicarios y hechiceros, los idólatras y todos los mentirosos tendrán su parte en el lago que arde con fuego y azufre, que es la muerte segunda.

21:8 La discusión en el nuevo cielo y nueva tierra termina con una advertencia para todos los tiempos que todos los sin perdón y los pecadores que no se han arrepentido serán excluidos para siempre de las bendiciones del cielo. Esta lista incluye
(1) los "cobardes" (*deilos*, "tímidos, miedosos") que rechazan a Dios cuando son desafiados porque su fe no es genuina. Jesús los describe en la parábola de la tierra: "Y el que fue sembrado en pedregales, este es el que oye la palabra, y al momento la recibe con gozo; pero no tiene raíz en sí, sino que es de corta duración, pues al venir la aflicción o la persecución por causa de la palabra, luego tropieza" (Mat 13:20-21).
Jesús describió que un verdadero creyente es aquel que continúa en Su palabra sin importar nada (Juan 8:31);
(2) "incrédulos" (*apistos*, "sin+fe") que no tienen la fe salvadora o que no tienen fe. Jesús dijo "El que en el cree, no es condenado; pero el que no cree, ya ha sido condenado, porque no ha creído en el nombre del unigénito Hijo de Dios" (Juan 3:18);
(3) "Los abominables" (*bdelosso*, perfecto pasivo, "han sido declarados sucios, aborrecidos, rechazados debido a su mal olor") son detestables, completamente atrapados en maldad y el mal";
(4) "los homicidas" (*phoneus*, "homicidio") que violan el sexto mandamiento;
(5) las "personas inmorales" (*pornos*, "una persona que prostituye su cuerpo a la lujuria de otra por paga") que viola el séptimo mandamiento;
(6) Los hechiceros" (*pharmakeus*, "los que usan remedios mágicos"; de pharmakon, "drogas o pociones que alteran la mente o que hacen hechizos");
(7) Los "idolatras" (*eidolatres*, "adoradores de dioses falsos, un hombre codicioso como adorador de Mammon"), lo cual viola el 2do mandamiento; y
(8) "todos los mentirosos" (*pseudes*, "falsos, engañosos"), lo cual viola el 9no mandamiento.

Todos aquellos cuyas vidas sean caracterizadas por estas características no han sido nunca salvados y nunca entrarán a la ciudad celestial. Santiago declaro que "Porque cualquiera que guardare toda la ley, pero ofendiere en un punto, se hace culpable de todos" (Santiago 2:10), porque un pecador siempre es un pecador que es inaceptable en el cielo. El gran tema es que los pecadores humanos tienen poca apreciación de que tan despreciable el pecado es a El Dios santo. Su herencia será "su parte en el lago que arde con fuego y azufre, que es la muerte segunda".

La única esperanza para un pecador es confiar en la gracia de Dios quien libremente nos da justificación de Dios para ser acreditado a un creyente arrepentido, así, cubriendo sus pecados con la Justicia de Dios. No puede haber un contraste más grande: Felicidad eterna inimaginable en el Cielo en la presencia de Dios; mientras que los incrédulos vivirán eternamente en un lugar horroroso de un tormento inimaginable y una miseria que no se alivia, aislados, separados para siempre de la presencia de Dios (2 Ts 1:9). Esta declaración repite la declaración de que la entrada al lago de fuego es "la segunda muerte" de la cual no hay escape o alivio para siempre.

Reflexión: ¿Crees que estas son las únicas dos opciones para la humanidad? Qué responsabilidad tenemos de ayudar a los incrédulos entender y aceptar el evangelio?

III. LA NUEVA JERUSALÉN COMO LA NOVIA (21:9-11)

El resto del capítulo es una descripción de La Nueva Jerusalén. Sin embargo, aunque sea una descripción simbólica, es evidente que el hogar eterno de los creyentes no puede ser descrito fácilmente. No habrá decepción ahí. Jesús les dijo a Sus discípulos antes de morir, "No se turbe vuestro corazón; creéis en Dios, creed también en mi. En la casa de mi Padre muchas moradas hay; si así no fuera, yo os lo hubiera dicho; voy pues, a preparar lugar para vosotros. Y si me fuere y os preparare lugar, vendré otra vez, y os tomaré a mí mismo, para que donde yo estoy, vosotros también estéis" (Juan 14:1-3). Este lugar es ahora donde el creyente va inmediatamente cuando él/ella muere. Esta ciudad en el cielo descenderá a la Nueva Tierra en estado eterno, donde se convierte en la ciudad capital de los Nuevos Cielos y La Nueva Tierra.

La Esposa del Cordero

21:9

Vino entonces a mí uno de los siete ángeles que tenían las siete copas llenas de las siete plagas postreras, y habló conmigo, diciendo: Ven acá, yo te mostraré la desposada, la esposa del Cordero.

21:9 Uno de los ángeles que trajo uno de los últimos tazones de destrucción de juicio a la tierra mil años antes (15:1), ahora regresa para mostrarle a Juan la Esposa del Cordero. Uno de los mismos siete ángeles que le había dicho antes a Juan, "Ven acá, y te mostraré la sentencia contra la gran ramera"

(17:1), ahora la esposa le es mostrada a Juan. Tal como la gran ramera representa al sistema del mundo del mal y todos aquellos que se han rebelado contra Dios, también la esposa simboliza aquellos que conocen y son fieles al Dios viviente y al Salvador, Jesucristo. En el capítulo 17 Juan es "llevado... al desierto" (17:3), pero ahora es llevado a un monte grande y alto (v.10). La "Esposa del Cordero" es una ciudad resplandeciente magnífica, la cual Juan había visto antes (v.2) adornada como una novia. La vestimenta de la esposa de Juan teniendo la gloria de Dios (v.11).

La ciudad es habitada por la iglesia (19:7) y todos los redimidos de la historia, quienes vivirán aquí para siempre. La "novia" es la "Esposa del cordero", porque el casamiento ya ha sucedido (19:7). Al comenzar la eternidad el carácter resplandeciente de esta ciudad está diseñado para reflejar el resplandor de sus habitantes. Malaquías 3:16-17 describe aquellos que temen al Señor y meditan en Su nombre, "Y serán para mí especial tesoro, ha dicho Jehová de los ejércitos, en el día que yo actúe". Por cada habitante de esta ciudad Cristo "transformará el cuerpo de humillación nuestra, para que sea semejante al cuerpo de la gloria suya, por el poder con el cual puede también sujetar a sí mismo todas las cosas" (Fil 3:21). Lo que sea que esto significa, nosotros seremos la Novia que llene esta "gran ciudad".

Reflexión: ¿Cómo describe Juan 3:2-3 lo que nuestra respuesta a esta gran esperanza debería ser?

La ciudad descendiente

21: 10-11

Y me llevó en el Espíritu a un monte grande y alto, y me mostró la gran ciudad santa de Jerusalén, que descendía del cielo, de Dios,11 teniendo la gloria de Dios. Y su fulgor era semejante al de una piedra preciosísima, como piedra de jaspe, diáfana como el cristal.

21:10-11 Juan es "llevado por el Espíritu" a "un monte grande y alto" en esta Nueva Tierra. Ser "llevado por el Espíritu" no es solamente un sueño. Es importante notar que las visiones de Juan no son fantasía o sueños imaginarios, sino realidades espirituales, similares a la experiencia de Pablo cuando él fue llevado al tercer cielo (2 Co 12:2-4). Se le permitió a Juan ver y observar lo que solamente Dios ve y conoce. Para Él, el futuro es tan real como el presente, y en estos momentos de apocalipsis, a Juan se le permite experimentar el futuro como si fuera el presente. En su momento, la experiencia de Juan será la nuestra. Hay que notar que hay una diferencia topológica que de hace mil años atrás durante el derramamiento del séptimo tazón, "Y los montes no fueron hallados" (16:20), lo que probablemente duro durante todo el milenio.

En la nueva tierra habrá montañas. Desde esta posición elevada Juan podía ver "La gran ciudad Santa de Jerusalén, que descendía del cielo, de Dios". Esta es la ciudad, "cuyo arquitecto y constructor es Dios" (Heb 11:10). Durante el reinado de Cristo en el milenio, la Nueva Jerusalén será suspendida sobre la superficie de la tierra. En la destrucción de el cielo viejo y la nueva creación del nuevo cielo y la nueva tierra, la ciudad está ubicada en el escenario celestial hasta la creación de la nueva tierra, momento en el cual la Nueva Jerusalén desciende a la superficie de la tierra.

La unicidad de esta ciudad es "La Gloria de Dios" que radiará de la completa manifestación de la gloriosa presencia de Dios tal que "la ciudad no tendrá necesidad del sol ni de la luna que brillen en ella; porque la gloria de Dios la ilumina, y el Cordero es su lumbrera" (v. 23). Isaías describe este nuevo ambiente: "El sol nunca más te servirá de luz para el día, ni el resplandor de la luna te alumbrará, sino que Jehová te será por luz perpetua, y el Dios tuyo por tu gloria" (Isaías 60:19).

La oración de Jesús era que todos los creyentes pudieran ver la gloria completa de Cristo como fue antes de la creación del mundo (Juan 17:24). Este esplendor es como "una piedra preciosísima, como piedra de jaspe, diáfana como el cristal". La piedra preciosa con este nombre se llama opaca. Esta es una transliteración de iaspis, que significa una piedra translucida, que algunos creen que se refiere al diamante (THAYER). La refracción de la luz de la gloria del Shekinah radiando desde esta ciudad ilumina esta nueva tierra y este nuevo cielo completamente. Tal como el sol es el centro de nuestro mundo, así esta Nueva Jerusalén será el centro de la tierra nueva.

Reflexión: ¿Puedes ver porque somos motivados a vivir vidas puras y reflejar los principios de Cristo?

IV. LA NUEVA JERUSALÉN COMO CIUDAD (21:12-27)

El diseño exterior

21: 12-13

Tenía un muro grande y alto con doce puertas; y en las puertas, doce ángeles, y nombres inscritos, que son los de las doce tribus de los hijos de Israel; al oriente tres puertas; al norte tres puertas; al sur tres puertas; al occidente tres puertas.

21:12-13 Era casi imposible para un hombre del primer siglo (hombre moderno) describir adecuadamente la magnificencia del hogar eterno de los creyentes. Lo que Juan describe en los siguientes 9 versículos va más allá de nuestra imaginación y dados solamente para construir nuestra expectativa y esperanza. Esta es una instalación física, concreta que puede ser medida y cuantificada. Hay un "muro grande y alto con doce puertas..." con "doce ángeles" de pie en las puertas. Los "nombres de las doce tribus de los hijos de Israel" estaban inscritos sobre cada una de las puertas, tal vez en el mismo orden que en el desierto, "al oriente tres puertas; al norte tres puertas; al sur tres puertas; al occidente tres puertas" un total de doce puertas.

Estos nombres puede ser que sean reflexivos del campamento de las tribus alrededor del tabernáculo en el desierto (Núm 2) o la tierra de las tribus alrededor del templo en el milenio (Ez 48). Durante toda la eternidad Dios celebrará la relación de pacto que tuvo con Abraham y sus descendientes quienes fueron utilizados para traer sus promesas a la humanidad, las Escrituras y el Mesías. Dios nunca se olvida de la lealtad hacia Él y Su propósito.

Reflexión: ¿Cómo podemos ser leales a Su propósito en nuestros días desde que Dios nos ha llamado a Él en la salvación?

La fundación y la medida del muro

21: 14-16

Y el muro de la ciudad tenía doce cimientos, y sobre ellos los doce nombres de los doce apóstoles del Cordero. 15 El que hablaba conmigo tenía una caña de medir, de oro, para medir la ciudad, sus puertas y su muro. 16 La ciudad se halla establecida en cuadro, y su longitud es igual a su anchura; y él midió la ciudad con la caña, doce mil estadios; la longitud, la altura y la anchura de ella son iguales.

21:14-16 Entre cada una de las doce puertas hay 12 muros, los cuales "tenían doce cimientos, y en ellos los nombres de los doce apóstoles del Cordero". Estos cimientos eran piedras donde estaban inscritos los nombres de cada apóstol. En el NT la iglesia fue construida en el ministerio fundacional y las revelaciones de los "apóstoles y profetas" (Ef 2:20). Cuando los representantes de los santos del AT (v. 12) y los apóstoles de los creyentes del NT (v. 14) son juntados como co-residentes de la Nueva Jerusalén, aun así son considerados grupos distintos aun en la ciudad eterna.

Esta es la ciudad que vio Abraham: "esta ciudad que tiene cimientos, cuyo arquitecto y constructor es Dios" (Heb 11:10). Juan miró como el ángel tomó una "vara de medir de oro", que medía 10 pies, y midió "la ciudad, su puertas y su muro". La dimensión de la ciudad era de doce mil estadios en longitud, en altura y en anchura, o aproximadamente 1400 millas cuadradas, lo que puede ser un cubo o una pirámide. El paganismo suele preferir estructuras en pirámides, mientras que la construcción del templo fue cubico, la cual llena mejor esta descripción.

Morris calcula que la población de creyentes aproximada desde la creación del mudo daría un resultado de que cada "cubo" de una persona sería de 75 hectáreas en cada lado. Para poner a la ciudad en perspectiva de la geografía de los Estados Unidos, se estrecharía desde el borde con Canadá hasta el Golfo de México, desde Colorado hasta la costa Atlántica. Dios no solamente hizo una provisión para la salvación de todos los hombres en la cruz, también hizo provisión para los hombres en la ciudad celestial.

Reflexión: ¿Qué estamos haciendo para poblar esta ciudad con nuestra generación? Debería esto ser una preocupación para nosotros?

La construcción del Muro

21: 17-18

Y midió su muro, ciento cuarenta y cuatro codos, de medida de hombre, la cual es de ángel.
18 El material de su muro era de jaspe; pero la ciudad era de oro puro, semejante al vidrio limpio;

21:17-18 La medición del muro era de 144 codos, 72 yardas o 216 pies de grosor, "de medida de hombre", significa que el Ángel esta usando medidas humanas, pero es la misma dimensión angelical. La construcción del muro "fue de jaspe" – el mismo elemento claro, parecido al diamante utilizado en el vs. 11. No solamente era el muro traslucente, pero la ciudad misma "era de oro puro, semejante al vidrio limpio." Esto permite que la gloria esplendorosa irradie en todas partes, pero impide privacidad, la cual no es necesaria en el Cielo. Juan esta utilizando un lenguaje descriptivo para mostrar como apareció el muro y la ciudad, no necesariamente una descripción de los metales por como se los conoce hoy en día.

Reflexión: ¿Comunica esto riquezas o elementos de construcción para propósitos prácticos? ¿Por qué?

El muro, las puertas y las calles de la Ciudad
21: 19-21

y los cimientos del muro de la ciudad estaban adornados con toda piedra preciosa. El primer cimiento era jaspe; el segundo, zafiro; el tercero, ágata; el cuarto, esmeralda; 20 el quinto, ónice; el sexto, cornalina; el séptimo, crisólito; el octavo, berilo; el noveno, topacio; el décimo, crisoprasa; el undécimo, Jacinto; el duodécimo, amatista. 21 Las doce puertas eran doce perlas; cada una de las puertas era una perla. Y la calle de la ciudad era de oro puro, transparente como vidrio.

21:19-21 Juan entonces cambia su atención a las decoraciones de "los cimientos del muro" los cuales son nombrados por los 12 apóstoles. Estas son 12 piedras de diferentes colores.

La primera fundación tiene la piedra de jaspe. El color no es descrito, pero parece ser como un diamante claro.

La Segunda piedra es zafiro la cual es probablemente azul;

la tercera piedra es ágata, la cual puede tener muchos colores pero más comúnmente es azul-gris a café;

La cuarta piedra es esmeralda, la cual es un verde claro;

la quinta piedra es ónice la cual es roja y blanca;

la sexta piedra es coralina la cual es rojo como el rubí;

la séptima piedra es crisólito, la cual tiene un color de oro;

la octava piedra es berilo, color verde marino;

la novena piedra es topacio, la cual tiene un color verde-amarillo transparente;

la décima piedra es crisoprasa, la cual también es verde;

la undécima piedra es Jacinto, la cual tiene un color violeta;

la duodécima piedra es amatista, la cual es violeta. Juntas estas piedras reflejan un arcoíris brillante de colores desde la Nueva Jerusalén hasta la Nueva Tierra.

Reflexión: ¿Crees que Dios disfruta de las piedras preciosas y los elementos bellos de Su creación?

El siguiente aspecto que Juan observa en la Nueva Jerusalén fueron "las puertas, las cuales eran doce perlas". Tal como ahora, las perlas fueron muy valiosas en el 1er siglo, pero nunca ha habido una perla del tamaño de estas puertas. Esta el la única joya que es hecha por un organismo vivo, una ostra. Al entrar un grano de arena en la ostra la irrita, esta tiene un mecanismo que construye capas de perla preciosa para cubrir la irritación, permitiendo que la irritación exista dentro de la ostra sin dolor. Nuestro Dios es como una Ostra en la que Él también es irritado por las ofensas o heridas del pecador, entonces Él las cubre (él) con la perla preciosa de su Justicia, para que las ofensas del pecador no irriten Su santidad entonces permitiendo una convivencia perfecta. No podemos imaginarnos una puerta, tal vez de 1400 millas de alto de una piedra, pero que belleza y que símbolo de la Misericordia de Dios y recubrimiento de los pecadores. Por ultimo, "las calles de la ciudad eran de oro puro, como vidrio transparente". La transparencia indica que no hay impurezas en el material, pero no hay oro transparente en esta creación. Esto es algo nuevo que ayuda a aumentar y radiar la gloria de Dios.

Reflexión: ¿Indica esto cuanto quiere Dios ser evidente en el mundo de hoy en día? ¿Cómo es evidente la gloria de la naturaleza de Dios hoy en día? ¿Ayudan estos versículos?

Ro 3:23 (de forma negativa)

Ro 4:20

Ro 15:7

1 Co 10:31

2 Co 4:6

2 Co 4: 15

Fil 1:11

Fil 2:11

Dentro de la ciudad: No hay templo o luces y las puertas están abiertas

21: 22

Y no vi en ella templo; porque el Señor Dios Todopoderoso es el templo de ella, y el cordero.

21:22 Aparentemente sorprendido Juan no vio templo en la Nueva Jerusalén, "porque el Señor Dios Todopoderoso es el templo de ella, y el cordero". Durante la era de la iglesia, la tribulación y el milenio ha habido un templo en el cielo (ver 7:15; 11:19; 14:15, 17; 15:5-8; 16:1, 17), pero ahora no hay necesidad de un lugar especial para adorar en el cielo. La proximidad y la unión del creyente a Cristo es tal que la adoración es tan natural como respirar desde cualquier parte y adorar será tal como vivir. Estos son los adoradores verdaderos que Dios siempre ha buscado (Juan 4:23).

21: 23

La ciudad no tiene necesidad del sol ni de luna que brillen en ella; porque la gloria de Dios la ilumina, y el Cordero es su lumbrera.

21:23 Como se vio antes, el esplendor de la gloria de Dios es tal que "la ciudad no tiene necesidad del sol ni de luna que brillen en ella; porque la gloria de Dios la ilumina". Con la ausencia de una fuente de luz natural en el nuevo cielo, cualquier cosa fuera de la luz de la gloria de Dios (gloria Shekinah) permanece afuera en absolutas tinieblas. Donde el Señor Jesús reside es en luz perfecta en abundancia. La nueva tierra será muy diferente.

Nuestra tierra presente depende de los ciclos del día y la noche, la marea causada por la luna y las temporadas anuales. Sin mar, sin sol o luna. La nueva tierra solo necesitará el resplandor de la gloria de Dios para iluminarla. Así mismo este es un tipo de luz diferente, el cual no es originario de una fuente de combustible que quema que consume su fuente y genera energía. Él es la "luz del mundo" espiritualmente ahora, y físicamente en la eternidad.
Reflexión: No sabemos todas las respuestas, pero la vida siempre será dependiente de Dios. ¿Te gusta ser dependiente en Dios para todo?

Las naciones en la eternidad

21: 24

Y las naciones que hubieren sido salvas andarán a la luz de ella; y los reyes de la tierra traerán su gloria y honor a ella.

21:24 "Las naciones (*ethnos*, "gente, Gentiles") que hubieren sido salvadas" y los "reyes de la tierra" representan aquellos de "cada lengua, tribu, y nación", puede parecer como una descripción del milenio, pero el introductorio "Y" (*kai*) es utilizado para introducir una secuencia cronológica. Habrá humanos vivientes en el milenio, pero la vida física como la conocemos, será imposible en el ambiente de la Nueva Tierra para la eternidad. Estas son personas redimidas glorificadas equipadas para vivir en el estado eterno. Los "reyes de la tierra traen su gloria y honor a ella" para indicar que no habrá estructura o clase social. Cada uno rinde su prestigio terrenal o milenial para ser igual con todos los otros creyentes ante el único Rey de Reyes.

21: 25-26

Sus puertas nunca serán cerradas de día, pues allí no habrá noche. 26 Y llevarán la gloria y la honra de las naciones a ella.

21:25-26 "Sus puertas nunca serán cerradas" ya que no habrá restricciones para entrar para todos los redimidos, ni tampoco ninguna amenaza que exista. "pues allí no habrá noche" ya que la gloria de Dios nunca se desvanecerá. Toda "la gloria y honra de las naciones" será dejada en la Nueva Jerusalén y disuelta. No significara nada en la eternidad. Esta es la implicación de la declaración de los veinte y cuatro ancianos que "echan sus coronas delante del trono" (4:10)

Reflexión: Ese tipo de auto-gloria es ausente en la eternidad. ¿Puedes soportar no ser nadie especial en la eternidad?

Una ultima advertencia y clarificación

21: 27

No entrará en ella ninguna cosa inmunda, o que hace abominación y mentira, sino solamente los que están inscritos en el libro de la vida del Cordero.

21:27 Solamente para esclarecer, nada ni nadie "cosa inmunda, o que hace abominación y mentira" entrará en la Nueva Jerusalén. Dios ya habrá lidiado con esto mucho tiempo atrás, y nada ni nadie se escapará de Su juicio final. La NIV dice, "Nunca entrará nada impuro, ni nadie que sea farsante o infamante…" otras listas de los excluidos están en 21:8 y 22:15. Los únicos que pueden vivir en esta ciudad son "aquellos que están inscritos en el libo de la vida del Cordero" De las seis veces en las que se menciona al "libro de la vida", esta es la única referencia al "Libro de la vida del Cordero" (3:5; 18:8; 17:8; 20:12, 15).

Obviamente hay muchas preguntas que no se han respondido sobre el estado eterno, pero el capitulo final revelará más unos pocos detalles. Que no haya ninguna equivocación, ninguno que no sea redimido, sin perdón, o creyente falso entrará nunca en esta ciudad. Nadie puede ser lo suficientemente bueno para entrar. Ellos tienen que haber sido receptores de la justicia de Dios y Cristo tuvo que haber sido castigado por sus pecados, o ellos nunca serían permitidos en esta ciudad.
Increíblemente, esta oferta de perdón completa y la limpieza absoluta de cada pecado es libremente disponible para todos los que reconocen su indignidad y están dispuestos a confiar en la Palabra de Dios aceptando a Cristo como su única esperanza y su Salvador personal. A este grupo, y solamente a este grupo, se le otorgará una ciudadanía eterna en la Nueva Jerusalén.

Reflexión: Como puedes estar seguro de que tu nombre estará en el Libro de la Vida
(1 Juan 5:13)

CAPÍTULO 22

EL NUEVO MUNDO

Antes de llevarnos a la conclusión de este impresionante libro se añaden unos pocos detalles nuevos en cuanto a la ciudad eterna. Así como la Biblia comenzó en el Jardín del Edén, así termina en el paraíso Perdido.

I. EL RÍO DEL AGUA DE VIDA (22:1-2ª)

22:1-2a

Después me mostró un río limpio de agua de vida, resplandeciente como cristal, que salía del trono de Dios y del Cordero. 2En medio de la calle de la ciudad, y a uno y otro lado del río, estaba el árbol de la vida, que produce doce frutos, dando cada mes su fruto;

22:1-2 Se le muestra a Juan "un río limpio de agua de vida, resplandeciente como cristal." Ya que no hay mar ni océano en el Nuevo Mundo (21:1), no habrá ciclo hidrológico, ni lluvia que haga fluir el río, ni mar a donde fluir. Este río es un manantial y es totalmente consumido, o la descripción del "agua de vida" no es del "agua" como nosotros la conocemos. Ciertamente es un símbolo de la vida eterna (Is 12.3; Jn 4.13-14; 7:38), que fluye "del trono de Dios y del Cordero". No puede ser confundido con el río milenial que fluye desde el templo y que va por Jerusalén como está descrito en Ez 47:1,12 y Zac 14:8. Este es un símbolo de una corriente de vida que nunca termina, pura, sin contaminación, que sale de Dios Mismo.

La referencia de Ap 22 describe al agua que fluye "en medio de la calle de la ciudad". El principal "árbol de vida" se extiende "a uno y otro lado del río". Este árbol de vida es el homólogo eterno del árbol de vida que apareció en el Jardín del Edén (Gn 2; 3:22-24) y que da la provisión a los inmortales que habitan la ciudad. El "árbol de la vida" está conectado a una "bendición" de Pr 3:18; 11:30; 13:12; 15:4, que indicaría que el "árbol de la vida" debe hablar de la bendición eterna de la vida espiritual eterna.

El árbol produce "doce frutos, dando cada vez su fruto", mostrando así la variedad de aspectos refrescantes en la ciudad eterna. El término "mes" es un concepto antropomórfico ya que no hay día ni noche, o tiempo en la eternidad, pero desde nuestra perspectiva esta es la frecuencia en que se produce este fruto.

Reflexión: Aunque nosotros solo tenemos atisbos del medio ambiente,

¿puedes tú imaginar semejante paraíso? ¿Por qué necesitaríamos nosotros frutas en la eternidad? ¿O serán solo para disfrutar?

II. EL ÁRBOL DE LA VIDA (22:2B)

22:2b

Y las hojas del árbol eran para la sanidad de las naciones.

22:2 Las "hojas del árbol eran para la sanidad (*therapeia*) de las naciones" parece innecesario ya que en la eternidad no habrá ni enfermedad ni heridas. La palabra da la idea de "dar vida" o "dar salud". Cualesquiera sean estos beneficios, parecen ser centrales en la existencia eterna. Aunque no hay una indicación de que los santos comerán estas hojas, es posible que sí lo hagan. El Señor Jesús comió pescado con Sus discípulos después de la resurrección (Lc 24:42-43; Hch 10:41).

Reflexión: ¿Podría ser este uno de los disfrutes del cielo?

III. EL TRONO DE DIOS (22:3-4)

22:3-4

Y no habrá más maldición; y el trono de Dios y del Cordero estará en ella, y sus siervos le servirán, 4y verán su rostro, y su nombre estará en sus frentes.

22:3 En este impresionante Nuevo Mundo "no habrá más maldición", lo que se refiere a la consecuencia devastadora de Génesis 3 del primer pecado que destruyó a la humanidad y a toda la creación. Por lo que ya no habrá más muerte (Gn 2:17), el aspecto más terrorífico de la maldición. Por el contrario, el "trono de Dios y del Cordero" (el Señor Jesucristo) reinará por siempre. Nuestra ocupación durante toda la eternidad está descrita en esta frase, "y Sus siervos le servirán". Una sola mirada a nuestra creación muestra la impresionante creatividad de nuestro Dios que tendrá una variedad infinita de tareas para realizar.

Él podía hacer lo que quiera que Él desee sin ninguna ayuda o asistencia, pero Su naturaleza es hacer cosas con y a través de Sus siervos, inclusive en la eternidad. Pero la emoción de la eternidad será el privilegio de "ver Su rostro". Jesús ha prometido que "los de limpio corazón… verán a Dios" (Mt 5:8). El hombre pecador no puede sobrevivir a la exposición de su flameante resplandor (Ex 33.20). Este privilegio es ampliado por el hecho de que ningún mortal ha visto nunca a Dios en persona, cara a cara (Jn 1:18,4; 1 Ti 6:16; 1

Jn 4:12). El "nombre" de Dios estará "en sus frentes", refiriéndose a los "siervos" (los redimidos de todos los tiempos). Esto simbolizará para siempre que le pertenecemos al Cordero, ya que Él "nos compró" con Su sangre (Hechos 20:28).

Reflexión: ¿Qué se siente ser un "esclavo de amor" de Jesús? ¿Puedes tú imaginarte siendo un esclavo de alguien?

IV. EL REINO DE LOS SANTOS CON DIOS (22:5)

No habrá allí más noche; y no tienen necesidad de luz de lámpara, ni de luz del sol, porque Dios el Señor los iluminará; y reinarán por los siglos de los siglos.

22:5 Como una descripción adicional de la escena celestial, Juan habla de nuevo del ambiente de la eternidad que describe lo que evidentemente más le impresionó cuando él escribió. "No habrá allí más noche". Ya que no hay sol como fuente de luz, o la rotación de la superficie de la tierra en esa fuente de luz; la noche y el día como los conocemos nosotros, ya no existirán más. "Y no tienen necesidad de luz de lámpara, ni de luz del sol, porque Dios el Señor los iluminará". En un impresionante despliegue de luz refractaria que viene de la ciudad de cristal de la Nueva Jerusalén, el nuevo mundo existirá en luz perpetua (21:22-26).

Todas las condiciones de vida bajo la tierra maldita requieren de ciclos de actividad/descanso y día/noche, pero no así en la eternidad. Las descriptivas palabras finales dichas a los santos han hecho eco por todos los tiempos: "y reinarán por los siglos de los siglos". Jesús prometió esto al principio de este libro, "Al que venciere, le daré que se siente conmigo en mi trono, así como yo he vencido, y me he sentado con mi Padre en su trono. El que tiene oído, oiga lo que el Espíritu dice a las iglesias" (Ap 3:21). Pablo asimismo nos habló de la promesa, "Si sufrimos, también reinaremos con él" (2 Ti 2:12). Cualesquiera sean Sus planes para la eternidad, Él ha escogido compartir con ellos, con su pueblo especial, aquellos que estaban deseando confiar en Su Palabra, aún al enfrentar la persecución, cuando ellos aún no podían ver ninguna de las experiencias impresionantes que les aguardaba. Él honrará nuestra obediencia de fe hacia Él por siempre.

Reflexión: ¿Puedes tú explicar la relación entre confiar en Él y obedecerle a Él hoy en día?

V. LA CERTEZA DEL RETORNO DE CRISTO (22:6-7)

22:6

Y me dijo: Estas palabras son fieles y verdaderas. Y el Señor, el Dios de los espíritus de los profetas, ha enviado su ángel, para mostrar a sus siervos las cosas que deben suceder pronto.

22:6-7 Juan comienza ahora sus comentarios concluyentes o su epílogo de este increíble libro. Desde la perspectiva de la eternidad, Juan mira hacia atrás al tiempo y da algunos desafíos y comentarios concluyentes. A Juan se le dice, "Estas palabras son fieles y verdaderas", para describir la certeza absoluta de lo que se le ha dicho y ha visto. Esto se le había dicho anteriormente (21:5), lo que indica que reafirman su realidad. Dos veces antes en el Libro de Apocalipsis, se refiere al Señor Jesús como el "Fiel y Verdadero" (3:14; 19:11). Tal como Él es, así son las Palabras que Él le ha revelado a Juan. Absolutamente todo lo que Juan ha descrito será llevado a cabo precisamente como fue escrito.

Apocalipsis no es un sueño de fantasía o una imaginación vívida de Juan. Por el contrario, Juan ha puesto la integridad de Dios y la exactitud de Sus ángeles en riesgo de que estos eventos no vayan a llevarse a cabo como se ha descrito, cuando él dice: "el Señor, el Dios de los espíritus de los profetas, ha enviado su ángel, para mostrar a sus siervos las cosas que deben suceder pronto". Tan cierto como Dios habló por medio de los profetas del AT y del NT, así ahora Él está hablando con la misma certitud.147 Juan afirma inspiración igual para el Libro de Apocalipsis como con todos los otros libros de profecía.

Reflexión: ¿Podría seguir siendo Dios verdad o verdadero, si Su Palabra fracasa en ser verdad?

Respuesta 1: Obedece el Libro

22:7

¡He aquí, vengo pronto! Bienaventurado el que guarda las palabras de la profecía de este libro.

22:7 Se enfatiza nuevamente la urgencia del Libro con la advertencia de que "¡Vengo pronto!", lo que significa que Jesús vendrá rápidamente o repentinamente, sin tiempo para prepararse. A la luz de esta esperanza y advertencia, Juan escribe la sexta de las siete bienaventuranzas del Apocalipsis: "Bienaventurado el que guarda (*tereo*, "sostener rápido, o guardar") las palabras de la profecía de este libro". Esta es la palabra que se usa en el 14:12, "la perseverancia de los santos que guardan los mandamientos de Dios y su fe en Jesús". Muchos Cristianos no valoran la oportunidad que tienen de mostrar su obediencia al Señor, sino que dicen vivir bajo la gracia y no tienen ningún interés en los mandamientos para los creyentes. A cambio, ellos quieren solamente seguir la dirección del Espíritu.

Muchos Cristianos no pueden establecer cuáles son los Diez Mandamientos, mucho menos tener una idea de los 365+ mandamientos específicos del NT que se espera ellos los obedezcan. ¿Cómo puede alguien obedecer Sus mandamientos cuando ellos ni siquiera los conocen? "si me amáis, guardad mis mandamientos... Si guardareis mis mandamientos, permaneceréis en mi amor; así como yo he guardado los mandamientos de mi Padre, y permanezco en su amor" (Jn 14:15; 15:10). Juan escribió en su epístola, "Y en esto sabemos que nosotros le conocemos, si guardamos sus mandamientos. El que dice: "Yo le conozco, y no guarda sus mandamientos, el tal es mentiroso, y la verdad no está en él" (1 Jn 2:3,4).

Algunos solo quieren dar cuentas por lo que el Espíritu les dice, pero no por los mandamientos escritos en la Biblia, llamada también la Ley Moral de Dios. Ellos quieren una repetición mística o una serie de mandamientos personales especiales que sean solo para ellos, pero no quieren tomarse el tiempo para encontrar, recordar y aplicar los mandamientos ya revelados en las Escrituras. Si ellos no sienten esos mandamientos personales, entonces están libres para hacer lo que quiera que ellos deseen.

Sin embargo, en este texto, ¿cuáles son las "palabras" que el creyente está llamado a obedecer? No hay mandamientos específicos para los creyentes en Apocalipsis desde Cap 4 hasta 22. Hubieron mandamientos dirigidos a las iglesias en los cap 2-3. Las mejores soluciones para prestar atención al Libro de Apocalipsis parecen ser: vivir a la luz de la certeza de los eventos por venir, desear ver a Cristo reinar sobre toda la tierra ("vénganos Tu reino, hágase Tu voluntad como en el cielo así también en la tierra"), y especialmente, advertir a la humanidad de los eventos del fin del tiempo y la certeza de un juicio horrible para los incrédulos.

El Apocalipsis y el estudio de la profecía no es para satisfacer nuestra curiosidad en cuanto al futuro, sino que, cuando se lo entiende correctamente, se convierte en la médula de nuestro criterio y por ende nuestra motivación para la santidad y el intenso fervor evangelístico. Generalmente, esto lleva a una motivación práctica de testificar el evangelio a los pueblos no alcanzados del mundo. Dios ha revelado lo suficiente para mantenernos como "pescadores de hombres". Pedro resumió el entendimiento correcto de los eventos del fin del tiempo diciendo, "Puesto que todas estas cosas han de ser deshechas, ¡cómo no debéis vosotros andar en santa y piadosa manera de vivir, esperando y apresurándoos para la venida del día de Dios... Por lo cual, oh amados, estando en espera de estas cosas, procurad con diligencia ser hallados por él sin mancha e irreprensibles, en paz" (2 P 3:11-12, 14).

Reflexión: ¿Cómo ha cambiado tu vida este estudio de Apocalipsis? ¿Qué decisiones has tomado para tu vida al saber lo que pronto sucederá?

Respuesta 2: Adoración espontánea (22:8-9)

Yo Juan soy el que oyó y vio estas cosas. Y después que las hube oído y visto, me postré para adorar a los pies del ángel que me mostraba estas cosas. 9Pero él me dijo: Mira, no lo hagas; porque yo soy consiervo tuyo, de tus hermanos los profetas, y de los que guardan las palabras de este libro. Adora a Dios.

22:8 Juan ahora testifica: "las hube oído y visto" lo que él estaba escribiendo. Esta es la primera vez después de Ap 1:9 que Juan se refiere directamente a sí mismo. Muy impresionado por estas experiencias "me postré para adorar a los pies del ángel que me mostraba estas cosas". Su entusiasmo le motivó a adorar al objeto incorrecto. Juan sabía que los ángeles no debían ser adorados (19:10), ni ningún otro ser celestial (de su experiencia en el Monte de la Transfiguración –Mt 17:6). Él no puede contener su emoción. El ángel le dijo a Juan, "Mira, no lo hagas".

Es estrictamente prohibido adorar, o dar adoración a, u orar a, cualquier ser creado, por ninguna razón. Él sigue, "yo soy consiervo tuyo, de tus hermanos los profetas, y de los que guardan las palabras de este libro". Los ángeles son criaturas grandes y poderosas, pero aún siguen siendo meras criaturas. Ellos no están nada cerca de ser dignos de adoración.

Los ángeles sirven a los propósitos de Dios y del pueblo de Dios a Su mandato. El autor de Hebreos hizo una pregunta retórica de los ángeles, "¿No son todos espíritus ministradores, enviados para servicio a favor de los que serán herederos de la salvación?" (He 1:14). Sucintamente, el ángel le da la orden a Juan "Adora a Dios". Esto es a lo que debería llevar al lector la compresión correcta del Apocalipsis.148 Nadie más, incluso los ángeles, jamás deben ser adorados (Col 2:18), esto incluye a los santos, a la Virgen María, y ciertamente a cualquier otro supuesto dios, todo lo cual es considerado idolatría.

Reflexión: ¿Cómo entiendes que debes adorar a Dios? ¿Qué es lo que Dios espera de Sus siervos en la adoración?

Respuesta 3: Proclama la Profecía del Libro (22:10-11)

22:10

Y me dijo: No selles las palabras de la profecía de este libro, porque el tiempo está cerca.

22:10 Continúa otro mandamiento, "No selles las palabras de la profecía de este libro", quiere decir que el mensaje de esta profecía del fin de los tiempos no debe ser guardada en secreto por unos pocos, sino más bien debe ser de conocimiento general de todos los creyentes. Esto debe ser parte de la manera de pensar de todos y cada uno de ellos. Ellos deben entender para qué fueron dichas estas palabras, no un significado irrelevante que la imaginación del intérprete inventó o alegorizó con algún otro propósito. A Daniel se le dijo que selle sus profecías que trataban de la última mitad de la Tribulación (Dn 8:26), porque la revelación de Juan pone todas las piezas juntas describiendo los detalles más importantes del fin del tiempo y de la inminencia del retorno de Cristo a cada generación desde el Apóstol Juan.

Note el enfoque que está en "las palabras de la profecía", no en los significados místicos o alegóricos que pueden ser inventados para estos pasajes. Es el significado claro, obvio, literal, lingüístico de las "palabras" lo que transmite el significado de Dios. No están selladas en misterio o misticismo. Adicionalmente, el hecho de no enseñar este libro de Apocalipsis es ser desobediente a su mandamiento, y se pierde el enorme beneficio de vivir a la luz de Su sabiduría (1:3). Esta es también la clave de "todo el consejo (o propósito) de Dios" (Hch 20:27) que no debemos "dejar de" enseñar. Más aún cuando vemos que el mundo está preparándose para el cumplimiento literal de estas profecías, "porque el tiempo está cerca".

Reflexión: ¿Cómo afecta tus planes, ambiciones y estilo de vida que llevas el hecho de saber que en cualquier momento vendrá la iniciación de estos eventos al llegar el Arrebatamiento de todos los creyentes?

La Respuesta a la Verdad arregla el destino personal

22:11

El que es injusto, sea injusto todavía; y el que es inmundo, sea inmundo todavía; y el que es justo, practique la justicia todavía; y el que es santo, santifíquese todavía.

22:11 Quienquiera que oye la verdad y continúa siendo "injusto o "inmundo" solo será endurecido en sus propias elecciones y fijado firmemente y para siempre en su destino eterno en el infierno. Mientras aquel que sigue practicando lo "justo" y "se mantiene santo" demuestra que ha elegido vivir por la fe en Su Palabra. El adverbio "todavía" (eti) tiene el sentido de "pero aún más". Por lo que aquellos que son "injustos" o "inmundos" en esta vida solo serán tanto más en el infierno, y aquellos que son "justos" y "santos" lo serán tanto más en sus cuerpos glorificados en el cielo.

Sea como sea que una persona responda a la verdad en esta vida no solo determinará su destino eterno, sino que será ampliado en su existencia para siempre. Esta es la razón por la que la Escritura advierte al lector a no "endurecer sus corazones, como en la provocación" (He 3:15 que cita Sal 95:7b-8), o más tarde añade, "si oyeres hoy su voz, no endurezcáis vuestros corazones" (He 4:7).

Viene un tiempo cuando Dios deja de convencer al pecador y "los entregó a la inmundicia, en las concupiscencias de sus corazones" (Ro 1:24, 26, 28). Jesús dijo, "Dejadlos, son ciegos guías de ciegos" (Mt 15:14). Dios creó al hombre con la libertad de elegir y Él no interfiere con el incrédulo no arrepentido que no creerá en Su Palabra por las consecuencias de sus elecciones. El Apocalipsis es la línea divisoria final: o el lector tomará seriamente la Palabra de Dios o la ignorará para su propia destrucción. Pablo escribió, "Porque la palabra de la cruz es locura a los que se pierden; pero a los que se salvan, esto es, a nosotros, es poder de Dios" (1 Co 1:18).

Reflexión: ¿Qué podemos hacer para persuadir a los hombres a tomar seriamente lo que Dios ha dicho en su Palabra?

Repuesta 4: Permanezcan fieles en el Servicio ya que Él viene con juicio y galardón (22:12)

22:12

He aquí yo vengo pronto, y mi galardón conmigo, para recompensar a cada uno según sea su obra.

22:12 De repente Jesús habla, "He aquí yo vengo pronto". Este evento puede ocurrir en cualquier momento. Debemos vivir a la luz o en la verdad de que el tiempo es corto y todo lo que conocemos puede cambiar en un momento, sin tener oportunidad para prepararnos o cambiar nuestros caminos; por lo tanto, debemos elegir hacer de Su reino nuestra prioridad ahora mientras hay tiempo, y ser hallados fieles. Él promete traer Su "recompensa" y "dar a todos de acuerdo a sus obras". Lo que quiera que sea este "galardón", no se nos aclara, excepto que es "grande" (¿). Este no será un galardón de orgullo o egoísmo sino más bien una capacidad incrementada para servir a Dios. Nuestra fidelidad determinará ahora nuestras oportunidades de servir al Rey en su Reino y en la eternidad (Mt 25:14-30). Esta es la razón por la que Juan exhortó a los creyentes a "Mirad por vosotros mismos, para que no perdáis el fruto de vuestro trabajo, sino que recibáis galardón completo" (1 Jn 8).

Reflexión: Si el galardón se basa en la fidelidad, entonces ¿Cómo vas a vivir si Su venida va a ser más pronto que tarde? ¿Qué harás específicamente con tu vida hasta que Él venga?

VI. EL CRISTO ETERNO (22:13)

22:13

Yo soy el Alfa y la Omega, el principio y el fin, el primero y el último.

22:13 Dios fue el mismo en el principio a como Él se ha revelado ahora a Sí Mismo que será en el fin del tiempo. Él no ha cambiado en su propósito original al crear la tierra y al hombre, y Su eterno propósito será cumplido. Tal como fue Él en el principio de la historia, así Él es en el fin de la historia. Todo el tiempo y la historia han sido solo un pestañear en la eternidad, pero en ese corto tiempo cuando el tiempo existía Él traerá con Su propia sangre un pueblo hecho a Su imagen que escogió amarle y ser como Él y que anhela con todo su corazón pasar la eternidad en Su presencia, aún más que la vida misma.

Todos estos tres títulos (Alfa y Omega –Ap 1:8; Principio y fin –Ap 21:6; Primero y último – Is 41:4; 48:12) son títulos todos aplicados a Dios y aquí son aplicados a Jesucristo para aclarar para siempre Su deidad. Ahora sabemos mucho más en cuanto al Dios y Salvador eterno revelado en esta "Revelación" de Sí Mismo.

Reflexión: ¿Hace esta revelación que le ames más? ¿Te da claridad y entendimiento en cuanto a cómo relacionarte con Aquel que es desde la eternidad?

EL NUEVO MUNDO
VII. EL ESPANTOSO CONTRASTE EN LA HUMANIDAD (22:14-15)

Bienaventurados los que lavan sus ropas, para tener derecho al árbol de la vida, y para entrar por las puertas en la ciudad. 15Mas los perros estarán fuera, y los hechiceros, los fornicarios, los homicidas, los idólatras, y todo aquel que ama y hace mentira. 15Mas los perros hechiceros, los fornicarios, los homicidas, los idólatras, y todo aquel que ama y hace mentira.

22:14-15 La última de las siete bienaventuranzas de Apocalipsis, todas introducidas por el propósito de Dios para Sus seguidores, es decir, ellos serán "bendecidos". Una cantidad de versiones bíblicas tienen diferentes interpretaciones de este versículo. En los manuscritos de la KJV y la NJV la expresión "los que lavan sus ropas" es un signo de los salvos a los que se les da el "derecho al árbol de la vida" porque ellos quieren ser como Dios. Cualquiera sea el caso, los dos describen a los justos. Estos son los que dan propósito y razón de ser a todo el tiempo y la historia.

En cambio, las criaturas creadas a la imagen de Dios con almas inmortales han escogido vivir como "perros" que usan "hechicerías" (*pharmakos*, la raíz para "farmacéuticos" o drogas –Ap 9:1; 18:23; 21:8) para vivir en un mundo de fantasía inducida por la droga en lugar de tomar la responsabilidad de su propia realidad, y se vuelven "fornicarios" (*pornos*-raíz de "pornografía") y homicidas (excluidos en el 21:8; 9:21 y Ro.1:29) e idólatras" (adoradores de dioses falsos –Ap 21:8). ¿Cómo podrían ellos escoger no ser iguales a Dios? Y probablemente lo peor de la descripción que los hace totalmente incompatibles con Dios son aquellos que "aman y hacen mentira". No son aquellos que alguna vez han mentido (no sea que nadie pueda ser admitido en el cielo- 1 Cor.6:11), sino aquellos que escogen creer en, y amar la práctica de la mentira rehusándose venir al arrepentimiento y a la verdad.

Una descripción similar de los perdidos de la humanidad se encuentra en 21:8, 27, que es reiterado aquí para hacer claro para siempre que los pecadores impíos que rehúsen venir a Cristo para limpieza y el regalo de la justificación por fe no tendrán parte con Dios en la eternidad. Ellos tendrán su deseo cumplido de vivir eternamente sin Él, aislados y en tormento, "fuera" de la Nueva Jerusalén, en el lago de fuego (20:15; 21:8).

Reflexión: Al final de la vida, el destino eterno de la persona es sellado para siempre. ¡Que esta advertencia final nos mantenga fieles!

XI. LA INVITACIÓN DEL ESPÍRITU Y LA NOVIA (22:16-17)

22:16

Yo Jesús he enviado mi ángel para daros testimonio de estas cosas en las iglesias. Yo soy la raíz y el linaje de David, la estrella resplandeciente de la mañana.

Jesús luego se revela a Sí mismo como "la raíz y el linaje de David" y "la resplandeciente estrella de la mañana", dos declaraciones que tienen gran significado Judío. "Saldrá ESTRELLA de Jacob y se levantará cetro de Israel" (Nm 24:17). Luego Jesús les prometió a los vencedores de la iglesia de Tiatira que ellos recibirían la "estrella de la mañana" (2:28), que se refiere a Jesús Mismo. En la historia (tiempo y espacio) Cristo vino como un descendiente de David (Mt. 1:1; Is 11:11; Ap 5:5). Su venida fue como la estrella de la mañana que aparece justo antes de que quiebre el día (un nuevo día está amaneciendo, cuando se puede ver a esta estrella).

La Invitación Final

22:17

Y el Espíritu y la Esposa dicen: Ven. Y el que oye, diga: Ven. Y el que tiene sed, venga; y el que quiera, tome del agua de la vida gratuitamente.

22:17 El "Espíritu y la Esposa" se unen para extender la invitación a todos y a quienquiera que tenga "sed" a que "venga". "El que quiera, tome del agua de la vida gratuitamente". Esta invitación de gracia y benevolencia se extiende a cada generación y a toda la gente mientras están vivos en este mundo para que elijan la vida y se separen de la muerte, mentira y engaño del pecado y la falsedad. ¿Cómo pueden conscientemente los creyentes mantener esto como un secreto escondido de aquellos que desesperadamente necesitan escucharlo? Siempre esto ha sido un tema del corazón: "el que quiera".

Él prometió, "Venid a Mí todos los que estáis trabajados y cargados, y yo os haré descansar" (Mt 11:28), y "Todo lo que el Padre me da, vendrá a mí; y al que a mí viene, no le echo fuera" (Jn 6:37). ¿Quieres verdaderamente a Cristo en cada aspecto de tu vida hoy, y quieres tú estar en cada aspecto de Su vida por siempre? Este no es un rito o ceremonia de repetir una oración y de ser bautizado.

Reflexión: Todo se trata de aceptar y depender en Su Palabra como verdad y querer Su compañerismo en esta vida más que cualquier otra cosa. ¿Describe esto tu testimonio?

XII. LA ADVERTENCIA FINAL (22:18-19)

Yo testifico al todo aquel que oye las palabras de la profecía de este libro: Si alguno añadiere a estas cosas, Dios traerá sobre él las plagas que están escritas en este libro. 19 Y si alguno quitare de las palabras del libro de esta profecía, Dios quitará su parte del libro de la vida, y de la santa ciudad y de las cosas que están escritas en este libro.

22:18 Jesús da personalmente esta advertencia final en cuanto a las "palabras de la profecía de este libro" diciendo que son un asunto serio. La certitud de la condenación de los pecadores y la recompensa de los santos serán una completa realidad. Esta advertencia dual contra añadir o sustraer de este libro traerá consecuencias serias. Esta advertencia fue dada en el AT (Dt 4:2; 12:32; Pr 30:5-6) y ahora en la conclusión del NT.

La inspiración y revelación de las palabras de Dios a la humanidad son extremadamente serias y solo dadas a unos pocos individuos en la historia. No es una revelación perpetua, continua. El canon de las Escrituras fue cerrado al final del primer siglo. Quienquiera que pretenda añadir a estas Santas Escrituras, o cortar pasajes inconvenientes de los textos o minimice el valor de los documentos del primer siglo diciendo que revelaciones actuales son más valiosas, están en serio peligro de caer en Su ira.

Desde el comienzo de la iglesia los falsos profetas han pretendido añadir nuevas revelaciones (Montanistas, Joseph Smith, Mary Baker Eddy y muchos falsos profetas de los tiempos modernos). Rechazar o despreciar la Palabra revelada de Dios es rechazar a Dios mismo y esas personas recibirán Su juicio y no tendrán participación en "el árbol de la vida" ni tendrán acceso a "la ciudad santa" de la eternidad (22:14).

Ningún creyente verdadero manipulará jamás la Escritura revelada. Su amor por Su Palabra así como por esta advertencia les mantendrá fuera de falsificar o tergiversar un aumento a esta revelación terminada. Algunos hoy día intentan vender "revelaciones especiales de Dios" para obtener ganancias, de lo cual Pablo advirtió "Pues no somos como muchos, que medran falsificando la Palabra de Dios..." (2 Co 2:17).

Los creyentes verdaderos valorarán lo que Dios ha revelado, guardan sus preceptos, aprenden a vivir por sus mandamientos, y toman cada palabra como habiendo sido entregada a ellos para tomarla muy en serio.

Reflexión: ¿Qué te daría la motivación para estudiar Su Palabra diariamente y comprometerte a vivir su plan? ¿Alguna vez alguien te ha preguntado lo que has aprendido de la Palabra hoy día? Exhortémonos unos a otros diariamente.

XIII. LA ORACIÓN Y PROMESA FINALES (22:20-21)

22:20-21

El que da testimonio de estas cosas dice: Ciertamente vengo en breve. Amén; sí, ven, Señor Jesús. 21La gracia de nuestro Señor Jesucristo sea con todos vosotros. Amén.

22:20-21 Jesús personalmente da Sus palabras finales, "Ciertamente vengo en breve" a lo que Juan ora a Jesús, "Amén; sí, ven, Señor Jesús" Suena como si Juan quisiera ver Su regreso (2 Ti 4:8). Hay solo una razón por la que Él ha retrasado Su venida: "Él no quiere que nadie perezca sino que todos vengan al arrepentimiento", especialmente la última etnia ("este evangelio del reino será predicado por toda la tierra habitada como un testimonio a todas las naciones (ethnos o etnias) y luego vendrá el fin").

Luego Juan añade una bendición para todos los lectores: "La gracia de nuestro Señor Jesucristo sea con todos vosotros. Amén". Esta bendición común ahora trae el fin a las revelaciones del NT. Ningún libro de la Biblia es más claro en cuanto a lo que le sucede al hombre después de la muerte y de lo que pasará en el futuro de este mundo y del mundo venidero después del milenio. Nadie que conozca estas palabras verá la vida de la misma manera.

Hasta que el reloj del fin del tiempo comience con el arrebatamiento de la iglesia antes de que comience el Período de la Tribulación, comprometámonos al evangelismo mundial y finalmente a lograr el cumplimiento de la Gran Comisión para construir un equipo de discípulos que funcione y que salga de cada etnia en su tribu, lengua y nación.

Reflexión: Su gracia es suficiente para permitir que Su iglesia cumpla Su misión antes de que Él regrese. Que nosotros estemos en Su negocio hasta que le veamos a Él cara a cara.

Bibliography

Aune, David E. Vol. 52A, *Revelation 1–5. Word Biblical Commentary.* Dallas: Word, Incorporated, 1998.
Barton, Bruce B. *Revelation.* Edited by Osborne, Grant R. Life Application Bible Commentary. Wheaton, IL: Tyndale House Publishers, 2000.
Beale, G. K. *The Book of Revelation: A Commentary on the Greek Text. New International Greek Testament Commentary.* Grand Rapids, MI; Carlisle, Cumbria: W.B. Eerdmans; Paternoster Press, 1999.
Biblical Studies Press. *The NET Bible First Edition Notes,* Biblical Studies Press, 2006.
Bratcher, Robert G. and Howard Hatton. *A Handbook on the Revelation to John.* UBS Handbook Series. New York: United Bible Societies, 1993.
Brunk, M. J., "The Seven Chruches of Revelation Two and Three," *Bibliotheca Sacra* Volume 126. Dallas, TX: Dallas Theological Seminary, July,1969.
Cabal, Ted, Chad Owen Brand, E. Ray Clendenen et al. *The Apologetics Study Bible: Real Questions, Straight Answers, Stronger Faith.* Nashville, TN: Holman Bible Publishers, 2007.
DeBruyn, Lawrence A. "Preterism and 'This Generation,'" *Bibliotheca Sacra* Volume 167. Dallas, TX: Dallas Theological Seminary, 2010.
Deere, Jack S., "Premillennialism in Revelation 20:4-6," *Bibliotheca Sacra* Volume 135. Dallas, TX: Dallas Theological Seminary, (Jan 1978).
Dyer, Charles H., "The Identity of Babylon in Revelation 17-18: Part 1," *Bibliotheca Sacra* Volume 144. Dallas, TX: Dallas Theological Seminary, (July 1987).
Easley, Kendell H. Vol. 12, *Revelation. Holman New Testament Commentary.* Nashville, TN: Broadman & Holman Publishers, 1998.
Gregg, Steve. *Revelation, Four Views: A Parallel Commentary.* Nashville, TN: T. Nelson Publishers, 1997.
Holman Concise Bible Commentary. Edited by Dockery, David S. Nashville, TN: Broadman & Holman Publishers, 1998.
Hughes, Robert B. and J. Carl Laney. *Tyndale Concise Bible Commentary. The Tyndale reference library.* Wheaton, IL: Tyndale House Publishers, 2001.
Ironside, H. A. *Lectures on the Book of Revelation.* Neptune, N. J.: Loizeaux Brothers, 1920.
Jamieson, Robert, A. R. Fausset and David Brown. *Commentary Critical and Explanatory on the Whole Bible.* Oak Harbor, WA: Logos Research Systems, Inc., 1997.
Kistemaker, Simon J. and William Hendriksen. Vol. 20, *Exposition of the Book of Revelation. New Testament Commentary.* Grand Rapids: Baker Book House, 1953-2001.
KJV Bible Commentary. Edited by Hindson, Edward E. and Woodrow Michael Kroll. Nashville: Thomas Nelson, 1994.

Lukaszewski, Albert L. and Mark Dubis. *The Lexham Syntactic Greek New Testament: Expansions and Annotations,* Logos Bible Software, 2009.

MacArthur, John F., Jr. *Revelation 1–11. MacArthur New Testament Commentary.* Chicago: Moody Press, 1999.

MacDonald, William. Believer's Bible Commentary: Old and New Testaments. Edited by Farstad, Arthur. Nashville: Thomas Nelson, 1995.

MacLeod, David J., "The Second "Last Thing"; The Defeat of Antichrist (Rev 19:17-21)," *Bibliotheca Sacra* Volume 156. Dallas, TX: Dallas Theological Seminary, (July 1999).

McGee, J. Vernon. *Thru the Bible Commentary.* electronic ed. Nashville: Thomas Nelson, 1997.

Metzger, Bruce Manning and United Bible Societies. *A Textual Commentary on the Greek New Testament,* Second Edition a Companion Volume to the United Bible Societies' Greek New Testament (4th Rev. Ed.). London; New York: United Bible Societies, 1994.

Nakhro, Mazie, "The Meaning of Worship according to the Book of Revelation," *Bibliotheca Sacra* Volume 158. Dallas, TX: Dallas Theological Seminary, (Jan 2001).

New Bible Commentary: 21st Century Edition. Edited by Carson, D. A., R. T. France, J. A. Motyer and G. J. Wenham. 4th ed. Leicester, England; Downers Grove, IL: Inter-Varsity Press, 1994.

Osborne, Grant R. *Revelation.* Baker Exegetical Commentary on the New Testament. Grand Rapids, MI: Baker Academic, 2002.

Radmacher, Earl D., Ronald Barclay Allen and H. Wayne House. *Nelson's New Illustrated Bible Commentary.* Nashville: T. Nelson Publishers, 1999.

Radmacher, Earl D., Ronald Barclay Allen and H. Wayne House. *The Nelson Study Bible: New King James Version.* Nashville: T. Nelson Publishers, 1997.

Revelation. Edited by Spence-Jones, H. D. M. The Pulpit Commentary. London; New York: Funk & Wagnalls Company, 1909.

Richards, Lawrence O. *The Bible Reader's Companion.* electronic ed. Wheaton: Victor Books, 1991.

The Ante-Nicene Fathers, Volume VII: Fathers of the Third and Fourth Centuries: Lactantius, Venantius, Asterius, Victorinus, Dionysius, Apostolic Teaching and Constitutions, Homily, and Liturgies. Edited by Roberts, Alexander, James Donaldson and A. Cleveland Coxe. Buffalo, NY: Christian Literature Company, 1886.

The Apocalypse of St. John. Edited by Swete, Henry Barclay. 2d. ed. Classic Commentaries on the Greek New Testament. New York: The Macmillan Company, 1906.

The Revelation of John: Volume 1. Edited by Barclay, William. The Daily Study Bible Series. Philadelphia: The Westminster John Knox Press, 1976.

The Teacher's Bible Commentary. Edited by Paschall, Franklin H. and Herschel H. Hobbs. Nashville: Broadman and Holman Publishers, 1972.

Thiessen, Henry Clarence, "Will the Church Pass Through the Tribulation?" *Bibliotheca Sacra* Volume 92. Dallas, TX: Dallas Theological Seminary, (Apr 1935).

Thomas, Robert L., "The Chronological Interpretation of Revelation 2-3," *Bibliotheca Sacra* Volume 124. Dallas, TX: Dallas Theological Seminary, (Oct 1967).

Utley, Robert James. Vol. Volume 12, "Hope in Hard Times - The Final Curtain:" *Revelation. Study Guide Commentary Series*. Marshall, TX: Bible Lessons International, 2001.

Walvoord, John F., Roy B. Zuck and Dallas Theological Seminary. *The Bible Knowledge Commentary: An Exposition of the Scriptures*. Wheaton, IL: Victor Books, 1985.

Wiersbe, Warren W. *The Bible Exposition Commentary*. Wheaton, IL: Victor Books, 1996.

Willmington, H. L. *Willmington's Bible Handbook*. Wheaton, IL: Tyndale House Publishers, 1997.

Wong, Daniel K. K., "The First Horseman of Revelation 6," *Bibliotheca Sacra* Volume 153. Dallas, TX: Dallas Theological Seminary, (Apr 1996).

Wong, Daniel K. K., "The Two Witnesses in Revelation 11," *Bibliotheca Sacra* Volume 154. Dallas, TX: Dallas Theological Seminary, (July 1997).

Wuest, Kenneth S., "The Rapture—Precisely When?" *Bibliotheca Sacra* Volume 114. Dallas, TX: Dallas Theological Seminary, (Jan 1957).

Yates, Richard Shalom, "The Resurrection of the Tribulation Saints," *Bibliotheca Sacra* Volume 163:652. Dallas, TX: Dallas Theological Seminary, (Oct-Dec 2006).

_____, "The Rewards of the Tribulation Saints," *Bibliotheca Sacra* Volume 163. Dallas, TX: Dallas Theological Seminary, (July-Sept 2006).

Yeatts, John R. *Revelation*. Believers Church Bible Commentary. Scottdale, PA: Herald Press, 2003.

www.ingramcontent.com/pod-product-compliance
Lightning Source LLC
Chambersburg PA
CBHW071300110426
42743CB00042B/1114